法理文丛

01

法理复兴之端

主　编｜张文显

副主编｜王奇才　郭　晔

法律出版社
LAW PRESS · CHINA

图书在版编目(CIP)数据

法理复兴之端 / 张文显主编. -- 北京 : 法律出版社, 2018

(法理文丛 01)

ISBN 978 - 7 - 5197 - 2626 - 3

Ⅰ. ①法… Ⅱ. ①张… Ⅲ. ①法理学 - 文集 Ⅳ. ①D90 - 53

中国版本图书馆 CIP 数据核字(2018)第 192063 号

法理复兴之端

FALI FUXING ZHIDUAN

主　　编 张文显
责任编辑 陈　慧
编辑统筹 法律教育出版分社
装帧设计 凌点工作室
责任印制 沙　磊
出　　版 法律出版社/北京市丰台区莲花池西里 7 号(100073)
网　　址 www.lawpress.com.cn
总 发 行 中国法律图书有限公司/北京市丰台区莲花池西里 7 号(100073)
经　　销 新华书店
印　　刷 固安华明印业有限公司
版　　本 2018 年 8 月第 1 版
印　　次 2018 年 8 月第 1 次印刷
字　　数 300 千
开　　本 720 毫米 ×960 毫米　1/16
印　　张 20.25
定　　价 38.00 元
书　　号 ISBN 978 -7 -5197 -2626 -3
投稿邮箱 info@lawpress.com.cn
维权邮箱 jbwq@lawpress.com.cn
咨询电话 010 -63939796
销售客服 400 -660 -6393
销售电话 010 -63939792/81/82(北京)　021 -62071639 /1636(上海)
029 -85330678(西安)　023 -67453036(重庆)　0755 -83072995(深圳)
(如有缺页或倒装,中国法律图书有限公司负责退换)

《法理文丛》
编 委 会

序　言

一年前,“法理”概念在新时代的春风里复出,张文显教授的五万字长文《法理:法理学的中心主题和法学的共同关注》勾勒了新时代中国法理研究的图景,吹响了“法理行动计划”的号角。去年七月,法理研究的火种在长春点燃,伴随着中国法学界的时代梦想传递至苏州、长沙、天津、上海、杭州、昆明等。法理研究的队伍在不断壮大,法理研究的成果在日益丰盈,法理研究已成中国法学研究的新常态。与此同时,法理中国凝聚起越来越多的行动共识,法理中国也积累起越来越厚的科学基础,法理中国已然在路上。

为了推进法理研究、汇集法理研究的优秀成果,增强法理研究的行动力,在张文显教授的召集策划下,以“循法理前行、荟法理英华、淬法理真谛”为宗旨的“法理文丛”应运而生。自此,法理研究就有了实体机构(浙江大学法理研究中心)、《法制与社会发展》杂志、法理学堂、法理论坛、“法理文丛”五大平台,形成了严谨有序、有机统一的研究载体。我们将为每一卷“文丛”设计特定主题并分别命名,跟随法理研究的节奏不定期出版,形成系列出版物。

“文丛”暂分为六个栏目:

第一,“法理精义”,阐释、构建、深化法理概念。在本卷,《法理:法理学的中心主题和法学的共同关注》梳理了“法理”概念的生成与演化,揭示了“法理”概念的丰富内涵,宣告了法理中国前行道路,引领了法学界对法理的共同关注和倾力研究。《论法理的普遍性:法之“公理”、“通理”与“殊理”》根据法理普遍性范围和程度的不同,将法理划分为“公理”“通理”“殊理”三类,并创造性地提出了“间性法理”概念。

第二,“法理前沿”,认识、领悟、探索法理前沿论题。《如何发现法理》探究了法理的存在形式(载体),以认识法理之体为要;《如何提炼法理》概括了法理提炼的方法路径,以把握法理之源为要;《法谚与法理》凝练了法理及其载体之一法谚的逻辑关系,以领悟法理精神为目的。

第三,“法理泛在”,梳理、总结、反思实践的法理意蕴。《论法律实施的一般特性与基本原则——基于法理思维和实践理性的分析》梳理了法律实施的六大基本原则及其具体原则,概观了法律实施的法理群落。

第四,“华夏法理”,回溯、品评、吸纳中华传统法理精髓。《从礼法到政法》阐述了中国传统礼法之法理到现代政法之法理的演进。

第五,“域外法理”,比较、借鉴、融合域外优秀法理资源。《共同善权利观的力度与限度》反思了拉兹共同善的权利观,并指出,权利保护的严格性并不来自抽象意义上的共同善,而来自对相冲突的不同共同善的衡量。

第六,“新时代法理”,发现、凝练、评鉴中国新时代的法理品位。围绕国家级精品教材《法理学》(张文显主编)第五版而撰的五篇文章,即《法理学教材的新时代定位》《新时代法理学教材的与时俱进》《新时代法理学教材的转型升级》《兼容并蓄,打开法理学学问新境界》《以学习为中心,打造教学相长新格局》,分别从时代定位、与时俱进、转型升级、兼容并蓄、教学相长五个方面,凸显了新时代“以法理为中心”的教材特质。

本卷以“法理复兴之端”为主题,辑成了“法理研究行动计划”自启动以来的研究者循法理前行的具有创造性、启发性的成果,这六个栏目心手相牵、相辅相成、交相辉映,是“法理研究行动计划”共同事业的序曲,是法理复兴之路上的春光。我们期待,未来的法理研究在新时代的指挥下,在更多同仁的共同努力下,奏出更加动人的法理旋律。

“法理论丛”编辑部
二〇一八年七月十六日

目　录

华夏法理

域外法理

新时代法理

法理精义

张文显*

法理:法理学的中心主题和法学的共同关注

| 提 要 |

当下,在中国法学界,共识性"法理"概念尚未凝练出来,把"法理"作为法理学研究对象和中心主题尚未成为理论自觉,致使"法理"在应为"法理之学"的法理学知识体系、理论体系、话语体系中处于缺席或半缺席状态,在部门法学研究中也没有引起足够的关注和倾力。针对这种状态,本文提出在法理学研究中把"法理"作为中心主题,并倡导部门法学(法律学)与法理学共同关注"法理"问题。基于此种认识,本文对"法理"进行了语义分析、意义分析和历史考察,阐述了"法理"在理论和实践中的意义与功能,并指出随着"法理"成为法理学的中心主题和中国法学的共同关注,成为法治中国的精神内涵,中国法学必将迎来法理时代,"法治中国"必将呈现出"法理中国"的鲜明品质。

| 关键词 |

法理　法理学　中心主题　共同关注　法理中国

近年来，法学界一定范围内围绕“中国法理学的死亡”“中国需要什么样的法理学”进行了系列讨论，一些青年学者提出了“中国有没有过法理学”“法理学在中国还存在不存在”等质疑。这也引起了我的关注和反思。深刻反思之后，我的结论是：中国法理学以其得天独厚的法律文化涵养和前所未有的依法治国实践根基，以其鲜明的中国特色和社会主义定力，正跻身于世界法理学之林；中国法理学的生命没有终结，也不会终结，但以教材为法理学知识体系、理论体系、话语体系主导载体的中国法理学确实存在着日益显现的弊端和缺陷，迫切需要与时俱进、创新发展、转型升级。

一、法理学研究对象的学术检视

本文提出的初始问题是：法理学不仅仅要回答法律是什么、法治是什么，而更应当着力回答法理是什么、法理的意义何在。这就必定要把对中西法理学研究对象的梳理和反思作为重构中国法理学的逻辑起点。

（一）西方法学家关于法理学研究对象的论述

从语源上，“法理学”来自拉丁语 *jurisprudentia*，原指“法律的知识”或者“法律中的技术”。在古代罗马法学家的著作和查士丁尼法典中，该词相当于广义的法学或法律科学。与“法理学”语义相同或贴近的概念是“法哲学”。从语源上，“法哲学”源自德国近代哲学。一般认为，17 世纪德国哲学家莱布尼茨首次使用了“法哲学”这一概念。之后，“法哲学”就作为概括“以法律为内容的哲学部门”的术语而被康德、黑格尔等德国哲学家使用。黑格尔的名著《法哲学原理》的发表则使“法哲学”这一概念广泛传播到世界上许多国家，被学者们广泛使用。后来，法学理论从哲学中分化出来，“法哲学”就主要指关于法的一般理论和法学方法论，而与英美法学家普遍使用的“法理学”同义。英国分析法学派的早期代表人物奥斯丁的讲演被命名为《法理学或实证法哲学讲演集》（*Lectures on Jurisprudence*, or, *The Philosophy of Positive Law*），当代美国法理学家博登海默把自己的代表作定名为《法理学：法律哲学与法律方法》（*Jurisprudence：The Philosophy and Method of the Law*），美国法学家克里斯蒂把一本供法学院研究生使用的教材取名为“*Jurisprudence*, *Text and Readings on the Philosophy of Law*”,都充分表明法理学与法哲学实际是同一学术范畴。[1]

据考证,第一次在学科意义上使用jurisprudence的是英国思想家边沁。他在1782年写就了《法理学限定的界限》(*The Limits of Jurisprudence Defined*),第一次从法律理论的意义上来理解和使用jurisprudence。但这本书1945年才被发现,因而对法理学的学科发展并没有发生多大影响。创立法理学学科的当属英国法学家奥斯丁。1826年伦敦大学成立时,他被聘为该校第一任法理学教授(Chair of Jurisprudence),也可能是整个英语世界第一位被称之为法理学教授的法学家。1832年,奥斯丁出版了他的《法理学的范围》(*The Province of Jurisprudence Determined*)。奥斯丁去世后,学生们将其讲演整理为《法理学或实证法哲学讲演集》。这是两本在英美国家广泛被人阅读、摘引和评论的著作。从此以后,在英美法系各国便有了“法理学”(jurisprudence)的正式学术称谓。

具体而言,关于法理学(法哲学)的研究对象,西方学者有各种各样的观点和论述。《不列颠百科全书》对“法哲学”的解释是:“法哲学就是系统阐述法律的概念和理论,以帮助理解法律的性质,法律权力的根源及其在社会中的作用。在英语国家里,“法理学”一词常被用作法哲学的同义词,并且总是用以概括法学领域的分支学科的。”[2]《不列颠百科全书》对“法理学”的解释是:“此词在英语中较通常的意义以及本文所指的意义,大体上相当于法律哲学。”[3]《牛津法律大辞典》指出:“法理学一词包括多种含义。第一,作为法律知识或法律科学,在最为广泛的意义上使用,包括法律的研究与知识,与最广义理解的法律科学一词同义。第二,作为最一般地研究法律的法律科学的一个分支,有别于某一特定法律制度的规定、阐述、解释、评价和应用,是对法律的一般性研究,着重于考察法律中最普遍、最抽象、最基本的理论和问题。该词的这种含义常常可与法律理论、法律科学(狭义上的)、法哲学等词相同。第三,该术语还作为法律的比较夸张的同义语来使用,例如法医学,特别是在使用法律一词不甚准确的场合,如衡平法学等。”[4]该书对法哲学的解释是:法哲学是“从哲学的观点,或通过把哲学适用于法律问题,来研究法律的……法哲学必然同社会哲学、道德哲学、政治哲学互相联系和部分重合”。[5] Alan Mabe在为《法律和哲学》(*Law and Philosophy*)杂志所写的《社论》中指出:法哲学意味着对法律进行的具有法律知识内容的哲学反思,或者说是根据哲学的方法和原理进行的法律分析。该《社论》还指出,《法律和哲学》杂志所意图刊载的论文包括下列法哲学论题:法律的理论,正义和法律,道德和法律,法律效力,法律和法律制度的性质,责任和惩罚,司法,法律推理,义务和不服从,法律职业道德,有关证据和程序的认识论问题,对有关法律和法律制度的概念和根本问题进行哲学研究,法律发展对哲学的影响,法律制度和其他社会制度的关系,法律理论和政治理论的关系,关于法理学和法哲学的问题的经济学分析,法律概念的本质和发展等。[6]

英国法学家哈特对法哲学做出了很独特的解释:法哲学"是关于法律的普遍本质的思考"。它所关心的不是法律的知识(knowledge),而是法律的思想(thought)。法哲学的基本问题包括:定义和分析的问题、法律推理的问题、法律批评的问题。[7]

曾任英国牛津大学法理学教授的德沃金指出:"法律的一般理论肯定是抽象的,因为它们旨在阐释法律实践的主要特点和基本结构而不是法律实践的某一具体方面或具体部分。"[8]

美国联邦法院法官、法学家波斯纳指出:"所谓'法理学',我指的是对所谓法律的社会现象进行的最基本、最一般、最理论化层面的分析……许多法理学的问题都跨越了学理的、时间的和民族的界限……因此,传统上将法理学界定为法律哲学,或界定为哲学在法律中的运用,这显然很恰当。"[9]

德国法学家魏德士(Bernd Ruthers)指出:"法理学的概念本身就意味着要系统的观察、思维与验证法的全部(它的一切表现形式与'法律信条学'),以获得可被证明(可反驳的)认识。"[10]

(二)中国法学家关于法理学研究对象的论述

在我国,法理学作为认识活动和学科的名称,始于清末康有为和梁启超,他们最早使用了"法理学"名称。1897 年,康有为编《日本书目志》,其中第六卷"法律门"内列"法理学"目。[11]1899 年,梁启超在《蒙的士鸠之学说》("蒙的士鸠"现多译为"孟德斯鸠")中介绍孟德斯鸠"少壮,探讨各国制度法典,并研究法理学”。[12]1904 年,梁启超发表《中国法理学发达史论》,指出,对于当时的中国法学而言,“抽象的法理其最要也”。1907 年,沈家本为《刑案汇览三编》作序,写道:“今日法理之学,日有新发明,穷变通久,气运将至。”[13]

在民国时期,法学院系曾开设“法理学”“法学绪论”“法学通论”“法学总论”“法学概论”等相似的课程,也有若干法理学教科书刊行。但当时对法理学很不重视,多为选修课。“法理学”主要讲授西方法学派别,尤其是社会学法学的学说;“法学绪论”“法学通论”一般讲授西方学者关于法的性质、作用、渊源、分类、效力、适用、权利、义务、制裁等问题的观点。在多数“法学绪论”“法学通论”中,还附带介绍宪法、民法、商法、刑法、诉讼法等的基本内容。值得一提的是,就在同期,中国共产党的创始人之一、马克思主义理论家李达在湖南大学主讲法理学,并写有《法理学讲义》,解放后出版《法理学大纲》,这是在中华大地出版的第一本以唯物史观为哲学基础的马克思主义法理学著作。李达在书中提出:“各种法理学,都是一种特定的哲学在法学领域中的应用和扩张。”“法理学所以有许多派别,主要的是由于那些法理学的哲学基础不同。”李达主张采用科学的世界观即马克思主义世界观研究法理学。[14]

中华人民共和国成立后,我国法学一度“全盘苏化”,采用苏联法学模式,开设“国家与法权理论”或“国家与法的理论”。把法和国家紧密联系在一起的体系适应了阶级斗争思维,导致了法理学本体的弱化,使法理学实际上成为国家理论的附属。改革开放后,针对这种情况,法学界展开了广泛讨论,加上政治学作为一门独立学科已经恢复,法学界形成了法学以法而不是以国家和法、更不是以国家为研究对象的基本共识。1981 年,北京大学法律系顺势开设“法学基础理论”课程,取代了“国家与法的理论”,并出版了同名教材。之后,法理学界进一步形成了作为法学基础理论、法的一般理论和法学方法论的学术门类应名正言顺地冠名为“法理学”的共识。1994 年,沈宗灵主编、张文显副主编的《法理学》教材由高等教育出版社出版。这不仅仅是名称上的改变,而主要是法理学学科内容和体系的改变,是法学面向现代化、面向世界、面向未来的重要成果。与此同时,作为学科研究会的“中国法学会法学基础理论研究会”更名为“中国法学会法理学研究会”。至此,“法理学”在中国法学界和教育界获得“合法的”地位。就中国法理学的知识和理论体系而言,用“法理学”一词来标识是比较恰当的。

关于法理学的研究对象,我国法理学界各抒己见,不同版本的教材和论著亦有不同的表述,但总体上大同小异。

力倡"法理学"教学和教材改革的沈宗灵先生指出:"法理学即法学基础理论的简称,研究法的一般理论、特别是我国社会主义法的基本理论。"[15]"法理学是当代中国法学中的主要理论学科,法律教育的基础课程。它所研究的是法的一般理论,特别是我国社会主义法的基本理论。具体地说,它要研究有关一般的法,特别是有关我国社会主义法的产生、本质、特征、作用、形式、发展以及法的制定和实施等基本概念、规律和原理。"[16]

新中国法学理论学科的主要代表人之一的孙国华先生指出:"法理学是我国法学体系中处于基础理论地位的理论学科,它是系统阐述马克思主义法律观,从总体上研究法和法律现实的一般规律,研究法的产生、本质、作用、发展等基本问题,研究法的创制和实施的一般理论,并着重研究我国社会主义法和法治的基本理论问题的理论学科。"[17]

舒国滢认为:"法理学是一门研究所有法律制度中的一般问题、原理、原则和制度的学问。它是对每一法学学科中带有共同性、根本性的问题做横断面的考察。具体而言,法理学研究的主要问题包括:(1)什么是'法'?'法'以什么形式存在?我们在哪里能够找到'法'?(2)法为什么有效?它为什么具有强制性?(3)我们如何看待法的本质和价值?(4)法有什么作用?它要达到什么目的?法是可有可无的吗?(5)法是为谁服务的?法与道德、正义政治、社会实践或者与赤裸裸的暴力之间有什么联系?法在多大程度上体现公正或者能够体现公正?(6)谁(有权)创制法?法是怎样适用和发展的?我们为什么应当遵守法律?"[18]

此外,李龙、朱景文、徐显明、张恒山、刘作翔、葛洪义、付子堂、卓泽渊、孙笑侠、刘星、陈林林等老中青法学家也都发表过关于法理学性质和研究对象的类似或近似的观点。

由教育部、司法部组织编写的若干版本的《法理学》教材均指出:法理学是法学的一般理论,法学的基础理论,法学的方法论,以及法学的意识形态论(法的价值论)。就一般理论和基础理论而言,法理学以"一般法"即整体法律现象为研究对象。所谓“一般法”,首先指法的整个领域或者说整个法律现实,以及现行法从制定到实施的全部过程。法理学要概括出各个部门法及其运行的共同规律、共同特征、共同范畴,从而为部门法学提供指南,为法制建设提供理论服务。为此,法理学应当以各个部门法和部门法学为基础,应是对各个部门法的总体研究,对各个部门法学研究成果的高度概括。“一般法”其次指古今中外的一切法。法理学应是对古今中外一切类型的法律制度及其各个发展阶段的情况的综合研究,它的结论应能解释法的一切现象。法理学要立足中国,放眼世界,通观历史,从横向和纵向全面地考察法律现象,要吸收比较法学和法史学的研究成果,尽可能了解和批判地借鉴国外法学的研究成果。正因为法理学研究的是一般法,所以,它也被法学家们称作“法的一般理论”。

法理学的研究对象是一般法,但它的内容不是关于一般法的全部问题,而仅仅是包含在一般法中的普遍问题和根本问题。法理学属于法学知识体系的最高层次,担负着探讨法的普遍原理和根本原理,为各个部门法学和法史学提供理论根据和思想指导的任务。它以其对法的概念、法的理论和法的理念的系统阐述,帮助人们正确理解法的性质、作用、内在和外在的变化因素。它所处理的主要是法律的一般思想,而不是法律的具体知识。因而,法理学的论题是法学和法律实践中带有根本性的问题。在解决这些问题的过程中,法理学还要概括和阐述法学的基本范畴。可见,法理学是法学的基础理论或法学体系的基础。[19]

(三)对“法理”在法理学中的境遇问题的研判

在对法理学及其研究对象的解读和论述中,大多数西方法学家认为法理学的研究对象应当包含可以聚合在“法理”名下的各种要素和问题。一些法学家更为直接地把法理学研究对象聚焦于法理要素或法理性论题。例如,英国学者伯克(John Burke)认为:“Jurisprudence 即法律科学,目的在于探寻法律规则之立基的原则。”[20]雷丁(Max Radin)认为:“Jurisprudence 即法律科学,法律理论的体系性研究、法律分析或基于哲学、社会学、心理学视角的对法律理念的审视。”[21]柯曾(L. B. Curzon)认:“Jurisprudence 即法律科学或法律哲学,对法律或法律制度的渊源、本质、目的、效力的存在性或描述性反思。”[22]斯塔克斯基(William P. Statsky)认为:"Jurisprudence:探寻法律规则之原则基础的科学;实证法与法律关系的科学。"[23]埃尹亚(K. J. Aiyar)认为:"Jurisprudence:对法律首要原则的体系化知识进行研究的科学。法理学还研究作为高级法律体系的基础和潜于具体实证法中的法的抽象性原则""法理学的目的在于分析探究法的首要原则。"[24]塞纳(M. J. Sethna)认为:"法理学可以被定义为对法律基本原则的研究,从社会研究中衍生而来,对一个国家制定法的塑造起着关键的作用。法理学是对法律原则的基础性研究,包括哲学、历史社会基础和对法律概念的分析。法理学的目标在于检审现行法及其基本原则,分析法律概念,通过研究历史和对法律的比较(世界各国的法律体系之间),验证法律的有效性,研究法律背后的理性,借助社会学、心理学的视角,在自然正义和具体社会科学的规则下审视现行法。"[25]

更有许多法理学大师,如庞德、富勒、德沃金、拉兹斯通、菲尼斯、考夫曼等,把法律与利益、法律与传统、法律原则、法的道德性、法律与正义、法律与逻辑、法律理念、自然正义、自然权利、法律权威的来源等作为法理学研究的重点。

从中国法学家关于法理学的性质和研究对象的各种论述中,以及从有影响力的法理学教材和专著中,也可以看出,法理学研究对象大都包含着构成法理的种种要素,法理要素涵盖在法理学的"基本问题""一般问题""共同问题""普遍问题""规律性问题"之中,法学认识论、本体论、价值论、社会论、发展论等理论板块中都包含着对法理要素的认知和探寻;也可以看出,在有关法律运作、法律解释、法律推理、法律论证、法律修辞等法学论题中,也都或多或少、直接或间接地触及法理。若干法理学论著甚至在字面上明确提出了法理学的研究对象是"法之理","法理学应是法理之学"等。

例如,1904 年,梁启超在《新民丛报》第 4 卷第 5、6 期发表了《中国法理学发达史论》。文中指出:法理学的研究对象不仅包括法文(即成文法之条文)解释,而且包括法文以外的法理研究("求法理于法文之外"),提出对于当时的中国法学而言,"抽象的法理其最要也"。[26]梁启超的这一观点很可能是受到穗积陈重的影响,穗积陈重说过:"法理学者,即法律现象根本原理之学问,即 spirit of the law 之学问也。"[27]

进入21世纪之后,我国多位学者在其论文、讲义、教材中直接或间接提出法理学应当研究"法的道理""法之理""政道法理"。如葛洪义指出:"法理学存在的主要依据就是:法律必须建筑某种'道理'的基础之上,'道理'自然是超越法律并凌驾于法律之上的,是法律的根本。这个问题不解决,合法性问题也就不可能最终解决。"[28]马长山提出:"法理学是人们试图对法律现象、法律问题进行深层思考和理论回答,致力于探寻法律的最基本、最一般、最普遍规律,研究法律基本范畴、基本原理、基本原则、基本方法和基本问题的一门学问。简言之,法理学就是要探讨和研究'法'之'理'……寻求对法律的性质以及它的社会背景的某种程度的透彻理解。"[29]夏勇等提出:"'法理学',顾名思义,是关于法之理的学问。第一,它不限于讲法律现象,还要透过现象看本质,究理而言道。第二,它不是专讲某一部法律之理,而是讲一般意义上的法律之理。第三,它不止要讲出几条法理,更重要的,还要研究怎样讲法理,要解决关于法的意识形态和方法论问题。在此意义上,法理学是求理之学、讲理之学、成理之学。"[30]

从以上关于法理学研究对象的学术梳理可以看出:第一,尽管西方法学家对作为"法理"的种种要素进行了较为系统的研究,但是,无论是英语文献,还是法语、德语文献,并没有与汉语"法理"一词精确对应的词语,[31]以致很多中国学者将"法理"翻译为"legal theory"(法理论)、"theory of law"(法的理论)、"legal thought"(法思想)、"thought of law"(法的思想)、"jurisprudence"(法理学),《北京大学法学百科全书》的作者们因苦于英语中没有直接对应的词汇,而把"法理"翻译为"hows and whys in the law"。[32]由于没有一个统领性的"法理"概念,西方法理学的知识体系和理论体系实际上处于凌乱状态,可谓"有一千个法理学家,就会有一千种法理学体系"。

第二,虽然我国若干学者提出法理学要研究"法之道理"、"法之理"、"法"之"理"、"政道法理",但是,有的对作为法理学研究对象的"法理"概念的理解却与"法理"的核心要义和丰富内涵相差较远;有的把"法理"这个概念拆分为"法"与"理"两个字,说明作者并未把"法理"作为法理学的核心概念(范畴)对待;有的把法之"理"解读为法理论,把法理与法理学画等号。

第三,"法理"概念尚未形成,[33]尤其是融通法理学和部门法学的共识性

“法理”概念还没有凝练出来，除了台湾民法学界因我国台湾地区“民法典”保留“法理”的法源地位而持续解读“法理”词义外，大陆学者几乎没有对“法理”进行过专题研究。

第四，总体上看，我国法理学的“法理”意识还不够强，把“法理”作为法理学研究对象和中心主题的认识比较模糊，至今还没有形成理论自觉。“法理”还没有名正言顺地进入法理学研究的中心位置，在法理学知识体系、理论体系和话语体系中，“法理”事实上是处于缺席或半缺席的状态。这正是中国法理学被诟病的要害问题之所在。

我国法理学之所以尚未把“法理”作为研究对象和中心主题的主要原因在于：第一，在一个相当长时间内，我们把中国历史上形成的体现法治智慧的“法理”作为封建主义的糟粕遗弃，把西方标志近现代法治文明的“法理”作为资产阶级的东西加以批判，甚至曾把“五四宪法”明文规定的公民在法律上一律平等、法院独立审判只服从法律、被告人有权获得辩护等不证自明的法治公理在宪法修改时剔除，把主张和宣讲法治公理的法学法律界人士打成“资产阶级右派分子”。“法理”的历史遭遇所产生的影响尚未彻底清除，在许多“法理”问题上人们依然心有余悸。第二，我国社会主义法治实践的深度和法治发展水平还没有充分印证或展示“法理”的丰富内涵和普遍意义，致使人们对“法理”认识不深刻、重视不到位。第三，我国法理学获得“合法”地位的时间不长，学术发育尚不成熟，过去几十年主要精力又用在应对依法治国实践问题上，对自身的性质、功能和发展缺乏与时俱进的反思，没有来得及在法律本体论和法治实践论基础上的“法理化”升级。第四，法理学学科问题和弊端的显现也有一个过程。最近几年，法理学知识体系、理论体系、话语体系在全面依法治国、实施良法善治、推进国家治理现代化的背景下日益显现出其滞后、陈旧、乃至僵化的一面，并与年轻一代学者学子的期待形成了较大反差。这才引起法理学界的深刻反思并形成了改革创新的强大动力。

鉴于上述问题、弊端及其原因，中国法理学的专业化、科学化、规范化、现代化迫切需要法理学来一次新的转型，即确立以“法理”为研究对象和中心主题的转型。

二、作为法理学研究对象的“法理”

在当今世界，“法理”是一个被广泛使用的概念，无论是法律人还是非法律人，无论是政治家还是新闻记者和作家，无论是在法庭上还是在联合国峰会上，“法理”都成为十分流行的一个热词。在立法草案说明、法律法规、立法解释、司法解释、诉讼文书、司法裁判、指导案例、法学作品中，“法理依据”“法理主张”“法理支撑”“法理前提”“法理基础”“法理支点”“法理认同”“依……的法理”“……的法理分析”等表达更是比比皆是。学者、官员、记者、民众、法官、检察官、律师、诉讼当事人等不同主体赋予“法理”概念不尽相同的语义和意义。“法理”一词往往还和“事理”“情理”“常理”“道理”“条理”等概念关联使用，致使语义混杂。所以，有必要对作为法学研究对象的法理概念进行词源考察、语义分析和意义分析，以发现和明晰在不同语源、不同语境、不同文本、不同言论中“法理”一词被赋予的内涵，回答“法理”概念从何而来、如何演化，“法理”是什么，阐明“法理”的意义是什么，依法治国遵循什么样的“法理”。

（一）汉语“法理”词源的历史考察

如前所述，在西方文献中并没有“法理”这个统合概念，而在中国，早在一千九百多年前的汉代就出现了“法理”词语，并逐渐演化为“法理”概念。有学者认为，“法理”“法理学”的概念是从日本法学引进的，而日本法学中的“法理学”概念又是由英文“jurisprudence”翻译而来的。事实可能并非如此。在中国历史文献中，早就有“法理”词语和概念，日本学者穗积陈重很可能是借用了汉语“法理”，加上一个“学”字，而有了“法理学”这一概念。明治维新时期，日本学者采用这种方法，翻译过一大批西方法律和法学概念。

传统中国史料文献记载中的“法理”一词，主要包含两种含义：其一是指律令条文背后所蕴含的价值追求及共通原理；其二为宗教概念，是指佛家教法原理。作为一个与法学相关的概念，“法理”一词最早出现在班固编撰的《汉书·宣帝纪》中，书称：“孝宣之治，信赏必罚，综核名实，政事、文学、法理之士咸精其能。”[34]这里的“法理”一词是指司法机关，有“理法”之意。“法理之士”便是专职司法的官员。从其他史籍之记载亦可看出“法理”一词之义旨偏重于

“理”。“理”者，理官也。“法家者流，盖出于理官。”[35]所谓“理官”，是指主掌司法的官员。此外，“法理”一词在《后汉书》中总共出现了三次，其含义皆指司法机关。[36]

从历史文献的记载来看，时至东汉末年及魏晋时期，“法理”一词已渐有法律内在规律、道理、原理之含义。据《三国志》记载：汉献帝建安十九年，下诏置理曹掾，专理军队刑狱案件。“夫刑，百姓之命也，而军中典狱者或非其人，而任以三军死生之事，吾甚惧之。其选明达法理者，使持典刑。”[37]曹魏时期的大臣高柔就因通晓律令、秉公执法而被史书称赞“明于法理”。由此，史册中的“明于法理”“明达法理”“明练法理”“雅长法理”等词汇，逐渐成为对法律人才的称赞之语。[38]

此外，历史文献中的“刑理”一词也与“法理”同义。精通法律内在机理的人也被称为“善刑理”或“明刑理”。如史料称：汉明帝“善刑理，法令分明。日晏坐朝，幽枉必达。内外无幸曲之私，在上无矜大之色。断狱得情，号居前代十二。”[39]又如曹魏时期的宋世景，史载其人“明刑理，著律令，裁决疑狱，剖判如流”。[40]

北魏时期，“法理”一词首次作为法律术语出现在律令分析中。当时律文规定，当母亲杀害父亲的时候，儿子不得告发母亲的罪行，若儿子坚持告发，那么儿子要处以死刑。平州刺史窦瑗认为，此条律令背后所蕴含的“法理”就是孩子有为尊长隐瞒罪行的义务和权利，也就是“亲亲得相首匿”。[41]由是可知，此处的“法理”一词不再只是一个单薄的概念，其内涵已经关涉律文之后所蕴含的正当依据。

随着历史的发展，“法理”一词的内涵逐渐丰富，其作用也为统治者所重视。南朝齐武帝永明年间，曾诏令群臣，删正刑律。时任廷尉的孔稚圭主持修订律文二十卷，录叙一卷，共二十一卷呈送预览。其表云：“臣闻匠万物者以绳墨为准，驭大国者以法理为本。是以古之圣王，临朝思理，远防邪萌，深杜奸渐，莫不资法理以成化，明刑赏以树功者也。”[42]这里的“法理”一词含义更为深刻，驾驭世间万物需要建立法度，治理国家必须以“法理”为基础。“法理”不仅是律令条文内在所蕴含的基本价值，更上升为治国理政的根本原理。

到唐代，社会结构发生了深刻的变化，成文法典、法律解释、审判制度更加缜密和成熟,法学教育盛行,“法理”一词与法律及其适用的关系更为密切,不仅在正史中出现,还常常为司法官运用于司法判决之中。在唐代,“法理”一词有多处指法意、法条、法律智慧等。例如,“大中六年正月,盐铁转运使裴休奏:诸道节度、观察使,置店停上茶商,每斤收搨地钱,并税经过商人,颇乖法理。”〔43〕“时韦方质详练法理,又委其事于咸阳尉王守慎,又有经理之才,故《垂拱格》、《式》,议者称为详密。”〔44〕“凡天下诸州断罪应申覆者,每年正月与吏部择使,取历任清勤、明识法理者,仍过中书门下定讫以闻,乃令分道巡覆。”〔45〕唐代统治者明确提出“不习经史,无以立身;不习法理,无以效职”,〔46〕把熟谙法理作为选拔官员的重要条件之一。

在法制成就发展到顶峰的宋代,“法理”一词表现出多种内涵,据陈景良的梳理和概括:〔47〕(1)“法理”指法律条文。“县官、寨官不顾法理,而宁畏豪家,是自求案劾也。”〔48〕“惟得之求,宁顾法理 。”〔49〕(2)“法理”指天理与国法。“当职于孤幼之词讼,尤不敢苟,务当人情,合法理,绝后患,馀并从拟行,帖县照应,备榜市曹。”〔50〕(3)“法理”指法官断案时依据案情分析出来的法律原理。“此正类何武事也。夫所谓严明者,谨持法理,审察人情也。”〔51〕

总之,经过历史的积淀,传统中国的“法理”一词的内涵不断丰富完善,并深刻地影响着国家立法和司法实践。尽管传统中国的“法理”概念其内涵与现代的“法理”概念存在一定的学术差异,但从基本含义上来说,作为法律条文背后蕴含的观念、规律、价值追求及正当性依据,它们相差无几。

中国古代文献中不仅大量出现“法理”词语和概念,而且有许多经典的法理表达和精湛的法理格言,有些法理表达和格言接近现代法理,甚至比现代法理更为深刻。例如,“法令行则国治,法令弛则国乱。”〔52〕“夫法者,所以兴功惧暴也。律者,所以定分止争也。令者,所以令人知事也。法律政令者,吏民规矩绳墨也。”〔53〕“以法治国,举措而已矣。法不阿贵,绳不挠曲。法之所加,智者弗能辞,勇者弗敢争。刑过不避大臣,赏善不遗匹夫。”〔54〕“君臣上下贵贱皆从法,此谓为大治。”〔55〕“立善法于天下,则天下治;立善法于一国,则一国治。”〔56〕“罪疑惟轻,功疑惟重。”〔57〕“宥过无大,刑故无小。”〔58〕“公私不可不明,法制不可不审。”〔59〕“诛恶不避亲爱,举善不避仇仇。”〔60〕“礼禁未然之前,法施已然之后;法之所为用者易见,而礼之所为禁者难知。”〔61〕“德礼为政教之本,刑罚为政教之用,犹昏晓阳秋相须而成者也。"[62]"盖天下之事,不难于立法而难于法在必行。"[63]"律法断罪,皆当以法律令正文;若无正文,依附名例断之;其正文名例所不及,皆勿论。"[64]

总之,法理作为词语、概念、话语、理论,是祖先留给我们的极其宝贵的精神遗产,是我们今天能够树立和保持法学自信、法治自信的底气所在。在制度、文化等层面,中国古代有丰厚的法理底蕴,而这却长期被人忽视。今天,在构建中国法理学知识体系和理论体系、建设社会主义法治文化中,需要我们认真对待中国古代的法理遗产。

(二)"法理"的语义分析

据文献检索和学术规整,法理,作为一个统合概念,其内涵十分丰富和深邃。至少有以下基本语义、精义:

1. 法之道理,法之"是"理

有些法学家把法理看作法律或法律体系背后恒定不变、超越时空、具有普遍意义的东西,属于法的规律性、本质性因素。借用毛泽东关于"实事求是"的论断,法理就是法这一客观事物("实事")的内在机理和规律("是"),法学研究中的实事求是方法,就是通过法律或法律体系去研究法理。如台湾学者刘得宽先生所说,法理是指"物之道理,事之理路",由于法理为物之道理,所以"法理"属于所有法源之基础,是制定法、习惯法、判例法等法源之最根底之"物"。[65]又如台湾学者杨仁寿认为:"法理又称为条理,系指事物之当然道理而言,在外国或称一般原则(general principle of law)或事物之本质(nature der Sache)。"[66]古典自然法论者把自然法归之于理性,或认为理性是自然法的核心。所谓"理性",在他们那里指人类的一种自然的能力,是行为或信仰的正当理由,评判善恶是非的根本标准。把自然法视为理性的建构,意味着自然法是绝对有效的、不证自明的、一贯的和必然的,即使上帝也不能改变。正如格老秀斯所言:"自然法之原理,只要你留心加以辨识,无不是本身就是昭然若揭的,几乎跟我们用五官去知觉的事物一样明显。""上帝的力量尽管大得无法衡量,我们仍然可以说有些东西不是他的力量所能左右的……正如即使上帝也不能使二加二不等于四,他也不能使本来是恶的东西成为善。"[67]

美国法学家博登海默认为:“在法律制度实施过程中会出现这样的情形,即解决某个问题的特定方法会有一种令人非同意不可的和不可辩驳的力量,从而迫使法律决策者去接受它。”在此情形中,“事物性质之本身(在罗马法学家的术语中,它被称之为natura rerum)已然把某个结果强加给了立法机关和司法机关”。[68]在他看来,为某些情形提供了审判标准的natura rerum,可被分为下述内容:(1)它可能源于某种固定的和必然的人的自然状况;(2)它可能源于某种物理性质所具有的必然的给定特性;(3)它可能植根于某种人类政治和社会生活制度的基本属性之中;(4)它可能立基于人们对构成某个特定社会形态之基础的基本必要条件或前提条件的认识。[69]

2. 法之原理,法的学理、学说

《汉语大词典》将“法理”解释为“法律原理”。[70]《辞海》对“法理”的解释是:“形成某一国家法律或其中某一部门法律的基本精神与学理。”[71]孙国华先生提出“法是‘理’与‘力’的结合”,所谓“理”,从法律的客观性方面看,是人们关于客观规律的某种程度的真理性认识,是科学上的“理”,此乃学理,哲理。[72]庞德认为,完整意义的法包括理想、学说等归属于“法理”范畴的成分。他认为,学说是指逻辑上互相依赖的要素的组合体。在这个组合体内,有关某类情况的规则、原则、概念和标准溶为一体,以使法律推理可以直接从它进行。[73]

对“法理”解读较多的是民法学家。王泽鉴教授认为:“学说是法学家对成文法的阐释、对习惯法的认知及法理的探求。”[74]梁慧星认为:“所谓法理,指依据民法之基本原则所应有的原理。”[75]王利明认为:“所谓法理,指的是民法的学说、理论。”[76]我也曾经持这种观点,在《法哲学通论》中,我认为“法理主要是指法学家对法律的各种学理性说明、解释和理论阐发。”[77]我还指出:“这种学理性解释(法理)能否成为具有法律效力的法律渊源,取决于各个时代和各个国家的法律规定和法律传统。在法律发展早期,如古罗马时代,法学家的著作中所阐发的法理成为具有法律的效力的法律渊源之一。在现代,各个国家一般不承认法理是具有直接法律效力的法律渊源,但却是具有说服力意义上的法律渊源。”[78]

学说是对法理的探求,法理则在学说中得到阐发与体现。在法律史上,获得人们公认的学说往往会逐渐演变形成为公认的法理。例如，财产取得（合法性）的"占有学说""劳动学说""资本学说"，合同法上的"要约与承诺学说"，刑法上的"罪刑法定学说"等。在当代中国法学各领域中，法理意义上的学说（原理）很多。诸如人民主权学说、分权与制约学说、违宪审查学说、协商民主学说、有限政府学说、公共治理学说、相邻关系学说、善意取得学说、责任竞合学说、宽严相济学说、疑罪从无学说、刑事证明学说、客观真实与法律真实学说、自由心证学说、国际礼让学说、人权与主权关系学说等。在推进法理研究的过程中，必将形成新的更多的法理性或法理型学说。

3. 法之条理

条理，或事理，泛指事物的规矩性。法理意义上的条理首次出现在清末的民事立法之中。1911 年起草完毕的《大清民律草案》第一条规定："民事，本律所未规定者，依习惯法；无习惯法者，依条理。"何谓条理？《大清民律草案》的起草者们把"条理"等同于"情理""天理"。《大清民律草案》第一条按语曰："凡关于民事，应先依民律所规定，民律未规定者，依习惯法；无习惯法者，则依条理断之。条理者，乃推定社交上应有之处置。例如事君以忠，事亲以孝，及一切当然应尊奉者……"可见，条理是社会生活中处理事务的当然之理、伦理纲常、道德教义。

民国初期，大理院的法官们在四种意义上解读和适用条理，即（1）平等原则；（2）立法宗旨（如维护"礼教"、公共秩序、良善风俗）；（3）法律理念（例如法的正义性、合目的性、法的安定性）；（4）事物的性质（法律规范、法律关系的质的规定性）。

一些学者把条理理解为学理或者学说，指出：条理不同于制定法和习惯法，"条理虽然源于社会生活，却是法律工作者加工后的产物，相当程度上反映出法律家的法律理想，条理最主要的表现形式即是'学说'"。[79]

条理有时候也与判例关联，判例之所以成为条理的载体之一，乃是因为判例往往体现司法机关对法律或法理的支配性见解，体现为司法领域的"通说"；判例与个案不同，它们具有"规则性指向"与"普遍化倾向"；判例作为法官在无法律明文及习惯法可资依循时创设的司法规范，具备充分的说理和论证，且判例的内容必须是原判决中具有重要性的理据；优秀法官往往在疑难案件中将法理与自由裁量权相结合去发掘个案正义、拓展正义的疆域,并形成新的判例及新的法理。

“条理”也可理解为由商品经济和市民社会所形成的自然法理。近现代商品经济的发展,使经济行为得以摆脱伦理和政治的束缚,形成以市场机制为中心的生产、交换体系。传统的社会共同体由此分化出一更多平等而非等级、更多自主而非依赖、更多协商而非命令的社会领域,即作为一切政治组织之基础的市民社会——有别于一切处于自然或半自然经济状况下的礼俗群体的法理社会——由私人财产权和自由契约构成的,也就是由私法机制调整的社会。[80]这种市民社会,一方面是独立于政治国家;另一方面又表现出对规则的依赖,首先是对私法机制,而后是对诸如对契约义务的司法强制、民意的立法体制和公共秩序的管理等公法制度的依赖。[81]

4. 法之公理

有科学、实证层面的公理,也有意义、规范层面的公理。本文所言“公理”,是指意义和规范层面的公理,即与正义、良善、信念、公德、共同价值等关联的公理。公理具有融通性、普遍性、普适性,用公理指称法理,道出了法理的鲜明特征。法学上的公理是指长期以来已经被法学界普遍接受的理论命题。孙国华先生说过:法之“理”指体现源于社会利益关系的正义观、道德观、价值观,是法律所体现的人们心目中的“公理”;从法律对社会关系调整角度,法律或多或少地体现了一定的秩序、自由、正义、民主和法治原则,是价值领域的公理。[82]台湾学者郑玉波也认为:法理乃多数人所承认之共同生活原理是也。如正义、衡平利益之较量等均是。[83]亦为“依法律全体精神所生之原理”“法律通常之理”等。

在西方一些人看来,法律应该像自然科学如数学、物理学、化学、天文学的公理、定则、规律或公式一样客观稳定,不以人的意志或情感为转移。美国法学家兰德尔(Christopher Columbus Langdell)坚持法律和法学要从被认为是不言自明的公理出发,凭演绎推理得出一系列的定理,由此来统合整个体系。他认为,天赋人权就是这样一个不言自明的普世公理,现代西方法律就是从这个公理出发,通过逻辑演绎而得出一系列的法则(定理),适用于任何事实情况。[84]德沃金认为,政府应该对于它所治下的所有人们给予“同等关怀和尊重”，这是人们的一项基本权利；而且认为，人们拥有这项权利是道德上的一个公理，所有的其他权利都是从这里推导出来的。[85]

我国学者郑成良对法治领域的公理进行过深入研究。他认为：“法治原则作为一条基本的文化公理，反映了人类文明的现代形态对公共生活规范和秩序的特殊理解。”[86]“依法治国是近、现代法制文明所确立的一条基本公理，并与诸多重要的法律原则、原理和规范密切相联……在依法治国的条件下，由于法律在任何场合都不再是一个可以被忽略不计的因素，能否确保公共权力的合法性就成为一个无可回避的现实问题。为此，必须在政府和公众中树立起这样一些法律公理：法律是一切公共权力的来源和基础，依法设立、依法取得并依法行使是一切权力取得正当性的普遍形式；不具有合法性的权力不值得任何人予以尊重，它所发出的任何指令都是无效的，不能引起任何服从的义务；一切治国者，无论是作为个人，还是作为机构，都必须随时准备接受法律的评价并须为违反法律而承担责任。”[87]“法律作为一个统一标准，应当对一切人的相同合法行为与非法行为做出相同的反应，这乃是一个不证自明的公理。”[88]

在法治领域，有许多源自良知、经验、理论的命题和经典性的论述、论断已被越来越多的法律人和法学家奉为不证自明的公理。例如，亚里士多德提出：“法治应包含两重意义：已成立的法律获得普遍的服从，而大家所服从的法律又应该本身是制定得良好的法律。”[89]格老秀斯提出：“理性将以下观点作为它的法典中首要的公理：除非其目的是出于某种明显和重要的利益，否则没有人可以作出伤害他人的任何行为。”[90]儒佩基奇提出：“以公正的逻辑代替武力的逻辑是法律本质的全部所在。”[91]黑格尔提出：“法律决非一成不变的，相反地，正如天空和海面因风浪而起变化一样，法律也因情况和时运而变化。”[92]马克思指出：“法官是法律世界的国王，除了法律就没有别的上司。”[93]贝卡利亚提出：“一切违背人自然感情法律的命运，就同一座直接横断河流的堤坝一样，或者被立即冲垮和淹没，或者被自己造成的漩涡所侵蚀，并逐渐地溃灭。”[94]伯尔曼提出：“法律需要被信仰，否则它将形同虚设。”[95]习近平指出：“纵观人类政治文明史，权力是一把双刃剑，在法治轨道上行使可以造福人民，在法律之外行使则必然祸害国家和人民。”[96]

在法治领域,也有许多脍炙人口的格言、谚语,它们凝聚着千百年来法律实践的智慧和法治文化的理性,以简洁、优雅、精湛的语言承载和表达人类社会的法理。诸如,国无纪,民无生;国法既坏,天道遂行;法律就是秩序,有好的法律才有好的秩序;法典就是人民自由的圣经;公正是一种完善的理性;法律是最保险的头盔;法立于上则俗成于下;法立于上则俗成于下;法无授权不得为;法无禁止即自由;惩罚是对正义的伸张;绝对的权力必然导致绝对的腐败;程序决定了法治与恣意人治之间的基本区别;正义不仅要实现,而且应当以人们看的见的方式实现;无救济,则无权利;没有诉权,就没有法律;任何人不能成为自己案子的法官;迟来的正义即非正义;法律不保护权利上的睡眠者;法律的生命在于其实施,法律的权威也在于其实施;民众对权利和审判漠不关心的态度对法律来说,是一个坏兆头;法律为未来作规定,法官为过去做判决等。

在现代法理学的理论体系之中,“公理”也时常被界定为公共理性。在这个意义上,“理性”并不仅仅意味着法治要合乎认知理性,更重要的是合乎道德理性、价值理性;法治不仅要合乎真理,还要合乎情理;不仅要合乎私人良知(同情、友善、博爱),还要合乎公共良知(正义、平等、自由、人权等)。正如西塞罗所言:“法律是植根于自然的、指挥应然行为并禁止相反行为的最高理性。”[97]公理也时常与公德相连,正所谓“既合乎公理,也合乎公德”。

5. 法之原则

法律原则是法理的普遍形态。台湾学者王泽鉴先生认为:“所谓法理,应系指自法律精神演绎而出的一般法律原则,为谋社会生活事物不可不然之理,与所谓条理、自然法、通常法律的原理,殆为同一事物的名称。”[98]

“原则”一词来自拉丁语(*principium*),其语义是“开始、起源、基础”。在法理学中,法律原则是指可以作为法律规则的基础或本源的综合性、稳定性的原理和标准。有的学者认为:“法律原则是规则和价值观念的汇合点。”[99]法律原则的特点是,它不预先设定任何确定的、具体的事实状态,没有规定具体的权利和义务,更没有规定确定的法律后果。但是,它指导和协调着全部社会关系或某一领域的社会关系的法律调整机制。尤其是在司法机关处理复杂、疑难、新奇案件,需要平衡互相重叠或冲突的利益,为案件寻找合法的解决办法时,法律原则具有十分重要的作用。[100]

在判例法国家,各种原则是法官将司法经验组织起来的产品,他们将各种案件加以区别,并在区分的后面定上一条原则,以及将某一领域内长期发展起来的判决经验进行比较,为了便于推理,或者把某些案件归于一个总的出发点,而把其他一些案件归于某个其他出发点,或者找出一个适用于整个领域的更能包括一切的出发点。“任何人不得从其错误中获利”“享用自己的财物应以不损害他人利益为度”等原则都是这样形成的。而在成文法国家,法律原则通常是由国家立法机关在法律、法律解释或法律说明中确定的,也有一些法律原则是在司法解释中阐述的。诸如“权利不得滥用”“罪刑法定”“疑罪从无”“禁止不正当竞争”“法律活动不得违背公序良俗”等。

法律原则,特别是其中的普适性原则和基本原则,体现着一个社会的基本法理,是整个法律活动的指导思想和出发点,构成一个法律体系的灵魂,决定着法律的内在统一性和稳定性。法律规则的正当性和有效性有赖于原则的证成和支持。现代社会的法理型原则已经构成相对完备的体系。例如,宪法、行政法等公法领域的“分权与制衡”“言论自由”“法律优位”“法律保留”“越权无效”“正当程序”“禁止不利变更”“比例原则”“公益原则”“信赖保护原则”“正当期待原则”“法的安定性”“法不溯及既往”;刑事法律领域的“罪刑法定”“罪责刑相适应”“罪责自负”;民法领域的“财产正义”“意思自治”“平等自愿”“善意取得”“契约自由”“契约正义”“诚实信用”“公序良俗”;商法领域的“维持交易安全”“促进交易迅捷”“维护交易公平”;知识产权领域的“权利人利益与公众利益平衡”“激励创新”;经济法领域的“反垄断”“反不正当竞争”;社会法领域的“社会公正”“民生优先”“国家责任”;环资法领域的“环境正义”“环境友好”“资源节约”“保护优先”;诉讼法领域的“法律面前人人平等”“定分止争”“遵循先例”“举证责任”“权利推定”“司法和谐”“调判结合、调解优先”等。

6. 法之美德

法理,也意味着法的美德。认真对待法理,就是要认真对待美德。美德是一个包容性很强的概念。自古以来,很多思想家、政治家、法学家把法与美德相连,以至于用“美德”指称良法。他们指出:人民的幸福是至高无上的法;善良的心是最好的法律;人民之安宁乃最高之法律;一切法律的总目标一般是或应该是增加社会幸福；法律不可能使人人平等，但是在法律面前人人是平等的；制定法律法令，就是为了不让强者做什么事都横行霸道；法律之内，应有天理人情在；人类受制于法律，法律受制于情理；法律不强人所难 ；法律如果推不开特权的门，也一定跨不进人民的心；任何人在被证明有罪前皆应被视为无辜。

在法的美德中，人们尤其重视法的正义性。柏拉图把美德分为谨慎与智慧，勇气、坚贞和刚毅，克制、斟酌和自律，正义和正直，其中正义和正直属于最高美德（至善）。亚里士多德也认为："守法的公正不是德性的一部分，而是德性的总体。它的相反者，即不公正，也不是恶的一部分，而是恶的总体。"[101]古典自然法学派把遵守契约、不侵占他人财产、不对他人施暴、损害赔偿、杀人偿命等自然正义原则作为法的普遍德性和品质。原国际法律哲学和社会哲学协会主席、国际哲学学会副主席佩雷尔曼（C. Perelman ）把正义作为一种超级美德，指出："在所有有号召力的概念中，正义概念似乎是最伟大的、最有号召力的概念，"正义，在各种名义下统治着世界自然、人类、科学、良心、逻辑、道德、政治、经济、政治学、历史、文学和艺术。正义是人类灵魂中最纯朴之物，社会中最根本之物，观念中最神圣之物，民众中最热烈要求之物。它是宗教的实质，同时又是理性的形式，是信仰的神秘客体，又是知识的始端、中间和末端。人类不可能想象得到比正义更普遍、更强大和更完善的东西。"[102]现代西方思想大师罗尔斯把"以分配正义为核心的社会正义"看作社会首要美德。[103]

谢鸿飞等中国学者则以现代中国话语、中国思想把美德升华为法理要素。谢鸿飞认为："中国民法中的美德，既体现了各国民法典的共识，也彰显了自己的特色：自由、公正、友爱、无私。"[104]民法典有可能、也有必要对人的美德作出安排，以使人们分享共同体的道德、情感、伦常等精神资源。民法典与道德关联最紧密的连接点，首推诚实信用原则和公序良俗原则。民法典也注重交易美德，并做出了周密的制度安排：一是法律行为的内容和性质不得违反公序良俗；二是通过显失公平、暴利行为、情势变更、限制高利贷等制度，平衡当事人之间的经济利益。尊重、容忍、不侵害他人权利，是道德和法律的最低要求。

美国康奈尔大学法学院於兴中教授指出，当下西方法理学界研究法的美德、法律情感、法律情理、法的信念很时髦，一种叫作"德性法理学"（"美德法理学"，virtue jurisprudence）的思潮正在兴起。[105]以索伦为代表的美国法理学家提出了建构“德性法理学”，主张把道德、美德、德性、人类繁荣等纳入法理学的概念体系和理论体系，并付诸与法律实践、特别是司法实践。[106]这为我们理解作为美德的“法理”提供了新的理论支点。

7. 法之价值

庞德指出：“在法律史的各个经典时期，无论在古代和近代世界里，对价值准则的论证、批判或合乎逻辑的适用，都曾是法学家们的主要活动。”[107]在当代中国，对法的价值、法律价值观、法律价值标准、法律价值体系的研究，促进了社会主义核心价值建设与法治建设的密切结合，实现了法理研究的新突破。

马克思认为，“‘价值’这个普遍的概念是从人们对待满足他们需要的外界物的关系中产生的。”[108]所以“价值”首先是一个表征关系的范畴，它反映的是人（主体）与外界物——自然、社会（客体）——的关系，揭示的是人的实践活动的动机和目的。人的一切实践活动无不是为了把客观存在的对象改造成为满足人类自身需要的事物。人和物之间的这种需要与满足的对应关系，就是价值关系。在价值关系中，人是价值主体，外界事物是价值客体。其次，“价值”又是一个表征意义的范畴，是用以表示事物所具有的对主体有意义的、可以满足主体需要的功能和属性的概念。在人类的实践中，凡是对人有用、有利、有益的，能够满足人的某种需要，有助于实现人的目标的东西（实体或精神），就是有价值的，就会得到人们的肯定性评价。反之，那些不能满足人的需要，无助于实现人的目标，对人无用、无利甚至有害的东西，就是无价值的或负价值的，必然受到人们的否定性评价。诸如自由、正义、财富、知识、善德等等，都是人们所希求的东西，因而被人们视为价值的存在形态；而专制、暴力、欺诈、纵欲、邪恶等，则被人们视为无价值的、有害的事物和行为。法的价值也具有上述两重性质。它一方面体现了作为主体的人与作为客体的法之间需要和满足的对应关系，即法律价值关系；另一方面它又体现了法所具有的、对主体有意义的、可以满足主体需要的功能和属性。根据这一观点，可把法律价值界定为“在人（主体）与法（客体）的关系中体现出来的法律的积极意义或有用性”，从此出发，可进一步把法律价值问题看作是与法的目的性、合法性、正当性、实用性、安定性相关的论题，法律价值观对立法、执法、司法、守法等法律活动具有导向、规范、评价、矫正的意义。

法治文明的历史也证明,法的生命力、感召力,法的权威性、实效性,皆取决于法的核心价值。秩序、自由、平等、人权、和谐、正义、和平、发展、包容、和谐等都是法的重要价值,在实践中体现为以人民为中心,以人为本、尊重人权,保护产权,维护和促进公平正义,保障经济社会发展,保护生态文明,引领社会风尚,推动人类文明等。

8. 法之理据

法律或法治的合法性、正当性等的解释或论证。在现代民主共和国家,每一项立法、每一项重大决策都需要论证其合法性、合理性、可行性等,以获得公众的认同和接受,而法理就是立法之合法性、合理性、可行性的核心理由。这是因为任何一部法律,特别是基本法律、涉及重大利益关系的法律,其规则、原则、制度都必须建立在某种法理的基础上,以某种法理为依据,并经得起法理的检验,不管它是否使用了“法理”这一词语。在法律制定的过程中,往往伴随有对立法理由进行的各种详细论证。这本身就体现了立法层面的法理论证。也就是说,在立法中,法理起到极为重要的论证功能。

在当今世界,“法理”是一个被广泛使用的概念,无论是法律人还是非法律人,无论是政治家还是新闻记者和作家,无论是在法庭上还是在联合国峰会上,“法理”都成为十分流行的一个热词。特别是在立法草案说明、法律法规、立法解释、司法解释、诉讼文书、司法裁判、指导案例、法学作品中,“法理依据”“法理主张”“法理支撑”“法理前提”“法理基础”“法理支点”“法理认同”“依……的法理”等表达更是比比皆是。把法理作为合法性、合理性、正当性的依据,已经成为政治法律生活新常态。

9. 法之条件

法律之所以成为法、有资格被认为是法的一系列形式合理性。法学史上许多法学家都对法律的“法的资格”问题即法律的形式合理性问题进行过研究,并提出相应的法理依据。例如,富勒把“法的内在道德”作为法律之能成为法所绝对必需的先决条件。他提出法的内在道德包括这样八个要素:一般性或普遍性;公开性(法律必须公布);可预测性或非溯及既往;明确性(含义确切);可为人遵守,不强人所难;稳定性、连续性;官员的行为与已公布的规则的一致性,官员依法行政、依法办事。[109]英国法学家菲尼斯提出了法治之“善”作为法律的(资格)要件,即法律规则:是关于将来的;可能服从的;公布的;清楚的;与其他规则一致的;充分稳定的;裁决和命令的制作是由本身是公布的、清楚的、稳定的和相对一般的规则指导的;制定、执行和适用规则者有责任遵守与其活动相关的规则,并且实际上是前后一致地依法执法。[110]

10. 法之理论(法理学)

《北京大学法学百科全书——法理学、立法学、法律社会学》指出,“法理”一词也是“法理学的一种并非规范的简称”。[111]的确,无论是在日常环境中,还是在学术环境中,把“法理”等同于“法的理论”或“法理学”,已经是习以为常的事情。人们经常听到“今天有法理课”“我是学法理的”“我的专业是法理”,也时常看到法学理论专业研究生填写各种表格时把自己的专业填写为“法理”,甚至专业的翻译机构也把“法理”理解和翻译为“legal theory”“theory of law”等。可见,“法理”时常成为“法的理论”“法理学”的简称了。当然,必须指出,尽管“法理”概念内含着法的理论、法学理论、法学原理等,但把“法理”与“法的理论”“法理学”混同,正如把“法”与“法学”、“宪法”与“宪法学”、“民法”与“民法学”、“国际法”与“国际法学”混同一样,极易造成语义混乱和认知错位。

以上考据和语义分析表明,“法理”作为词语和概念,体现了人们对法的规律性、终极性、普遍性的探究和认知,体现了人们对法的目的性、合理性、正当性的判断和共识,体现了人们对法律之所以获得尊重、值得遵守、应当服从的那些内在依据的评价和认同。法理是一个综合概念,包容了一切美好的价值元素;法理是一个文化概念,体现了法律和法治文化传统中定分止争、惩恶扬善、治国理政的智慧,积淀着法治文明的优秀成果;法理是一个具有普适内涵的概念,融通了古今中外关于法和法治的原理、理论、学说、共同价值;法理是一个实践理性概念,来源于实践、在实践中凝练、在实践中运用、在实践中发展;法理是一个纯正的中国本土概念,“法理”一词是中国人的首创,作为一个概念也是由中国人凝练,法理在古代律学和现代法学中像精灵一样穿梭于法学体系之中,并在法律体系和法治体系中激发美德和智慧。

以上考据和语义分析表明,“法理”作为词语和概念,体现了人们对法的规律性、终极性、普遍性的探究和认知,体现了人们对法的目的性、合理性、正当性的判断和共识,体现了人们对法律之所以获得尊重、值得遵守、应当服从的那些内在依据的评价和认同。总之,法理是一个综合概念,包容了一切美好的价值元素;法理是一个文化概念,体现了法律和法治文化传统中定分止争、惩恶扬善、治国理政的智慧,积淀着法治文明的优秀成果;法理是一个具有普适内涵的概念,融通了古今中外关于法和法治的原理、理论、学说、共同价值;法理是一个实践理性概念,来源于实践、在实践中凝练、在实践中运用、在实践中发展;法理是一个纯正的中国本土概念,"法理"作为一个词语是中国人的首创,作为一个概念也是由中国人凝练,法理在古代律学和现代法学中像一个精灵一样穿梭于法学体系之中,并在法律体系和法治体系中激发美德和智慧。

(三)"法理"的意义分析

对"法理"进行意义分析,实质是要说明为什么要研究"法理",回答"法理"在理论和实践中的意义,揭示"法理"的功能。"法理"作为既在法律(实在法)之中、又在法律(实在法)之外的精神要素,其意义和功能在于:

1. 法理的解释和分析意义

法理的解释和分析意义首先体现在法律解释、法律评析上。法律在实施过程中不可避免地需要实施机关常态化、权威性的解释。法律解释不仅必须符合法定权限和程序,而且必须符合法理,即符合法的原则性和目的性。这就是法理的解释意义之所在。美国法学家德沃金对政治信念、道德原则、正义等法理要素的解释意义进行了多维度研究,把它们视为"解释性概念"(interpretive concepts),并主张法律解释应体现整体性原则。他认为,各种法理要素构成一个整体,欲准确理解其中一个要素,需同时理解其它要素。因而,法官在解释法律时,需要依据法理的整体性原则(the principle of integrity),来确定特定案件中具体的法律权利和义务。[112]张明楷指出:"绝大多数用语都有核心含义与边缘含义。刑法用语的核心意义或许比较清楚,但向边缘扩展时会导致外延模糊,至于如何确定外延,并不能从用语本身找到答案,而需要作实质的判断。"[113]而欲得出实质性判断,唯有借助法理才能达成。

近些年,有关法律、制度、规则的法理分析文章层出不穷。例如,陈小君的《农村集体土地征收的法理反思与制度重构》、[114]余盛峰的《知识产权全球化:现代转向与法理反思》、[115]覃文光的《建立我国公司法人人格否认制度的法理透视与思考》、[116]黄进喜的《反垄断法适用除外制度的法理分析与制度完善》、[117]姜涛的《批判中求可能:对量刑反制定罪论的法理分析》[118]等。这里以江西财经大学汪志刚教授就善意取得制度进行的法理分析做一样本。他指出:善意取得制度内含的善意受让人和真正所有权人的利益冲突经常被化约为交易安全(动态安全)和所有权保护(静态安全)这两个当今社会弥足珍视的神圣价值之间的冲突。“面对这一冲突,法律在作出抉择时不仅十分困难,而且还必须尽到必要的说理义务,即为什么法律在此要优先考虑受让人的利益,而不是所有权人的利益;为什么在所有权人非自愿丧失占有的情况下,法律又不给予受让人以优先照顾。这就是动产善意取得的法理基础或正当性问题。”汪志刚进一步指出:关于动产善意取得法理基础的诸学说大致有取得时效说、占有效力说、权利外观说、交易安全与便利保护说、法律赋权说和法律特别规定说等诸说。赋予占有以公信力并以之作为善意取得的法理基础是不能成立的。善意取得中的善意要件体现的是诚信这一伦理准则和法律原则的基本要求,这为善意取得提供了伦理上的正当性基础;交付要件则是贯彻公示原则的必然要求,这为善意取得提供了法理逻辑基础。[119]

法理的解释意义也体现在对具体案件(案例)的解释(解析)之中。许多法律学者、法官、检察官、新闻媒体时常从法理的角度,以法理为依据和标准,对正在审理的案件或者已经审理过的案件进行解析。这种解析往往超越成文的法律规则和程序。例如陈兴良的《共同正犯:承继性与重合性——高海明绑架、郭永杭非法拘禁案的法理分析》,[120]龙宗智的《聂树斌案法理研判》,[121]万毅的《“全国首例非法证据排除案”法理研判》,[122]陈界融的《〈红色娘子军〉著作权纠纷案法理分析》,[123]季卫东的《“南海仲裁案”的法理剖析》,[124]汪习根、罗思婧的《国际体育仲裁规则面临的困境与出路——哈曼诉国际足联仲裁案的法理评析》[125]等。

2. 法理的推理和思维意义

法律推理是人们从一个或几个已知的前提得出某种法律结论的思维过程。无论是立法,还是执法、司法,甚至守法,都离不开法律推理。特别是在法律适用阶段,法律推理几乎成为法官审判活动的核心。在法律的适用阶段,司法人员把法律规范或原则适用于具体的案件,使规避法定义务或侵害他人和社会权利的人受到制裁,使正确行使权利或权利受到不法侵害的人得到保护。这是一个查明案件事实、正确理解法律和适用法律于具体事例、具体人的过程,是司法人员不断进行法律推理的过程。法律推理不仅仅是依据明文规则进行的形式推理,往往还需要依据法理进行复杂、严谨的实质推理。此时,需对各种价值、利益、政策进行综合平衡和选择,属于实践性法理推理。例如,法官在处理疑难或新型案件时,从法的价值、目的、作用、法的基本原理(原则)、公理性政策、社会公共道德准则等考虑出发,选择或创立一个适当的规范填补法的空隙。在处理棘手案件时,法官需要对各种价值进行平衡和选择,适用在特定问题上价值优位的法律原则。此外,在适用含有"正义""公平""正当""合理""过错""显失公平""动机"等词语的法律规范时,法官必须依赖法理,发现这些法律规范和法律词语的法理内涵。司法推理中的权利推定、无罪推定等都属于法理推理,即以法理为基础和依据的推理。以权利推定为例。任何法律或者专门的权利立法都不可能像流水账那样把人们应当享有的权利一一列举出来,所以人们的权利不限于法律明文宣告的那些项目,而是有很多未列入"权利清单"的权利,或者被"遗漏"的权利。这些权利要靠法律推理来发现、拾取和确认。法律推理应当根据社会经济、政治和文化发展水平,依照法律的精神、法律逻辑和法律经验来发现、拾取和确认权利。美国宪法为权利推理提供了一种广泛认同的法理基础。美国宪法第九修正案规定:"不得因本宪法的某些权利,而认为凡由人民所保留的其他权利可以被取消或抹煞。"这说明法律上明示的权利只是权利的一个不完全的清单,除了既有的权利之外,还有其他将有的、应有的权利。权利是发展的,权利没有确定的量,不能因为法律没有明确宣告而否定某些应有权利的存在。以保护公民权利为目的的法律推理的一个重要功能,就是去发现法理肯定会包容的权利。

在当代中国,法理在法治思维中也有其特殊的意义和优势。法治思维是对人治思维的革命,从思维范式的角度,法治思维与人治思维的最大区别就在于法治思维融入了法理,并表征为法理型思维。法理型法治思维是基于对法治的信仰和尊崇,自觉运用法治理念、法治原理、法律原则、法律规范、法律逻辑而展开的思维,体现为:人们出于对法治的信念而在行动中转化成了常态化思维方式和行为方式,习惯于在法治之下、而不是法治之外、更不是法治之上想问题、作决策、办事情；守规则、重程序，坚持宪法法律至上、法律面前人人平等、权由法定、权依法使等基本法治观念；以人民为主体、以人民为中心，尊重和保护人民权益，维护社会公平正义，自觉接受人民监督；办事依法、遇事找法、解决问题用法、化解矛盾靠法的法治化行为方式。法理给法治思维更多的想象力和更大的思维空间，使法治思维具有兼容人权、公正、公序、美德、良俗、和谐等价值精神的的鲜明特征。由于融入法理要素，法治思维也不同于法律思维。法律思维强调法律职业者以法定权利和义务为线索进行思考和实证分析，而法治思维则是以法理为前提、理据和主线的思维。虽然从广泛意义上讲，法律思维亦可兼容法理，但相比之下，法治思维是更具包容性、综合性、协调性的思维。

3. 法理的论证和评判意义

"法理"一词常被用于论证政策、法律、行为等的合法性、正当性。杨仁寿认为："法理既为事物之当然道理，基于吾人之理性所共具之通念，则其除为裁判之基准，具有补充法律的功能外，亦具有衡量法律内容审查是否为'善法'之作用……要求一切之社会关系皆合乎法理，系一种理想。制定法律，以规律吾人之社会生活，苟能本乎法理，实现此种理想，方属可期。因之，法官阐释法律时，应尽量合乎法理，乃属当然。"〔126〕《北京大学法学百科全书》的作者也认为法理是"蕴含于法中的道理。可用以说明某事物、某现象、某说法之类能够成立，如：'这是合乎法理的'；也可用来支持某主张、某事物、某现象，如：'从法律上讲应当如此'"。〔127〕可见，法理因为其自身具有的正当性的价值、原则、理念，而具有对国家政策、立法决策、法律法规、司法解释、具体案件、人的行为等进行价值评判或证成的功能。此时，法理往往成为判断实在法的某种合法性、合理性标准而存在，发挥其独有的正当化功能。

罗尔斯对法理的解释和分析意义有过深刻论述，他说："正义是社会制度的首要价值，正像真理是思想体系的首要价值一样。一种理论，无论它多么精致和简洁，只要它不真实，就必须加以拒绝或修正；同样，某些法律和制度，不管它们如何有效率和有条理，只要它们不正义，就必须加以改造或废除。"〔128〕

三、法治实践和政治与公共生活中的"法理"

以法理作为法理学研究对象和中心主题，并不是一个纯粹的学理逻辑问题,而是有其广泛的实践基础和实践需要。在法治实践、政治生活和公共生活中,法理几乎是无所不在,无时不有,无所不能。

(一)立法中的法理

1. 立法以法理为依据

在现代民主共和国家,每一项立法都需要论证其合法性、合理性、可行性等,以获得公众的认同和接受,而法理就是立法之合法性、合理性、可行性的核心理由。这是因为任何一部法律,特别是基本法律、涉及重大利益关系的法律,其规则、原则、制度都必须建立在某种法理的基础上,以某种法理为依据,并经得起法理的检验,不管它是否使用了“法理”这一词语。在通过法律的过程中,往往伴随有对立法理由进行的各种详细论证。这本身就体现了立法层面的法理论证。也就是说,在立法中,法理起到极为重要的论证功能。

(1)在立法草案中说明立法的法理依据。法律草案的说明经常要阐述法理,宣告立法中的法理。例如,《关于〈中华人民共和国物权法(草案)〉的说明》指出:“物权法是规范财产关系的民事基本法律,调整因物的归属和利用而产生的民事关系,包括明确国家、集体、私人和其他权利人的物权以及对物权的保护。我国的《民法通则》《土地管理法》《城市房地产管理法》《农村土地承包法》《担保法》等法律对物权作了不少规定,这些规定对经济社会发展发挥了重要作用。随着改革的深化、开放的扩大和社会主义经济、政治、文化、社会建设的发展,为了适应全面贯彻落实科学发展观、构建社会主义和谐社会的要求,有必要依据宪法,在总结实践经验的基础上制定物权法,对物权制度的共性问题和现实生活中迫切需要规范的问题作出规定,进一步明确物的归属,定分止争,发挥物的效用,保护权利人的物权,完善中国特色社会主义物权制度。”该说明还从“制定物权法是坚持社会主义基本经济制度的需要”“是规范社会主义市场经济秩序的需要”“是维护广大人民群众切身利益的需要”“是实现2010年形成中国特色社会主义法律体系目标的需要”等方面阐述了制定物权法的法理基础。[129]

又如,在《关于〈中华人民共和国刑法修正案(九)〉的说明》中,阐明了修改刑法的法理依据:“这次修改刑法的指导思想:一是坚持正确的政治方向,贯彻落实党的十八届三中全会、中央司法体制改革任务有关要求,发挥好刑法在惩罚犯罪、保护人民方面的功能。二是坚持问题导向,从我国国情出发,针对实践中出现的新情况、新问题,及时对刑法作出调整,以适应维护国家安全和社会稳定的需要。三是坚持宽严相济的刑事政策,维护社会公平正义,对社会危害严重的犯罪惩处力度不减,保持高压态势;同时,对一些社会危害较轻,或者有从轻情节的犯罪,留下从宽处置的余地和空间。四是坚持创新刑事立法理念,进一步发挥刑法在维护社会主义核心价值观、规范社会生活方面的引领和推动作用。"[130]

(2)"法理"蕴含于立法宗旨和目的之中,以阐明立法宗旨和目的的方式,对法律的正当性进行论证。如《中华人民共和国刑事诉讼法》第一条规定:"为了保证刑法的正确实施,惩罚犯罪,保护人民,保障国家安全和社会公共安全,维护社会主义社会秩序,根据宪法,制定本法。"这里的"惩罚犯罪""保护人民""国家安全""公共安全""社会秩序""正确行使"刑事实体法等,就是制定刑事诉讼法的法理理由。《中华人民共和国环境保护法》第一条规定:"为保护和改善环境,防治污染和其他公害,保障公众健康,推进生态文明建设,促进经济社会可持续发展,制定本法。"这里的"公众健康""生态文明""可持续发展"等关键词表达了作为环境立法之目的的法理依据。

(3)"法理"蕴含于一部法律的基本原则和一般规定之中。在法律文本中以基本原则、一般规定等方式明确宣告有关法理依据。例如,在《中华人民共和国民法总则》草案起草过程中,立法机关"既坚持问题导向,着力解决社会生活中纷繁复杂的问题,又尊重立法规律,讲法理、讲体系。"[131]《中华人民共和国民法总则》第一章第一条宣告立法目的,第二条、第三条、第四条、第五条、第六条、第七条、第八条、第九条宣告了中国民法的基本原理和原则。《民法总则》第五章"民事权利"在新中国民事立法史上首次以二十四个条文列出自然人、法人的民事权利(私权)清单,体现了尊重和保护人权和民事权利的良善价值和法理依据。诸如"自然人的人身自由、人格尊严受法律保护","自然人享有生命权、身体权、健康权、姓名权、肖像权、名誉权、荣誉权、隐私权、婚姻自主权等权利。""法人、非法人组织享有名称权、名誉权、荣誉权等权利。""自然人的个人信息受法律保护","自然人因婚姻、家庭关系等产生的人身权利受法律保护。""民事主体的财产权利受法律平等保护。""民事主体依法享有物权","包括所有权、用益物权和担保物权。""民事主体依法享有债权。""民事主体依法享有知识产权。""自然人依法享有继承权。""民事主体依法享有股权和其他投资性权利。""民事主体享有法律规定的其他民事权利和利益。""民事主体按照自己的意愿依法行使民事权利,不受干涉。""民事主体行使权利时,应当履行法律规定的和当事人约定的义务。""民事主体不得滥用民事权利损害国家利益、社会公共利益或者他人合法权益。"从《中华人民共和国民法总则》的指导思想、立法宗旨、关于权利及其行使的规定,可以看出这部法律以"讲法理"的立法实践,彰显出我国民事立法以民为本、尊重和保障公民权利、权利与义务相统一等人文主义和社会主义法理精神,使之成为又一篇经典的法理宣言。

此外,《民法总则》关于权利能力、行为能力、责任能力的规定,关于法定责任和约定责任的同效性的规定,关于民事责任中的共同责任、责任分担、连带责任的共识,关于民事责任的实现形式以及不可抗力、正当防卫、紧急避险、紧急救助的规定,关于英烈人格与公共利益的关联性逻辑,关于请求权、诉讼时效的规定等,也都浸透着法理精神,显现我国立法机关凝练民事法理的经验和智慧。

2. 法理作为兜底性法律渊源

自古以来,法理都被视为法律渊源或补充渊源或最后适用的法源。在西方,罗马法学家不仅提出和解决了许多涉及立法和司法的方法问题,创造了精湛的法律概念和技术,而且提出了诸如契约自由之类具有深远历史影响的法律原则。奥古斯都大帝确认了法学家官方解答权制度,使法学家的法理学说成为罗马法的渊源之一。在东方,至少自春秋战国开始,法家、儒家、道家等学派的法理学说就成为中国封建社会的法律渊源或法律的理论依据。有的西方法学家认为当今社会法理有作为主要法源的趋向;但也有学者认为法理本身并不具有法源的性质,只有依据法理所作的判决成为审理案件可以援引的判例时,才能成为法源。我认为,在社会情势急剧变化的当代世界,以法理作为断案的依据,已不是法官的"拾遗补缺",而是常态化的司法模式。

一般认为,在立法史上,《瑞士民法典》首次对法理之法源性予以正面的肯定。该法典第一条第二款规定:"无法从本法得出相应规定时,法官应依据习惯法裁判;如无习惯法时,依据自己如作为立法者应提出的规则裁判。"第三款规定:"在前一款的情况下,法官应依据公认的学理和惯例。"[132]

《瑞士民法典》第一条具有开创性的规定为后来许多国家的民法典所效仿。如,《土耳其民法典》第一条规定:"本法,支配本法文字上或精神上所包含之一切事项。于无可适用之法规时,审判官应依习惯法。习惯法亦无规定时,应依己身为立法者所应设定之法则裁判之。审判官应于其判决利用学说及判决成例。"[133]《阿根廷民法典》第十六条规定:"如果民事问题不能通过用语或法律的精神得到解决,则应考虑同类法律的原则;如果仍有疑问,则应根据法的一般原则并考虑案件的各种具体情形加以解决。"[134]《奥地利民法典》第七条规定:"案件仍存有疑问的,应根据谨慎收集、充分考虑的个案情况,依自然的法律原则作出判决"。[135]

在中国历史上,第一部民法典《大清民律草案》[136]第一条规定:"民事本律所未规定者,依习惯法;无习惯法者,依条理。"[137]中华民国编纂民法总则时,对《大清民律草案》第一条原则稍作文字修改,1929 年(民国十八年)颁行的《中华民国民法》第一条规定:"民事法律所未规定者,依习惯;无习惯者,依法理。"[138]

1986 年制定的《中华人民共和国民法通则》,虽然没有明文提出"法理"的法源地位,但是其第六条规定:"民事活动必须遵守法律,法律没有规定的,应当遵守国家政策。"第七条规定:"民事活动应当尊重社会公德,不得损害社会公共利益……"这两条规定中的"政策"(特别是公理性政策)和"社会公德"就属于法理范畴,实际起到民法兜底性法源之功能。

新近通过的《中华人民共和国民法总则》也没有关于"法理"的明文规定。但是,其第八条规定:"民事主体从事民事活动,不得违反法律,不得违背公序良俗。"第十条规定:"处理民事纠纷,应当依照法律;法律没有规定的,可以适用习惯,但是不得违背公序良俗。"这两条规定实际上是把"公序良俗"这一法理要素作为民事活动和民事司法的兜底条款。[139]

(二)司法中的法理

法理在司法实践中到处显现,其意义集中体现为三个方面:一是为司法提供补充法源或兜底法源，二是增强司法解释等规范性文件的理论依据，三是增强司法文书特别是裁判文书的说理性、说服力和可接受性。

1. 法理作为司法的依据

在世界范围内，司法机关在穷尽了其他法律渊源仍然无法为当前案件找到法律依据的情况下，都会把法理作为最后的依据，在这个意义上，法理是司法裁判的终极性依据。在许多复杂、疑难、新奇案件中，司法机关处于两难境地：一方面，必须就当事人提起的纠纷给出解决办法而不能拒绝受理；另一方面，应当以法律为准绳。法理作为裁判的兜底法源，就能便利地解决以上难题。比如，在美国，发生于19世纪末的埃尔默杀死其祖父以欲获得其遗产继承权一案，经过纽约州最高法院大法官们的激烈争论，最后以多数优势同意了厄尔（Earl）法官所确立的一条法律原则，即任何人不得从其错误行为中获得利益。[140]

当然，处理类似案件，需要具有法理学的良好素养。正是从这一意义上，德沃金讲道，在法理学与判案或法律实践的任何其他方面之间，没有一条固定不变的界限。它们之间相互渗透，法理学渗透于法律实践之中，而法律实践又离不开法理学。德沃金又进一步讲到，任何实际的法律论证，不论其内容多么具体和有限，都采用法理学所提供的抽象基础。而这里所讲的"抽象基础"，即法理学所建立的一套抽象理论。[141]《布莱克法律辞典》则从另一个角度论述了法理学对解决案件的功用，"当针对一个新的或疑难案件的解决，实际被选择的两个法律条文似乎对其有同样的可适用性时，这时或许，而且通常是从法理学的角度，来考虑这些规则适用于该类案件时所产生的最终影响（实效），然后，选择对社会能产生最大效益的那条规则"。[142]在这种情况下，法理的发现和适用有助于促进司法裁判合法、合理的进行，实现其定分止争、维护公正、权利救济、制约公权的职能。法治实践证明，在司法中适用法理，能够填补国家制定法的漏洞，从司法层面完善法律体系；在司法中适用法理，也有助于实现个案正义，更好地实现权利的救济和正义的修复。而缺少法理思维，忽视法理精神，则必然把案件办成错案、谬案，如天津仿真枪案、内蒙古收购玉米案、山东于欢案等。

2. 在司法解释中运用法理

将法理作为理据运用于司法解释，有利于揭示出法律条文、法律规范、法律原则的本真内涵与精髓。这可分为三种情况：

一是直接以法理精义作为司法解释的根据。例如，最高人民法院《关于适用〈中华人民共和国婚姻法〉若干问题的解释（一）》对《婚姻法》中关于“夫或妻对夫妻共同所有的财产，有平等的处理权”的规定指出：“应当理解为：（一）夫或妻在处理夫妻共同财产上的权利是平等的。因日常生活需要而处理夫妻共同财产的，任何一方均有权决定。（二）夫或妻非因日常生活需要对夫妻共同财产做重要处理决定，夫妻双方应当平等协商，取得一致意见。他人有理由相信其为夫妻双方共同意思表示的，另一方不得以不同意或不知道为由对抗善意第三人。”

二是直接或间接用某个法理要素作为解释与适用的依据。例如，《最高人民法院关于民事诉讼证据的若干规定》第七条：“在法律没有具体规定，依本规定及其他司法解释无法确定举证责任承担时，人民法院可以根据公平原则和诚实信用原则，综合当事人举证能力等因素确定举证责任的承担。”第六十四条：“审判人员应当依照法定程序，全面、客观地审核证据，依据法律的规定，遵循法官职业道德，运用逻辑推理和日常生活经验，对证据有无证明力和证明力大小独立进行判断，并公开判断的理由和结果。”

三是引用或转述某个公认的法理观点、学说、条理等。例如，《关于办理妨害文物管理等刑事案件适用法律若干问题的解释》《关于适用物权法若干问题的解释（一）》《关于审理侵犯专利权纠纷案件应用法律若干问题的解释（二）》《关于审理涉及会计师事务所在审计业务活动中民事侵权赔偿案件的若干规定》《关于首先查封法院与优先债权执行法院处分查封财产有关问题的批复》，分别依据了“举重以明轻”“善意取得”“不溯及既往”“正当程序”“不相类似之事件，应为不同之处理”“优先债权”等法理。

在官方、半官方对最高人民法院司法解释进行进一步阐述的时候，大量使用了“本条规定具有法律和法理依据”，“既有法理依据，也有可操作性”“根据民事诉讼法学关于诉之利益的法理……”“从传统的民法理论以及现行担保法的规定来看……”“……是缺少法律依据和有悖法理的”“以民法理论对民事法律关系的分类为基础”“从法理上看……因此……”“在本质上并无二致,两者应依相同的法理”“……在法理上经得住推敲”等表述。

3. 司法裁判以法理增强其说理性

以法理作为审判理据,有数千年的传统,在现代世界范围内已经成为范式。第二次世界大战后,对纳粹战犯的“纽伦堡审判”,对日本战犯的“东京审判”,以色列对纳粹杀人恶魔埃希曼的审判,以及德、法、意等国对“卑鄙告密者”的审判,进一步强化了这种司法传统,被评价为“重建法律秩序的杰作”,对世界各国司法实践均产生了一定影响。

在我国,随着社会关系、法律关系、司法案件的复杂化,随着公众法律知识的增长和法律意识的提高,特别是司法公开的强力推进,司法裁判文书的说理性、说服力和可接受性成为保障公民诉权和提高司法公信力的基本要求。我国各级法院高度重视以法理为依据、根据法理对裁判文书进行说理性论证,取得了显著效果。此处例举一个法理密集型案例,从中可以看出法官在审判过程中是如何揭示法理并以法理为依据理解和适用法律规定,并为自己的判决进行法理论证的。

原告吴国军与被告陈晓富、王克祥及德清县中建房地产开发有限公司发生民间借贷、担保合同纠纷,向浙江省德清县人民法院提起诉讼。[143]本案一审的争议焦点之一是民间借贷涉嫌构成非法吸收公众存款罪时,民间借贷合同和担保合同的效力认定,对这个问题的认知和判断涉及一系列法理问题。德清县人民法院一审认为:本案原、被告之间的借贷关系成立且合法有效,应受法律保护。本案中,单个的借款行为仅仅是引起民间借贷这一民事法律关系的民事法律事实,并不构成非法吸收公众存款的刑事法律事实,因为非法吸收公众存款的刑事法律事实是数个“向不特定人借款”行为的总和,从而从量变到质变。(法理之一)《合同法》第五十二条规定了合同无效的情形,其中符合“违反法律、法规的强制性规定”“以合法形式掩盖非法目的”两种情形的合同无效。本案当事人在订立民间借贷合同时,主观上可能确实基于借贷的真实意思表示,不存在违反法律、法规的强制性规定或以合法形式掩盖非法目的,非法吸收公众存款的犯罪行为与单个民间借贷行为并不等价……现王克祥和中建公司未能提供相关证据佐证原告吴国军与陈晓富之间具有恶意串通的事实,亦未能提供相关证据证明吴国军知道或应当知道陈晓富采取欺诈手段骗取王克祥和中建公司提供担保。主合同(借款合同)有效,从合同(担保合同)本身无瑕疵的情况下,民间借贷中的担保合同也属有效。(法理之二)从维护诚信原则和公平原则的法理上分析,将与非法吸收公众存款罪交叉的民间借贷合同认定为无效会造成实质意义上的不公,造成担保人以无效为由抗辩其担保责任,即把自己的担保错误作为自己不承担责任的抗辩理由,这更不利于保护不知情的债权人,维护诚信、公平也无从体现(法理之三)。涉嫌非法吸收公众存款的犯罪嫌疑人(或被告人、罪犯)进行民间借贷时,往往由第三者提供担保,且多为连带保证担保。债权人要求债务人提供担保人,这是降低贷款风险的一种办法。保证人同意提供担保,应当推定为充分了解行为的后果。(法理之四)若因债务人涉嫌非法吸收公众存款而认定借贷合同无效,根据《担保法》,主合同无效前提下的担保合同也应当无效,保证人可以免除担保责任。债权人旨在降低贷款风险的努力没有产生任何效果,造成事实上的不公。因此,对于王克祥和中建公司的抗辩理由,法院不予支持。(法理之五)

本案的第二个焦点涉及刑民交叉及其诉讼理论。法院认为,原告吴国军根据借款协议给被告陈晓富200万元后,其对陈晓富的债权即告成立。至于陈晓富可能涉及非法吸收公众存款的犯罪,与本案合同纠纷属于两个法律关系,公安部门立案侦查、检察院起诉以及法院判决构成刑事犯罪,并不影响法院依据民事诉讼法审理本案当事人间的民事合同纠纷。(法理之六)对合同效力进行判断和认定属于民商事审判的范围,判断和认定的标准也应当是民事法律规范。非法吸收公众存款罪和合同的效力问题是两个截然不同的法律问题。(法理之七)……"先刑后民原则"并非法定原则,任何一部法律并未对这一原则作出明确规定。先刑后民并非审理民刑交叉案件的基本原则;而只是审理民刑交叉案件的一种处理方式。(法理之八)据此,对于被告王克祥和被告中建公司提出本案在未确定本案借款的性质时应该中止审理的诉讼主张,法院不予支持。因此,本案原、被告之间的民间借贷法律关系明确,被告对该借款应当予以归还,王克祥和中建公司自愿为陈晓富借款提供担保,应承担本案连带清偿责任。据此,浙江省德清县人民法院于2009年4月8日判决:"一、被告陈晓富限在判决生效后十日内归还原告吴国军200万元的借款;二、被告王克祥、中建公司对上述债务承担连带清偿责任。”

王克祥、中建公司不服一审判决,向浙江省湖州市中级人民法院提起上诉。湖州市中级人民法院二审认为:合同效力的认定应尊重当事人的意思自治原则,只要订立合同时各方意思表示真实,又没有违反法律、行政法规的强制性规定,就应当确认合同有效。最高人民法院《关于正确适用〈中华人民共和国合同法〉若干问题的解释(二)》第十四条对《中华人民共和国合同法》第五十二条第(五)项规定“强制性规定”解释为是指效力性强制性规定,本案原审被告陈晓富触犯刑律的犯罪行为,并不必然导致借款合同无效。(法理之九)效力上采取从宽认定,是该司法解释的本意,也可在最大程度上尊重当事人的意思自治。(法理之十)据此推理,湖州市中级人民法院于2010年8月2日判决:驳回上诉,维持原判。

通过对本案审理过程和裁判文书的简述,可以看出,本案中两级法院办案法官对相关法律条文的理解和解释,对普通民事法律关系和特殊刑事法律关系的分析,对合同担保的本质与价值的分析,关于犯罪和刑罚对民事法律行为效力的影响的观点,对合同订立时当事人意思表示真实性的判断和对诉讼过程中一方非诚信态度的否定,表现出良好的法理素养和娴熟的法理型推理能力,体现出对本案所关涉的公平正义、财产保护、诚实信用、程序正义、私法自治等法律原理、司法价值、法官职业精神这些法理要素的精准把握;也可以感受到法理在司法裁判中的魅力和神韵。

(三)政治生活和公共生活中的法理

法理在政治生活和公共生活中发挥着极其特殊的作用。尤其是在意见、主张和立场对立的场合,法理已成为抢夺话语权的工具。在日常的公共生活中,法理也成为具有辩证力、号召力、感染力的高频词,人们脱口而出“有悖法理”“法理就是法理,情理就是情理,法不容情”等。在法庭上,在各种法律的“竞技场”中,法律博弈说到底是法理博弈,博弈各方都试图用法律明辨是非,以法理说服(征服)对方和法官。美国前总统尼克松对法理和法理学的意义的体认也表达出法理和法理学在政治和公共生活中的意义。他说:“回顾我自己在法学院(北卡罗来纳州达勒姆的杜克大学)的岁月,从准备参加政治生活的观点来看，我所选修的最有价值的一门课程就是朗·富勒博士讲授的法理学即法律哲学……这不是一门要考学位的必修课。但是在我看来，对于任何一个有志于从事公众生活的法律系学生来说，它是一门基础课。因为从事公职的人不仅必须知道法律，他还必须知道它是怎样成为这样的法律以及为什么是这样的法律的缘由。”[144]拉德布鲁赫甚至说过：“一切伟大的政治转型都是由法哲学推展或伴行的。”[145]

“法理”对主权问题、政权（政治权威）、法统更替、国际争端、权力的正当性具有强大的证成或学理支撑作用。这种意义上的“法理”已不单纯是个法学概念，而是兼有政治话语的意义。在涉及国家主权、政权、国家权力运行等问题上，法理更能排上用场。马克斯·韦伯根据政治生活中人们政治认同的依据亦即合法性基础的不同，把政权（政治统治、政治权威）划分为传统型的政治统治（Traditional authority）、魅力型的政治统治（Charismatic authority）和法理型的政治统治（Rational – legal authority）三种类型。传统型的政治统治，是以传统的习俗和习惯形成的政治价值和规则为依据而建立政治合法性的政治统治。在这种政治统治中，政治社会的成员认同的是传统的政治习俗和习惯。魅力型的政治统治，其基础是统治者个体的人格力量，也就是统治者个人的超凡魅力。统治者凭借自己的特殊魅力和超凡品质建立政治权威、获得社会成员的政治认同。法理型的政治统治，其权威性和合法性建立在法律和政治规则以及人们对这些规则的政治认同的基础上，人们服从的仅仅是法律和政治生活的规则以及依据法定程序产生的政治统治者。在这种政治统治中，人们普遍认同的法律和政治规则又是以目的合理性或价值合理性为目标制定出来的。[146]韦伯认为，法理型政治统治是最具合法性、合理性、权威性的政权，是现代国家的标本。

使用“法理”词汇进行正当化论证的通常不仅仅是学者，还有政府官员、法官、律师、新闻记者，从而使法理论证超越了单纯学术主张，而同时也是一种政治宣称与法律论证。例如，84 年前，章士钊为陈独秀“危害民国案”的辩护词中写道：“以言论反对，或攻击政府，无论何国，均不为罪。”如果说以言论攻击机关和人物就是危机国家安全，“于逻辑无取，即于法理不当”。再如，第二次世界大战之后，对于如何处置战败国的战犯，需不需要通过法庭审判，颇有争议。

美国联邦最高法院大法官罗伯特·杰克逊曾尖锐地指出,如果你们认为在战胜者未经审判的情况下可以任意处死一个人的话,那么,法庭和审判就没有存在的必要,人们将对法律丧失信仰和尊重,因为法庭建立的目的原本就是要让人服罪。他最终让战后忧心忡忡的西方认识到,再也没有什么比审判,比法庭证据展示、法庭辩论和判决更能挖掘历史真相和展现正义和公理了。他的提议打动了所有参与国家,历史上第一个国际法庭也随之诞生。

在当今世界,法理也是国家维权斗争的武器。以南海争议仲裁案为例。该仲裁案由菲律宾单方面提起,该案仲裁庭无视基本事实,罔顾基本法理,严重违背公平正义和法治原则,强行推进仲裁案,并作出不正当裁决。中国政府和国内外学术界以国际社会公认的法理为依据,深刻揭露南海仲裁案罔顾基本法理的荒唐逻辑和阴谋,在国际社会赢得一定的话语权。[147]鉴于法理在海洋问题的法律博弈和国际维权中的特殊意义,第十二届全国人民代表大会第四次会议通过的《中华人民共和国国民经济和社会发展第十三个五年规划纲要》第四十一章"拓展蓝色经济空间"第三节"维护海洋权益"中指出:"深化涉海问题历史和法理研究,统筹运用各种手段维护和拓展国家海洋权益,妥善应对海上侵权行为,维护好我管辖海域的海上航行自由和海洋通道安全。"

四、迎接中国法学的法理时代

通过以上三节对"法理"在法学研究和法学理论体系中缺席或半缺席境遇的梳理分析,对"法理"概念的历史考察、语义分析和意义分析,以及关于"法理"在理论和实践中的意义与功能的阐述,使我们有充分理由提出在法理学研究中应当也必须把"法理"确立为中心主题,并倡导部门法学与法理学共同关注"法理"问题。随着"法理"成为法理学的中心主题和中国法学的共同关注,我们将迎来中国法学的法理时代;与此同时,随着法理成为法治的精神内涵和表征,中国法治必将迎来"法理中国"的新时代。由此,中国法学和中国法治将呈现出以下三个鲜明特征。

(一)法理学中心主题的法理化

法理学不仅重视以"法理"为研究对象,而且确立以"法理"为其中心主题。

所谓“中心主题”，就是核心议题、基本论题、常态化的话题，是贯穿于法理学知识体系、理论体系和话语体系的一条主线，法理学的其他论题和问题都以法理研究为中心、前提和基础。如果说20世纪80年代初“法学基础理论”取代“国家与法的理论”是确立法学理论学科地位的重大变革，20世纪90年代初“法理学”取代“法学基础理论”是法理学在中国法学体系和哲学社会科学体系中赢得合法性学科地位的历史性突破，[148]那么，在21世纪初期确立“法理”为法理学的中心主题、以“法理”为主线建构法理学体系，将是我国法理学的一次转型升级。这次转型升级的着力点和标志在于：

以“法理”为中心主题的法理学将以实践哲学为导向，更加关注法治实践和法律生活，更加关注部门法学，从而更加贴近现实、更接地气。这是因为“法理”是千百年来在法治实践和社会生活中不断积累和丰富的智慧和哲理。正如朱苏力所指出的：“一个民族的生活创造它的法制，而法学家创造的仅仅是关于法制的理论。”[149]诸如，“明理尊法”“以法为教”“变法促进”“法约而易行”“法正民安”“法安天下、德润人心”“刑无等级”“惩恶扬善”等，都不是某种先验的或超验的“绝对精神”“绝对理念”，而是来源于法治实践和社会生活，存在于人民群众的法律意识和法律情感之中。只有贴近人民、深入社会，才能真正理解法理及其各种要素，才能感知和发现蕴藏在广袤大地的新法理。本人担任吉林大学理论法学研究中心主任时倡导一门理论与实践紧密结合的研究型课程，即“生活中的法理”，这门课程的目的是引导法学教师和学生“从生活揭示法理，以法理透视生活”。

由于确立以“法理”为中心主题，法理学将更加关注立法、执法、司法实践，关注法律体系完善和法治体系的建构，关注宪法、行政法、民法、商法、经济法、环境法、社会法、刑法、诉讼法、国际法等法律部门及部门法学的发展完善。法理体系如同法学理论体系一样，是由不同层面、领域的法理构成的。法理既有不证自明的公理，也有需要深入论证的原则，既有带有普遍性的法理，也有各法律部门特有的法理。建构中国特色的法理体系，需要法学界各学科的共同关注和参与。这些都将促进法理学与部门法学的有机衔接，克服长期以来形成的法理学与部门法学互相脱节的“两张皮”现象，构建理论法学与应用法学互相协同的新型学术共同体。

以“法理”为中心主题的法理学,必将更加重视对中国特色社会主义法治理论的研究。中国特色社会主义法治理论是中国特色社会主义法治道路的核心要义,是对中国社会主义法治实践的经验总结和理论表达,是对中华传统法律文化精华的传承和对西方法治经验和理论成果的兼容并蓄,也是与时俱进、不断创新的理论。中国特色社会主义法治理论体系中包含着丰富的法理概念、命题、论述。例如,法治兴则国泰民安,法治衰则国乱民怨;法治是治国理政的基本方式;党的政策和国家法律互联互动;公正是法治的生命线;法律是成文的道德,道德是内心的法律;以公开促公正,以透明保廉洁;公正司法是维护社会公平正义的最后一道防线;法律为人民所掌握、所遵守、所运用;社会主义法治必须坚持党的领导,党的领导必须依靠社会主义法治;法治以人民为主体,法治建设为了人民、依靠人民;人民权益要靠法律保障,法律权威要靠人民维护;法律的权威源自人民的内心拥护和真诚信仰;法律红线不可逾越、法律底线不可碰触;秉持法律准绳,用好法治方式;密织法律之网,强化法治之力;心中高悬法律的明镜,手中紧握法律的戒尺;守法律、重程序;权力是一把“双刃剑”,在法治轨道上行使可以造福人民,在法律之外行使则必然祸害国家和人民;法定职权必须为,法无授权不可为;自由是秩序的目的,秩序是自由的保障;发展是安全的基础,安全是发展的条件;以透明的法治环境给经济主体以合理预期;凡属重大改革要于法有据;在法治下推进改革,在改革中完善法治;小智治事,中智治人,大智立法;司法公正对社会公正具有重要引领作用,司法不公对社会公正具有致命破坏作用;所谓公正司法,就是受到侵害的权利一定会得到保护和救济,违法犯罪活动一定要受到制裁和惩罚;法院独立审判,只服从法律,只服从事实;构建开放、动态、透明、便民的阳光司法机制;党的政策是国家法律的先导和指引,是立法的依据和执法司法的重要指导;权由法定,权依法使;依法设定权力、规范权力、制约权力、监督权力,把权力关进制度的笼子;执法者必先守纪,律人者必先律己;事实认定符合客观真相、办案结果符合实体公正、办案过程符合程序公正;一个错案的负面影响足以摧毁九十九个公正裁判所积累起来的良好形象;肩扛公正天平、手持正义之剑;形成不愿违法、不能违法、不敢违法的法治环境;义利相兼、以义为先;文明因交流而多彩,文明因互鉴而丰富;文明是包容的,人类文明因包容才有交流互鉴的动力;和平、发展、公平、正义、民主、自由,是全人类的共同价值;说公道话、办公道事;坚定和平理念、扬起和平风帆;以对话解争端、以协商化分歧;在国际关系中用统一适用的规则来明是非、促和平、谋发展;营造和平稳定的国际环境,发展和谐友善的国家关系,开展和睦开放的文明交流;中国外交有原则、重情谊、讲道义、谋公正;等等。加强对中国特色社会主义法治理论及其包含的新法理的研究和学术建构,不仅有利于深化我们对法理的认识和运用,而且有利于克服马克思主义法学基础理论被边缘化、空泛化、标签化的现象。

以"法理"为中心主题的法理学,必然更加关注传统法律文化。习近平同志指出:"我国古代法制蕴含着十分丰富的智慧和资源,中华法系在世界几大法系中独树一帜。要注意研究我国古代法制传统和成败得失,挖掘和传承中华法律文化精华,汲取营养、择善而用。"[150]法理存在于历史传统、民族精神之中,历史上形成的许多法律谚语、格言、警句、经典论述,都是法理的载体与存在形态,意蕴极其深厚。诸如,"以民为本""奉法利民""奉法强国""社会和合""礼法互补""德法共治""以法为教""定分止争""明德慎刑""大德而小刑""法、情、理统合""弘风阐化""刚柔相济""宽严相济""刑当贤、罚当暴,不杀不辜,不失有罪"等。还有,"法,国之权衡也,时之准绳也。权衡,所以定轻重;准绳,所以正曲直。"[151]"当时而立法,因事而制礼。礼法以时而定,制令各顺其宜。"[152]"法与时转则治,治与世宜则有功"[153]等。传统法理是现代法治的文化基因,是现代法学的思想精华。然而,我们对传统法律文化研究有限、传承不够,法律史学甚至被大面积边缘化。法理学中心主题的转换,必将重燃法学界对中华民族世世代代形成和积累的优秀传统法文化的热情,涤荡法学领域的历史虚无主义思潮,以时代精神激活中华优秀传统法文化的生命力,推进中华优秀传统法文化创造性转化和创新性发展,推进法治的民族精神和时代精神融汇,使源远流长的中华传统法文化发扬光大,使中华法治文明跟进中华民族伟大复兴梦的坚定步伐而重新彰显其无穷魅力和影响力。

以"法理"为中心主题的法理学,必将推进中国法学进一步扩大开放,促进法治文明的互鉴。因为"法理"具有融通性和普遍性的特点,对法理的研究必然要求中国法学认真对待法(法治)的世界精神,而不能局限于法和法治的中国精神。中国特色社会主义法治建设是前无先例、外无范式的事业,没有现成的道路可以遵循,没有现成的模式可以照搬,主要靠我们自己探索、实践和创造。但这绝不意味着自我封闭、自给自足。近代以来,中国法治现代化的历史经验告诉我们:包括马克思主义在内的"西学东进",撬动了中国封建社会,推动了中国传统法治文明的现代化进程。西方法治文明,如同中华法治文明一样,有许多跨越时空的理念、制度和方法。诸如依法治理、权力制约、权利保障、法律面前人人平等、契约自由、正当程序以及有关法治的许多学说,反映了人类法治文明发展的一般规律。我们必须在立足实践、尊重国情的前提下,全面梳理、认真鉴别、合理吸收西方法治文明,包括其法学理论和法治思想。

说到文明互鉴和法学的国际化,必然碰上法学的民族性问题。其实,强调民族性并不是要排斥其他国家的学术研究成果,而是要在比较、对照、批判、吸收、升华的基础上,使民族性更加符合当代中国和当今世界的发展要求。解决好法治的民族性问题,就有更强能力去解决法治的世界性问题;把中国法治实践总结好、把中国法理精神凝练好,就可以为解决法治的世界性问题提供中国思想和中国方案。习近平总书记强调:"我们既要立足本国实际,又要开门搞研究。对人类创造的有益的理论观点和学术成果,我们应该吸收借鉴,但不能把一种理论观点和学术成果当成'唯一准则',不能企图用一种模式来改造整个世界,否则就容易滑入机械论的泥坑。"〔154〕对西方法理和法理学既不能采取虚无主义、抱着御外排外的态度,也不能采取实用主义、崇洋媚外的态度,对西方的概念、话语、方法,要有分析、有鉴别,符合法治规律和法治文明的就采纳,但不生搬硬套,盲目"克隆"。

以法理为中心主题的法理学,必将推进法理学乃至整个法学对古今中外法学及相关学科经典作品的系统而深入的研究,因为法学及相关学科的经典著作对法理要素的研究和凝练,构成了我们今天开展法理研究的学术起点,从经典著作中可以获得用之不尽的营养。在新时期,中国法理学将全面系统地整理和研究从孔子到孙中山、从苏格拉底到拉兹的法学经典著作,深入研究马克思主义、列宁主义、毛泽东思想的法学经典,研究中国特色社会主义法治理论体系的科学论述,研究习近平总书记关于全面依法治国、建设法治中国的系列论述。可以预见,伴随着"经典著作热",法理学的思想品质和理论风格将焕然一新,同时法理学的受教育者、一代又一代法学青年学人将不再因为在校期间与法学经典擦肩而过而遗憾终生。

以“法理”为中心主题的法理学必将重新审视中国法理学的研究内容、知识体系、理论体系和话语体系，开展一次法理学体系的“全民健身行动”。当前，以教材为主要载体的中国法理学知识体系过于臃肿，混杂许多与法理学的中心主题无关紧要的内容。对此，必须“忍痛割爱”，下决心把那些“非法理”、“伪法理”的内容以及可有可无的常识从法理学体系中剔除出去，形成一个法理主题更加鲜明、法理论题更加科学、理论逻辑更加严谨、学术形象更加清爽的法理学。我们将以改编国家统编的法理学教材、重构法理学体系的探索实践，努力实现“清新法理学”的目标。

（二）部门法学研究的法理化

法理学中心主题的法理定位必将牵动部门法学法理化，或如一些学者所说的“部门法学哲理化”。其主要趋势表现如下：

第一，部门法学优化其研究对象和范围，部门法理学（部门法哲学）研究成为中国法学知识和理论新的增长点和创新点。部门法学不仅深入研究法律规范、法律制度、法律行为、法律关系、法律权利、法律义务、法律责任、法律案例、法律方法，而且注重研究法律以及法律制定和实施的法理依据和法理支点，关注法律精神、法治理念、法律思维、法治思维，致力于法律规则和法律制定背后的终极性问题、本源性问题。一旦进入这些领域，部门法学就呈现出法理化（哲理化）特征。

最近五十年，在西方国家，部门法学法理化（哲理化）成为一种潮流，出现了一大批探讨部门法中的一般理论的论著，如各种各样的宪法哲学、民法哲学、环境法哲学、刑法哲学、诉讼哲学、国际法哲学等专题研究著作。这些论著提供了对部门法的价值基础、文化基础、社会基础及其发展规律的哲学反思，构成把法哲学与宪法学、民法学、环境法学、刑法学、程序法学、国际法学等部门法学联结起来的桥梁和纽带。诸如财产法中的功利、公平、自由等问题，合同法中的承诺与协议、经济价值极大化、合理期望，侵权法中的因果关系或因果态、侵权责任，环境法中的人与自然的关系、环境权利、环境正义，诉讼法的经济代价、道德代价、程序价值问题，国际关系中的人权与主权关系等，都是部门法理学的热门论题。

受这种法学研究范式的启迪,自20世纪90年代以来,我国部门法理学(法哲学)研究呈现良好势头。新世纪以来,我国学者发表了数以千计的部门法哲学论文。例如,陈兴良的《部门法理学之提倡》,[155]蒋悟真的《迈向法理学的中国经济法学》,[156]陈步雷的《社会法的部门法哲学反思》,[157]赵秉志、魏昌东的《论中国刑法哲学的发展方向》,[158]曹新明的《知识产权法哲学理论反思——以重构知识产权制度为视角》,[159]徐国栋的《家庭法哲学两题》,[160]谢鸿飞的《民法典与人的美德》,[161]史玉成的《环境法学核心范畴之重构:环境法的法权结构论》,[162]邱本的《自然资源环境法哲学阐释》,[163]周江洪的《网络法问题的法哲学分析》,[164]江伟、吴泽勇的《证据法若干基本问题的法哲学分析》,[165]杨海坤的《行政法哲学的核心问题:政府存在和运行的正当性——兼论"政府法治论"的精髓和优势》,[166]胡平仁、梁晨的《人的伦理价值与人的人格利益——人格权内涵的法哲学解读》,[167]于立深的《公法哲学体系的建构》,[168]车丕照的《法律全球化与国际法治》,[169]何志鹏的《国际法的哲学之维:内涵、功能与路径》[170]等。出版了一大批部门法理学(部门法哲学)的论著。如陈兴良的《刑法哲学》、[171]宋功德的《行政法哲学》、[172]江国华的《宪法哲学导论》、[173]李锡鹤的《民法哲学论稿》、[174]冯晓青的《知识产权法哲学》、[175]陈泉生等的《环境法哲学》、[176]刘少军的《法边际均衡论——经济法哲学》、[177]张淞纶的《财产法哲学:历史、现状与未来》[178]等。这些论著的发表和出版深化了"法理"研究,丰富了法学理论体系,使法理学与部门法学的联系更加紧密。

第二,部门法学研究范式出现新突破。西方近代法学分化为理论法学(法理学)和应用法学(法律学,或部门法学)以来,应用法学各分支学科通常都把法律看作一套规范体系,并采用逻辑实证或经验实证的方法去注解、分析、解释法律规范的含义及其适用范围,一般被称为"注释法学"或有些学者习惯称谓的"法教义学"。注释法学(法教义学)是关于法实际上是什么的知识。注释法学(法教义学)最基本的观念是:法律科学是一种依赖于逻辑和经验的认识形式,其对象是实在之物,即由立法机关制定或由司法机关认可的实在法;法律规范的效力并不依赖于它的内容是否符合某种正义标准、道德标准或其他任何先验标准，而且它从根本上反对关于法律正确性的种种形而上学。部门法学特别是其中的民法学、刑法学等传统法学长期被称为“注释法学”“法教义学”。从法学发展史看，无论是“注释法学”，还是“法教义学”，对于法律精确化、体系化，对于正确理解和适用法律，对于法学学科体系的形成，都发挥着不可替代的作用。但是，如果部门法学停留于注释和实证分析，将会枯竭其思想体系而退化为单纯的知识体系，同时对该部门法的完善和进步产生负面制约。这就是法学各学科的思想家纷纷倡导部门法学开展“法理”研究、呼吁“部门法学哲理化”的动因所在。

法理学和部门法学对“法理”的关注，必将催生部门法学研究范式的新突破，即引入反思批判精神，提高法学的思维能力和思辨能力。“为学之道，必本于思。”“不深思则不能造于道，不深思而得者，其得易失。”〔179〕部门法学引入“反思”方法，以反思的思维方法不断地更新法学的思维，深化对法律的认识，引导人们的法律实践。反思，顾名思义，就是复而思之，反过来而思之。用哲学家的专业语言来说，就是“思想以自身为对象反过来而思之”。〔180〕以思想（法理也是一种思想形态）作为研究对象，就是要对已经形成的法学原理以及法律公理、原则进行再认识，使之既经受语言的、逻辑的、修辞学的检验和校正，又要受到文化传统、社会价值和时代精神的洗礼和考验。将反思方法运用于部门法学研究，首先是引导人们在肯定部门法学认知成果的同时，对部门法学的概念、理论和原理等认知成果保持怀疑立场和质疑态度。部门法学当中有许多“概念”“原则”“原理”实际上并非是不证自明的，也并非是天经地义、金科玉律，如“契约自由”“过错责任”“人类中心”“三权分立”等法律原则和学说都不是绝对的、神圣的，而是可质疑、可批判、可重塑的。以反思的思维方法研究法律问题，不仅关注法律当中的具体规则、条文等，而且更加关注这些规则存在的根据及其正当性、合理性、合法性问题，即深藏于这些规则背后的社会价值问题、经济和社会发展目标问题、公共政策问题、正义或道德公理等；研究使这些规则构成法律体系的那些“操作系统”，即连接、架构法律规则的那些体制和机制问题；研究这些规则得以制定和适用的法理型推理方法，诸如利益筛选、价值衡平、法律推理、法律论证、法律批评、法律选择等。

与怀疑和质疑这种“消极的”反思比较，批判则更具积极性，是一种更为

"积极的"反思。所以,哲学家们往往用批判来修饰和表征"反思",将反思叫作"批判的反思"。马克思提出,辩证法总是"在对现存事物的肯定的理解中同时包含对现存事物的否定的理解""对每一种既成的形式都是从不断的运动中,因而也是从它的暂时性方面去理解""辩证法不崇拜任何东西,按其本质来说,它是批判的和革命的"。[181]习近平总书记也强调:"哲学社会科学要有批判精神,这是马克思主义最可贵的精神品质。"[182]法学研究中的反思方法更是决定了它的批判本质和批判精神,它要求法学家用批判的眼光揭示和对待人类已经形成的全部法律思想,对待每一种法律观点、每一种法学理论体系、每一个研究范式和学术流派,试图通过敏锐的批判达到深刻的理解。作为辩证法的批判,其目的不是去否定一切,不是任意放纵,而是使人们的认识更加接近实际,使实践更加符合客观规律。

反思方法也是一种追问方法,在某种意义上,反思就是追问。无论是对于现行的法律规则、原则、原理,还是对于既有的理论判断和结论,都应当追问。通过追问,发现更深层次的东西,一种我们还没有认识到的、处于朦胧状态的因素;通过追问,发现既有法理的内在矛盾,并加以修正。试以《宪法》修正案第二十二条为例说明反思方法。我国现行《宪法》修正案第二十二条规定:"公民的合法的私有财产不受侵犯""国家依照法律规定保护公民的私有财产权"。对此,我们就可以做出一系列法理型追问:什么是私有财产?什么是私有财产权?法律保护的是"财产"还是"财产权"?《宪法》所称的"法"和"合法"的含义和意义是什么?对这里的"法""合法"应作如何理解?"法"仅指"实在的法",即由国家制定或认可的"法""现行的法律规定",还是也包括"自然法""应有法",即基于正义、理性、道德、公理、社会发展规律而形成的"法律原则""法的精神"?"合法"仅指"符合法律规定",还是也包括实际上"不违背法律""能够被历史延续下来的惯例认可""被政策所允许""理应由法律认可"?还可以进一步追问:为什么要保护公民的私有财产权?对公民私有财产权的保护是一个超越时空的法律原理吗?为什么宪法修正案规定"公民的合法的私有财产不受侵犯",而不是"自然人""个人""私人",为什么"公有财产神圣不可侵犯"、而"私有财产"仅仅是"不受侵犯"等。通过这样一连串的法理型追问,就会发现很多问题是相当模糊的,无论是宪法学,还是民法学,都还没有给出令人满意的回答和解释。因此,需要我们不断发问,去重新解释,重新修辞,创新论证。

(三)中国法治的法理化[183]

如前所述,“法理”是一个综合性、普适性概念,凝聚了法的价值、法的美德、法的传统、法的公理,可以说,“法理”是良法善治的晶体,良法善治是当代中国法理体系的精髓。因此,以法理作为法理学的中心主题和部门法学的共同关注,必将校正法治的实践指向,引领中国法治朝着良法善治方向健康发展。

1997年,中共十五大提出“依法治国,建设社会主义法治国家”。十八大之后,习近平总书记发出“建设法治中国”的号召。十八届三中全会通过的《中共中央关于全面深化改革若干重大问题的决定》确认了“法治中国”这一概念,并将法治建设的战略目标确定为“推进法治中国建设”。十八届四中全会向全党和全国各族人民发出“向着建设法治中国不断前进”“为建设法治中国而奋斗”的号召。“法治中国”概念是对当前和今后相当长时期中国法治建设的科学定位,具有深厚的历史文化底蕴、丰富的实践经验基础和强大的导向定位功能,构成我国法治建设新时期、新阶段的时代主题。“法治中国”概念以其无可比拟的包容性、凝聚力、感召力而成为中国特色社会主义法治理论体系和话语体系的中具有统合性、统领性的概念。

“法治中国”是“法治国家”的升级版,也是中国法治现代化的前进方向。

第一,与法治国家比较,法治中国是全面法治、全领域法治。法治中国概念的提出和建设法治中国理论的形成,旨在解决法治建设碎片化和各自为政的问题:即不仅要建设法治国家,还要建设法治政府、法治军队、法治政党、法治经济、法治社会;不仅要推进依法治国,还要推进依法执政、依法行政、依法治军、依法自治;不仅要搞好国家法治,还要搞好地方法治、行业法治、社会法治,促进国家法治、地方法治、行业法治、社会法治的协调发展;不仅要推进法律制度硬实力建设,还要推进法治文化软实力建设;不仅要致力于国内法治建设,还要统筹国内法治和国际法治两个大局,推动国际关系法治化和全球治理体制民主化。

第二,法治中国是形式法治与实质法治相统一。历史上有各种各样的法治模式。改革开放初期,党的十一届三中全会提出的"有法可依、有法必依、执法必严、违法必究"十六字方针,总体上属于形式法治的范畴。2012 年,党的十八大提出"科学立法、严格执法、公正司法、全民守法"的新十六字方针,使我国法治建设向着形式法治与实质法治的有机统一迈出了新的步伐。党的十八届四中全会提出"法律是治国之重器,良法是善治之前提",提出"以人民为主体"——法治建设法治为了人民、依靠人民、造福人民、保护人民,提出"公正是法治的生命线"。这是对中国特色社会主义法治作为形式法治与实质法治相统一的新型法治模式的精辟定型,突破了中国历史上的工具主义法治模式,也突破了西方形式正义的法治模式。

第三,法治中国以良法善治为其内在质量和价值标准。良法善治是社会主义核心价值观在法治领域的集中体现。所谓"良法",可在四种意义上把握。一是法律应符合人性、人文、自然、经济、政治、社会等的规律,与作为法律调整对象的各种关系的存在与发展规律相一致。习近平总书记指出:"科学立法的核心在于尊重和体现客观规律。"[184]数千年的法治文明史充分证明,法律要立得住、行得通、真管用,立法必须注重尊重规律、反映规律、顺应规律,使法律成为科学的法律。二是法律制定得良好。立法权法定,法律不强人所难(法律规定的行为规范可遵守、可执行、可适用),权利、义务、责任对等,标准统一,普遍适用,连续稳定,非溯及既往,规则与规则、法律与法律、法律部门与法律部门、实体法与程序法之间协调一致,不矛盾、不冲突等。三是法律实施得良好,不仅全民自觉守法,而且国家机关尊重宪法、严格执法、公正司法。四是法律体现社会良善价值,即保障人权,约束公权,公平正义,公开透明。

所谓善治,一是以人为本,就是一切从人出发、以人为中心;就是要把人作为观念、行为、制度的主体,把人的解放和自由、人的尊严、人的兴趣和全面发展,作为国家和法的终极关怀。同时,"以人为本"也意味着人应当把自己看作人、提高自己的人性,在社会生活中应当有宽容、诚信、自主、自律的自觉意识和观念,既善待自己和他人,也要求他人善待自己。二是厉行法治,遵循法治的规律和原则,善用法治思维和法治方式处理社会关系和矛盾纠纷,弘扬法治精神,树立法治理念,认真对待权利、义务和责任,正确行使权利、忠实履行义务、勇于承担责任。三是公共治理,就是把公众作为国家治理、社会治理、个人自治的主体,最大限度地扩大公众参与,提升公民及其组织的话语权和决定权,体现人民当家作主;以对话、沟通、协商等方式,保证不同主体平等自由地表达利益诉求、政策主张和立法建议,在此基础上最大限度地凝聚共识,消解或缩小分歧,促进各个阶层、各个群体相互之间的政治认同、思想认同、感情认同和彼此尊重;妥善协调利益关系,使不同阶层、不同群体在利益分化的格局中仍能各得其所又和谐相处。

上述三个方面的升级也体现出法律观念、法治理念、法治思维的升级,体现出法理体系和法学理论的创新发展。

法律是治国之重器,良法是善治之前提。良法善治所体现的社会主义核心价值观和优秀法律文化集中凝练于"法理"这一核心概念之中,由此,"良法善治"与"法理"互为表征;进而,以良法善治为本质特征的法治中国,在理论上最精确的概括性表达也许就是"法理中国"。"法治中国"与"法理中国"是并行的,推进法治中国建设与推进法理中国建设是相辅相成、相得益彰的;不仅要加快推进法治中国建设,而且要把中国特色社会主义法治理论和法理体系贯彻其始终。我们将秉持这一坚定信念,并以坚持不懈的探索和创新实践,去迎接中国法学的法理时代,去实现"法理中国"学术梦和"法治中国"强国梦。

注　释

* 张文显,中国法学会副会长,吉林大学、浙江大学教授,国家司法文明协同创新中心理论创新团队首席科学家,哲学博士。

本文系中央马克思主义理论研究和建设工程重大项目、国家社科基金重大项目"全面推进依法治国重大现实问题研究"(2015MZD042)成果之一。本文原载《清华法学》2017 年第 4 期,收入本文丛时,作者进行了个别若干必要的修改。

值本文发表之际,作者要特别感谢《清华法学》主编车丕照教授和编辑部主任徐雨衡副编审的热情约稿和高品位学术交流以及对文稿的审阅;感谢郑成良、徐显明教授在"三剑客"访谈期间再次给予我学术灵感和激情;感谢焦宝乾教授、陈景良教授、蒋楠楠讲师在若干学术疑难与文献梳理上的协助;感谢汪习根教授、朱振、侯学宾、苗炎、邹彩霞副教授对本文评议和提出修改意见;感谢博士后徐清、张欣、博士生彭巍、王垚、郭栋、李曦光、硕士生徐婧、周俊康等参与论文讨论、资料检索、文稿校对等活动。他们的热情、睿智、勤劳和友善已经饱含在本文之中。

〔1〕 张文显:《二十世纪西方法哲学思潮研究》,法律出版社 1996 年版,第 5 ~ 6 页。

〔2〕 张文显:《二十世纪西方法哲学思潮研究》,法律出版社 1996 年版,第 6 页。

〔3〕 张文显:《二十世纪西方法哲学思潮研究》,法律出版社 1996 年版,第 6 页。

〔4〕 [英]戴维 · M. 沃克:《牛津法律大辞典》,李双元等译,法律出版社 2003 年版,第 618 页。

〔5〕 [英]戴维 · M. 沃克:《牛津法律大辞典》,李双元等译,法律出版社 2003 年版,第 746 页。

〔6〕 张文显:《二十世纪西方法哲学思潮研究》,法律出版社 1996 年版,第 8 页。Also See Alan Mabe, "Editorial", *Law and Philosophy*, Volume 1, Issue 1, April 1982, p. 2.

〔7〕 *The Encyclopedia of Philosophy*, The Macmillan Publishing Company &The Free Press, 1967, p. 567. 另参见张文显:《当代西方法哲学》,吉林大学出版社 1987 年版,第 1 页。

〔8〕 [美]德沃金:《法律帝国》,李常青译,中国大百科全书出版社 1996 年版,第 83 页。

〔9〕 [美]理查德 · A. 波斯纳:《法理学问题》,苏力译,中国政法大学出版社 2002 年版,原文序,第 1 页。

〔10〕 [德]伯恩 · 魏德士:《法理学》,丁晓春、吴越译,法律出版社 2013 年版,第 13 页。

〔11〕 据何勤华等学者考究,19 世纪 80 年代日本学者穗积重远开设法学理论课程时弃"法哲学"而改用"法理学"。康有为在介绍日本法学课程体系时直接使用了该词语。参见何勤华:《中国近代法理学的诞生与成长》,载《中国法学》2005 年第 3 期。

〔12〕 (清)梁启超:《饮冰室合集(集外文)》,北京大学出版社 2005 年版,第 1245 页。

〔13〕 (清)沈家本:《历代刑法考 · 附寄簃文存》,邓经元、骈宇骞点校,中华书局 1985 年版,第 2225 页。

〔14〕 李达:《法理学大纲》,法律出版社 1984 年版,第 13 ~ 14 页。

〔15〕 沈宗灵主编:《法理学》(第四版),北京大学出版社 2014 年版,第 18 页。

〔16〕 沈宗灵主编:《法理学》(第二版),高等教育出版社 2009 年,第 22 页。

〔17〕 孙国华、朱景文主编:《法理学》,中国人民大学出版社 2014 年版,第 6 页。

〔18〕 舒国滢主编:《法理学导论》,北京大学出版社 2012 年版,第 12 ~ 13 页。

〔19〕 张文显主编:《法理学》(第四版),高等教育出版社、北京出版社 2011 年版,第 15 ~ 18 页;张文显主编:《法理学》(第三版),法律出版社 2007 年版。

〔20〕 转引自武阳:《"Jurisprudence"(法理学)还是什么?——基于英文文献的梳理分析》,载《广西政法干部管理学院学报》2011 年第 6 期。原注为 John Burke, *Jowitts Dictionary of English Law*, Sweet and Maxwell, 1977: p. 77.

〔21〕 转引自武阳:《"Jurisprudence"(法理学)还是什么?——基于英文文献的梳理分析》,载《广西政法干部管理学院学报》2011 年第 6 期。原注为 Max Radin, *Radin Law Dictionary*, Ocean Publicaions, Inc. , pp. 177 - 178.

〔22〕 转引自武阳:《"Jurisprudence"(法理学)还是什么?——基于英文文献的梳理分析》,载《广西政法干部管理学院学报》2011 年第 6 期。原注为 L. B. Curzon, *A Dictionary of Law*, Macdonald And Evans, p. 203.

〔23〕 转引自武阳:《"Jurisprudence"(法理学)还是什么?——基于英文文献的梳理分析》,载《广西政法干部管理学院学报》2011 年第 6 期。原注为 Willian P. Statsky, *Legal Thesaurus/ Dictionary*, West Publishing Company, p. 43.

〔24〕 转引自武阳:《"Jurisprudence"(法理学)还是什么?——基于英文文献的梳理分析》,载《广西政法干部管理学院学报》2011 年第 6 期,第 29 页。原注为 K. J. Aiyar, *Judicial Dictionary*, Law Book Company, 1984: pp. 541 – 542.

〔25〕 转引自武阳:《"Jurisprudence"(法理学)还是什么?——基于英文文献的梳理分析》,载《广西政法干部管理学院学报》2011 年第 6 期。原注为 M. J. Sethna, *Contribution to Synthetic Jurisprudence*, Ocean Publications, Inc., 1962: pp. 11 – 16.

〔26〕 付子堂主编:《法理学高阶》,高等教育出版社 2008 年版,第 18 页。

〔27〕 付子堂主编:《法理学高阶》,高等教育出版社 2008 年版,第 19 页。穗积陈重曾于其《法理学大纲》一书中说明了何以在课程名称上要用"法理学"代替"法哲学"。穗积陈重曾留学英国,受到梅茵历史法学派的影响,因而较重视实证法研究。但当时欧陆法哲学因受黑格尔影响,以抽象及形而上学为其特色,故穗积陈重认为"法哲学"一词过于强调一种形而上学的色彩,忽略了其研究法律根本原理之面目,便以"法理学"代替之。

〔28〕 葛洪义:《法理学的定义与意义》,载《法律科学》2001 年第 3 期。

〔29〕 马长山主编:《法理学》,中国人民大学出版社 2009 年版,第 1 页。

〔30〕 夏勇主编:《法理学讲义——关于法律的道理与学问》(上),北京大学出版社 2010 年版,第 1 页。

〔31〕 有学者(如焦宝乾)将(拉丁语"ratio iuris")翻译为"法理",是否妥当,值得进一步考察。ratio iuris 的英译有多个:reason(character/nature) of law (justice/right)。这也说明,它的内涵并不很清晰。

〔32〕 北京大学法学百科全书编委会编:《北京大学法学百科全书——法理学、立法学、法律社会学》,北京大学出版社 2010 年版,第 243 页。

〔33〕 词语与概念是两回事。使用"法理"这个词语,并不意味着使用者持有"法理"概念。

〔34〕 (汉)班固撰:《汉书》(卷八《宣帝纪第八》),中华书局 2000 年简体版,第 192 页。

〔35〕 (汉)班固撰:《汉书》(卷三十《艺文志》),中华书局 2000 年简体版,第 1372 页。

〔36〕 (南朝宋)范晔撰:《后汉书》(卷十四《宗室四王三侯列传第四》),中华书局 2000 年简体版,第 368 页;(南朝宋)范晔撰:《后汉书》(卷七十六《王涣传》),中华书局 2000 年简体版,第 1669 页;(南朝宋)范晔撰:《后汉书》(卷二十九《申屠刚传》),中华书局 2000 年简

体版,第 683 页。

〔37〕 (晋)陈寿撰:《三国志·魏书·武帝纪》,中华书局 1982 年版,第 44 页。

〔38〕 如西晋名臣卫瓘就有极高的法律素养,史书称之"明法理,每至听讼,小大以情"。制定《泰始律》的西晋名臣贾充也是"雅长法理,有平反之称"。汉和帝时,张禹因"明达法理,有张释之风",从而越级提拔,授以廷尉之职。唐德宗贞元年间的京兆尹薛珏也是"刚严明察,练达法理,以勤身率下"。参见(唐)房玄龄等撰:《晋书》(卷三十六《卫瓘传》),中华书局 2000 年简体版,第 691 页;(唐)房玄龄等撰:《晋书》(卷四十《贾充传》),中华书局 2000 年简体版,第 765 页;(汉)刘珍等撰:《东观汉记校注》(卷十六《张禹传》),中华书局 2008 年版,第 705 页;(后晋)刘昫等撰:《旧唐书》(卷一百八十五下《薛珏传》),中华书局 2000 年简体版,第 3283 页。

〔39〕 (南朝宋)范晔撰:《后汉书》(卷二《显宗孝明帝纪第二》),中华书局 1965 年简体版,第 85 页。

〔40〕 (北齐)魏收撰:《魏书》(卷八十八《宋世景传》),中华书局 2000 年简体版,第 1289 页。

〔41〕 "臣伏读至三公曹第六十六条,母杀其父,子不得告,告者死。再三返覆之,未得其门。何者?案律,子孙告父母、祖父母者死。又汉宣云:子匿父母,孙匿大父母,皆勿论。盖谓父母、祖父母,小者攘羊,甚者杀害之类,恩须相隐,律抑不言。法理如是,足见其直。"参见(北齐)魏收撰:《魏书》(卷八十八《窦瑗传》),中华书局 2000 年简体版,第 1293 页。

〔42〕 (梁)萧子显撰:《南齐书》(卷四十八《孔稚珪传》),中华书局 2000 年简体版,第 567 页。

〔43〕 (后晋)刘昫等撰:《旧唐书》(卷四十九《志第二十九·食货下》),中华书局 2000 年简体版,第 1436 页。

〔44〕 (后晋)刘昫等撰:《旧唐书》(卷五十《志第三十·刑法》),中华书局 2000 年简体版,第 1446 页。

〔45〕 (唐)李林甫等撰,陈仲夫点校:《唐六典》,(卷六《尚书吏部》),中华书局 1992 年版,第 180 页。

〔46〕 (唐)杜佑撰,王文锦、王永兴点校:《通典》(卷第十七《选举五·选人条例》),中华书局 1988 年版,第 425 页

〔47〕 陈景良:《宋代"法官"、"司法"和"法理"考略——兼论宋代司法传统及其历史转型》,载《法商研究》2006 年第 1 期。

〔48〕 详见中国社会科学院历史研究所宋辽金元研究室点校:《名公书判清明集》(卷一《不许县官寨官擅自押人下寨》),中华书局 1987 年版,第 33 页。

〔49〕 详见《名公书判清明集》(卷十二《检法书拟》),中华书局 1987 年版,第 463 页。

〔50〕 详见《名公书判清明集》(卷七《房长论侧室父包并物业》),中华书局 1987 年版,第 233 页。

〔51〕 详见(宋)郑克撰,刘俊文译注:《折狱龟鉴译注》(卷八《何武夺财》),上海古籍出版社1988年版,第461页。

〔52〕 (汉)王符著,(清)汪继培笺、彭铎校正:《述赦》,载《潜夫论笺校正》,中华书局1985年版,第190页。

〔53〕 《管子·七臣七主》。

〔54〕 《韩非子·有度》。

〔55〕 《管子·任法》。

〔56〕 王安石:《临川先生文集》,中华书局1959年版,第678页。

〔57〕 《尚书·大禹谟》。

〔58〕 《尚书·大禹谟》。

〔59〕 《韩非子·饰邪》。

〔60〕 (汉)班固撰:《汉书》(卷八十五《谷永传》),中华书局2000年简体版,第2568页。

〔61〕 (汉)司马迁撰:《史记》(卷一百三十《太史公自序》),中华书局2000年简体版,第2492页。

〔62〕 (唐)长孙无忌等撰,刘俊文点校:《唐律疏议》(卷一《名例》),中华书局1983年版,第3页。

〔63〕 (明)张居正撰:《张太岳集》(卷三十八《请稽查章奏随事考成以修实政疏》),上海古籍出版社1984年版,第482页。

〔64〕 (唐)房玄龄等撰:《晋书》(卷三十《刑法志》),中华书局2000年简体版,第610页。这一主张与现代"法无明文规定不为罪,法无明文规定不处罚"的原则极其相近。可以说,这是传统中国最为彻底的罪刑法定主张。从传世法典《唐律疏议》来看,其中也有不少类似于今日"罪刑法定"原则的法理表达。

〔65〕 刘得宽:《法学入门》,中国政法大学出版社2006年版,第21页。

〔66〕 杨仁寿:《法学方法论》(第二版),中国政法大学出版社2013年版,第273页。

〔67〕 [荷]格老秀斯:《战争与和平法》(中译本)(第1卷),何勤华等译,商务印书馆1959年版,第39页。

〔68〕 [美]E.博登海默:《法理学——法律哲学与法律方法》,邓正来译,中国政法大学出版社2004年版,第473~474页。

〔69〕 [美]E.博登海默:《法理学——法律哲学与法律方法》,邓正来译,中国政法大学出版社2004年版,第474页。

〔70〕 罗竹风主编:《汉语大词典:缩印本》(中卷),汉语大词典出版社1997年版,第3176页。

〔71〕 《辞海:缩印本》,上海辞书出版社2000年版,第1079页。

〔72〕 孙国华主编:《马克思主义法理学研究 关于法的概念和本质的原理——兼论法是"理"与

“力”的结合,“理”是基本的,“力”是必要的》(第二版),群众出版社 2007 年版,第 200 页。

〔73〕 张文显:《二十世纪西方法哲学思潮研究》,法律出版社 1996 年版,第 373 页。

〔74〕 王泽鉴:《法律思维与民法实例》,中国政法大学出版社 2001 年版,第 299 页。

〔75〕 梁慧星:《民法总论》(第四版),法律出版社 2011 年版,第 28 页。

〔76〕 王利明:《民法总则研究》(第二版),中国人民大学出版社 2012 年版,第 68 页。

〔77〕 张文显:《法哲学通论》,辽宁人民出版社 2010 年版。

〔78〕 张文显:《法哲学通论》,辽宁人民出版社 2010 年版。

〔79〕 张生:《民国初期民法的近代化——以固有法与继受法的整合为中心》,中国政法大学出版社 2001 年版,第 49 页。

〔80〕 [美]爱德华·希尔斯:《市民社会的美德》,转引自邓正来、[英]J. C. 亚历山大主编:《国家与市民社会》(中译本),中央编译出版社 1999 年,第 32 ~ 50 页。

〔81〕 张文显、宋显忠:《法治与法治国家的涵义》,载夏勇、李林、[瑞士]弗莱纳主编:《法治与 21 世纪》(The Rule of Law and the 21st Century),社会科学文献出版社 2004 年版;另见《张文显法学文选》(第六卷·法治与法治国家),法律出版社 2011 年版,第 7 页。

〔82〕 孙国华主编:《马克思主义法理学研究 关于法的概念和本质的原理——兼论法是“理”与“力”的结合,“理”是基本的,“力”是必要的》(第二版),群众出版社 2007 年版,第 199 ~ 200 页。

〔83〕 郑玉波著,黄宗乐修订:《民法总则》,台湾三民书局 2004 年版,第 46 页。

〔84〕 [美]黄宗智:《我们的问题意识:对美国的中国研究的反思》,载《开放时代》2016 年第 1 期。

〔85〕 张文显:《二十世纪西方法哲学思潮研究》,法律出版社 1996 年版,第 72 ~ 73 页。

〔86〕 郑成良:《法治理念和法律思维论纲》,载《法制日报》2000 年 4 月 23 日。

〔87〕 郑成良、董进宇、霍存福:《论依法治国之法理要义》,载《吉林大学社会科学学报》1996 年第 4 期。

〔88〕 郑成良:《法治理念和法律思维论纲》,载《法制日报》2000 年 4 月 23 日。

〔89〕 [古希腊]亚里士多德:《政治学》,吴寿彭译,商务印书馆 1965 年版,第 199 页。

〔90〕 [荷]格老秀斯:《战争与和平法》,[美]A. C. 坎贝尔英译,何勤华等中译,上海人民出版社 2013 年版,第 203 页。

〔91〕 [美]卜思天·儒佩基奇:《从刑事诉讼法治透视反对自证有罪原则》,王铮、降华玮译,载《比较法研究》1999 年第 2 期。

〔92〕 [德]黑格尔:《法哲学原理》,范扬、张企泰译,商务印书馆 2009 年版,第 8 页。

〔93〕 《马克思恩格斯全集》(第 1 卷),人民出版社 1956 年版,第 76 页。

〔94〕 [意]贝卡利亚:《论犯罪与刑罚》,黄风译,中国大百科全书出版社 1993 年版,第 30 页。

〔95〕 [美]伯尔曼:《法律与宗教》,梁治平译,生活·读书·新知三联书店1991年版,第28页。

〔96〕 习近平:《在省部级主要领导干部学习贯彻党的十八届四中全会精神全面推进依法治国专题研讨班上的讲话》(2015年2月2日),载中共中央文献研究室:《习近平关于全面依法治国论述摘编》,中央文献出版社2015年版,第37~38页。

〔97〕 [古罗马]西塞罗:《国家篇 法律篇》,沈叔平、苏力译,商务印书馆1999年版,第151页。

〔98〕 王泽鉴:《民法总则》,中国政法大学出版社2001年版,第60页。

〔99〕 [英]尼尔·麦考密克、[奥]奥塔·魏因贝格尔:《制度法论》,周叶谦译,中国政法大学出版社2004年版,第90页。

〔100〕 美国学者贝勒斯对普通法系的法律原则进行过系统研究,不仅阐述了法律原则的理论,而且对程序法、财产法、契约法、侵权法、刑法中的原则进行了梳理,制作了这些领域的原则清单。详见[美]领域迈克尔·D.贝勒斯:《法律的原则——一个规范的分析》,张文显等译,中国大百科全书出版社1996年版,第1页。

〔101〕 [古希腊]亚里士多德:《尼各马可伦理学》,廖申白译注,商务印书馆2009年版,第143页。

〔102〕 C. Perelman, *Justice, Law, and Argument*, D. Reidel Publishing Company, 1980: p. 11. 转引自张文显:《二十世纪西方法哲学思潮研究》,法律出版社1996年版,第579~580页。

〔103〕 张文显:《二十世纪西方法哲学思潮研究》,法律出版社1996年版,第589~593页。

〔104〕 谢鸿飞:《民法典与人的美德》,载《中国法律评论》2015年第4期。

〔105〕 於兴中:《法的品德(品性、品格)》,载《走向世界的中国法哲学——第三届国际研讨会论文集》,第3~15页,李萍、童建军:《当代西方德性法理学及其中国意义》,载《华中科技大学学报》(社会科学版)2016年第4期。

〔106〕 [美]劳伦斯·索伦:《法理词汇》,王凌皞译,中国政法大学出版社2010年版,第166~173页。

〔107〕 [美]庞德:《通过法律的社会控制 法律的任务》,沈宗灵、董世忠译,商务印书馆1984年版,第55页。

〔108〕 《马克思恩格斯全集》(第19卷),人民出版社1963年版,第405页。

〔109〕 张文显:《二十世纪西方法哲学思潮研究》,法律出版社2006年版,第53~55页。

〔110〕 张文显:《二十世纪西方法哲学思潮研究》,法律出版社2006年版,第64页。

〔111〕 北京大学法学百科全书编委会编:《北京大学法学百科全书——法理学、立法学、法律社会学》,北京大学出版社2010年版,第243页。

〔112〕 [美]德沃金:《法律帝国》,李常青译,中国大百科全书出版社1996年版,第201~203页。Ronald Dworkin, *Law's Empire*, The Belknap Press of Harvard University Press, 1986, pp. 15-20.

〔113〕 张明楷:《实质解释论的再提倡》,载《中国法学》2010 年第 5 期。

〔114〕 陈小君:《农村集体土地征收的法理反思与制度重构》,载《中国法学》2012 年第 1 期。

〔115〕 余盛峰:《知识产权全球化:现代转向与法理反思》,载《政法论坛》2014 年第 6 期。

〔116〕 覃文光:《建立我国公司法人人格否认制度的法理透视与思考》,载《河北法学》2004 年第 11 期。

〔117〕 黄进喜:《反垄断法适用除外制度的法理分析与制度完善》,载《东南学术》2011 年第 1 期。

〔118〕 姜涛:《批判中求可能:对量刑反制定罪论的法理分析》,载《政治与法律》2011 年第 9 期。

〔119〕 汪志刚:《动产善意取得的法理基础》,载《法学研究》2009 年第 3 期。

〔120〕 陈兴良:《共同正犯:承继性与重合性——高海明绑架、郭永杭非法拘禁案的法理分析》,载《刑事法评论》2007 年第 2 期。

〔121〕 龙宗智:《聂树斌案法理研判》,载《法学》2013 年第 8 期。

〔122〕 万毅:《“全国首例非法证据排除案”法理研判》,载《证据科学》2011 年第 6 期。

〔123〕 陈界融:《〈红色娘子军〉著作权纠纷案法理分析》,载《贵州民族大学学报》(哲学社会科学版)2015 年第 5 期。

〔124〕 季卫东:《“南海仲裁案”的法理剖析》,载《上海法治报》2016 年 8 月 22 日,第 B07 版。

〔125〕 汪习根、罗思婧:《国际体育仲裁规则面临的困境与出路——哈曼诉国际足联仲裁案的法理评析》,载《武汉体育学院学报》2014 年第 8 期。

〔126〕 杨仁寿:《法学方法论》(第二版),中国政法大学出版社 2013 年版,第 274 页。

〔127〕 北京大学法学百科全书编委会编:《北京大学法学百科全书——法理学、立法学、法律社会学》,北京大学出版社 2010 年版,第 243 页。

〔128〕 [美]约翰·罗尔斯:《正义论》,何怀宏、何包钢、廖申白译,中国社会科学出版社 1988 年版,第 3 ~4 页。

〔129〕 王兆国:《关于〈中华人民共和国物权法(草案)〉的说明》,载《人民日报》2007 年 3 月 9 日,第 2 版。

〔130〕 《关于〈中华人民共和国刑法修正案(九)〉的说明》,载 http://www.npc.gov.cn/npc/lfzt/rlys/2014 -11/03/content_1885123.htm,最后访问日期:2017 年 6 月 19 日。

〔131〕 李建国:《关于〈中华人民共和国民法总则(草案)的说明》,载《人民日报》2017 年 3 月 9 日,第 5 版。

〔132〕 《瑞士民法典》,殷生根、王燕译,中国政法大学出版社 1999 年版,第 3 页。

〔133〕 转引自韩冰:《近代中国民法法源及其适用原则简论》,载《华东政法学院学报》2005 年第 5 期。

〔134〕 《最新阿根廷共和国民法典》,徐涤宇译注,法律出版社 2007 年版,第 6 页。

〔135〕《奥地利普通民法典》(2012年7月25日修改),周友军、杨垠红译,清华大学出版社2013年版,第1页。

〔136〕《大清民律草案》由沈家本等主持的修订法律馆起草,自1907年正式着手,1911年11月基本完成。两个月后,辛亥革命爆发,清王朝崩溃,因此这本民律草案并未颁布和实施。

〔137〕《大清民律草案 民国民律草案》,杨立新点校,吉林人民出版社2002年版,第3页。

〔138〕《中华民国民法》,上海文明书局1931年版,第1页。

〔139〕公序良俗原则起源于罗马法。现代法学理论通常把公序良俗理解为公共秩序与善良风俗的简称。所谓公序,即社会一般利益和秩序,包括国家利益、公共利益、经济秩序、社会秩序;所谓良俗,即一般道德观念或良好道德风尚,包括社会公德、家庭伦理、商业道德、社会良好风尚等。

〔140〕[美]德沃金:《法律帝国》,李常青译,中国大百科全书出版社1996年版,第18~19页。

〔141〕[美]德沃金:《法律帝国》,李常青译,中国大百科全书出版社1996年版,第83页。

〔142〕转引自刘作翔主编:《法理学》,社科文献出版社2005年版,第4页,“法理学的功能”(代序言)。原注为《布莱克法律辞典》,西方出版公司1979年英文第5版,第767页。

〔143〕《最高人民法院公报》2011年第11期(总第181期)。

〔144〕转引自沈宗灵:《现代西方法理学》,北京大学出版社1992年版,第11~12页。原注为尼克松:《六次危机》,第6章。

〔145〕[德]拉德布鲁赫:《法律智慧警句集》,舒国滢译,中国法制出版社2016年版,第164页。

〔146〕[英]弗兰克·帕金:《马克斯·韦伯》,刘东、谢维和译,四川人民出版社1987年版,第111~112页。

〔147〕张文显:《关于菲律宾提起的“南海仲裁案”的法理分析》,载《中国法学》2016年第5期;熊玠:《“南海争议仲裁”:看看谁更讲法理》,载《解放日报》2016年8月30日,第9版;季卫东:《“南海仲裁案”的法理剖析》,载《上海法治报》2016年8月22日,第B07版。

〔148〕在很长一个时期,“法理学”被定义为“资产阶级法学的一个分支”。详见《中国大百科全书》中“法理学”词条。《中国大百科全书》(法学卷),中国大百科全书出版社2006年版,第73页。

〔149〕苏力:《后现代思潮与中国法学和法制》,载《法学》1997年第3期。

〔150〕习近平:《加快建设社会主义法治国家》,载《求是》2015年第1期。

〔151〕《贞观政要·公平》。

〔152〕《商君书·更法》。

〔153〕《韩非子·五蠹》。

〔154〕习近平:《在哲学社会科学工作座谈会上的讲话》,载《人民日报》2016年5月19日,第2版。

〔155〕 陈兴良:《部门法理学之提倡》,载《法律科学》(西北政法大学学报)2003 年第 5 期。

〔156〕 蒋悟真:《迈向法理学的中国经济法学》,载《法商研究》2008 年第 3 期。

〔157〕 陈步雷:《社会法的部门法哲学反思》,载《法制与社会发展》2012 年第 4 期。

〔158〕 赵秉志、魏昌东:《论中国刑法哲学的发展方向》,载《政治与法律》2007 年第 6 期。

〔159〕 曹新明:《知识产权法哲学理论反思——以重构知识产权制度为视角》,载《法制与社会发展》2004 年第 6 期。

〔160〕 徐国栋:《家庭法哲学两题》,载《法制与社会发展》2010 年第 3 期。

〔161〕 谢鸿飞:《民法典与人的美德》,载《中国法律评论》2015 年第 4 期。

〔162〕 史玉成:《环境法学核心范畴之重构:环境法的法权结构论》,载《中国法学》2016 年第 5 期。

〔163〕 邱本:《自然资源环境法哲学阐释》,载《法制与社会发展》2014 年第 3 期。

〔164〕 周江洪:《网络法问题的法哲学分析》,载《兰州大学学报》2002 年第 6 期。

〔165〕 江伟、吴泽勇:《证据法若干基本问题的法哲学分析》,载《中国法学》2002 年第 1 期。

〔166〕 杨海坤:《行政法哲学的核心问题:政府存在和运行的正当性——兼论"政府法治论"的精髓和优势》,载《上海师范大学学报》(哲学社会科学版)2007 年第 6 期。

〔167〕 胡平仁、梁晨:《人的伦理价值与人的人格利益——人格权内涵的法哲学解读》,载《法律科学》(西北政法大学学报)2012 年第 4 期。

〔168〕 于立深:《公法哲学体系的建构》,载《公法研究》2004 年第 1 期。

〔169〕 车丕照:《法律全球化与国际法治》,载《清华法治论衡》2002 年第 3 期。

〔170〕 何志鹏:《国际法的哲学之维:内涵、功能与路径》,载《法学家》2010 年第 6 期。

〔171〕 陈兴良:《刑法哲学》,中国人民大学出版社 2015 年版。

〔172〕 宋功德:《行政法哲学》,法律出版社 2000 年版。

〔173〕 江国华:《宪法哲学导论》,商务印书馆 2007 年版。

〔174〕 李锡鹤:《民法哲学论稿》(第二版),复旦大学出版社 2009 年版。

〔175〕 冯晓青:《知识产权法哲学》,中国人民公安大学出版社 2003 年版。

〔176〕 陈泉生等:《环境法哲学》,中国法制出版社 2012 年版。

〔177〕 刘少军:《法边际均衡论——经济法哲学》,中国政法大学出版社 2007 年版。

〔178〕 张淞纶:《财产法哲学:历史、现状与未来》,法律出版社 2014 年版。

〔179〕 《二程遗书·伊川先生语》。

〔180〕 孙正聿:《哲学修养十五讲》,北京大学出版社 2004 年版,第 237 页。

〔181〕 《马克思恩格斯选集》(第二卷),人民出版社 1995 年版,第 112 页。

〔182〕 习近平:《在哲学社会科学工作座谈会上的讲话》,载《人民日报》2016 年 5 月 19 日,第 2 版。

〔183〕 世界上有各种类型、各种模式的“法治”,比较常见的分类是“形式法治”与“实质法治”。推进中国法治的法理化,就是建设融形式法治和实质法治相统一的法理型法治。法理型法治体现了法治的形式合理性与法治的目的价值合理性有机统一。

〔184〕 习近平:《关于〈中共中央关于全面推进依法治国若干重大问题的决定〉的说明》,载本书编写组编著:《〈中共中央关于全面推进依法治国若干重大问题的决定〉辅导读本》,人民出版社2014年版,第54页。

李晓辉*

论法理的普遍性：法之“公理”、“通理”与“殊理”

| 提　要 |

法理学的研究对象应为法理。法理应具备跨文化适用性和普遍的解释力。基于法理普遍性范围和程度的不同，可将法理划分为普世性法理（法之“公理”）、共同性法理（法之“通理”）和差异性法理（法之“殊理”）。在人类法律文明史中，法之“公理”、“通理”与“殊理”各有其思想根源和实践发展。本文经由梳理普遍主义、普世主义、世界主义等观念谱系，瞻顾世界法、共同法等理论与实践，通过法理学与比较法的学术对话，来认识三种不同层次法理的特质与关系。作为一种沟通交往程序与理念，“间性法理”不以统合差异为目标，在平等交流中寻求最大程度的法理共识。探索“间性法理”是法理学和比较法学共同的使命。

| 关键词 |

法理　普遍性　一般法理学　比较法哲学　间性法理

法理学的研究对象应为法理。[1]法理作为法之原理，[2]应具备成其为法理的特征，即应具备普遍性和一般性。一般性主要是指适用于法理所及之法的所有过程、领域和方面。而普遍性则意味着法理能够包容不同政治—经济—社会结构之中的差异化制度形态，也即关涉多元文化的适应性。法理之学应是“对古今中外一切类型的法律制度及其各个发展阶段情况的综合研究，它的结论应能解释法的一切现象”。[3]尽管法理应有普遍之意，但实际上西方法理学所赖以挖掘和发现法理的文化基础往往是单一的，集中于西方法；政治基础往往是一元的，集中于国家法。[4]法理的普遍性问题中始终存在某种紧张。一方面，基于人具体生存的多样性，这种具有人类意义上的普世性法理往往是最低限度的，仅仅探索最高程度、最低限度的普世性法理将使法理成为脱离具体人类生活的纯粹抽象法则，造成对多样性的压制。另一方面，如果完全放弃普世性追求，回到个殊性的地方化法律知识上来，则又无法达到法理所应有的普遍解释性。法理的普遍性存在一个横向数轴，居于一端的是人在类的程度上最大范围认同的、最高程度抽象的和最低限度的普世法理，它源自普遍的人性和人类社会生活的基本道德原则；居于另一端的则是地方化、个殊化的法律规则和观念，那些由特定“空气和土壤”所决定的“地方性知识”。在此两端之间，还存在中间地带，即人类法律制度与观念的异中有同、同中存异的多元并存和交互影响的地带。“法律贯穿于整个人类社会，它是一致性和多样性、必然性和偶然性的混合；任何精致的法律理论都必须就这两者给出合理的解释。”[5]立足全球化语境、面向未来的法理学既要探究具有普遍解释力的法理，同时又要避免陷入普遍化逻辑可能存在的“全球地方化”[6]和（西方）知识霸权的风险。按照法的普遍性数轴，基于法理普遍性范围和程度的不同，可将法理划分成不同的层次和类型来加以考察，即普世性法理（法之“公理”）、共同性法理（法之“通理”）和差异性法理（法之“殊理”）。

普世性法理是在人作为类的意义上的普遍法理，具有最强的跨文化解释力、体现最大范围的认同；共同（共通）性法理是在跨文化交往中通过沟通和合意所发现的共同（共通）观念和共同（共通）制度中蕴含的法理；而差异性法理则是可识别、可界定的地方化单元中具有解释力的法理。当然这种基于普遍性范围和程度的法理类型区分并非与全球法律层次和结构对应。[7]普世性法理并不仅仅对应全球法,而地方性的法理也可能在共同法的构建中上升为共通性法理。理论上,这三种层次的法理可以出现在任意一种法律层次当中。上述三种法理的划分主要是在来源和理想适用空间意义上的界分。三种类型的法理之间也往往在“全球的地方化”(globalized localism)与“地方的全球化”(localized globalism),[8]“特殊主义的普遍化”(universalization of particularism)和“普遍主义的特殊化”(particularization of universalism)[9]过程中相互影响,甚至互相转化。在既有的法律理论中,普世主义与世界主义理念试图在人类的层面探求最普遍法理;而共同法的观念和实践则展现了追寻通制与通理的努力;而法律文化和批判比较法学对差异性法理的优先考量则突出了法之“殊理”的认识论意义。

一、普世主义与世界主义:法之“公理”

(一)普世主义

普世(universal),源自拉丁语词根“univers”,最初的含义是指“宇宙的、万有的”,进而指全球的、全世界的。在哲学上,具有“普遍的、一般的”含义,与特殊(particular)、个体和具体对应,代表一种逻辑抽象下的先验必然。现代以来,与“universal”一词有关的表达为“普世”与“普适”,其二者的含义具有部分重叠。“普世”意味着某种标准的“普遍存在”,尤其是以科学规律为代表,经由康德的“理性”概念而推演至道德哲学。而“普适”则源自罗马公民制度,指的是罗马历史上公民身份普遍适用于整个罗马疆域的过程。“普世”在基督教中也具有博爱广众,神恩遍至天下、所及四海之意。[10]从汉语的语义来看,“普世”是具有某种本质根据的共同;而“普适”则是一种标准对于其他文化体的可适用性。“普世”是某种标准(制度、观念、价值和原理)的普遍存在,而“普适”则是一种标准(制度、观念、价值和原理)的推而广之。比较而言,“普世”的意义更接近公理的意义。

普世性概念或者普世主义(universalism)因其背后带有欧洲中心主义和白人种族主义的思想根源、抹煞文化个性、与地方身份认同的紧张关系和将人视为同一化主体的逻辑,成为西方思想左派和后殖民时代非西方文化所普遍排斥的对象。以赛亚·柏林(Isaiah Berlin)认为,一元论以及对单一标准的信仰无非是为了满足人类理性和情绪上安定的满足感。历史上,不乏要求个人为了“公正、进步、神圣的使命、解放”等,将个人献祭于集体和社会的祭坛的事例。现实中,所存在的人的目标的多样性决定了价值是多元的,只有面对现实,承认价值多元,才是一种人道的理论选择。[11]沃勒斯坦(Immanuel Wallerstein)认为鉴于世界结构的“中心—边缘”格局,即便是西方意义上的价值体系,即使人权、民主和市场是普世的,在当前不平等的现代世界体系结构中也无法实现。更为极端的相对主义者们则干脆否定普遍性的存在,认为普遍性不是一个理论问题,而只是一个实践的问题。

尽管饱受批评,但无可否认的是,人作为类的存在具有共同的自然和理性特质。在智识上,普世性概念的存在构建了某种可能的、人作为类的共同性,成为人类社会的凝合剂。人类均具有判断力和实践理性。“出于实践理性的必要,普遍主义是必要且合法的;只要人类共同体概念是一个有意义的修辞,那么,普遍主义就会理所当然地获得合法性。”[12]在伦理上,基于“人类性”的基本道德共识和道德关切,也能够在道德上提炼出人类最低限度的普遍道德和价值共识。[13]康德在《道德形而上学的基础》中将普遍人格建立在理性意志之上,从而揭示了所有理性存在者的普遍共性及可能的普遍道德法则。“……公理者,为良心之所安,反之,则心中惶惶,如受桎梏……”[14]普世性是人作为类的存在的基本条件之一,基于这种普遍的共同感,一致性方可在审美和道德行为中达致。由此,我们拥有了一种自身与他人在理性和道德上沟通的能力,每个人都可以置于彼此之位,通过确证这种沟通交往和参与的能力,通过公共性,人类实现了一种作为类的存在。“正是因为人类这种共同本质和共同理性,使得一种普遍适用于人类社会的普遍法或共同法规则必然会存在 。”[15]当代不是不再需要普世主义,而是需要将普世主义与欧洲中心主义的实质联系拆解开,使普世主义能够为任何一种文化所认同和“编码”,使普世主义成为展现其自身与特殊性、地方性之间联系的舞台。在对普世主义进行反思的过程中,沃伦斯坦和斯蒂芬·乔森(Stefan Jonsson)都主张,将西方中心主义转化为多元主义才是拯救普世主义和人类整体性的道路。“诉诸普世主义来维护西方文化优先性的做法恰恰背离了普世性,相反,诉诸普世主义来取消西方文化的优先性却是一种实现其自身的方式。”[16]

建构一种健康包容的普世主义在于处理好同一与差异的关系。“在普世化指导下的同一化过程不是导向同一性、一致性或对人之必不可少价值的确证，而是消解差异性、生产同质性。把同一性与标准化的生产混淆为普适性的实现使得我们失掉了两种可能性，朱利安（Francois Jullien）说道，第一，我们破坏了人性的最大资源，即文化的多样性。第二，我们破坏了普世主义的语境与计划，这将涉及多元文化间的真正遭遇与对话，而与同一性无任何关联。”[17]普世性来源于具体和特殊，来源于人的存在的多样性。作为方法论，寻找普适性就需要处理个殊性，从具体的个殊性出发，而不是在多元性和个殊性之外制造某种欲求的意识形态，亦不是将某种价值和观念以人为的方式普适化。作为意识形态和教义，西方的自由主义价值观和制度体系不再被理解为施予非西方的礼物。法理学所应着力的是创造一种具有更强兼容性的理论框架、建立更为通畅的公共领域，推动不同层面的普世性进行沟通和对话。从法律发展的角度，基于人类社会生活所普遍具有的经济和社会现实，如财产、交易、契约、婚姻家庭、犯罪、公共管理等，不同历史的法律之间具有可继承性，在不同法律文明之间具有可移植性。制度和观念的一致性体现为法理层面的一致性。“法理具有融通性和普遍性的特点，对法理的研究必然要求中国法学认真对待法（法治）的世界精神，而不能局限于法和法治的中国精神。”“西方法治文明，如同中华法治文明一样，有许多跨越时空的理念、制度和方法。诸如依法治理、权力制约、权利保障、法律面前人人平等、契约自由、正当程序以及有关法治的学说，反映了人类法治文明发展的一般规律。”[18]在法理研究中需要建立一种健康开放的普世性观念，在尊重不同文化的基础上探索作为最低限度的人类意义上的普遍法理，即法之“公理”。

（二）世界主义

世界主义[19]与普世主义相联系，同时也是常常被混淆和混用的两个概念。世界主义（cosmopolitanism）起源于希腊词“kosmopolitês”（“citizen of the world”、世界公民），来自古希腊的犬儒学派和斯多葛学派，古罗马时期的斯多亚派对其也有所发展。康德1784年在《世界公民目的的普遍历史观念》一文中提出了其共同理性平等观。康德1795年的《永久和平论》则提出了世界政府和世界城邦的理想,提出了除国家法和国际法之外还应有的世界公民的法,并为世界法实践设定了必要的条件,即每一个世界公民在进入异质文化中所应获得的基本尊重。当代世界主义继承了传统世界主义的平等主义理念。玛莎·努斯鲍姆(Martha Nussbaum)、查理斯·贝茨(Charles Beitz)以及托马斯·博格(Thomas W. Pogge)等人均为当代世界主义思想发展做出了努力。世界主义的核心观点是:“所有的人不论其政治立场、道德规范、经济背景和文化传统,都属于同一个共同体(a single community),而这样的共同体是应该可以被文明教化的(be cultivated)。”[20]“世界主义是这样一种思想观念:全人类同属于一个精神共同体,不论任何个人实际上属于哪一个国家或民族,都是人类共同体中的平等成员,享有受到平等对待的道德权利。”[21]世界主义的理论个性在于:主张平等的个人是道德和制度的优先主体,越过包括国家在内的各种政治共同体,在世界的层面建立一种个人的平等联合,其理论的理想国是建立一个世界国家或者世界城邦。“对于每一个人类个体,作为道德关注的终极单元,都有一个全球性的道德地位。”[22]世界主义也可以理解为西方现代自由主义、个人主义传统发展的较高阶段。丹尼尔·阿基布吉(Daniel Archibugi)将世界主义的这种规范核心归纳为三条原则,即宽容、民主的合法性和效率。[23]作为一种哲学上的先验论传统,世界主义强调的是人作为世界公民的整体普遍身份,以及这种身份背后的共同的人性和价值预设。世界主义抛弃了全球与地方、民族与国际的二元对立,消除了个人与人类之间、个人与世界结构之间的中间层,将个人的道德价值提升到了类的、世界的层面。

(三)普世主义与世界主义的区别与联系

世界主义与普世主义都是普遍主义(universalism)的表现形式,普遍主义是世界主义和普世主义的共同哲学基础。普遍主义孕育在古希腊哲学对于普遍理性的追求中。赫拉克利特认为在不断变化的事物之中有不变的、普遍的、常在的“逻各斯”存在。苏格拉底、柏拉图和亚里士多德在追寻人类共同的善德和知识过程中发展了研究普遍存在的形而上学。自然法理念则是规范形态意义上的普遍主义。基督教普世主义将普遍主义哲学在西方推向了宗教信仰的层面。而“西方普遍主义在近现代以新的形式获得了巨大发展,表现为古典自然法学说、德国古典哲学、科学主义、新自然法学说和普世伦理学说等；同时，由于其形而上学特性和逻各斯中心主义倾向，普遍主义也受到来自怀疑主义、实证主义、马克思主义和后现代主义等学派的强烈批判”。[24]“普遍主义是世界主义伦理观的主要哲学基础。普遍主义认为每个人都具有超越种族、民族、文化与国家的普遍共性与基本人性，这些普遍共性与基本人性在任何地域的人身上都得到程度基本相同的体现，同时也是不同地域、文化、民族与国家的人们相互沟通、交流和共同发展的基础。”[25]从上述对普世主义和世界主义两个概念的分析来看，虽然两者都是以普遍性为基础的，但普世主义强调的是人类本质上所具有的同质性，注重凝合和聚众；而世界主义则强调世界公民及其实现的结构条件。在法律发展的影响上，普世主义更加注重挖掘人作为类的共性理念和规则，而世界主义则注重建构来自个人主义的全球正义伦理和制度体系。

（四）世界主义的世界法

“法律世界主义将其道德的核心理念运用于社会制度，要求各种社会制度应该把所有人作为平等者予以考虑，追求建立全人类统一的法律组织。”[26]“……世界主义法的特定理论主张包括如下的内容：无边界的权利和正义是世界主义法体系的基础；世界公民之间的互动关系是世界主义法体系的运作动力；法生成和法适用的去国家化是世界主义法区别于民族国家法的基本特征。”[27]戴维德·赫尔德在康德世界主义的基础上阐述的世界主义法，并不是普世性原则和规则的统一化或者同一化，而是建立在所有人应被善意对待的平等权利基础上，也即外国人在异国不被恶意对待的权利。“有鉴于此，世界主义法是超越民族与国家的特定要求的，并延伸至‘普世性共同体’的全部成员。它意味着一种权利和责任，如果想要学会互相容忍彼此并和平共处，人们就必须接受它。”[28]而这种康德意义上的普世性善意实现的条件是一部世界主义的民主公法。

健康的世界主义并不将所有人框定在一个同质化的“世界公民”概念中，而是尊重和保留地方文化的意义和现实。庞德（Roscoe Pound）的“世界法”观念认为：“建构一种关于地方性立法和地方行政与适合于同一化世界的普遍法律原则间关系的理论,有可能会成为未来法学家所面临的迫切任务。"[29]"在法理学中,普遍原则(法律推理的出发点)之一便是一方面对普遍规制社会生活中的关系和行为进行指导,而另一方面则制定与地方的、族群的、地理的、历史的和经济的情势相适应的详尽具体的规则。这两个方面是独特的,但是却会沿着某一边界相重合——尽管准确地划出这一边界极为不易。"[30]包容的世界主义并非将全球化视为一个客观的、单一的、同质化的过程,而是一个"复数的"不同话语竞争和博弈的过程,也应该是不同话语和规则多元共存、寻找共识的复合进程。[31]世界主义思考的两个主要线索,一个是强调全球化责任,另一个是强调尊重区域差异,有助于构筑两方面的平衡:既要保护区域性价值和社区的存在,又要寻求具有普世意义的标准。

(五)获得法之"公理":先验、经验与比较方法

在追求普遍性的道路上,法律思想史总体上沿着先验与经验的两条脉络展开。在先验一脉,自然法的思想史从先验性公理出发,无论是神学自然法还是世俗理性自然法均为人在类的意义上探求法律的公理提供了思想基础。作为早期自然法哲学源流的古希腊正义和法律观念不仅是独立于人的意志而存在的,而且还具有普遍的效力。[32]"西方早期的自然法学家是从世界的统一性,特别是人类本性和规律的统一性的角度来思考法律的,因而得出了存在一种普遍适用的法的结论。不过他们所指的并不是某种实在法,而是一种理想的法。因而,他们对这种法的理解所强调的主要是法有共同的本质,并没有要求不同国家的实在法都一模一样。"[33]自然法思想建立的是一种先验的法之"公理"这些法之"公理",蕴含在卢梭、洛克、孟德斯鸠、斯宾诺莎、格老秀斯的思想中。这些法理也蕴含在《人权与公民权宣言》《美国宪法》《法国民法典》《德国民法典》等启蒙法典之中。康德的理性法观念是这种形而上学推演逻辑的代表:"人类集体理性判断力……通过把我们每一个人置于彼此的位置之上",从而允许我们权衡包含自身在内的人类的选择。[34]普芬道夫《普遍法理学精义》《自然法与国际法》中均提出了自然法是无论宗教和文化的所有人类适用的基本法和一般法思想。莱布尼茨在《人类理智新论》中提出的普遍唯理论原则奠定了人类一般规则和一般观念的认识论基础。费尔巴哈在刑法研究中钻研了

伊斯兰刑法、俄罗斯法以及印度、西伯利亚、蒙古和中国的法律,在其作品中描绘了一幅“普世法律科学”的蓝图,这一蓝图中蕴含了对人类法律历史之整体的比较研究。19 世纪 20 ~ 30 年代,德国的海德堡学派则见证了德国比较法的繁盛,实践着探索普世法理的努力。[35] 在罗尔斯的《万民法》中,“‘万民法’一词源于传统的 ius gentium,而 ium gentium intra se 一词则通常指各民族的共同法律”。[36]

公理型法理所建立的基础是人类共有的道德性与理性。在理论上达成公理型法理的一般途径中,比较方法不可或缺。哲理法学试图通过分析法律、法律体系以及特定制度的哲学基础和伦理基础,努力从特定时空中的法律律令中发现普遍的要素。历史法学从法律史中抽象出的共同轨迹和经验,如梅因的“比较历史法理学”概括出了所有进步社会的历史都是“从身份到契约”的历史。德国法学家柯勒(Kohler)的普遍法律史是通过比较研究建立的。柯勒认为,法律史是文明史的一部分,通过比较研究能够发现法律与文明的关系,即在历史进程中法律是如何发展起来的,一个民族的文明中哪些结果是与法律紧密相关的;一个民族的文明是如何受到法律限制的;以及法律是如何推进文明的。[37] 而普赫塔(Georg Friedrich Puchta)、黑格尔和爱德华·甘斯(Eduard Gans)的普遍法律史将法律史阐释为某一个普遍观念的实现过程,如黑格尔的绝对精神。分析法学则将法律从社会事实和历史背景中抽象出来,通过纯化法律,将法律视为一种逻辑自洽的结构来概括一般性法理。比较对于分析法学同样重要。如奥斯汀就是通过对英国法与罗马法的制度、准则和律令进行的比较分析而发现法律的内在权威结构和合法性理据。[38] 在法学历史发展中,上述探寻法理的思路常常相互竞争,同时也是相互印证的,这本身也是一种法学理论的比较逻辑:在不同的方法论进路中寻找共同的结论。

科学方法论是另一种直接导向普世性法理的经验思维方式。启蒙运动以来,科学和理性结盟,成为最有号召力的思想方法,科学和理性一样追求某种普适的、客观的真理,这种真理具有普遍的解释力。从孟德斯鸠开始,西方法律社会学开始讨论法律与特定社会的联系,并抽象出社会系统和功能结构作为普遍性解释的法理:“法的精神存在于法与各种事物可能发生的关系之中。”[39] 以法律社会学、法律经济学为代表的社会科学法学,试图将科学方法对于物质世界一般原理的探求方法带入法学研究,约翰·斯图亚特·密尔的《逻辑体系》和孔德的实证主义社会进化法则就是法律科学化的尝试。这种方法认为自然科学的归纳法是获得法律之规律的可靠方法。“法理学意指法律科学。”[40]然而社会科学基于所研究的对象是人类的社会生活本身,以及其存在意义和功能的两种视角,因此无法确证自然科学化的客观理论或者法则。社会生活具有自身的内在逻辑,“理解是经由一个将经验与认知、意义与价值相连的复杂过程而获得的,而这一切均植根于特定的文化之中”。[41]尽管社会科学不同于自然科学,但庞德仍然认为社会科学能够处理功能与意义的矛盾,“这里也存在两种可能性:第一,我们可以对那些期望把应然问题当作实然问题加以实现的努力进行研究;或者第二,我们也可以对产生于各种应然理论中的实然问题进行研究”。[42]

比较是经验提炼成为法理的必要途径。从法律系统化的过程来看,尤其是面对杂乱无章的渊源和素材的时候,如伊斯兰法和早期英国普通法,都是首先始于对类似案件或规则进行异同比对,并将类似性案件归类,在此基础上提炼出共同的解决办法——规则与学说。西塞罗的分析性“界分”和“类分”最后归纳成“范型”,成为法律从决疑术(casuistry)[43]走向概念和体系的开始。庞德相信比较法学是“阐述法律科学”的一种合理方法。“比较法学不仅是对立法领域中的不同规则做比较性的编目工作,而且也是在表明各项原则(尽管相同的法律问题和正义问题在不同的立法者那里常常会有不同的答案)——那些源出于司法经验或学说阐释的司法推理的出发点——长期以来是如何越来越趋向于法律统一的,除了地方性地理条件、族群条件或经济条件要求实行特殊规则的情形以外。”[44]庞德总结的四种法理学的功用之一:“实在法的形式科学”,即是对业已发达的法律体系的比较分析,发现规律性,明确提出了法理研究对于解释不同法律文明现象的普遍性意义。而在方法论意义上,“作为法理学研究方法的分析方法、历史方法和哲理方法,必定是比较的”。[45]

二、共同法的观念与实践:探寻法之“通理”

(一)法之“公理”与法之“通理”的关系

“共同”一词与希腊语“共同体”(koinônia)一词直接相关,集中体现为希腊城邦的共同体中基于共同“逻各斯”理性和政治身份的公共利益分享。拉丁文的“共同”为 communis,其前缀表达了分享与共用的意思,后缀则意味相互之间的馈赠。朱利安认为,“共同在本质上是一个政治概念,所谓共同,指的是人人有份或人人参与,大家分享和人同此心”。[46]从共同与普世的区别来看法之“公理”与法之“通理”的区别至少体现在几个方面:一是二者在达成之路径和视角上仍然不同,普世性“公理”主要面向先验律令,可以是未经经验检验的;而共同性“通理”则建立在经验的共通基础上。“至于共同,则相反,它深深地植根于经验,在经验中被发现,在经验中被选择;他在经验中深化又反过来丰富经验。”[47]普世性“公理”产生于对个体的抽象,作为属类,它脱离并外在于个体本性,成为修饰个体的一个界定;而共同性“通理”则属于经验具象范畴,相当于一个体现在种种具体个体中的共同存在。“共同的对立面不再是个体(它与普世相对立),不再是差异(它与划一相对立),而是专有(le propre)或特殊(le particulier)。”[48]二是普世性“公理”与共同性“通理”在普遍性程度上的差异,当其普遍性及于所有人类,具有最普遍的解释力和通约性,这种至大之共同就是普世;而共同在普遍性程度上低于普世。三是共同性“通理”在抽象程度上不及普世性“公理”,前者往往体现为较为具体的与特定文化和价值体系相适应和协调的内容,而后者所要求的抽象程度更高,往往具有高度的形式性。考虑到人的多元文化存在,“公理”往往通过两种可能途径来实现,一种是设置某种人人皆向往的理想性理念,如自然法;另一种则倾向于植根于社会生活的不变形式,呈现一种最低限度的标准。米尔恩在解决人权理念的普遍性问题中提出,“人权概念不是一种理想概念,而是一种最低限度的概念……有某些权利,尊重他们,是普遍的最低限度的道德标准的要求”。[49]这些最低标准根植于社会生活本身的道德要求,无论其采取何种特定的形式,都在不同层面证成了这些权利本身。因为只有“一种普遍的最低限度的道德标准,因其仅为最低限度要求,将会与众多的文化差异和谐共存”。[50]在法理上,可以称为法之“公理”的诸如:“己所不欲勿施于人”“人之生命权不可任意剥夺”“契约应信守”等。但在上述表述中,“己所不欲”的范围是否包括纳税;何为“任意”剥夺生命,是否包括堕胎和决斗复仇;“契约”是否包括人身关系契约等理解,在多元文化中是存在差异的,但这些差异并不构成对上述法理的否定。“通”非

"同","通"即为在功能上等值、可互换或相当;在价值上可通约、可等价。而在一定地域和文化体系范围内经由经济、军事、社会文化交往和法律移植借鉴所达成的共同法理念和共同制度中蕴含的法理,即法之"通理",相对更为具体。

法之"通理"通过法律交往达成。这种交往和对话的过程在全球法律文明史中能够找到很多例子。"在普通法大部分历史中,它都处在成为一种共同法的过程之中,它的历史首先就是一部跟其他法律的关系的历史,这些法律在一定程度上来说在英国及欧洲也都是共同法。"[51]信托制度的产生就是一例,它来源于罗马法的委托遗嘱(fideicommissum)、日耳曼法中受托人(Salmann)和伊斯兰法中的瓦格夫制度。"信托制度可以简单看成是英国背景下的一些相当有影响的法律思想的结晶":首先,普通法法院对财产概念进行个体化,其次,教会法院以及后来的衡平法院则执行原生法律和基督教法律中的债法,后者认为财产是一个公共概念,以致一个法定所有人可能对于一个衡平法上所有人负有义务。"因此,信托从众多混合的法律的思想中被拼凑起来。所以我们说它是通过比较的实践而产生的。"[52]

又如南非语言文化中的"ubuntu - botho"("简言之这一语词意指'人性'或者'仁慈'。它的核心特很少指西方意义上的社会正义与公平,而社会的公民则只在防止排除贫困和被边缘化的人群")。在南非的实践中,这一精神与西方人权理念很容易地实现了整合。[53]"ubuntu - botho"原则并未写入南非宪法,但它对宪法的精神、主旨、目标和规则的渗透产生了直接的法律效果。这种效果使这一语词屡屡出现在宪法判决之中,用以处理死刑问题、反对强制搬迁和享有足够住房的权利的获得,反对侵权行为和不当行为等。

再以伊斯兰法与西方法的关系为例。从法理的角度来看,双方的话语和关注是不同的,但也常常能够发现相通之处。[54]"从西方的角度来看,他们之间的争论主要集中在宪政主义、人权和平等。而从伊斯兰的角度来看,这是一个承认真主的旨意、国际社会正义和共同体的问题。"[55]在伊斯兰法传统中,"对人的权利在法律发展中的限制和对市场行为的限制表明了个人在整个伊斯兰法律传统中的地位。在那里,纯粹的主观权利被禁止;法律没有构筑个人的支配权;法律语言中缺乏跟主观意义上的'权利'相对应的词"。[56]但格伦认为,个人在伊斯兰法传统中的重要性是毫无疑问的。伊斯兰法和西方法在权利基础性问题上是一致的,即应将对人的尊重置于首要的位置,但分歧在于如何实现这种尊重。

(二)共同法的观念与实践

“共同法”的观念与实践就是法之“通理”的历史展现。“共同法,就是在各法律秩序所提出的相同的法律问题上都能适用的共同解决方案或共同原则,或是其相对理想的类型。”[57]“这个意义上的、作为相对理想类型的共同法,被视为在各法律秩序中的立法、判例、学说等各个领域中可以起到基准作用的东西。”[58]如奠定包括普通法在内的欧洲法律基石并深刻影响了伊斯兰法和远东法律发展,自罗马法中的法理、欧洲私法统一运动中提炼出的共同法理,以及体现在联合国公约、各类示范法中的法理,均可以作为法之“通理”的例子。米健教授总结了“共同法”的三种含义:罗马普通法、英国普通法和“普遍法(universalsrecht),亦即狭义上的共同法,(最后一种含义)指各个国家都能够接受 ,普遍适用于各个国家的世界性法律”,[59]这一概括基本上浓缩了共同法的历史。

万民法是罗马人在制度上探寻法之普遍适用性的早期实践。罗马的扩张加深了与其他民族的交往。罗马人与异邦人的法律问题最初以属人法的原则来解决,罗马人适用罗马法,异邦人适用自己城邦的法。但随着版图的扩大,异邦人与罗马人间纠纷的多发,罗马法通过“市民地位拟制诉讼”等方式逐渐认同异邦人地位,并通过外事裁判官的裁判逐渐积累了大量解决罗马人与异邦人关系的具体制度。条约和诚信原则开始成为调整罗马人与异邦人关系的重要原则。直至万民法概念的提出,万民法(ius gentium)被认为是“‘自然理由在所有人当中制定的法(ius quod naturalis ratio inter omnes homines constituit)’,因此,它‘在所有民族中得到同样的遵守(apud omes populous peraeque custoditur)’……‘万民法’概念有着双重的含义,意识理论上的含义,它的根据是存在一种所有民族共有的法,并且认为自然理由是这种普遍性的基础;另一个是实在的和具体的含义,它指的是产生于罗马人与异邦人之间关系的那种罗马法体系……这个概念有时也被用来表述某些制度功能的普遍性,即使这些制度在罗马法中是独树一帜的(比如对未婚人的监护)”。[60]盖尤士在谈到不同于誓约(sponsio)的要式口约(stipulationes)时也认为其是适用于所有人之间的契约形式。“这种思考产生了一种把这部分法律视作是某种通用于所有文明族群的法律的普遍理论。”[61]

在制度上另一个“通理型”制度体系和观念体系是欧洲中世纪的“共同法”(ius commune)。在基督教世界观的统摄之下,“人们在当时认为,存在着一种普遍的、基督教世界的市民法、寺院法、普遍教会法、一种普遍的海洋法、一种普遍的商法、一种普遍的骑士习惯,等等”。[62]中世纪欧洲在罗马法和教会法两个支柱的基础上,[63]结合地方城市法、商人法等形式,发展出通行欧洲的制度形态。这种制度形态的形成几乎完全是一种多中心、多权威框架下以基督教法的信仰力量和罗马法学的理性威望、商人法的实用性和地方城市法的差异性相互交织、博弈形成的独特的法律融通现象。在这些形成欧洲中世纪共同法的元素中,除地方法之外,其余都是跨法域的要素。

1900 年巴黎国际比较法大会上,由朗贝尔(Lambert)起草的开幕式主题报告中就提出了通过比较法寻求建立“文明人类的共同法”(droitcommundel´humanité civilisée)。由此,近现代意义的“共同法 ”(iuscommune)或“普遍法”(universalrecht)概念正式进入学术和实践视野。朗贝尔和另一位大会的重要组织者——萨莱伊(Saleilles)在这次大会上提出期望通过比较法学来克服没有创造性的注释法学方法 ,同时寻求把地方性的法律和普遍性的自然法学结合起来 ,从而为可能实现的文明人类的共同法作出准备。因为这些法律具有人类本质所决定的共同规则。大木雅夫认为,1900 年的比较法大会上的学人们所主张的已经不是应然之法意义上的先验自然法,而毋宁是施塔姆勒(Rudolph Stammler)意义上的“内容可变的自然法”。“萨莱伊以文明人类共同法之名所探求的正是这种自然法,而并非永恒不变的自然法。但也不是国际统一法,而是一种‘从静止的抽象领域降落下来的、以通过利害冲突和各种社会事实的自然淘汰而产生的活的法为实体的自然法’,也就是植根于活的法的土壤中、并可能继续进步的理性法。”[64]

自 1900 年巴黎国际比较法大会至欧盟建立后的差不多整个 20 世纪,共同法有了思想理论的支持和引领,进入了一个自觉的、有目的的发展阶段。这个时期共同法发展的重要标志是国际联盟、欧共体直至欧盟以及诸如联合国和

WTO 等国际性组织的建立。20 世纪 90 年代以来,欧洲的共同法理念、制度和学术传统成为推动以欧盟政治框架为基础的新一轮欧洲共同法运动的动力源泉。“共同法出现在各国法典之前,是它们共同的法律渊源和法学科学的核心,这是欧洲法律的一个真正特征。正是它提供给欧洲一个体系化和概念化方法的宝库,一个共同的价值和制度的核心,并且直到今天依旧是欧洲现代化法律体系的基础;而且也是‘欧洲共同法’最终得以实现的历史基础。”[65] 在这一轮欧洲私法统一运动中,法学家们通过功能主义方法比较欧洲国家间的法律制度来探讨欧洲共同私法的共同理念、原则、制度和规范。包括茨威格特(Konrad Zweigert)、克茨(Hein Kotz)、齐默尔曼(Reinhard Zimmermann)、科英(Helmut Coing)等在内的欧洲比较法学家们希望通过比较研究,在欧洲法律原理和规则的“共同核心”基础上统一欧洲私法,拟定未来的《欧洲民法典》。[66]

在欧洲大陆之外,“通制”与“通理”的形成也伴随着制度文明交往与制度融合的历史过程。普通法在经历 13 世纪和 19 世纪两次大的变革和系统化之后,发展出了以程序法承载实体法,以司法统摄法律实践的制度体系。大量的制度在两大法系中能够找到共同的罗马法原型。如“布雷克顿(Henry de Bracton),使用罗马法的对物诉讼和对人诉讼(real and personal action)的概念创造了普通法上独一无二的不动产和动产(real and personal property)概念”。“新近‘侵占令状(novel disseisin)部分起源于教会法的‘侵夺之诉(actio spolii)’,后者本身又起源于罗马法的‘禁止暴力占有令状(interdict undc vi)’,直到 13 世纪末,权利令状跟所有权(proprietas)概念、占有令状(possessory assizers)跟占有权概念才最终被联系在一起。”[67] 伊斯兰世界在宗教统摄之下,以伊斯兰教教义为基础发展出了自身的宗教法体系。即便如此,伊斯兰教法与欧洲大陆之间的法律文明交流仍然筛选出了一些共同的制度,并相互吸收融合。而且制度的影响不仅是从西方向外的单向流动,伊斯兰的法律制度和实践也在影响着西方。普通法早期的律师会馆制度,就是受到伊斯兰经文学院的影响而建立的。又如据历史学家考证,古伊斯兰国王哈里发发布的政令可能影响了英格兰国王发布的法令“assizes”形式;英格兰有限合伙和某些商法制度也有可能来自伊斯兰法。[68] 在相对封闭的中国,法律交往活动基本上在到建时期大中华帝国的内部展开,在较为开放开明的朝代,域外制度也通过属人法(如唐朝的化外人的法律适用)进入中华帝国,中华帝国的法律也通过多民族治理和海外传播形成了共同观念和制度的“儒家文化圈”。在历史发展中,只要是开放的文化体,其法律融通活动就会出现,“通制”“通理”就会出现。“通制”是“通理”输送和传达的载体,“通理”是“通制”形成的观念基础。

(三)寻找法之“通理”的理论努力:一般法理学和比较法哲学

法律文明史上,法律比较和交流持续存在,大量的“法之通制”和“法之通理”被筛选出来,一方面显现着人类的共同理性认知,另一方面也在不断便利化商业和贸易往来。法律学说的系统化过程加速了“法之通制”和“法之通理”的形成和传播,罗马法法学家、中世纪经院法学家、罗马法复兴运动中的注释法学、人文法学和德意志潘德克吞法学都为形成“法之通制”和“法之通理”贡献了智慧。法学家的系统化过程不仅创造了大陆法系的概念框架,基本制度形态也发展出了作为共同法律方法的法律解释和教义学技术。当代有两种力量:“一般法理学”(general jurisprudence)和“比较法哲学”是探求普遍性法理的重要理论方向。

1. 一般法理学

“在所有的法律制度之间存在着一些共同的要素和概念,这些共同点是它们之所以成为法律体系的内在要求;而一般法理学对于理解、比较和改善世界各地的法律具有重要的意义。”[69]一般法理学之“一般”就在于其不局限于任何一个具体的法律体系和法律文化,它关注法律之间的共同要素,要对“法律这种复杂的、具有规则特性(因此也可以说具有‘规范性’)的社会和政治制度作出阐释和厘清”。威廉·推宁和布赖恩·Z. 塔玛纳哈(Brian Z. Tamanaha)是当代倡导“一般法理学”的代表性学者。

塔玛纳哈的一般法理学不仅追求跨文化解释的一般性,还追求价值中立,无意于证成某种特定的价值体系和法律体系。从法律与社会的关系问题入手,塔玛纳哈反对法律与社会关系的传统理解:“镜像命题”,即“法律是社会的一面镜子,它的主要作用就是维持社会秩序”。[70]塔玛纳哈对镜像理论的批判不仅仅是一个理论观点的问题,而且是以西方法无法解释的现象,如在法律移植中移植了外国法的社会中出现的法律与社会分离的现象作为突破口,一方面拆除西方法理学中以西方国家和西方法为本质主义标准的法概念,认为这些理论本身往往是理想化的描述,缺乏实际的证据;另一方面建构一种更加形式化、更加开放的,也更加具有普适性的法律概念和解释框架。在这一过程中,塔玛纳哈首先拆解了法律与特定社会之间具有反应与被反应关系、调整与被调整关系的“镜像命题”,进而拆解了“法律发展和进化的命题”。“……并不存在普遍的法律发展模式,并不是每一种变化都可以被看做是一种‘进步’。”[71]“随着社会的现代化和全球化,社会基本结构中的道德/理性因素、习俗/同意因素对国家法的影响力正在逐渐减弱,法律也越来越关注程序性和形式性,“现代的法律理论往往将法律描述为一个空空的容器。”[72]法律移植、法律全球化和“差距问题”的存在都进一步展现了西方法律理论在解释疏离于社会的法律制度体系方面的乏力。艾伦·沃森(Alan Watson)认为法律移植具有独立性,是经精英之手实现的、独立于社会的过程。格兰特(Marc Galanter)的印度法研究也证明,即使是缺乏历史的根基或者历史的延续性,移植来的法律仍然可能在接受国深深扎根……现代类型的法律体系可能在很大程度上独立于其所在的社会和文化环境。[73]即便是法律与社会文化存在距离,仍然不妨碍法律制度的有效性。全球化的现实削弱了主权国家和民族国家的主权和法律权威性根据的意义,全球商人法和跨国法的存在进一步削弱了西方本质主义法概念的解释力。塔玛纳哈将法典中的法与行动中的法的差距问题也在这些变化中被放大了。塔玛纳哈批评哈特理论中因袭主义(conventionalism)、本质主义和功能主义之间的紧张关系,从而论证了包括哈特在内的分析实证主义理论“在考察法律的要素时忽略了世界上其他地方可能存在的不同情形”。

塔玛纳哈的“法律的社会—法律实证主义”进路主张,使用因袭主义的方法识别法律在社会群体中的形成和界限,认为:“法律就是人们通过他们的社会实践辨别出来并且当做‘法律’的任何现象。”[74]这一概念本身并没有预设任何本质主义的法的标准,而只是将共同认知作为识别法律的基本程序,从而将定义法律的权利交回了特定社会和社会中的人,使法律概念本身地方化并且多元化了。塔玛纳哈在反思了传统和新的法律多元诸种思想之后认为:既有的法律多元仍然是一种本质主义的,即先界定何为法律,然后再区分多元的法律类型。而因袭主义的法律多元主义则完全是形式性的、开放性的,只要能够清晰界定的社会域中存在被“当作”法律的任何现象,就可以界定为一种法律形式,而不问其具体的本质和内容。新法律多元主义所要做的是界定不同社会域中的经识别的法律现象,加以类型化并加以比较。通过上述批判、反思和建构,塔玛纳哈提出了一般法理学理论延展的思路和核心问题,即“以下两种观念就成为我们构建一般法理学的起点。在一个特定的社会域中,这些最初的核心问题包括:第一,在何种程度上,法律(国家法、习惯法、国际法、宗教法、自然法、土著法等)是反映主流的习俗和道德的一面镜子?第二,在何种程度上,法律(国家法、习惯法、国际法、宗教法、自然法、土著法等)有助于维持社会秩序?”〔75〕塔玛纳哈认为,这种形式性的法律理论框架能够解释世界各地万花筒般的法律现象,尤其是经历移植的非西方法律现象,从而将这一长期为西方理论所忽视的问题得到解决。这一目标的实现不是通过依据一个共同的标准来抹去差异,而是承认这些差异,并给予地方实践者以话语权。

如果说塔玛纳哈是从西方(主要是英美法理学)传统中试图发展一种能够延伸到非西方法律的一般理论的话,威廉·推宁则不仅在英美法理学内部寻找一般法理学的可能,而且进入了比较法的学术传统内部,反思了现代比较法的方法论和问题意识,阐释了比较法研究中未解的法学理论基础问题,并试图建立比较法与一般法理学的实质关联。推宁的一般法理学立基于全球化研究,主张建立覆盖多个法律体系(文化)的、具有一般性的法理学。他认为,全球化对英美法学理论提出了三个挑战,即第一,“全球化和相互依赖对‘黑箱理论’形成挑战,这一理论把国家、社会或法律制度当作离散的、封闭的实体,能够从内部和外部进行孤立的研究”。第二,挑战了“主流英美法律理论传统上只关注两类法律秩序:国内法和国际公法,”而基本无视全球商人法等其他的复杂法律渊源。第三,挑战了英美法理学局限于英美的经验自身而对非西方法律讨论不多的问题。“一个健康的全球性的一般法理学,应当能够对现代世界的法律现象给出一个全面的描述,包括陈述性、解释性、规范性和分析性的描述。”〔76〕一般法理学应致力于“超越不同法律文化的法律理论而建构一个概念框架和元语言”。〔77〕推宁评论了八位英美法理学的主流思想家,并重点关注了其中的四位:德沃金、边沁、卢埃林和罗尔斯,对英美法理学中蕴含的,能够应对上述全球化挑战,发展出一般法理学的能力给予了较为乐观的肯定。“法理学尽管在出处、受众、焦点、资源和视角上,有着某种程度的地方性或特殊性,它却能具有更大的一般价值,甚至是普遍价值。就像在其他领域一样法理学中也是一粒沙中可以看到整个世界。”[78]这其中蕴含着对英美法理学向一般法理学发展的几种方法路径的可能性。[79]在法律多元问题上,推宁与塔玛纳哈不同,没有走反本质主义的路子,而是更加赞同桑托斯“法律间性”的思路。“我们的法律生活由不同的法律秩序的交叉所构成,即所谓法间性(interlegality)。法间性乃是法律多元在现象学中的对应概念,是后现代法律观的关键概念。”[80]

“在一个越来越相互依赖的世界上,几乎所有的法律研究都必然或多或少是世界性的。对于世界性的法律研究,既需要一般法理学的复兴,也需要从全球的角度对比较法的再思考。”[81]从比较法自身的学术反省来看,推宁也看到了比较法对于法理论贡献的贫乏:“在现代,比较法和法律理论已经脱节。现代权威法学家很少对比较法及其理论给予持续性关注,而另一方面,主流比较法学家也很少对当代的法理学加以利用。”[82]而实际上法理论与比较法是相互需要的。“为世界上的法律构建精确和严谨的图画,是一般法理学的核心任务。对法律的比较和概括会遇到理论上的重重困难,而反过来,法律理论也需要依靠细致的比较工作来提供洞察力。”[83]“比较法为普遍化既提供专门材料同时也作为检验的基础”,[84]解决比较法与法理学之间的割裂问题,需要重构一般法理学。推宁认为霍菲尔德在《司法推理中的基本法律概念》中的权利义务四对范畴八个概念的拆分是非常好的模式,这种纯粹抽象的分析具有很好的可转移性,不仅能够应用于普通法的分析,而且能够应用于大陆法,还可应用于政治哲学和道德哲学的分析,同时也可以用于分析非西方法。[85]

推宁主张当前最重要的工作是在既有英美法理学的基础上,第一,完成一般性概念的构建与阐释(借助分析法理学),为构建更具有解释力的、更具有一般性的法律元语言而努力,同时也要关注特殊概念的可转移性问题,使用更具有共通性的概念,如“法律人”而不是“律师”。推宁认为霍菲尔德的分析法理学还可以帮助比较研究对其基本术语进行批判性分析,这些基本概念包括“比较”“可比性”等。而法律社会学或可在为比较法提供更多的基础性的量化比较研究、提供“比较指标概念”(类似于诉讼率等,笔者注)方面提供源泉。法律史学等其他学科也可以在全球史的层面为历史比较的展开提供丰富的素材。在对哈特、塔玛纳哈、卢埃林的一般法理学分析的基础上,推宁提出了一般法理学法概念:"从全球化视角而言,将法律构想为一种制度化的社会实践是富有启发性的,这种制度化的社会实践在一个或更多个层面的关系和秩序中,以秩序化主体之间关系为导向。"[86]推宁称这一概念在特定的语境中基于不同的目的而使用不同的法律意义蕴含,能够在建构一种更具有解释力的法律地图层面发挥作用,并且能够描述、解释、分析、阐释和比较各种法律现象。

2. 比较法哲学

经由比较获得普遍性法理,是现代比较法的理论追求之一。"比较法既是所有法律的向导,又是所有法律的教父;它是走向共同法的通衢 ,它是追寻永久和平的卫士 。"[87]在寻求共同性法理的路径上,比较法是不可缺少的方向。"比较法的第一个功能——正如一切科学方法一样——是认识。(如果说)我们所理解的法学不仅是关于本国的法律、法律原则、'规则'和'准则'的解释学,而且还包括有关防止和解决社会冲突的模式的探索的话,那么很清楚,比较法作为一种方法比那种面向一国国内的法学能够提供范围更广阔的解决模式。"[88]比较法具有扩大法学研究视野的基本功能,可以用于检验从国内语境中抽象出来的原则或原理的适当性,把法律家从国内法的教条中解脱出来,使其理论在最广泛意义上的法律实践和文化土壤中获得生命力。"这样就可以使这些基础法学从游离于事实的抽象思辨中解放出来,以保证它们成为对法律现象开放的、全面的知识。而且超越于此,比较法最终可以期待建立一种普遍法学。"[89]比较法学术史上不乏对法律比较背后的哲学基础的反思,如黑格尔的学生爱德华·甘斯,曾经完成了四卷本的《在世界历史发展中的继承法》,明确提出了一种专注于基础哲学的比较法方法。冯·梅伦(Arthur T. von Mehren)也提出将法律哲学与比较法联系在一起,比较法将会成为更有价值的研究领域和更为贯通的学科体系。[90]埃瓦尔德在批评现代比较法研究的散乱现状后也指出,"比较法研究的主要对象就应该是处于表面规则背后的哲学原则"。[91]"在执行阶段,比较法实质上是哲学的事业。""在研究外国法律制度过程中,我们需要把握的主要不在于外在的方面,即有关法律的社会、规则的经济运作,甚至是黑体字原理的细节,而是在于什么可以被称为法律制度的'认知结构’（cognitive structure）。”[92]埃瓦尔德认为比较法哲学与法哲学不同，法哲学追问特定法律体系中的一般法理，而比较法哲学则探究具体时间地点场域中的不同的法律制度与实践背后的智识结构。比较法哲学“作为初步的准备，我们可以先把它看做是对一个或更多法律体系中主要制度背后的智识观念的比较研究”。“比较法哲学能够对法哲学做出两种贡献：第一，它提出了抽象的且真正哲学性的关于方法的问题，例如：一个人应当如何研究外国法律体系？在此种研究的开展中哲学是否扮演一种不必可少的角色？理解的极限是什么？以及在理论上理解一个彻底陌生之社会的法律实践的可能性有多大？第二，它能够提供本身就具有哲学价值的外国法律中的实质信息。”[93]

在西方当代比较法研究中，从法律问题入手，应用比较方法探寻法律原理和哲学基础的一个经典例子是詹姆士·戈德雷（James Gordley）的研究。他在《现代合同理论的哲学起源》一书中，比较了西方主要国家的合同制度，认为其相似度是很高的。在追溯了柯勒（Kolhler）、蒂姆（Thieme）、维亚克尔（Wieacker）、卡佩里尼（Cappillini）之后，戈德雷认为是16世纪末17世纪初的“后经院学派”或“西班牙自然法学派”构建了西方现代合同法的哲学基础。以西班牙经院哲学加以系统化的约因概念，以及关于误解、欺诈、胁迫的理论都几乎完全建立在亚里士多德主义和托马斯主义哲学的基础上。经过格老秀斯、普芬道夫、多玛（Jean Domat）和波蒂埃（Pothier）等人的重新阐释，虽几经沉浮，亚里士多德哲学的内核作为合同法制度的哲学基础得以保存下来。而当前流行的意志理论则背离了亚里士多德传统，无法解释“为何法律会对承诺赋予不同的价值，或不以同样的方式对待这些承诺”。戈德雷对现代西方合同法哲学基础的分析，借助于大量的比较法素材，不仅涉及英美法也涉及大陆法，还融入了大量的历史比较分析，应用了西班牙后经院哲学和自然法等理论。戈德雷在此基础上对更大范围的包括合同在内的财产法、债法、侵权法等私法问题进行了比较研究，并仍然认为是亚里士多德哲学建构起了现代西方私法的基础，即“要过一种高尚的人的生活，美德尤其是审慎的美德，分配和交换正义可以使人们过上这种高尚的生活”。[94]戈德雷主张其对合同理论基础的研究不局限于某一法律体系或国家，具有在西方法意义上的普遍性，其意在为流变的合同法寻找一种持续作用的哲学基础。戈德雷的概括不限于法律的表面层，不仅仅是关于合同制度的同与异,而且是探求这些制度背后共同的历史哲学基础和认识论根据。他强调的是不同法律体系中合同的概念、结构和思维方式。他的方法所体现的是一种经由比较分析进入哲学反思的可能性。[95]

三、法律文化与批判的比较法:法之"殊理"

基于法律作为一种以法域框定的规范体系,大部分的法理研究视野基本上局限在一国,或者一个法域之内,基于现代民族国家成为主要的法律效力框架,这种单一单元的法理毋宁是"民族法法理"和"国家法法理"。在探索"国家法法理""民族法法理"的过程中,为了获得更好的制度效果和安排,法律人开启了跨域法律比较活动。制度融合过程中的"同""异"堪别,同时生产了两种产品:一种是经过人类理性的抽象、归纳和系统化形成的法之通理、法之公理;另一种是无法被通约的个殊性法理,即法之"殊理"。"殊理"与"公理""通理"之间是相互对应存在的互证之物。不同制度的"公约数"被理解为"通行之制",并被作为更理性、更成熟可靠的制度而得以广泛的传播和移植。法之"通制"中所蕴含的"通理"就具有了更大影响力和权威性。作为"剩余"的"异制"则留存在各自的文化和地域单元之内,作为标示制度身份认同的"差异之理",即"殊理"保存下来。作为"比较的剩余物""不可通约的余数","差异"历经了内部和外部的比较、论辩和区别的过程。在比较的过程中,"差异"也在与"通制"和"通理"的对话甚至对抗过程中,完成了自身的合理化过程,从而在不同的文化结构中沉淀下来形成了稳定性的"传统"和"文化"。

(一)法律文化比较

尊重地方性法律制度、实践与原理,是法律文化比较(或称为"文化比较法")的重要主张。"文化和结构毕竟相互关联并彼此交叠,结构是文化长期演进过程中存留下来的架构性遗产。"[96]文化是人类思维的软件,是一种基于经验的抽象。在比较法上,文化一度被作为重要的尺度,用以从宏观角度凝聚不同类型的法律文明,亦用以从微观角度解读差异。没有文化关照的比较是干瘪的,没有开放给比较的文化是封闭的。法律文化内涵着差异,世界上找不到两种完全相同的法律文化形态,就像找不到两片完全一样的叶子。20世纪法律比较活动中所使用的法律文化概念基本上是两种意义上的:一种是社会学意义上的,用以阐释法律现象中除却规则之外的部分,尤其是不可见的精神的部分,“社会—法律”视角即为此意。在“社会—法律”视角(这种意义上的使用广义上也包含格里茨“地方性知识”的法律人类学视角)看来,法律文化是一种特定的行为模式,是“某种赋予法律一定共性的历时性或地理性独立实体”[97]、一种生活经验的集合、一种法律制度的社会结构过滤器。另一种是大文化类型学意义上的用以区分不同的法律文化类型。在这种意义上的法律文化是一种经整合的系统,一种总体的、综合的生活方式和观念体系。在比较研究中法律文化的两种概念经常被交叠使用,即作为行为的文化要素亦作为宏观文化系统。皮埃尔·勒格朗(Pierre Legrand)将法律文化定义为:“个人在某一特定社会中的一种无形的行为框架。”在范·胡克(Mark Van Hoecke)看来,法律文化似乎是一个涟漪样不断漾开的结构,由内而外。若要理解法律,需认识法律共同体的内部社会常规,而若要理解法律共同体的社会常规则必须理解其所处的大的社会秩序的文化;进而要理解法律所处的社会文化则应将其置于不同法系和法律文化圈进行比较,尤其是需要“勾勒西方和其他非西方法律文化的一些基本要素,从而有助于获得一种新的比较法研究方法”。[98]

全球化时代,大量事实上存在的各法律文明体系之间不可通约之法理也成为制造法律冲突的根本性原因之一。如中国的“德主刑辅”“治人之法”与西方的“法治为先”;伊斯兰的女性附属地位与现代西方法中的男女平权;中国的家族式集体权利观念与西方自由主义的个人权利观等。现代比较法研究已经认识到:不同文化体系中的法理与其自身的宗教、文化和历史传统相联系,能够在其自身的法律文化体系中具有法理之功能和权威,是理解不同法律文化的观念密码,应予以尊重。为了最大限度地尊重法理的差异性,法律文化比较的过程和结论往往是循环的、互为解释的,即用文化来解释法律,用法律来解释文化。这种文化解释过程将法之“殊理”的合理性交由地方语境来处理,最大限度地求同存异。

(二)批判的比较法

比较法理论中,除了广为人知的法律文化研究,青睐法律的地方性、给予法之"殊理"以伦理优先性的重要一脉当属批判比较法学。从积极的角度看,勒格朗和弗莱克伯格所代表的批判比较法的"后现代思潮"[99]有力地配合了"文化比较"的思路。通过认识论、方法论和伦理政治姿态的转变,将比较法研究的重心从"共性"拨回到"特殊性"上来,也将具体的研究对象从普世法律、共同法理转向具有地方性的法律制度和特殊法理上来,从而承认了地方性法理的合理与正当,走向法律理性的平等化格局。

1. 皮埃尔·勒格朗

皮埃尔·勒格朗作为批判比较法的代表人物之一,展现了激进的认识论怀疑主义和保守的文化相对主义。勒格朗对传统比较法给予普世性和同一性以知识优先和道德优先进行了言辞激烈的批判。勒格朗认为,现代比较法的历史不过是西方法律在大陆法系和普通法系之间进行的内部对话,其内在的线索是通过构造一种以欧洲地方法律为模板作为文明之法的"自我"而将其他法律形态"他者"化。这种法律比较的哲学倾向是追求一种普遍性的法,将差异性视为一种"创伤"。"通过压制差异,经常是通过粗暴的形式,以关于人的共性的模糊观念(这种观念可能是基督教的世界观所滋生的,这种世界观认为人类最终是一体的和相同的)为基础而向往普世性和追求通用性(commonality),从而使比较法学家可以避免这种创伤。"[100]但是,如同所有的愿望一样,在法律中寻找同一性的愿望最终一定会失败,因为它聚焦于不可能的主题,这一主题仅仅存在于一种自身的概要和抽象之中,而并不是事实上的存在。勒格朗提出了差异优先化的主张,"一个根本性的论点是同一性实际上需要差异性以便展现它的存在。因为同一性是一种关联,它需要在其之外存在一个非同一性,以此作为它存在的条件",也就是说同一性从非同一性或者差异中取得自身的存在。"然后,差异能够理解为不仅在一定程度上与同一性是'同质的'而且比同一性享有更高程度的原初性,因为是差异使同一性的存在成为可能。"[101]

将差异性优先化,不仅在于打破传统比较法的本质主义对"幻想中的一般性"的病态追求,而且能够满足自我超越的需要。"如果比较的目标首先是显示所有法律共同体分享的东西,那么,任何人都不需要为了考虑自己之外的视角和经验而修正自己的观点。"[102]差异优先化的比较研究不追求一种统一化的理论和实践效果,而是追求一种多样化的呈现。但勒格朗也强调,他并非要抛弃“共性”的观念,而是反对比较法学家构建共性的排他性方式。[103]这种排他性的构建共性的方式往往存在将共性(commonness)偷换成同一性(oneness)的危险,仅仅将自身投射到他者身上,构建一种虚伪的共性,而背后实现的是将自身强加于他者的文化暴力。勒格朗所主张的尊重差异的比较研究,意在“解释、赞颂、留意和质问地方性”,不在于秩序化和同质化他者,而是注重某种场域化的研究,展现作为他者本身的他者。[104]“换句话说,关注差异并非意味着民族主义、帝国主义、殖民主义或者(已过政治上或经济上的)孤立主义,它们是指某种类似于‘文化原教旨主义’的东西;相反,它尤其考虑到跨国的公共领域。”[105]

勒格朗在差异优先化的比较法主张之后,进一步系统化了他的激进观点,提出了“消极比较法”(negative comparative law)理论(或称“否定的比较法”)。勒格朗的“消极比较法”理论受到法兰克福学派西奥多·阿多诺(Theodor Wiesengrund Adorno)“否定的辩证法”理论的直接启发,将法兰克福学派对工具化理性的批判应用到比较法中。[106]在认识论上,勒格朗主张作为比较和认识对象的外国法与认识主体比较法学家的比较观念是两个既联系又相互区别的独立存在。“并不是说外国法无法被比较法学家所研究和思考,但比较法学家无法控制、占有或整全地了解外国法,用最基本的认识论原理来说明,就是因为自身无法成为他者。”[107]勒格朗借用了语言学、伽达默尔的解释学中的“前理解”“理解即重构”等理论说明翻译和完全理解外国法的不可能性,说明了共同在场只能是差异的共同在场。[108]德里达的语言不可译、非连续性等解构主义理论也出现在勒格朗的“消极比较法”中,以解构比较法研究中的可理解性。由此,勒格朗走向了对传统比较法的全面否定,否定外国法的可翻译性、否定法律的可移植性、否定功能方法、否定结构主义和经济分析、否定法律统一化运动、反对欧洲统一法典化[109]……他几乎将所有现代比较法的肯定句都改写成了否定句。相较于此前的“差异优先的比较法”,勒格朗进一步加强了其反对普遍性的语气,直截了当地指责所有普遍性都是“某些人”的普遍性,普遍性都是自我对他者的投射,是对他者的殖民,是粗暴的话语霸权。没有所谓的“普遍的人权法”,所谓“普遍的人权法”完全是西方文化体系内部的主题。

人权话语的普世化就是西方后殖民时代的新的观念和话语的殖民。[110]勒格朗声称他并非试图阻止法律比较，而是为了转移传统比较法那种集中在客观性、事实、方法上的专断，去暴露那些大帐篷式的散乱知识的本质，从而激励更为现实和更为多元的比较。这种多元的比较能够发现外国法特别是非西方法本真的自我属性，主张以一种更加复杂的、特殊的、变化的、多元的和原汁原味的表达来取代那种简单化的、庸常的和同质化的对待地方法的方式。[111]

2. 弗莱肯伯格

作为勒格朗的同道，弗莱肯伯格（Günter Frankenberg）的批判比较法主张较为温和。弗莱肯伯格认为现代比较法的主流研究存在诸多教条：集中在文本比较（camparative nomoscopy）；试图将法律体系描述为事实；有一种法律中心主义和实证主义的狭隘，忽略了社会和文化的方面；受制于一种前见，即法律的发展具有既定的趋势，将走向趋同。[112]弗莱肯伯格和勒格朗在批判现代主流比较法的认识论、方法论、政治与伦理观上都不遗余力，这种批判所集中打击的一个重要目标就是“法律发展中存在一种普遍的真理和普遍的道路”这一观点。批判比较法认为法律存在多种可能性，其内在的发展逻辑和原理也当然是多种多样的。[113]弗莱肯伯格认为，追求对多元法律的一般理解曾经是现代比较法所继承的康德启蒙传统的理想。人类精神和理性的共性体现在不同的、有差异的人群和文化之中。而比较法能够解释人类在法律制度方面的共同观念。[114]“二战”中的战争暴行几乎摧毁了人类对自身理性的自信。“二战”后，普遍主义话语在比较法学术中似乎耗尽了感召力，比较法学术开始转入法系划分的分类学研究和功能主义比较。但随着欧洲共同核心计划、欧盟法律整合、经济全球化的推进，比较法的普遍主义思潮又重回话语中心，法律移植、全球化、国际人权法的发展都是这一逻辑的体现。而人权、平等保护、司法独立等价值的普世化也是这一观念和实践的产物。弗莱肯伯格质疑这种对于普遍性的追求，认为追求普遍性的比较法学家们在理论上都预设了两个假定：第一，存在一种普遍的比较框架——自然法、普遍历史、普遍正义感等，否则他们就无法声称比较法能够作为一种解释的普遍方法；第二，他们不得不假定在比较审查下的现象是本质上类似的，否则他们就无法主张“比较主义必须处于所有司法行为的中心，如果法律是那些普遍原则的体现而不仅仅是国内或者欧洲的原则”。[115]然而这两种前提都已经被证明是存疑的。弗莱肯伯格倡导一种“有厚度的比较”(thick comparison),即将西方法与非西方法、本国法与外国法、自身与他者置于平等的认识论地位之上,倡导一种主体间沟通对话的比较研究,以克服唯西方本位和唯自我本位的教条。这是一种向地方知识和语境持开放态度的比较,试图克服主流比较法对地方法的简化;这是一种反实证的、反形式主义的比较,拒绝将法律纯化为唯一的研究对象、拒绝祛除法律与文化和意义之关联的幻想。[116]“有厚度的比较法”将所比较法的法律理解为平等对话的对象,理解为在具体的社会中以其自身方式型构法律事实与法律行为要素的动态结构。在这种比较中,文化、语境和自反性(reflexivity)都成为关键的要素,那些注重差异的研究计划成为了决定性的部分。[117]

结语:多元法理的规范性竞争与“间性法理”

法之“殊理”是所有法律制度、实践与原理的基础性载体,“通理”之达成、“公理”之追寻都要建立在法之“殊理”的基础上。但从全球多元文化的现实来看,“殊理”与“公理”、“通理”之间可能存在不协调甚至矛盾、冲突,典型的如在人权法理念上伊斯兰法的宗教观念与世界人权宣言意义上的人权理念之间的差异,具体表现为女性附属地位、穆斯林与非穆斯林公民待遇的差别原则、宗教信仰的伊斯兰唯一性原则等。[118]格伦关于法普世性与规范性关系的理论能够借以说明法之“公理”、“通理”与“殊理”之间可能冲突的根源是不同法律渊源规范性之间存在的竞争关系,即不同的法理相互之间争夺规范性权威所导致的认识冲突和行为冲突。一种法律传统如若与其他法律传统之间保持高度的共性,能达到某种共存,则意味着它必须具有高度的灵活性和包容性。宽容问题需要面对的是两种在本质上冲突的规范性问题。比宽容更好的是相互依存。格伦认为,传统的复杂性在传统之间产生信息交换时直接模糊了传统之间的差异性。“因此,复杂传统在本质上以及在他们的主要形式上都是非普适的和非普世化的。他们为包容其他的复杂传统提供了大量的空间。传统越庞大、越复杂,它对其他传统就越不具危险。”

在处理多元法理的规范性竞争问题过程中,一种呼之欲出的趋势和一些频繁出现的热词中似乎透露着某种重要的信号:那就是使用“间性”概念来理解不同层次和语境中的法律及其原理之间的关系或可是一种可接受的思路。这种理论倡导搁置规范性的竞争性问题,而强调多元法理与合法性之间的沟通过程和渠道,在多元对话中相互影响和渗透,以维系平等尊重的、多元合法性并存的空间。桑托斯(Boaventura de Sousa Santos)在法律全球化研究中指出:“我们处在一个多孔的合法律性(legality)或合法律性的多孔性的时代,一个迫使我们不断地转变和违规的法律制度的多重网络的时代。我们的法律生活是由不同的法律秩序相互交叉即法制间性而构建的。间性合法性是法律多元主义的现象学的对应物,它是压制型后现代法律观的一个关键概念。间性合法性是一个高度动态的过程,因为不同的法律空间是非同步的,因此产生了法律代码(在符号学意义上)的不平衡的和不稳定的混合。”这种关于“合法律间性”(inter－legitimacy)(高鸿钧先生译为“居间法制”,[119]笔者译为“间性合法性”)的理解不同于传统法律社会学意义上的法律多元。埃利西和千叶正士意义上的法律多元主义主要是在国家法中心主义的前提下关注非正式法律渊源的规范意义。“间性合法性”所指示的是在国家法的中心地位被强力动摇的情势下,在一个日渐“多中心的法律世界”里,全球法、区域法、国家法、地方法等多种合法性之间所展开的磋商、对抗、共谋或妥协。在这种多元、多层次、多种类的合法性之间的沟通交往之中,制度之理的互动和牵拉定是题中应有之义。而本文中提到的其他作者们,如勒格朗、弗莱肯伯格、威廉·推宁等也都以不同形式表达了这种理解,即破除法律认知上传统的“我—他”格局、实现一种共在的主体间存在,实现交互的、关联的、互为依存的法律多层次、多场域存在。格伦在研究法律传统之间的关系时经常使用“中间地带”(middle area)(一个“介乎二者之间的区域”)一词,以解释文化适应过程。在“中间地带”中,文化之间相互渗透影响,互相改变,彼此共生。[120]国家就是在这样的一种中间地带,成为包括原生法律传统等非主流法律传统与西方理性法律传统之间传递信息和建立联系的某种媒介。在格伦那里,“间隙理性”(inter－reason)概念也尤其重要,这一概念试图突破仅仅在传统之内,尤其是在“理性传统之内”理解理性的视角,而试图在不同传统以及不同的“理性之间”寻找某种间隙,以理解传统和传统之间发生实质关系的模式和过程。[121]

比较法和法理学中的“间性”(inter－ness)理论是西方哲学“间性理论”直

接传导到法律认知的结果。“间性理论”作为对西方主体哲学的反思和反动,在现代哲学传统中已成为一种现实趋势,从康德的意志自律与他律理论,[122]到胡塞尔现象学中直接提出的“主体间性”(intersubjectivity)[123]概念,再到海德格尔提出的“共在”(mitsein)[124]概念,至哈贝马斯的“沟通交往理性”(communicative rationality)[125]都是“间性哲学”打破“主客体”哲学屏障,解放被“自我”所压制的“他者”努力的成果。基于间性概念所发展出来的“主体间性”“文本间性”“文化间性”“媒介间性”等概念为理解跨文化、跨场域的社会关系提供了独到的解释工具。间性哲学的核心要义在于将主体之间的认知过程置于平等的层面,主体之间以互动和相互影响的形式共同存在,主体之间互为条件,互相成就。文化间性论者从间性哲学中获得启发,将不同文化之间的关系理解为一种互为彼此的存在、互相影响的共在。“每一种文化就都有一个间性特质的问题,即在与他者相遇时或在与他者的交互作用中显出的特质。”[126]一种文化的间性特质唯有在与他者的特定关联中才得以显现……唯有居于这种关联的东西,才是能够引起彼此关注的东西,也就是能够在对方引起反响的东西。[127]鉴于法律首先作为地方知识的属性,间性理论能够主张法律文化之间的平等性和差异优先,突出在沟通交往中建立的意义。

但在实践和操作的意义上,现有间性理论所提供的进路似乎并不如意,如雷蒙·潘尼卡(Raimon Panikkar)的文化功能主义进路。他从比较宗教而来的“文化间哲学”首先要求平等文化主体间相互承认差异的优先性,并以同情的姿态,在对方的文化体系中寻找“功能对等物”,并以这些“文化功能对等物”来建立相互理解和沟通的机制基础。[128]这种思路将结构功能主义方法应用到文化和意义的维度,但似乎并没有摆脱对功能共性的依赖,又转回到功能主义的传统逻辑上来了,仍是从共同功能出发、共性优先。而另一种间性哲学则完全放弃认知者与认知对象间实现意义勾连的意图,拒绝概括,认为只要本真的描述、浸入式的体验和共情式的理解就够了,承认和尊重本身就是目的。这两种模式中,都忽略了两种或者多种法律地方性之间相互影响的过程,这个过程包括了两种地方性法理之间可能发生的交叠、替代、杂糅、分工等可能的模式,忽略了参与这一过程的法律职业人的提炼、归纳和创造,也忽略了各种社会要素和行为结构之间的冲撞与妥协。两种或者多种法律地方性之间相互影响的过程所展现的细节和技术需要被认真的对待。归纳和提炼这一过程似乎呼唤着一种关于多元法律共生与影响的交往理论,或可称其为"间性法理"。"间性法理"的目标在于发现和提炼多元法律文化共生与交往的理想模式和原理,如"法律文化多元与平等""社会文化功能性可等价""法律文化在相互影响中发展"等原理,用以概括那些实现多元法律文化平等对话的有效机制。"间性法理"用以解决法之"公理"、法之"通理"与法之"殊理"之间,不同的法之"殊理"之间的关系,在彼此之前建立"中间地带",建立可能的沟通媒介(如国际组织、法律家群体、商人与商业自治机构)等,以达成不同层面法理之间的对话,尊重多元法律所蕴含的理性而不是以某种法律理性为唯一,并建立平等的多元法律对话机制。"间性法理"是一种沟通交往程序与理念,承认法之原理在普遍性上可能存在的不同层次,并以开放包容的态度尊重差异。"间性法理"不以统合差异为目标,以追求人类可能限度的普遍性公理为基础,以在平等对话和交流中寻求最大程度的法律理念和原理上的共识为目标,尊重所有人类基本道德底线意义上的差异性。"间性法理"是"关于法理的法理",在此基础上,不同普遍性之间的法理才能打破隔绝与孤立,各种法律的地方性、个殊性法理才能走出固守的领地,开辟更广阔的交流空间,在相互尊重和借鉴之中获得发展的参照。通过放大法之"公理"的校准性作用,拓展法之"通理"的内涵与外延,尊重法之"殊理"的内在逻辑,"间性法理"的思路可能建立一种更为"周全"的全球法理学和一般法理学。而探索"间性法理"是法理学和比较法学共同的使命,也是当代中国法理学对于中国法理及其所关联的人类法律文化间法之"通理"与法之"公理"的可能贡献。

注　释

* 李晓辉,中国政法大学比较法学研究院副教授。

本文系教育部2015年度人文社科青年基金项目"现代比较法方法论危机及其应对"(项目批准号15YJC820029)阶段性成果。本文原载《法制与社会发展》2018年第3期。

〔1〕 张文显教授在《法理:法理学的中心主题和法学的共同关注》一文中提出:"法理学不仅应重视以'法律'为研究对象,而且应确立以'法理'为其中心主题",并倡导部门法学与法理学一起共同关注"'法理'问题",以校正法学的实践转向,引领中国法治朝着良法善治方向

健康发展。本文作为对张文显先生倡议的响应,从法理的普遍性问题入手,联系法理学和比较法学两个学术谱系,共同思考法理研究的维度与方向。

〔2〕 关于何为"法理",请参见张文显教授在《法理:法理学的中心主题和法学的共同关注》一文中的详尽分析。本文中的"法理"主要是指法律制度中蕴含的理念和原理。

〔3〕 张文显:《法理:法理学的中心主题和法学的共同关注》,载《清华法学》2017 年第 4 期。

〔4〕 William Twining, *General Jurisprudence: Understanding Law from a Global Perspective*, Cambridge University Press, 2009, pp. 5 – 6.

〔5〕 [美]威廉・B. 埃瓦尔德:《比较法哲学》,于庆生、郭宪功译,法律出版社 2016 年版,第 87 页。

〔6〕 [葡]博温托・迪・苏萨・桑托斯:《迈向新法律常识:法律、全球化和解放》,刘琨轮、叶传星译,中国人民大学出版社 2009 年版,第 221 页。

〔7〕 如推宁将全球法律划分为如下层次:全球的、国际的、区域性的、跨国的、社区间的、地区性国家的、亚国家的、非国家的。参见[英]威廉・推宁:《全球化与比较法》,载[英]埃辛・奥赫绪、[意]戴维・奈尔肯主编:《比较法新论》,马健银、鲁楠等译,清华大学出版社 2012 年版,第 94 ~ 95 页。

〔8〕 [葡]博温托・迪・苏萨・桑托斯:《迈向新法律常识:法律、全球化和解放》,刘琨轮、叶传星译,中国人民大学出版社 2009 年版,第 221 页。

〔9〕 [美]罗兰・罗伯森:《全球化:社会理论和全球文化》,梁光严译 ,上海人民出版社 2000 年版,第 144 页。

〔10〕 关于普世与普适概念的辨析,参见[法]朱利安:《论普世》,吴泓缈、赵鸣译,北京大学出版社 2016 年版,代译序第 5 ~ 6 页。

〔11〕 [英]以赛亚・柏林:《两种自由概念》,载[英]以赛亚・柏林:《自由论》,胡传胜译,译林出版社 2003 年版,第 240 ~ 246 页。

〔12〕 唐文明:《伦理理性、文化间性与求普遍意志》,载《社会科学家》1999 年第 4 期。

〔13〕 参见万俊人:《寻求普世伦理》,北京大学出版社 2009 年版。

〔14〕 [荷]格老秀斯:《国际法典》,岑德彰译,台湾商务印书馆 1977 年版,第 11 页。

〔15〕 米健:《比较法・共同法・世界主义》,载《比较法研究》2011 年第 1 期。

〔16〕 [瑞典]斯蒂芬・乔森:《普世主义的意识形态》,孙海洋译,载《国外理论动态》2016 年第 6 期。

〔17〕 [瑞典]斯蒂芬・乔森:《普世主义的意识形态》,孙海洋译,载《国外理论动态》2016 年第 6 期。

〔18〕 张文显:《法理:法理学的中心主题和法学的共同关注》,载《清华法学》2017 年第 4 期,第 9 页。

〔19〕 关于世界主义概念的起源,可参见[美]奎迈·安东尼·阿皮亚:《世界主义:陌生人世界里的道德规范》,苗华建译,中央编译出版社2012年版,序言;亦可参见[德]乌尔里希·贝克:《什么是世界主义?》,章国锋译,载《马克思主义与现实》2008年第2期。关于世界主义模式的核心特征,参见[英]戴维德·赫尔德:《民主与全球秩序:从现代国家到世界主义治理》,胡伟等译,上海人民出版社2003年版,第28~85页。

〔20〕 高秉江:《古希腊超越论传统与普世主义的形成》,载《广东社会科学》2012年第4期。

〔21〕 龚群:《世界主义与全球正义》,载《人民大学学报》2013年第5期。

〔22〕 Thomas Pogge, *World Poverty and Human Rights*, Cambridge, Polity Press, 2002, p. 109.

〔23〕 [德]乌尔里希·贝克:《什么是世界主义?》,章国锋译,载《马克思主义与现实》2008年第2期。

〔24〕 张守夫:《西方普遍主义的历史渊源》,载《哲学研究》2010年第9期。

〔25〕 李建华、张永义:《世界主义伦理观的国际政治困境》,载《中国社会科学》2012年第5期。

〔26〕 龚群:《世界主义与全球正义》,载《人民大学学报》2013年第5期。

〔27〕 许小亮:《法律世界主义》,载《清华法学》2014年第1期。

〔28〕 [英]戴维德·赫尔德:《民主与全球秩序:从现代国家到世界主义治理》,胡伟等译,上海人民出版社2003年版,第242页。

〔29〕 [美]罗斯科·庞德:《法理学》(第一卷),邓正来译,中国政法大学出版社2004年版,第471页。

〔30〕 [美]罗斯科·庞德:《法理学》(第一卷),邓正来译,中国政法大学出版社2004年版,第470页。

〔31〕 邓正来:《作为一种主观且可变进程的全球化》,载《河北法学》2008年第5期。

〔32〕 [美]罗斯科·庞德:《法理学》(第一卷),邓正来译,中国政法大学出版社2004年版,第28页。

〔33〕 严存生:《自然法、万民法、世界法:西方法律全球化观念的历史渊源探寻》,载《现代法学》2003年第3期。

〔34〕 [瑞典]斯蒂芬·乔森:《普世主义的意识形态》,孙海洋译,载《国外理论动态》2016年第6期。

〔35〕 关于德国海德堡学派的比较法研究,参见[美]威廉·B.埃瓦尔德:《比较法哲学》,于庆生、郭宪功译,法律出版社2016年版,第280页。

〔36〕 [美]罗尔斯:《万民法》,张晓辉等译,吉林人民出版社2001年版,第3页。

〔37〕 [美]罗斯科·庞德:《法理学》(第一卷),邓正来译,中国政法大学出版社2004年版,第165页。

〔38〕 [英]约翰·奥斯汀:《法理学的范围》,刘星译,中国法制出版社2001年版。

〔39〕 [法]孟德斯鸠:《论法的精神》(上册),许明龙译,商务印书馆 2009 年版,第 13 页。

〔40〕 [美]罗斯科·庞德:《法理学》(第一卷),邓正来译,中国政法大学出版社 2004 年版,第 13 页。

〔41〕 [英]劳埃德:《法理学》,许章润译,法律出版社 2007 年版,第 10 页。

〔42〕 [美]罗斯科·庞德:《法理学》(第一卷),邓正来译,中国政法大学出版社 2004 年版,第 15 页。

〔43〕 决疑术作为一种“基于案例的推理”,不是从理性或道德一致性出发,而是从已有案件事实出发,将关键事实类似的案件归纳为某种“范例”,进而通过比较待决案件事实与“范例”事实的关系来甄别对待待决案件的一种法律和道德方法。决疑术比较好地解决了普遍的道德和法律律令与现实变化之间的关系。关于决疑术的详尽研究请参见舒国滢:《决疑术:方法、渊源与盛衰》,载《中国政法大学学报》2012 年第 2 期。

〔44〕 [美]罗斯科·庞德:《法理学》(第一卷),邓正来译,中国政法大学出版社 2004 年版,第 2 页。

〔45〕 [美]罗斯科·庞德:《法理学》(第一卷),邓正来译,中国政法大学出版社 2004 年版,第 22 页。

〔46〕 [法]朱利安:《论普世》,吴泓缈、赵鸣译,北京大学出版社 2016 年版,第 21 页。

〔47〕 [法]朱利安:《论普世》,吴泓缈、赵鸣译,北京大学出版社 2016 年版,第 22 页。

〔48〕 [法]朱利安:《论普世》,吴泓缈、赵鸣译,北京大学出版社 2016 年版,第 26 页。

〔49〕 [英]A. J. M. 米尔恩:《人的权利与人的多样性》,夏勇、张志铭译,中国大百科全书出版社 1995 年版,导论第 7 页。

〔50〕 [英]A. J. M. 米尔恩:《人的权利与人的多样性》,夏勇、张志铭译,中国大百科全书出版社 1995 年版,导论第 10 页。

〔51〕 [加拿大]帕特里克·格伦:《世界法律传统》,李立红等译,北京大学出版社 2009 年版,第 290 页。

〔52〕 [加拿大]帕特里克·格伦:《世界法律传统》,李立红等译,北京大学出版社 2009 年版,第 291 页。

〔53〕 [南非]海伦 ·基普、[南非]罗布·米奇利:《ubuntu – botho 在塑造共识的南非法律文化中渐显作用》,载[荷]布鲁因斯马、[意]奈尔肯编:《法律文化之追寻》,明辉、李霞译,清华大学出版社 2011 年版,第 68 ~ 69 页。

〔54〕 基于对人的价值与尊严的共同认知,尽管 1990 年的《开罗伊斯兰人权宣言》前后文有很多限定,但仍然体现了伊斯兰世界在人权问题上与世界人权宣言的共通之处。参见高鸿钧:《伊斯兰法:传统与现代》,清华大学出版社 2004 年版,第 216 页。

〔55〕 [加拿大]帕特里克·格伦:《世界法律传统》,李立红等译,北京大学出版社 2009 年版,第

238 页。

〔56〕 [加拿大]帕特里克·格伦:《世界法律传统》,李立红等译,北京大学出版社 2009 年版,第 219 页。

〔57〕 [日]大木雅夫:《比较法》,范愉译,法律出版社 1999 年版,第 72 页。

〔58〕 [日]大木雅夫:《比较法》,范愉译,法律出版社 1999 年版,第 73 页。

〔59〕 米健:《比较法·共同法·世界主义》,载《比较法研究》2011 年第 1 期。

〔60〕 [意]朱塞佩·格罗素:《罗马法史》,黄风译,中国政法大学出版社 2009 年版,第 180~181 页。

〔61〕 [美]罗斯科·庞德:《法理学》(第一卷),邓正来译,中国政法大学出版社 2004 年版,第 34 页。

〔62〕 [美]罗斯科·庞德:《法理学》(第一卷),邓正来译,中国政法大学出版社 2004 年版,第 40 页。

〔63〕 苏彦新:《近代欧洲国家司法的历史基础》,上海三联书店 2016 年版,第 192 页。

〔64〕 [日]大木雅夫:《比较法》,范愉译,法律出版社 1999 年版,第 55 页。

〔65〕 张彤:《欧洲私法的统一化研究》,中国政法大学出版社 2012 年版,第 64~65 页。

〔66〕 张彤:《欧洲私法的统一化研究》,中国政法大学出版社 2012 年版,第 65 页。

〔67〕 [加]帕特里克·格伦:《世界法律传统》,李立红等译,北京大学出版社 2009 年版,第 265 页。

〔68〕 高鸿钧:《伊斯兰法:传统与现代》,清华大学出版社 2004 年版,第 126 页。

〔69〕 [美]布赖恩·Z. 塔玛纳哈:《一般法理学:以法律与社会的关系为视角》,郑海平译,中国政法大学出版社 2012 年版,序言第 10~11 页。

〔70〕 [美]布赖恩·Z. 塔玛纳哈:《一般法理学:以法律与社会的关系为视角》,郑海平译,中国政法大学出版社 2012 年版,第 2 页。

〔71〕 [美]布赖恩·Z. 塔玛纳哈:《一般法理学:以法律与社会的关系为视角》,郑海平译,中国政法大学出版社 2012 年版,第 76 页。

〔72〕 [美]布赖恩·Z. 塔玛纳哈:《一般法理学:以法律与社会的关系为视角》,郑海平译,中国政法大学出版社 2012 年版,第 129 页。

〔73〕 [美]布赖恩·Z. 塔玛纳哈:《一般法理学:以法律与社会的关系为视角》,郑海平译,中国政法大学出版社 2012 年版,第 137 页。

〔74〕 [美]布赖恩·Z. 塔玛纳哈:《一般法理学:以法律与社会的关系为视角》,郑海平译,中国政法大学出版社 2012 年版,第 16 页。

〔75〕 [美]布赖恩·Z. 塔玛纳哈:《一般法理学:以法律与社会的关系为视角》,郑海平译,中国政法大学出版社 2012 年版,第 282 页。

〔76〕 [英]威廉·推宁:《全球化与法律理论》,钱向阳译,中国大百科全书出版社 2009 年版,第 114 页。

〔77〕 [英]威廉·推宁:《全球化与法律理论》,钱向阳译,中国大百科全书出版社 2009 年版,第 65 ~ 67 页。

〔78〕 [英]威廉·推宁:《全球化与法律理论》,钱向阳译,中国大百科全书出版社 2009 年版,第 165 页。

〔79〕 [英]威廉·推宁:《全球化与法律理论》,钱向阳译,中国大百科全书出版社 2009 年版,第 81 ~ 83 页。

〔80〕 [英]威廉·推宁:《全球化与法律理论》,钱向阳译,中国大百科全书出版社 2009 年版,第 248 页。

〔81〕 [英]威廉·推宁:《全球化与法律理论》,钱向阳译,中国大百科全书出版社 2009 年版,第 223 页。

〔82〕 [英]威廉·推宁:《全球化与法律理论》,钱向阳译,中国大百科全书出版社 2009 年版,第 225 页。

〔83〕 [英]威廉·推宁:《全球化与法律理论》,钱向阳译,中国大百科全书出版社 2009 年版,第 226 页。

〔84〕 William Twining, *General Jurisprudence: Understanding Law from a Global Perspective*, Cambridge University Press, p. 244.

〔85〕 William Twining, *General Jurisprudence: Understanding Law from a Global Perspective*, Cambridge University Press, pp. 49 – 54.

〔86〕 William Twining, *General Jurisprudence: Understanding Law from a Global Perspective*, Cambridge University Press, p. 117.

〔87〕 米健:《比较法·共同法·世界主义》,载《比较法研究》2011 年第 1 期。

〔88〕 [德]茨威格特、克茨《比较法总论》,潘汉典等译,法律出版社 2003 年版,第 22 页。

〔89〕 [日]大木雅夫:《比较法》,范愉译,法律出版社 1999 年版,第 69 页。

〔90〕 [美]威廉·B. 埃瓦尔德:《比较法哲学》,于庆生、郭宪功译,法律出版社 2016 年版,第 6 页。

〔91〕 [美]威廉·B. 埃瓦尔德:《比较法哲学》,于庆生、郭宪功译,法律出版社 2016 年版,第 9 页。

〔92〕 [美]威廉·B. 埃瓦尔德:《比较法哲学》,于庆生、郭宪功译,法律出版社 2016 年版,第 75 页。

〔93〕 [美]威廉·B. 埃瓦尔德:《比较法哲学》,于庆生、郭宪功译,法律出版社 2016 年版,第 277 页。

〔94〕 James Gordley, "The Moral Foundations of Private Law", *American Journal of Jurisprudence*, *Vol.* 47, No. 1 (Jan. ,2002), p. 2.

〔95〕 [美]詹姆士·戈德雷:《现代合同理论的哲学起源》,张家勇译,法律出版社 2006 年版,第 285～306 页。

〔96〕 [美] 劳伦斯·M. 弗里德曼:《选择的共和国》,高鸿钧译,清华大学出版社 2005 年版,第 236 页。

〔97〕 [意]戴维·奈尔肯:《法律文化概念的界定与使用》,载[英]埃辛·奥赫绪、[意]戴维·奈尔肯主编:《比较法新论》,马健银、鲁楠等译,清华大学出版社 2012 年版,第 124 页。

〔98〕 [比]马克·范·胡克、马克·沃林顿:《法律文化、法律范式与法律学说——迈向一种新的比较法研究模式》,载[比]马克·范·胡克主编:《比较法的认识论与方法论》,魏磊杰、朱志昊译,法律出版社 2012 年版,第 97 页。

〔99〕 关于比较法的后现代思潮,请参见朱淑丽:《西方比较法学研究范式的后现代转向及其限度》,载《学术月刊》2013 年第 3 期。

〔100〕 [法]皮埃尔·勒格朗、[英]罗德里克·芒迪:《比较法研究:传统与转型》,李晓辉译,北京大学出版社 2011 年版,第 235 页。

〔101〕 [法]皮埃尔·勒格朗、[英]罗德里克·芒迪:《比较法研究:传统与转型》,李晓辉译,北京大学出版社 2011 年版,第 254 页。

〔102〕 [法]皮埃尔·勒格朗、[英]罗德里克·芒迪:《比较法研究:传统与转型》,李晓辉译,北京大学出版社 2011 年版,第 254 页。

〔103〕 [法]皮埃尔·勒格朗、[英]罗德里克·芒迪:《比较法研究:传统与转型》,李晓辉译,北京大学出版社 2011 年版,第 275 页。

〔104〕 [法]皮埃尔·勒格朗、[英]罗德里克·芒迪:《比较法研究:传统与转型》,李晓辉译,北京大学出版社 2011 年版,第 282 页。

〔105〕 [法]皮埃尔·勒格朗、[英]罗德里克·芒迪:《比较法研究:传统与转型》,李晓辉译,北京大学出版社 2011 年版,第 254 页。

〔106〕 Pierre Legrand, *Negative Comparative Law*, 皮埃尔·勒格朗个人学术主页, http://www.pierre－legrand.com/legrand－negative－comparativ.pdf, pp. 409－411, 最后访问日期:2018 年 2 月 20 日。

〔107〕 Pierre Legrand, *Negative Comparative Law*, 皮埃尔·勒格朗个人学术主页, http://www.pierre－legrand.com/legrand－negative－comparativ.pdf, p. 412, 最后访问日期:2018 年 2 月 20 日。

〔108〕 Pierre Legrand, Negative Comparative Law, 皮埃尔·勒格朗个人学术主页, http://www.pierre－legrand.com/legrand－negative－comparativ.pdf, p. 413, 最后访问日期:2018 年 2

月 20 日。

〔109〕 Pierre Legrand, “Against a European Civil Code”, *Modern Law Review*, Vol. 60, No. 1 (Feb. ,2010), pp. 44 – 63.

〔110〕 Pierre Legrand, Negative Comparative Law,皮埃尔·勒格朗个人学术主页, http://www.pierre – legrand. com/legrand – negative – comparativ. pdf, p. 440,最后访问日期:2018 年 2 月 20 日。

〔111〕 Pierre Legrand, Negative Comparative Law,皮埃尔·勒格朗个人学术主页, http://www.pierre – legrand. com/legrand – negative – comparativ. pdf, p. 438,最后访问日期:2018 年 2 月 20 日。

〔112〕 Günter Frankenberg, *Comparative Law as Critique*, Cheltenham, UK and Northampton, MA, USA, Edward Elgar Publishing ,2016, p. 11.

〔113〕 Günter Frankenberg , “Strangers and Identity & Politics in Comparative Law”, *Utah Law Review*, (1997), p. 223.

〔114〕 Günter Frankenberg, *Comparative Law as Critique*, Cheltenham, UK and Northampton, MA, USA, Edward Elgar Publishing ,2016, p. 45.

〔115〕 Günter Frankenberg, *Comparative Law as Critique*, Cheltenham, UK and Northampton, MA, USA, Edward Elgar Publishing ,2016, p. 99.

〔116〕 Günter Frankenberg, *Comparative Law as Critique*, Cheltenham, UK and Northampton, MA, USA, Edward Elgar Publishing ,2016, pp. 226, 228.

〔117〕 Günter Frankenberg, *Comparative Law as Critique*, Cheltenham, UK and Northampton, MA, USA, Edward Elgar Publishing ,2016, pp. 227 – 228.

〔118〕 高鸿钧:《伊斯兰法:传统与现代》,清华大学出版社 2004 年版,第 204 ~ 218 页。

〔119〕 高鸿钧:《法律规制与解放之间:读〈迈向新法律常识:法律、全球化和解放〉》,载《政法论坛》2012 年第 4 期,第 94 页。

〔120〕 [加]帕特里克·格伦:《世界法律传统》,李立红等译,北京大学出版社 2009 年版,第 89 页。

〔121〕 [加]帕特里克·格伦:《世界法律传统》,李立红等译,北京大学出版社 2009 年版,第 89 页。

〔122〕 [德]康德:《道德形而上学原理》,苗力田译,上海人民出版社 1986 年版,第二章。

〔123〕 [德]胡塞尔:《生活世界现象学》,倪梁康、张廷国译,译文出版社 2002 年版,第 194 页。

〔124〕 [德]海德格尔:《存在与时间》,李嘉映、王庆节译,生活·读书·新知三联书店 1987 年版,第 146 ~ 152 页。

〔125〕 [德]哈贝马斯:《后形而上学思想》,曹卫东、付德根译,译林出版社 2001 年版,第二、

四章。

〔126〕 王才勇:《文化间性问题论要》,载《江西社会科学》2007 年第 4 期。

〔127〕 王才勇:《文化间性问题论要》,载《江西社会科学》2007 年第 4 期。

〔128〕 [印]雷蒙·潘尼卡:《对话经:诸宗教的相遇》,王志成译,四川人民出版社 2008 年版。

法理前沿

丰　霏*

如何发现法理?

| 提　要 |

“法理”依托载体形式呈现自身。根据形式差异与解析法理要素的技术方法不同,可以将“法理”的载体大体分为有关法理的词语、概念,谚语、格言,命题、论述,判例、案例,故事,法条共六组十种代表性形式。意欲发现“法理”,就需要依据“法理”的载体形式进行“淘宝”。

| 关键词 |

法理　法理载体　法理泛在

穷理亦多端。或读书讲明义理；或记古今人物，别其是非；或应事即物而处其当；皆穷理也。

——《二程遗书》卷十八

张文显教授在《法理：法理学的中心主题和法学的共同关注》[1]一文中提出，以“法理”为中心主题和贯穿主线，推进中国法理学转型升级，迎接中国法学的法理时代暨“法理中国”新时代。文章对“法理”概念进行了历史考察，开辟性地廓清了法理的语义、意义与功能。法理，这个在中华文明之中诞育一千九百多年的概念，经历了百余年前的东渡舶归，被开掘出来重拭光华，已然成为重启法学理论系统、复燃中华法治文明的精神火种。“在法治实践、政治生活和公共生活中，法理几乎无所不在，无时不有，无所不能。”[2]然而，也诚如邱本教授所言：“法理是存在的或潜在的，但不是自显的或自明的”，我们需要通过概括、思想（理论）、思辨批评、分析、体系化、金句表达等路径和方法去提炼法理、获取法理、传播法理。[3]如果说，邱本教授从研究者的主体视角展示了“如何提炼法理”的方法，那么，本文则是从作为研究对象之“法理”的存在（表现）形式的角度，尝试探索“如何发现法理”。

“法理”的存在（表现）形式是其意蕴呈现的方式，是法理内容与法理要素的载体。张文显教授在其《法理：法理学的中心主题和法学的共同关注》一文中对“法理”的概念内涵进行解析时，已经分散性地涉及了诸种法理载体。结合既存法理学研究的成果，我们在此依据形式差异和解析法理要素的技术方法不同，将“法理”的载体大体分为有关法理的词语、概念，谚语、格言，命题、论述，判例、案例，故事，法条共六组十种代表性形式，逐一阐释。

一、通过词语、概念发现法理

“语言是人类描述事物、表达感情、交流思想的工具，是人类思维的直接现实和思想的物质外壳。任何思想理论的形成与传播，如果离开了语言这个工具，就无法实现。语言不仅表达思想，它还调整、塑造、限制思想。”因而，对任何一种思想理论而言，总是内在地要求其用词准确、概念清晰、表述得当，并且与时代精神和民族文化相应和。“在法学研究中，在很多意见对立的场合，甚至在很多沸沸扬扬的论战中,争论的原因和焦点往往是由概念、范畴的歧义引起的。我们常常发现,参与争论的双方虽然使用同一词语,其负载的意义和包容的信息却很不相同,甚至代表截然相反的观念。"[4] 并且,关于法律本性的真理也常常被虚谬之辞所掩盖。[5] 可见,词语中包涵了思想理论、文化传统和时代精神的要素,因而,在词语和概念之中发现"法理"不仅可能,而且也是在其他载体形式下继续探究"法理"的前提,对于厘清"法理"尤为必要。

词语是文字组成论说的最小形式,也是承载"法理"的最小单元。我们可以通过对其文字含义与词语结构的解析,发现其中的法理要素。例如,"法"这个词的就是一个典型,学习法律、法学和法理总是要从对这个词的含义说起。在古代中国,"法"的本字为"灋",按照《说文解字》的解释,"灋,□也,平之如水,从水;廌,所以触不直者去之,从廌(上廌下去)"。其中,□与刑不同,故《说文解字》刀部有刑字而无□字,□字之意可于土部求之。土部"型"(上□下土)字意为"铸铁之法也",其与法字为转注;"以木为之曰模,以竹曰范,以土曰型(上□下土)"。因而,"法为模范之意,其□旁所以从井者,井之语源出于井田……含有秩序之意,所谓'井井有条'、'井然有序'……从刂者,刀以解剖条理,亦含秩序之意","法之释为□者,即表明有秩序而可为模范之意也","平之如水,从水,含有均平之意","从廌(上廌下去),所以触不直者去之,含有正直之意"。[6] 通过如上对"法"的文字释义,我们可以发现"灋,□也"意味着"法"应体现"模范"之美德,追寻"秩序"之价值,同时应满足法之所以成为法所应具备的"均平"、"正直"之基本条件。于是,我们便可称发现了"灋"字背后的表现为法之美德、法之价值、法之条件的一些"法理",其或可表述为:法应当是一种"模范",追求秩序,并体现公平正义。同样的,我们可以将这种通过对字义词源的语义分析而发现"法理"的方法运用在其他法的词语中。例如,宪法中的"憲"、刑法的"刑""罪"、民法中的"债"、商法中的"商"、诉讼法中的"诉讼"等,这些在法学的一般原理或各个法律部门中具有中心地位或重要作用的词汇。

在法学研究中,并不是所有的词语都可以或需要依赖于字词考据来收获"法理"。一方面,有很多词语仅是对现实事物的指称,本身并不承载法理要素。例如,"法官""公务员""原告""被告""财产""有体物""孳息""时效"

“强制”“刑罚”“罚金”等，这样一些并不涉及法之观念、规律、价值及正当性的词语。另一方面，有些词语尽管含有法理要素，但是其字词含义相对清晰稳定，仅凭日常理解或其他学科专业知识即可领会其中意涵，字义溯源的探寻方式并不能带来更多的法理知识。例如，“代理”“产权”“契约”“婚姻”“继承”“故意”“过失”“贪污”“盗窃”“竞争”“垄断”“环境”“秩序”“公平”“效率”等。再一方面，有些词语在历史演进中词义发生了变化，或者该词语由旧词组合、变化、转译而成，并作为一个新的独立概念被使用，采用字词考据并不足以获得其中全部的法理要素。例如，“权利”“义务”“人权”“正义”“自由”“民主”“共和”“法治”“法治国家”“法治社会”“法治中国”“法治现代化”“财产权”“物权”“生存权”“发展权”“和平权”“债权”“知识产权”“隐私权”“环境权”“沉默权”“言论自由”“诚实信用”“法律行为”“意思自治”“善意取得”“可持续发展”“代际正义”“犯罪”“法的道德性”“机会平等”“承认规则”“活法”“软法”等。

面对上述无法通过字词考据获得法理要素的情况，我们就需要寻求别的方法，即不仅仅将词语看成偏旁部首或字的组合，而把它看成一个借助于词语表达的、对感性事物共同属性的理性抽象概括，亦即将词语作为概念来研究，不仅分析其中语言的要素、结构，更重要的是考察概念的语源、语境和语脉，从中确认、选择或者给定其语义和意义，从而揭示其中的法理要素。

“概念的产生标志着人类思维开始从原始状态进入逻辑思维的阶段”，[7]“如果在认识过程中没有产生新的概念、范畴，那就意味着对客体的认识还停留在感性阶段，还没有进入理性思维阶段，还谈不上理论活动和理论表现”，概念是人类认识成果的结晶，是人类思维的形式，是人们认识和掌握复杂现象之网的网上纽结，[8]因而，概念不仅是“法理”基本的存在（表现）形式，是研习法理的思维工具，也是凝结法理成果的核心方式，是研习法理的产物。从概念、范畴之中[9]探究发现法理的基本方法就是语义分析法。此外，正如马克思也曾经告诫过我们的：“对于概念和范畴不能把它们限定在僵硬的定义中，而是要在它们的历史和逻辑的形成过程中来加以阐述。”[10]也正如列宁所说的：“在社会科学问题上有一种最可靠的方法……那就是不要忘记基本的历史联系，考察每个问题都要看某种现象在历史上怎样产生，在发展中经过了哪些主要阶段，并根据它的这种发展去考察这一事物现在是怎样的。”[11]因此，历史分析、知识考古学与观念史研究的方法也是有效发现法理要素的重要工具。[12]当然，对于外文词语和概念的法理要素探究亦适用上述方法。

二、通过谚语、格言发现法理

谚语和格言都属于熟语，以言简意赅、通俗易懂的方式形象生动地传递实践经验与思想智慧。二者都是人们在日常生活中流行使用的固定语句，口口相传，用简单通俗的句子反映深刻的道理。只是，谚语往往源自民间大众的生活经验和集体智慧，其语出何处往往难以考证。而格言往往是历史上的先哲、贤者、智者或名家的经典言说，较谚语而言更加精炼，因其笔触生动、内涵深邃、论断精辟，为大众所知悉并广为传播。然而，人们引用转述传播格言之中，未必都能知悉其中出处，并且名家格言有些也未尝不是取自民间话语，所以格言和谚语往往被放在一起、不与细分。“在法治领域，也有许多脍炙人口的格言、谚语，他们凝聚着千百年来法律实践的智慧和法治文化的理性，以简洁、优雅、精湛的语言承载和表达人类社会的法理。”[13]

就法律谚语而言，往往涉及法律部门和法律实施的方方面面。[14]例如，在拉丁语中就有众多罗马法律谚语：[15]法律是为市民的福祉而制定的；制定法律那是为了使强者不能无所不为；法是为勤勉者而非贪睡者而制定的；法律应当简洁；适用乃规则之生命；必须善意地解释法律，使其意义得以继续保持；习惯乃法律之最佳解释者；协议胜于法律；程序是自由的天堂；法律针对未来，而不溯及既往，但有明文规定，则不在此限；不存在和不能证明是同一回事；主张者负举证责任；没有证明，就没有权利；物本身说话；事实胜于雄辩；好法官的任务就是消弭纷争；任何人不得同时为原告和法官；与法律相争比与人相争好；就同一事物不进行两次诉讼；任何人不对偶发事件负责；任何人不得因自己的不法行为而取得利益；导致婚姻的是同意而不是同居；没有法律就没有犯罪；没有过错，就没有刑罚；有权利的地方就有救济；有救济的地方就有权利；死亡使一切权利归于消灭等。在我国法律文化传统中也有很多谚语涉及法律，例如，口含天宪、言出法随；国有国法、家有家规；没有规矩，不成方圆；法律不强人所难；法不责众；法不外乎人情；王子犯法与庶民同罪；不知者无罪；父债子偿,天经地义;杀人偿命,天经地义;以眼还眼、以牙还牙;善有善报,恶有恶报;躲得过初一,躲不过十五;天网恢恢疏而不漏;清官难断家务事;公生明、廉生威,当官不为民做主,不如回家卖红薯;戴罪立功;功过相抵;坦白从宽,抗拒从严等。

与法律谚语相比,法律格言在经名家智者词句雕琢之后,表述方面也相对精炼,意涵也相对准确固定,成为经典名言。例如,凯撒的归凯撒,上帝的归上帝(《圣经》);法是善良和公平的艺术(《学说汇纂》);法律应被一切人所理解(《优士丁尼法典》);法不溯及既往(《优士丁尼法典》);是权威而不是真理制定了法律(霍布斯);法就是作为理念的自由(黑格尔);法典就是人民自由的圣经(马克思);法官除了法律就没有别的上司(马克思);对法律来说,除了我的行为以外,我是根本不存在的,我根本不是法律的对象(马克思);没有无义务的权利,也没有无权利的义务(马克思);法律的生命不在于逻辑,而在于经验(霍姆斯);法律需要被信仰,否则它将形同虚设(伯尔曼);礼不下庶人,刑不上大夫(《礼记》);徒法不足以自行(孟子);奉法者强则国强,奉法者弱则国弱(韩非);法备小人,不防君子(司马光);法者,天下之公器也(梁启超);法律的生命在于实施,法律的权威也在于实施(习近平)等。

可以说,诸如此类的有关法律的谚语与格言不可计数、不胜枚举。为了便利理解传播,"法理"常常寄寓其中呈现自身。然而,"理"总是动态的,体现着"时代精神的节奏"。[16]所以,正像不是所有词语和概念都承载"法理"一样,并不是所有的法律谚语、格言都承载法理要素,也不是所有的承载法理要素的谚语、格言都传递着现代法律精神。尽管谚语格言往往精炼,但未必皆是法理精华。例如,"善有善报、恶有恶报"虽然涉及法律,但是我们很难单就此谚语探寻出法理要素。再如,"父债子偿""杀人偿命""刑不上大夫"等谚语和格言中蕴含的法理要素未必符合现代法治精神。并且,由于谚语和格言在语言表述上的生活化和随意性,使其自身表述上也会自我冲突,致使意义不明,难以从中发现"法理"。比如,罗马法谚中就同时存在"法律的理由消灭,法律本身也失效"和"法律的理由消灭,法律本身并不失效","大法官不问小事"与"大法官不问大事"的相悖表述。[17]因此,在谚语与格言中探究发现"法理",首先要辨析其是否体现某种法之道理、原理、公理、原则、价值、美德、理据、条件等法理内容,并甄别其中语义是否贴合现代法律的时代精神。

同时,想要在谚语和格言之中探寻发现“法理”,必须要结合谚语和格言的特征,采用特殊的方法。我们知道,谚语和格言要符合大众化、通俗化、普及化的传播要求,因此表述方面往往要直观、朴素、直入人心,常常采用比喻、拟人、夸张、排比、对偶等多样的修辞形式。巧妙的修辞能够让格言谚语生动地传递出关于法的感性体悟和理性认知,但是对生动通俗、好记易懂的追求往往是以牺牲内容的严谨性为代价的。所以,对格言谚语的法理探究并不能采用严整的理性逻辑方式,而要采用生活日常的理解方式加以解读,在解读过程中,应将比喻、夸张、对偶等修辞手法看成对意义的强调,而非内涵与意义的一部分。例如,“法典就是人民自由的圣经”一句中用借喻圣经形容法律,并非是在说法典源自神旨,而是说法典在社会生活中的重要性和权威性堪比圣经,此句体现的法理要素可以归纳为“法律应是对自由的最权威保障”。

除了生动的修辞方式之外,谚语和格言在呈现“法理”时还表现出以下特征。一是对语境的依赖。谚语和格言源自生活话语,其内容意义的准确表述需要借助于生活情境和文本语境。孤立章句式的解读无法获得完整准确的内涵与意义,需要将其置于生活化的场景或语源的情境之中,才能获得真切的体悟与认知。二是谚语和格言的形成往往受到地方性知识的影响。“法律就是地方性知识;地方在此处不只是指空间、时间、阶级和各种问题,而且也指特色(accent),即把对所发生的事件的本地认识与对于可能发生的事件的本地想象联系在一起。这种认识与想象的复合体,以及隐含于对原则的形象化描述中的事件叙述,便是所谓的法律认识。”[18]这种认识表述为谚语和格言的形式的时候,意味着其中涉及法理要素的内容和意义也是某种地方性的知识。因此,对格言谚语的法理探究要将语句置于特定空间中展开解析。三是谚语和格言总是其特定时代的精神产物,其内涵受到那个时代的影响和制约。正如“任何真正的哲学都是自己时代的精神上的精华”[19]一样,“法理”亦是如此。因此,谚语和格言中反映的内容是否符合现代法律精神,需要我们加以警惕与甄别,需要在历史语境中诠释其义。当然,如果借鉴“一切真正的历史都是当代史”的提法,研究者在解读传统谚语的时候仍可以结合现代法理思维发挥创造性,实现其中意义更新与话语转换,从而借题发挥阐释出其中的现代法理要素。

总而言之,一条条谚语和格言就像是一颗颗脱水蔬菜,只有将它们放回到生活之流、文本之源,才能一展全貌、重获新鲜。

其实,对谚语、格言这样的文学性载体形式稍加演绎,我们就会发现,诗词、对联等都可能成为“法理”的载体。例如,平遥古城县衙中的诸多对联:“莫寻仇,莫负气,莫听教唆到此地,费心费力费钱,就胜人,终累己;要酌理,要揆情,要度时事做这官,不勤不清不慎,易造孽,难欺天”“鄚侯拟律,魏相争谏,拟争系国家天下;包公升堂,海瑞罢官,升罢念百姓黎民”“治赋有常径,勿施小恩忘大体;驭官无制法,但存公道去私情”。又如,河南省南阳市内乡古县衙的楹联有云:“得一官不荣,失一官不辱,勿道一官无用,地方全靠一官;穿百姓之衣,吃百姓之饭,莫以百姓可欺,自己也是百姓。”“法行无亲,令行无故;赏疑唯重,罚疑唯轻。”再如,黑龙江省肇源县人民法院创作的法律春联,“踏遍书山寻法理为裁判公正,遨游学海采论据捍天平永恒”“立法为公公生正气气清山川河岳,执法为民民享百福福泽华夏九州”等均蕴含“法理”,是朴素而生动的“法理”展示。

三、通过命题、论述发现法理

命题是用陈述的形式表达对事物本质、特征、规律、价值等方面的判断。论述是对事物的理论性阐释,用以描述现象、论证命题、提出与解决问题。论述往往是由多个具有主题相关、逻辑连续的命题组合贯连而成,引申出原有命题以外的意涵,并最终可以被归纳成一个或多个新的命题。作为“法理”的载体,与谚语和格言相比,命题和论述更侧重表述上的严谨性和学理性,如果说谚语和格言是通过对感性经验的初步概括而呈现法理意涵,那么,命题和论述则是有意识地理性归纳而探索法理真谛。当然,在此我们对命题、论述与谚语、格言的区分并非是一种格格不入的框架,有些命题和论述的经典表述也被当作格言在日常生活中广泛传播。之所以区别对待的原因在于,一是命题和论述的修辞表述相对而言更加注重逻辑严谨性,二是命题和论述的展开往往源于专业性的知识结构和学术脉络。由此,正如探寻谚语格言背后的法理要素时需要结合生活情境和文本语境一样,探索命题和论述背后的法理要素需要结合精准的概念理解和延展的学术脉络。

在法治和法学研究领域，有极为丰富的命题和论述承载了法理要素，以致我们通常在学习、研究法理和评价法理水平的过程中，都将能否对这些命题和论述加以准确理解、熟练运用于自身理论阐释之中作为最重要的起点、要求与标准。

这些命题涉及法学、法律、法治的各个方面的理性判断，例如，“法治应包含两重意义：已成立的法律获得普遍的服从，而大家所服从的法律又应该本身是制定良好的法律”。[20]“法学就是在法律事物中的科学意识。这种意识，必须往法哲学的面向发展，以便探究现实世界法律之起源与效力所赖以成立之最终基础。”[21]“不习经史，无以立身；不习法理，无以效职。”[22]“匠万物者以绳墨为正，驭大国者以法理为本。”[23]“法律令者，吏民规矩绳墨也。”[24]“法，国之权衡也，时之准绳也；权衡所以定轻重，准绳所以正曲直。”[25]“法律的效力是以它所引起的爱戴和尊重为转移的，而这种爱戴和这种尊重是以内心感到法律公正和合理为转移的。”[26]“法并不是像有时所说的一个规则，它是具有那种我们理解为体系的统一性的一系列规则。如果我们将注意力局限于个别的孤立的规则，那就不可能了解法的性质。”[27]“法是‘理’与‘力’的结合。”[28]“权利和义务是法的核心和实质，是法学的基本范畴；权利是法学的基石范畴。”[29]“没有无义务的权利，也没有无权利的义务。”[30]“人权可分为应然人权、法定人权和实有人权三种形式。”[31]“法律责任与道德谴责的相应性可能是一种值得赞美的理想，但这并非是一种必然真理，甚至连既存事实也不是。”[32]“立善法于天下，则天下治；立善法于一国，则一国治。”[33]“法令行则国治，法令弛则国乱。”[34]“法律职业的社会地位是一个民族文明的标志。”[35]“国家治理法治化是国家治理现代化的必由之路。”[36]这些命题有的作为中心观点体现在学者著述的关键部分，可以轻易摘取；有的则隐藏在论述之中的不经意之处，有待搜集发现。

论述由多个命题组合而成，在逻辑连贯之间展现法理意义，其长短不一。有的论述相对简单明了，例如，“故治乱之理，宜务分刑赏为急。治国者莫不有法，然而有存有亡；亡者，其制刑赏不分也”。[37]“法律是人类最伟大的发明。别的发明让人类学会驾驭自然，而法律的发明则令人类学会如何驾驭自己。”[38]“在法制史的各个经典时期，无论是在古代或近代世界里，对价值准则的论证、批判或合乎逻辑的适用,都是法学家们的主要活动。"[39]"在所有既定情形中,法律关系这种生机勃勃的结构都是法实践的精神要素,并将法实践的高贵使命与外行人在法实践中看到的单纯的机械主义区分开来。"[40]有的则逻辑层次相对丰富甚至复杂。例如,"在任何法律系统中,决定性的因素是行为,即人们实际上做些什么。如果没有人们的行为,规则不过是一堆词句,结构也不过是被遗忘的缺乏生命的空架子"。[41]"实证主义者把法律描绘成一幅规则体系的画面,也许由于它太简单,对我们的想象力起着一种坚韧的限制作用。如果我们从这一规则模式中解脱出来,我们也许能够建立一种对我们错综复杂的实践而言更为真实的模式。"[42]"正义是社会制度的首要价值,正像真理是思想体系的首要价值一样。一种理论,无论它多么精致和简洁,只要它不真实,就必须加以拒绝或修正;同样,某些法律和制度,不管它们如何有效率和有条理,只要它们不正义,就必须加以改造或废除。"[43]"法治是文明社会的基石,由于科学在诸多领域内不断发展,深远探索,科学家们应当了解相关法律规则,指导自己工作的适当法律界限。此外,同样重要的是,法律人要熟悉科学的发展情况,法律需要跟上技术发展的步伐。"[44]"为了保障人民民主,必须加强法制建设,必须使民主制度化、法律化,使这种制度和法律不因领导人的改变而改变,不因领导人的看法和注意力的改变而改变。"[45]此外,如我们在边沁的《道德与立法原理导论》中看到的经由一系列命题展开的论述,富勒在《法的道德性》中对法的内在道德的逐一阐释,以及当代国内法学界中,罗豪才教授关于平衡论与软法理论的著述,吕世伦教授对法的真善美的探析,陈光中教授对加强人权司法保障的论断,张明楷教授与陈兴良教授分别对刑法谦抑性的论理,徐国栋教授对诚实信用原则的阐释,公丕祥教授对法治现代化理论逻辑与动力机制等问题的解析,姚建宗教授对法治的生活立场、生存土壤、制度基调、人文情怀、时空场域、意义之现实载体的论述,孙笑侠教授对程序的特征、形式与矛盾规律的阐述等不胜枚举,其中论述篇幅较长,有的论述甚至表现为一个文本、一篇文章、一部著作。

可以说,论述是一种综合式的"法理"载体,其间必然要运用词语、概念,也常常援引谚语、格言,同时借助概念、命题论说意义,并最终也可归结为某个或某些命题,甚至可以从中抽象升华出某个或某组概念。因此,在论述之中发现法理要素也必然需要综合运用前述适用于其他诸种载体的探究方法。

同时，由于命题和论述在根本意义上是一种具有学者个人特质的理性判断，难免带有个性化和时代性色彩，因此其中是否包含真正的现代“法理”则需要甄别比较。例如，“夫生法者，君也，守法者，臣也；法于法者，民也。君臣上下贵贱皆从法，此谓为大治”。[46]这一论述虽然广为传播，其前半部分却并不符合现代法治的平等精神。当命题能够把握规律、论证能够充分说理，被人们广泛认同或学界达成共识时，命题与论述才会转化成法之学理、法之原则、法之公理、法之价值、法之“是”理，其经典表述或核心概念亦被看成呈现法理的最佳形式，甚至被认为其即“法理”。例如学者们对“代际正义”的论述获得了普遍共识，从而被视为环境法的重要学理基础和价值追求。

阅读显然是在命题与论述之中发现“法理”的最基础的方法。为了探究法理，经由阅读而获得的对理论的知悉是不足的，在知悉的同时需要运用三种基本的方法。一是究源。即是要“知其然亦知其所以然”，在命题和论证的脉络之中，在学术传承的脉络之中探究“法理”。二是比较。在相似命题与论述的素材中，寻找观点、理念上的冲突之处，经由比较发现理论问题，从而甄别发现“法理”；或者发现其中的承递之处，进而扩展法理内涵。三是反思。洞悉命题与论述背后更深厚的观念基础与更具证立性理论前提，就其基础与前提进行批判与再认识，从而开掘发现其中新的法理要素。

四、通过判例、案例发现法理

判例与案例是“法理”在现实运用中呈现自身的重要形式。法学是一门实践科学，概念、命题、论述中阐发的“法理”转化入法律规范之中，经由法律实施之检验，从而反过来促发人们对概念、命题、论述之法理要素的改进，发现新的法理要素并加以提炼，这本身就是一个符合人类认知规律的必然过程。同时，判例之所以成为法理的载体之一，“乃是因为判例往往体现司法机关对法律或法理的支配性见解，体现为司法领域的‘通说’；判例与个案不同，它们具有‘规则性指向’与‘普遍化倾向’；判例作为法官在无法律明文及习惯法可资依循时创设的司法规范，具备充分的说理和论证，且判例的内容必须是原判决中具有重要性的理据；优秀法官往往在疑难案件中将法理与自由裁量权相结合去发掘个案正义、拓展正义的疆域,并形成新的判例及新的法理”。[47]

对判例的研习是判例法国家学习法律知识和法理思想的主要途径,在我国也同样是发现或凝练法理的重要途径,我们常常借助判例阐释“法理”、讲解法理学知识。常见的代表性判例,例如,马布里诉麦迪逊案、焚烧国旗案、《纽约时报》公司诉萨利文案、米兰达诉亚利桑那州案、辛普森涉嫌杀人案、布朗诉托皮卡教育局案、里格斯诉帕尔默案、帕斯格拉芙诉长岛火车站案等。这些判例大多来自判例法国家,尤其是美国历史上的一些重要案例被法学研究者所熟知。在这些判例中,“法理”常常充当法源的角色,等待法官进行法律发现。例如,在1882年美国的里格斯诉帕尔默案中,[48]厄尔法官在裁判杀害遗嘱人的继承人有无继承权问题时,以“任何人不能从其自身的过错中受益”这一法理作为判决的依据,此后该法理被确立为一条法律原则。再如,1928年美国的帕斯格拉芙诉长岛火车站案中,卡多佐大法官在判决中提出一条精辟的法理:“一个人不可能对其引起的所有伤害都承担法律责任,也并不是所有的伤害都能获得法律救济。这似乎不合情理,但世界万事万物都处在普遍联系之中,法律必须在某处划一条界限。这是一种公共政策,是另一种意义上的公正,或者说是一种方便。这不是逻辑,是一种现实的选择”,从而确立了“一个理性人可以感知的危险的范围,决定其应当承担责任的范围”的“可预见性原则”。[49]

与判例法国家不同,在当代中国,由于不采用遵循先例原则,法官没有造法职能,所以我们没有可以确立法之原则的判例。但是,虽然如此,由最高人民法院发布的指导性案例在我国司法实践中却实际发挥着类似判例的功能,具有“准法源”的地位。[50]“由于指导性案例并不是最高人民法院直接审理后做出的裁判文书,而是将下级法院业已生效的裁判文书经整理、编辑后在法理上进行了提升,形成新的文书”,[51]所以,指导性案例的制作过程本身就是法理要素的发现与整合过程,并且类似案件参照指导性案例的实务过程也即是对这些法理要素的发现和再确认的过程。一方面,指导性案例之所以能够被要求“应当参照”,其普遍化属性的依据源自其内部所含“法理”的普遍适用;另一方面,“法官使用指导性案例的语境中,法官需要证明自己如此使用指导性案例是符合我国法律制度和法律的精神、价值和立法目的”,[52]因而法官不仅要发现指导性案例之内的法理要素,也要将这一法理要素置于案情外部的其他法理要素的联系之中加以考察。所以，与判例的情形相近似，在这些指导性案例中，“法理”也等待着被发现。

除了指导性案例，司法实践中还存在大量的典型性案例和影响力案件。例如，中国法学会案例法学研究会每年发布的年度十大影响力诉讼。这些具有典型性和影响力的案例虽然不确立正式法律原则，但是其裁判结论常常传递、输出“法理”要素，有些复杂疑难案件的判决结果还常常引起学界和民众对“法理”的自觉探寻与争论。例如，近几年发生的大学生掏鸟窝案、于欢案、赵春华案等社会热议案件，均蕴含丰富的法理要素。

此外，并非只有判例、指导性案例或典型性、疑难性、影响力案件才是“法理”的存在（表现）形式，其实，普通案例也是承载“法理”的重要载体。[53]对此，我们只要稍加思虑便可知道，虽然案例生动丰富、不拘形式，但是对案例的舆论判断与司法判决都需要以语言形式展开，而司法判决本身更是以文本形式出现的论证阐述，因此可以将对案例的舆论判断与司法判决看作由案而发、借案而释的“法理”呈现。由于案件细节的丰富性、信息的多样性、时空的不可回溯性等，为不同主体预留了较大的阐释空间，促使其会从不同的信息、情感、立场、价值出发，将“法理”作为观点论证的证明和判决正当性的理据，论述其对案件的观点和结论，从而在“命题、论述”这样的载体形式下呈现法理要素。因此，对案件的社会舆论、专家观点、法院判决的解析均可运用前述处理“命题、论述”的相关方法进行法理探究。

五、通过法律故事揭示法理

与判例、案例相比，法律故事与其质同而形异，只是少了专门司法机关的主动适用，而是经由故事的观察者、叙述者、阅读者根据自身对道理、事理和法理意涵的理解而阐发“法理”的承载形式。

孔子曾说“下学而上达”，[54]朱熹注解道“下学是事，上达是理。理在事中，事不在理外。一物之中，皆具一理。就那物中见得个理，便是上达”。[55]下学上达、事中见理正是古代先贤对如何发现“理”的经典认知。我们在研习法理的过程中，可以轻易地发现大量的例子表明，探究发现阐释“法理”往往是因事而发、借事而喻、以事而论。例如，古人用“一兔走街，百人追之”“积兔满市，过而不顾”的事例阐释定分止争的法理；[56]用“宋有人耕田者，田中有株，兔走触株，折颈而死，因释其耒而守株，冀复得兔，兔不可复得，而身为宋国笑”的“守株待兔”故事叙述，来证明“是以圣人不期修古，不法常可，论世之事，因为之备”的法律改革的法理；[57]塞西留斯用“天空和海面因风浪而起变化”来喻释法律绝非一成不变，也因情况和时运而变化的法之道理。再如，孟德斯鸠在论法的精神中向世人发问“为什么像星星这种无生命的物体以及动物东遵守‘它们的自然法’，而人类却不遵守，反倒作恶？”，而米尔借此阐发自然法则与制定规则的差异，哈特则借此阐释“必须”与“应该”的词义差异。[58]亦如，民法学者用狗对待“它的”骨头的方式的生活观察来揭示财产权的心理基础；[59]布朗案中32位社会科学家用研究数据来论证种族隔离的学校制度对儿童心智发展及对整个社会带来消极的负面影响，并获得判决支持；[60]法理学者用承包经营责任制的经济现象来解析现实司法制度，提出司法承包制的命题[61]等“事中寻理”的例证充斥在法学理论研究的各个方面之中。

我们不仅借助法律故事阐发“法理”，同时也将法律故事作为更广义的案例，在其中探究法理要素。法律故事既可以与法律制度、司法实践等具体法务紧密相关，也可以与法之价值、法之美德等抽象内容若有联系。并且，如果说案例是法庭上的案情叙述，那么事例则是一种广场式的故事叙述。因而，法律故事可以是存在于现实之中的实际发生的故事，是政治生活和公共生活之中的真实故事，是个人生活遭遇的特殊境遇，一如我们在《生活中的法理》[62]中看到的各类事件；也可以是对现实事件（案件）的转述、改编与创作。例如，《纽伦堡大审判》《艾希曼》这样的战后审判题材的文学与影视作品，不仅是对历史事件的记述与重现，让我们可以从剧情中一窥当时的事件原貌，同时也为我们搭建了法理思辨的舞台与场景，其中的脚本与台词生动展示了法律与道德的关系、恶法非法与恶法亦法的争辩，使我们得以更好感受其中的法理争鸣，从而更加深刻地领会哈特的“最低限度的自然法”、富勒的“愿望的道德与义务的道德”以及阿伦特的“平庸的恶”之中的法理意涵。法律故事形式多样，可以是诸如“苏格拉底之死”“安提戈涅”故事传说，诸如《龙图公案》《施公案》《彭公案》《海公案》《鹿州公案》这样的公案小说，诸如《红楼梦》《水浒传》《红与黑》《威尼斯商人》《法的门前》这样的文学创作，诸如《秋菊打官司》《被告山杠爷》

《马背上的法庭》《我不是潘金莲》《罗生门》《律政俏佳人》《十二公民》这样的法律影片。甚至可以是人为设计编排的思想实验,例如由富勒原作、萨伯续作的"洞穴奇案",[63]桑德尔笔下的"失控的电车"。[64]更甚至是在《星球大战》《阿凡达》这样的科幻电影中探寻法理法意。[65]

与对待判例和案例的载体形式相近,作为"法理"载体的法律故事尽管常常依赖于文本表述,但是不同于谚语、格言、命题、论述。其不像谚语、格言那样需要还原于生活之流、文本之源才能克服干瘪、尽显色彩,其本身就是多彩生活的一面。其不像命题、论述那样取自一家之言、展尽逻辑理性、以博权威之论,其置于信息开放、反映生活经验、以求观点多元。所以,判例案例与法律故事尤其是法律故事,成为了最为广博、生动的"法理"载体。想要在判例和事例中发现"法理",不仅要将其视为某种"法理"的文学表现形式,运用"法律与文学"运动中采用的诠释学、修辞学与语用学方法一探究竟,更为重要的是,对词语、概念、谚语、格言、命题、论述这些法理载体的解析方法构成了解析判例、事例的前提准备和必要条件。阙于对概念、命题、论述的理论认知将不能洞悉判例案例、法律故事背后之法理真谛,失于对词语、谚语、格言的灵感驾驭也不能尽展判例案例、法律故事背后之法理韵貌。

六、通过法条透视法理

我们须知,在法治实践与法学研究领域,获得共识的概念以及命题和论述之观点要义往往被吸收在法律制度之内,沉淀在法律条文之中,表现为法律原则中的价值倡导、法律规范中的行为模式以及相应的制度安排。正如张文显教授所说,"法理"往往蕴含于立法草案的说明之中、立法宗旨和目的之中、一部法律的基本原则和一般规定之中。[66]

"法理"有时并不一定隐藏在法律条文背后,而是显见于法律之中,表达为法律条文或法律宣言及序言。典型的情形即是法律中对法律原则的条文表述,这也是因为"所谓法理,应系指自法律精神演绎而出的一般法律原则"[67]使然。例如,我国《宪法》中"中华人民共和国的一切权力属于人民"(第二条),"中华人民共和国各民族一律平等"(第四条)等条文即是对法律原则的表达也是对"法理"的呈现。《民法总则》中第三至九条关于平等、自愿、诚实信用、公序良俗、节约资源与保护生态的规定,《刑法》中关于罪行法定、法律面前人人平等和罪责刑相适应的法律条文,在明确民事与刑事法律基本原则同时,也是对其中基本法理的阐述和确认。再如,《经济、社会及文化权利国际公约》第一条第二款规定:“所有人民得为他们自己的目的自由处置他们的天然财富和资源,而不损害根据基于互利原则的国际经济合作和国际法而产生的任何义务。在任何情况下不得剥夺一个人民自己的生存手段。”《联合国宪章》序言中所言,“欲免后世再遭今代人类两度身历惨不堪言之战祸,重申基本人权,人格尊严与价值,以及男女与大小各国平等权利之信念,创造适当环境,俾克维持正义,尊重由条约与国际法其他渊源而起之义务,久而弗懈,促成大自由中之社会进步及较善之民生”;《世界人权宣言》中序言所述,“对人类家庭所有成员的固有尊严及其平等的和不移的权利的承认,乃是世界自由、正义与和平的基础”,其第一条规定“人人生而自由,在尊严和权利上一律平等。他们赋有理性和良心,并应以兄弟关系的精神相对待”。《与贸易有关的知识产权协议》中第四条规定,“在知识产权保护上,任一成员提供给第三方国民的优惠、优待、特权或豁免,均应立即、无条件地给予其他成员的国民”等。这些有关法律原则的条文与宣言,往往本身就是一条条凝练的法理表述,其精辟、简明的程度并不亚于格言与俗语,其严谨的措辞表达和通俗的意义传递常常更胜于理论家们的命题表述。

除了有关法律原则的规定之外,法律规则中也蕴含着可待发现的法理要素。一方面,有些法律规则是对法律原则在实践情形中的具体化,因而法律规则本身亦是对作为法律原则之“法理”的重申。例如,《法国民法典》(1804 年)第五百三十七条的“除法律规定的限制外,私人得自由处分于其所有的财产”规定同第五百四十五条的“任何人不得被强制出让其所有权;但因公用,且受公正并事前的补偿时,不在此限”规定相呼应,申明了产权保护的基本原则和限度。再如,在我国《合同法》中,第四十一条规定“提供格式条款一方免除其责任、加重对方责任、排除对方主要权利的,该条款无效”,即是对第五条“当事人应当遵循公平原则确定各方的权利和义务”这一原则性规定的细化,其中关于格式合同的具体规则也都体现了遵循公平的法理内涵。另一方面,有些法律规则综合表达了多个法律原则的法理意涵。例如,《物权法》第一百零七条

"所有权人或者其他权利人有权追回遗失物。该遗失物通过转让被他人占有的,权利人有权向无处分权人请求损害赔偿,或者自知道或者应当知道受让人之日起二年内向受让人请求返还原物,但受让人通过拍卖或者向具有经营资格的经营者购得该遗失物的,权利人请求返还原物时应当支付受让人所付的费用。权利人向受让人支付所付费用后,有权向无处分权人追偿"的规定就体现了有关保护产权、保护公平交易、维护市场秩序、遵循诉讼时效等多方面的法之原则的"法理"。再一方面,由一系列法律规则所确立的制度安排也整体性地反映某个或某些法理要素。例如,我国《海商法》第十章中自第一百九十三条至第二百一十五条合计二十三条构建了"共同海损"制度,一同体现了受益方按比例分摊海损的法理。《德国民法典》(1896 年)规定了"权利的行使不得以损害他人为目的"(第二百二十六条)、"正当防卫的行为不为违法"(第二百二十七条)以及关于紧急避险(第二百二十八条)、自助行为(第二百二十九条)、自助的限度(第二百三十条)、错误的自助(第二百三十一条),其中不仅每个条文都具有独立的法理意涵,并且统合构成了一套有关"权利的行使"的法理体系。

事实上,从法律条文的确立过程来看,其本身就是发现法理的过程。这一点我们在此前《物权法》《民法总则》等重大立法工作的立法实践和理论争鸣中可以显见。围绕《民法总则》立法中的理念、思路、技术及细节问题,王利明教授、梁慧星教授、孙宪忠教授、崔建远教授、杨立新教授、郭明瑞教授、柳经纬教授、温世扬教授、马新彦教授、王轶教授、赵旭东教授、姚辉教授等诸多民法学家纷纷发表观点,相关立法建议的背后都蕴含着丰富的法理智慧。也正是因此,最终讨论通过的法律条文成为了承载学界法理共识的凝结品。通过法律条文透视其中法理,也正因此成为可能;通过对法律条文中法理要素的探析与丰富而推进法律条文的进一步完善,也正因此成为一种必要。就此而言,蒋悟真教授对《预算法》中蕴含的现代预算法治精神的解析,[68]恰是一例。

除却正式法律文本中的法律条文之外,也不仅限于法律草案或修正案,那些与法律条文的产生与实践相关的立法解释、司法解释也都蕴含着丰富的法理要素。例如,全国人大常委会在关于《民法通则》第九十九条第一款、《婚姻法》第二十二条的解释中,指出"在中华传统文化中,'姓名'中的'姓',即姓氏，体现着血缘传承、伦理秩序和文化传统，公民选取姓氏涉及公序良俗。公民原则上随父姓或者母姓符合中华传统文化和伦理观念，符合绝大多数公民的意愿和实际做法。同时，考虑到社会实际情况，公民有正当理由的也可以选取其他姓氏”。由此申明了“公民依法享有姓名权。公民行使姓名权，还应当尊重社会公德，不得损害社会公共利益”的法理和选取姓氏的原则性规定。再如，《最高人民法院关于适用〈中华人民共和国婚姻法〉若干问题的解释（三）》中第二十条“婚姻关系存续期间，双方用夫妻共同财产出资购买以一方父母名义参加房改的房屋，产权登记在一方父母名下，离婚时另一方主张按照夫妻共同财产对该房屋进行分割的，人民法院不予支持。购买该房屋时的出资，可以作为债权处理”的规定即体现了有关夫妻共同财产及其物权保护的法理内涵。

其实，通过法条透视法理不仅可以从我国当代现行法律条文之中发现法理要素，也可以从外国及古代各国法律条文之中加以发现。例如，我们常常从美国宪法修正案中汲取宪法上的法理要素，从德国民法典中汲取民法上的法理要素。此外，诸如《唐律疏议》《宋刑统》《大明律集解附例》《大清律例》等法律文本古籍中涉及了丰富的法理资源，如《唐律疏议》中记载“八十以上、十岁以下及笃疾，犯反、逆、杀人应死者，上请”，疏议曰“周礼‘三赦’之法：一曰幼弱，二曰老耄，三曰戇愚。今十岁合于‘幼弱’，八十是为‘老耄’，〔五〕笃疾‘戇愚’之类，并合‘三赦’之法。有不可赦者，年虽老小，情状难原，故反、逆及杀人，准律应合死者，曹司不断，依上请之式，奏听敕裁”，即是对条文中法理要素的阐释。

因此，可以说尽管从法理制定与法律实施的意义上来说，“法理”在“法之外”，但是并不能因此否认法律文本本身即是法理的重要载体。事实上，就法理的存在（表现）形式而言，“法理”有时候以法律文本之外的谚语、格言、命题、论述等为载体，更以通常的表现方式呈现在法律文本之内；有时候“法理”是隐含在法律条文背后的法的精神，有时候更是被表述成包括宣言、序言、原则、规则在内的法律条文本身。通过法条透视法理，就是要将这些历史的和现行的立法文本、立法解释、司法解释等作为研究资料，把其中的法律原则、法律规范和制度安排视为命题和论述，运用究源、比较、反思的方法对其开展文本式的研究，从而发现“法理”。

结 语

当我们欲将“法理”清晰地表述出来、传递出去的时候，我们选择的表述方式一定应是适应于“法理”呈现方式的客观要求。邱本教授所倡导的概括、思想（理论）、思辨批评、分析、体系化、金句表达等方法也恰是对这种呈现方式的主观反映。同样的，当我们说“法理”有些来源于“良知、经验、理论的命题和经典的论述、论断”，有些凝结于“脍炙人口的格言、谚语”，有些承载于判例与事例之中的时候，[69]意味着“法理”总是要通过命题、论述、格言、谚语、判例、案例、事例、法条等形式才能得以呈现的。所以，借助“法理”的存在（表现）形式来探究发现“法理”不仅是出于研究便利的考量，同样是“法理”呈现方式的必然要求。在“法理”的存在（表现）形式中进行“法理”淘宝，是探究发现“法理”的必经之路。

总而言之，恰如本文题记所言，“穷理亦多端。或读书讲明义理；或记古今人物，别其是非；或应事即物而处其当；皆穷理也”，在“法理”的存在（表现）形式之中发现“法理”，就是要通过词语、概念、谚语、格言、命题、论述、判例、案例、法律故事、法律条文等载体形式发现“法理”，寻迹于理论观点的经典概括与学术脉络之中，进行大数据式的“法理”挖掘、“法理”淘宝。当然，要从作为研究对象之“法理”的存在（表现）形式的角度探索“如何发现法理”，却不能仅仅满足于对以上六组十种代表性形式的解析方式，毕竟，这些载体形式仅是作者根据已有成果、既有经验、熟知情形所作的分类，必然不能涵括“法理”的全部形式。此外，在发现“法理”的道路上，常常发生“有急求义理复不得，於闲暇有时得”[70]的情况。此时当以先贤之说互勉：“涵养须用敬，进学则在致知。问：人有志于学，然智识蔽痼，力量不至则如之何？曰：只是致知，若致知，则智识当自渐明，不曾见人有一件事终思不到也。智识明，则力量自进。问曰：何以致知？曰：在明理，或多识前言往行，识之多，则理明。然人全在勉强也。”[71]“法理泛在”，[72]探寻发现“法理”之路并一途一径，也非一人可筑、一文可成，而是需要众人合力、集思广益。本文亦是抛砖引玉，愿作迎接“法理中国”新时代的小小注脚。

注释

* 丰霏,南京师范大学法学院副教授、中国法治现代化研究院研究员,国家"2011 计划"·司法文明协同创新中心研究人员,法学博士。

本文系国家社科基金一般项目"当代中国法律激励理论与实践研究"(17BFX020)的阶段性研究成果。本文原载《法制与社会发展》2018 年第 2 期。

本文的写作得益于张文显教授的指导与修改,获得了苗炎、王奇才、瞿郑龙、章安邦、自正法、郭栋等"法理研究行动计划"小组成员的启发与帮助,特此致谢!

〔1〕 张文显:《法理:法理学的中心主题和法学的共同关注》,载《清华法学》2017 年第 4 期。

〔2〕 张文显:《法理:法理学的中心主题和法学的共同关注》,载《清华法学》2017 年第 4 期。

〔3〕 邱本:《如何提炼法理?》,载《法制与社会发展》2018 年第 1 期。

〔4〕 张文显:《法哲学通论》,辽宁人民出版社 2009 年版,第 98 ~ 100 页。

〔5〕 [英]哈特:《法律的概念》,张文显等译,中国大百科全书出版社 1996 年版,第 1 页。

〔6〕 这里对"灋,□也"的解说与当下诸多法学教材中"灋,刑也"的说法并不完全相同,但通过解析"灋"的字义获得对法的认识和理解的方法是相通的。上述关于"灋"的文字释义源自民国时期学者王振先的阐释。参见王振先:《中国古代法理学》,山西人民出版社 2015 年版,第 6 ~ 8 页。

〔7〕 彭漪涟:《概念论——辩证逻辑的概念理论》,学林出版社 1991 年版,第 2 页。

〔8〕 张文显:《法哲学范畴研究》,中国政法大学出版社 2001 年版,第 2 ~ 3 页。

〔9〕 尽管范畴是内容更为抽象、概括性更大的概念,与概念并不完全等同,但是考虑到解析法理要素方法上的一致性,故在此未作严格区分。

〔10〕 《马克思恩格斯全集》(第 25 卷),人民出版社 1974 年版,第 17 页。

〔11〕 《列宁选集》(第 4 卷),人民出版社 1995 年版,第 26 页。

〔12〕 有关语义分析、知识考古学和观念史研究的方法和例证,可以分别参见张文显:《法哲学范畴研究》,中国政法大学出版社 2001 年版;[法]米歇尔·福柯:《知识考古学》,谢强、马月译,生活·读书·新知三联书店 1998 年版;金观涛、刘青峰:《观念史研究——中国现代重要政治术语的形成》,法律出版社 2009 年版。

〔13〕 张文显:《法理:法理学的中心主题和法学的共同关注》,载《清华法学》2017 年第 4 期。

〔14〕 例如,对刑法方面谚语格言的梳理可以参见张明楷:《刑法格言的展开》(第三版),北京大学出版社 2013 年版。

〔15〕 罗马法谚涉及甚广,以下法谚摘自陈卫佐:《拉丁语法律用语和法律格言词典》,法律出版社 2009 年版,第 181 ~ 268 页。

〔16〕 张立文主编:《理》,中国人民大学出版社 1991 年版,第 16 页。

〔17〕 陈卫佐:《拉丁语法律用语和法律格言词典》,法律出版社2009年版,第191、197页。

〔18〕 [美]吉尔兹:《地方性知识:事实与法律的比较透视》,邓正来译,载梁治平主编:《法律的文化解释》(增订本),生活·读书·新知三联书店1994年版,第126页。

〔19〕 《马克思恩格斯全集》(第1卷),人民出版社1995年版,第220页。

〔20〕 [古希腊]亚里士多德:《政治学》,吴寿彭译,商务印书馆1965年版,第199页。

〔21〕 [德]鲁道夫·冯·耶林、奥科·贝伦茨编注:《法学是一门科学吗?》,李君韬译,法律出版社2010年版,第92页。

〔22〕 杜佑撰,王文锦、王永兴点校:《通典》(卷第十七《选举五·选人条例》),中华书局1988年版,第425页。

〔23〕 萧子显:《南齐书》(卷四十八《孔稚珪传》),中华书局2000年简体版,第567页。

〔24〕 《管子·法禁》。

〔25〕 《贞观政要·公平》。

〔26〕 [法]罗伯斯庇尔:《革命法制和审判》,赵涵舆译,商务印书馆1965年版,第73页。

〔27〕 [奥]凯尔森:《法与国家的一般理论》,沈宗灵译,中国大百科全书出版社1996年版,第3页。

〔28〕 孙国华、黄金华:《法"理"与"力"的结合》,载《法学》1996年第1期。

〔29〕 张文显、于宁:《当代中国法哲学研究范式的转换——从阶级斗争范式到权利本位范式》,载《中国法学》2001年第1期。

〔30〕 《马克思恩格斯全集》(第17卷),人民出版社1995年版,第476页。

〔31〕 李步云:《论人权的三种存在形态》,载《法学研究》1991年第4期。

〔32〕 [英]H. L. A. 哈特:《惩罚与责任》,王勇等译,华夏出版社1989年版,第212页。

〔33〕 王安石:《临川先生文集》,中华书局1959年版,第678页。

〔34〕 王符:《潜夫论·述赦》。

〔35〕 [美]伯纳德·施瓦茨:《美国法律史》,王军等译,中国政法大学出版社1989年版,第5页。

〔36〕 张文显:《法治和国家治理现代化》,载《中国法学》2014年第4期。

〔37〕 《韩非子·制分》。

〔38〕 Lyndon B. Johnson, Remarks to the Delegates to the Conference on World Peace Through Law, September 16, 1965.

〔39〕 [美]罗斯科·庞德:《通过法律的社会控制》,沈宗灵译,商务印书馆2010年版,第62页。

〔40〕 [德]萨维尼:《当代罗马法体系》,朱虎译,中国法制出版社2010年版,第258~259页。

〔41〕 L. Friedman, *An Introduction to American Law*, Stanford University Press,1984,p. 46.

〔42〕 [美]罗纳德·德沃金:《认真对待权利》,信春鹰、吴玉章译,中国大百科全书出版社1998

年版,第68页。

〔43〕 [美]约翰·罗尔斯:《正义论》,何怀宏等译,中国社会科学出版社1988年版,第3页。

〔44〕 [英]纽伯格:《法官如何借助科学技术判案》,葛峰译,载《南方周末》2016年8月25日。

〔45〕 《邓小平文选》(第二卷),人民出版社1994年版,第146页。

〔46〕 《管子·任法》。

〔47〕 张文显:《法理:法理学的中心主题和法学的共同关注》,载《清华法学》2017年第4期。

〔48〕 Riggs v. Palmer, 115 N. Y. 506(1889).

〔49〕 阎天怀:《法律救济的界限》,载《读书》2005年第9期。See Palsgraf v. Long Island Railroad Co., 248 N. Y. 339, 162 N. E. 99 (1928).

〔50〕 雷磊:《指导性案例法源地位再反思》,载《中国法学》2015年第1期。

〔51〕 朱芒:《论指导性案例的内容构成》,载《中国社会科学》2017年第4期。

〔52〕 张琪:《再论类似案件的判断与指导性案例的使用——以当代中国法官对指导性案例的使用经验为契口》,载《法制与社会发展》2015年第5期。

〔53〕 对普通案件的法理解析示例可以参见张文显教授《法理:法理学的中心主题和法学的共同关注》一文,在此不作赘述。

〔54〕 《论语·宪问》。

〔55〕 《朱子语类》(卷四十四)。

〔56〕 《慎子》《商君书·定分》。

〔57〕 《韩非子·五蠹》。

〔58〕 [英]哈特:《法律的概念》,张文显等译,中国大百科全书出版社1996年版,第182~183页。

〔59〕 [英]霍布豪斯:《财产权的进化史:事实与观念》,张淞纶译,载《法治现代化研究》2018年第1期。

〔60〕 孙光宁:《隔离的接受与不接受——"布朗案"中的法律论证》,载陈金钊、谢晖主编:《法律方法》(第12卷),法律出版社2012年版,第76~84页。

〔61〕 王奇才:《论司法承包制》,载《法治现代化研究》2017年第4期。

〔62〕 黄文艺主编:《生活中的法理》(第一辑),科学出版社2006年版。目前本系列已出版四辑。

〔63〕 [美]彼得·萨伯:《洞穴奇案》,陈福勇、张世泰译,生活·读书·新知三联书店2012年版。

〔64〕 [美]迈克尔·桑德尔:《公正》,朱慧玲译,中信出版社2012年版。

〔65〕 例如,[美]凯斯·R.桑斯坦:《星球大战的世界》,张力译,中国政法大学出版社2017年版。

〔66〕 张文显:《法理:法理学的中心主题和法学的共同关注》,载《清华法学》2017 年第 4 期。

〔67〕 王泽鉴:《民法总则》,中国政法大学出版社 2001 年版,第 60 页。

〔68〕 蒋悟真:《中国预算法的政治性和法律性》,载《法商研究》2015 年第 1 期。

〔69〕 张文显:《法理:法理学的中心主题和法学的共同关注》,载《清华法学》2017 年第 4 期。

〔70〕 张载:《经学理窟 · 义理》。

〔71〕 《二程遗书》(卷十八)。

〔72〕 “法理泛在”一词为张文显教授首创、首倡。

邱　本*

如何提炼法理?

| 提　要 |

法理是法理学的中心主题,但长期以来,许多法理学著述其实是没有法理的法学学。张文显教授的长文《法理:法理学的中心主题和法学的共同关注》发表以来,在法学界引发了广泛的关注和深入的讨论。就深入开展法理研究,张文显教授提出的基本问题达19项之多,其中最关键的问题是如何提炼法理。这是法理学的中心任务和主要困难。只有提炼法理、体现法理、具有法理之后,法理学才能成为名副其实的法理学,才能真正转型升级。提炼法理需要一定的方法和路径,这些方法和路径主要包括概括、思想(理论)、思辨批判、分析、体系化和金句表达。

| 关键词 |

法理　法理学　法学

张文显教授在《法理：法理学的中心主题和法学的共同关注》[1]中提出，在法理学研究中，要把“法理”作为中心主题，并倡导部门法学与法理学共同关注“法理”问题，促使中国法理学转型升级，提升部门法学的思想品位。这是一个非常重要且十分重大的学术问题，也可以说是中国法学的水平问题、层次问题、面子问题。如果说哲学是时代精神的精华，那么法理学就应当是当代法学的精华。目前的中国法理学可以说是没有法理的法理学，急需转型升级，这涉及很多方面，如张文显教授提出的基本问题就有19项之多。我认为，其中最关键的问题是如何提炼法理或获得法理。从没有法理或法理甚少到有法理或法理甚多，才是法理学的真正转型升级。

那么，应当如何提炼法理呢？我认为主要有以下几种方法或路径。

一、概括

概念、思想、理论都是概括出来的，没有概括，就没有概念、思想、理论。泰勒斯之所以是哲学之父，就在于他是第一个作出概括之人，即他认为万物源于水。[2]他示范了一种哲学思维或理论思维——能够从纷繁复杂的世界现象中概括出一个概念、一个命题、一条原理。学术研究就是“众里寻他千百度，蓦然回首，那人却在灯火阑珊处”。[3]对于法理学来说，“那人”就是法理、“法之为法的原理”。概括是一种理论自觉。在概括，就是有理论自觉；会概括者，往往就是理论家。但我们许多人还不会概括，或不善概括，缺乏“一言以蔽之”的意识和能力。例如，我们都在交易、经常交易，但我们提不出“交易成本”的概念；我们都下过棋或见过别人下棋，但我们提不出“博弈论”的概念；我们许多人都在乡村生活过，且研究过乡村社会，但我们提不出“乡土中国”的概念；还有“金砖国家”的概念，也不是金砖国家成员提出来的，如何提炼法理？法制与社会发展则是曾担任英国财政部商务大臣的著名经济学家吉姆·奥尼尔提出来的。[4]在法学上，耶林提出了“缔约过失”的概念，布兰代斯提出了“隐私权”的概念，富勒提出了“信赖利益”的概念，张文显教授提出了“权利本位”的概念（理论）等。提出了这类标识性概念，就为人类认识世界和改造世界提供了重要工具，就为学术发展作出了重大贡献。提出这类标识性概念并非难乎其难，如恩格斯评价马克思所发现的唯物史观，只是“历来为繁芜丛杂的意识形态所掩盖着的一个简单事实”。[5]谁不知道“人们首先必须吃、喝、住、穿,然后才能从事政治、科学、艺术、宗教等等”,但许多人就是发现不了这样“一个简单事实”及其所隐含的伟大真理。之所以如此,当然有各种原因,但最根本的是缺乏理论直觉和理论自觉。一旦有了这种理论直觉和理论自觉,许多发现包括唯物史观、交易成本、博弈论等理论重大发现,就如同捅破窗户纸一样,虽艰难困苦但又轻而易举。其中,关键是要仔细观察社会现象,透过现象抓住本质,并将本质提升为概念和理论。这就叫“求真才于正学,体至理于常行”。[6]过去德国有一个重要的法学流派叫作概念法学,就其努力提出概念、厘定概念、分析概念、用概念建构体系来说,是非常重要的。黑格尔就认为,“法哲学这一门科学以法的理念,即法的概念及其现实化为对象”。[7]法律就是概括出来的。立法就是从纷繁复杂的特殊性现象中概括出一般性规则,“则成律令”。如罗马法规定法的准则是“诚实生活,不害他人,各得其所”;汉高祖刘邦入关中时与当地父老“约法三章”:“杀人者死,伤人及盗抵罪。”司法也是如此,如美国纽约州最高法院厄尔法官从一个通过毒杀被害人企图谋得其遗产的案件中,得出“任何人不得从其错误中获得利益”的结论,就是一种精辟而经典的概括。据此,该案才能成为著名判例。所以,霍姆斯认为,从一个案例归纳出一条规则的任何努力都是一种法理学的工作。[8]我认为,法学研究概括起来就是五句话:“究天人之际、通古今之变、博中外之长、集众家之言、成一套规则。”[9]贯穿其中的还是概括。法理也是概括出来的,法律的概念、命题、原理都是概括出来的。但“当前,我们建构中国法治话语体系、掌握话语权的能力仍显不足,具体表现为我国法学界设置议题的能力不足、提出标识性概念的能力不足”。[10]许多人进行了一辈子法(理)学研究,但没有提炼出一个概念、一个命题、一条原理,其学术研究和学术贡献因此大打折扣。法理是法理学的根本,法理是由法的概念、命题、原理构成的,法理学要努力概括出各种概念、命题、原理。“为此,我国法学要善于提炼标识性概念,打造易于为国际社会所理解和接受的新概念、新范畴、新表述,引导国际学术界展开研究和讨论。”[11]

二、思想(理论)

思想,即思考和畅想,是人的本质力量,是学术的精华,是理论的核心。思想是第一性的知识、第一性的方法、第一性的理论、第一性的学术。我们要努力成为一个思考者乃至思想家。法理本质上是思想理论。不经思想不会理论，就无法获取思想理论。

这里涉及我们对法律、法学的理解。不可否认，我们许多人对法律、法学的理解是不全面的，甚至是有误的。例如，认为法律、法学是一门应用性学科，或者是实践性学科，同时又对应用和实践做了片面、错误的理解，认为应用和实践就是适用、操作。还把“理论是灰色的，而生活之树常青”当作理由，借口“实践是检验真理的唯一标准”贬低理论、否定理论。这就为轻视法理、拒绝法理埋下了伏笔。法律是什么？法律是人的行为规范，要规范人的行为，但规范人的行为的归根结底还是人的思想观念，是自由、平等、博爱、公正、权利、道义、责任等基本理念。而法律规则不过是它们的具体化、规则化和体系化。前者属于原理，后者属于规则，前者是源，后者是流，后者万变不离其宗。就像都江堰，其原理两千多年都未变，但实施原理的技术（规则）与时俱进。只有掌握了原理，才能运用好规则，甚至不要过多的规则。如美国的许多著名判例都是长篇大论，但除了引用宪法及其修正案以外，几乎没有其他法律条文，主要就是“摆事实、讲道理”。如果不掌握原理，就不可能运用好规则。我们就是因为没有很好地掌握原理，所以特别倚重规则，规则多如牛毛，但仍然不敷运用。也因为没有掌握原理，说不出、说不清规则的所以然来。如刑法的刑期是如何规定的？为什么犯 X 罪要判 Y 年？就没有给予令人信服的理论说明。没有法理的法条是教条，法条主义也是教条主义，教条主义害死人。法律千条万条，但最后最高的一条是真理公理。所以，黑格尔说：“法学是哲学的一个部门，因此，它必须根据概念来发展理念——理念是任何一门学问的理性。”[12] 弗里德曼说：“法典背后有强大的思想运动。”[13] 这些都说明法理至关重要，法理的核心是法律思想理论。但是，我们的许多“法理学”是没有法理的“法学学”，即关于法学的学问，是关于法学的知识甚或信息，我们还是在知识、信息层次叙述问题，而没有达到思想理论的高度。我们还缺乏转识成智、由智到思、思之成理的意识、环节和能力，以致提不出概念，没有思想，不会理论，因而也就没有话语体系和话语权。“话语权的获得取决于我们能否创造出具有自己思想内涵、符合人类社会发展规律和全球化趋势同时又具有感召力和普遍示范效应的话语体系,即我们能否创造出让世界接受的思想体系。我们可能不同意亨廷顿的‘文明冲突论’、福山的‘历史终结论’,但我们并没有提出同样有世界影响力的理论。”[14]我们要高度重视思想理论,要有思想,会理论。2014 年 3 月 27 日,习近平主席在巴黎联合国教科文组织总部发表演讲时曾引用拿破仑的一句名言:“世上有两种力量:利剑和思想;从长而论,利剑总是败在思想手下。”[15]所谓的思想,一是只有通过思想(考)才能把握,二是能够启发别人思想(考)。例如,梅因的“从身份到契约”就是如此。梅因指出:“所有进步社会的运动,到此处为止,是一个‘从身份到契约’的运动。”[16]这是一种深刻丰富而又发人深思的思想。但他所说的只是人类社会历史发展的一个中间阶段。它启发人们思考,前一阶段是一个什么运动?后一个阶段又是一个什么运动?笔者曾循着这一思想,把前一阶段,相当于从原始社会到封建社会概括为“从平权到身份”的运动;把后一阶段,相当于从资本主义社会到社会主义社会以及未来的共产主义社会概括为“从契约到人权”的运动。这样一来,人类社会发展和法律演进的历史就可以概括为一个从平权到身份、从身份到契约、从契约到人权的运动历程。又如耶林的《为权利而斗争》、[17]德沃金的《认真对待权利》、[18]路易斯·亨金的《权利的时代》[19]以及张文显的《从义务本位到权利本位是法的发展规律》,[20]它们之间既有思想的联系和启发,也有思想的发展和丰富。再如西塞罗的《法律是植根于自然的、指挥应然行为并禁止相反行为的最高的理性》,[21]儒佩基奇的《以公正的逻辑代替武力的逻辑是法律本质的全部所在》,[22]孙国华、许旭的《法是“理”与“力”的结合》,[23]邱本的《法学应是一门最讲理的学问》,[24]它们之间也存在思想理论的传承和创新。法理是思想出来、理论出来的。有了思想理论才有法理,有了法理,法理学才能转型升级。从没有思想理论或思想理论甚少到有思想理论或思想理论甚多,那就意味着法理学实现了转型升级。

三、思辨批判

人们辛辛苦苦提出一个概念、一个命题、一条原理,要经过思辨,经受批判,接受检验,才能够坚不可摧,屹立不倒。一些概念、命题和原理,因缺乏思辨,未经批判,不能检验,不堪一击,一驳就倒,所以没有价值。

例如，在论及法（律）的本质时，一般都认为“法是统治阶级意志的体现”。这句话出自马克思与恩格斯的《共产党宣言》，原话是：“你们的观念本身是资产阶级的生产关系和所有制关系的产物，正像你们的法不过是被奉为法律的你们这个阶级的意志一样，而这种意志的内容是由你们这个阶级的物质生活条件决定的。”[25]这句话的本意是批判否定，言下之意，真正的法不应该仅仅体现“你们这个阶级（资产阶级）的意志”，也应该体现无产阶级的意志，甚或全社会成员的意志。但我们把它当作了肯定的结论并予以一般化加以接受和阐发。如果我们深入反思，就会发现历史上的许多法律并非都是如此，也许最早的野蛮法、专制法是如此，但后来的法律特别是现代法律不是这样，法律的发展趋势、真正的法律更不是这样。从人性的角度看，没有几个统治阶级愿意实行法治，用法治来限制自己的权威，束缚自己的手脚。相反，他们都喜欢进行人治，“朕即法律”，口含天宪，言出法随。“先王议事以制，不为刑辟”；[26]“临事制刑，不豫设法”。[27]历史上绝大多数统治阶级、阶层、统治者都本能地否定法律对自己的约束。“法典就是人民自由的圣经。”法律的宗旨是保障自由，但统治阶级大多只希望自己自由，可以恣意妄为，不希望被统治阶级自由，不许他们乱说乱动。他们总是想方设法让自己独享自由，而不愿与被统治阶级分享自由，因为要是被统治阶级自由了，那就不好统治了，也没有统治阶级的自由了。而法律之所以能够写上自由以及法律中会有许多自由，主要是被统治阶级反抗斗争的结果，是被统治阶级要求自由的坚强意志在法律中的体现。是被统治阶级迫使统治阶级认识到，不让被统治阶级自由，自己也无法享有自由，不让被统治阶级活下去，自己也活不好。“法律面前人人平等”是法律的基本原则，但没有几个统治阶级愿意与被统治阶级平等，两者的划分及对立正是两者不平等的表现。不平等不仅是统治阶级统治被统治阶级的基础，也是统治阶级维护其统治的保障。“法律是一张写着人民权利的纸”。在特定的社会结构里，权利是一个定量，并相互制约。权利在特定社会成员之间分配，有人多了就有人少。统治阶级之所以是统治阶级，就在于他们掌握了权利的分配权力，并按照有利于自己的原则去分配权利，给自己以特权，而给被统治阶级以义务。只体现统治阶级意志的法律不是权利的法律，而是特权的法律。权利不是天赋的，不是君授的，而是斗争得来的，权利在于斗争，法律上的权利是被统治阶级斗争胜利后用自己的鲜血写上的，是被统治阶级意志的体现。“法律是公正善良之术。”所谓的公正，只能存在于相互制约的情况下，是一种势均力敌的均衡状态。统治阶级借助统治势力，偏袒自己，歧视他人，在势力悬殊的情况下，无公正可言。公正是被统治阶级的要求，是基于统治阶级的不公正而主张的。如果被统治阶级没有力量与统治阶级抗衡，那么就没有法律的公正可言。凡此种种，均说明法律是阶级斗争的结果，是利益妥协的产物。法律一开始是统治阶级意志的体现，但这种法律是专制的法律，并不是真正的法律。随着被统治阶级的反抗斗争，统治阶级被迫作出让步妥协，被统治阶级的意志在法律中不断得到体现，一意孤行的法律逐渐变成大众意志的法律，法律也就不断完善进步了。进步的法律应该体现社会大多数成员的意志，而被统治阶级恰恰就是社会的大多数成员。法律的发展史是被统治阶级意志在法律中不断得到体现的历史，是最终消灭阶级、没有统治阶级与被统治阶级之分、体现全社会成员共同意志的历史，真正成为自由、平等、博爱、权利、公正的法律的历史，但这一历史发展进程的动力从根本上来源于被统治阶级争取权利和自由的斗争。所以两相比较，法律既是统治阶级“统治意志”的体现，也是被统治阶级“反抗意志”的体现。

又如“法律的生命不是逻辑，而是经验”。[28]这是霍姆斯的一句名言，经常被人们所引用。也许霍姆斯这句话有其具体语境，但不管怎么说，它还是会引人误解。难道逻辑与经验是相互冲突不可兼容的？难道逻辑中没有经验？经验不讲逻辑？显然不是如此，逻辑中有经验，经验也讲逻辑。准确说来，法律是一种经验逻辑，或者是逻辑化的经验。也正因其是逻辑化的经验，所以进而才是法律化的经验。

再如排污权。排污怎么会是一种“权利”呢？在考虑将什么设定为权利时，要考虑权利的性质和要求，并不是随便什么都可以被设定为权利的。权利是必需的，非必需者无需确立为权利。权利或是人性所必需的，如自由、平等、公正等；或是人们生活生产所必需的，如所有权、债权等；或是人类政治社会所必需的，如选举权、被选举权等。权利是善的、有益的，权利具有正能量、正效应。对照上述权利的性质和要求，排污权就不是权利，因为排污并不是人性所必需的，人性需要无污染的环境，人性与排污是相斥的；排污也不是人们生活生产所必需的，人们生产生活应追求无污染或清洁生产生活，最起码必须尽量减少排污；排污更不是人类政治社会所必需的，如果不能很好地解决排污问题，将会动摇人类政治社会的基础。权利的客体是有益物而不是有害物，任何人都不能对有害物享有权利，如任何人都不能对毒品享有权利一样。排污权的客体是污染物，是有害物，严格说来，任何人都不能对排污享有权利。排污权不是有益的，而是有害的，没有正能量，只有负能量、负效应。只是由于各种原因，目前人们还无法完全避免排污，排污是一种不可避免的客观存在，但存在的不等于合理的，更不等于合法的。只是迫不得已，"排污权以排污许可证形式予以确认"，但这不等于排污合乎权利的性质和要求就有权利依据，就是一种权利。

不仅思想理论如此，就是一些法条也经不起思辨批判。如我国《刑法》第17条规定："已满十四周岁不满十六周岁的人，犯故意杀人、故意伤害致人重伤或者死亡、强奸、抢劫、贩卖毒品、放火、爆炸、投放危险物质罪的，应当负刑事责任。"这条规定就列举不当，有逻辑错误，因为"故意伤害致人重伤或者死亡"并不是一个罪名。我国《刑法》第234条只规定了"故意伤害罪"，而"致人重伤或者死亡"是故意伤害罪的情节。法律的逻辑是极其严格的，必须环环相扣，不容丝毫的缝隙。我国《民法总则》第7条规定："民事主体从事民事活动，应当遵循诚信原则，秉持诚实，恪守承诺。"这条规定叠床架屋，因为"诚信原则"本身就包括"秉持诚实，恪守承诺"。我国《婚姻法》第7条规定，"直系血亲和三代以内的旁系血亲"禁止结婚。其实这不应当是禁止结婚的条件而是禁止生育的条件。法律之所以禁止近亲结婚，是因为近亲结婚被认为不利于优生优育。例如，2001年，澳大利亚一份发表在权威杂志上的科学报告声称，亲表兄妹结婚生出畸形孩子的概率是非近亲结婚生出患病孩子机率的三倍。然而，默多克大学比较基因组学的艾伦－比托（Alan H. Bittles）教授花了30年的时间研究后发现，亲表兄妹结婚所生子女绝大部分是健康的，产生畸形后代的情况微乎其微，表亲结婚的健康风险被严重夸大了。[29]这就对立法的科学性提出了质疑。法理是法条的基础，很多法理最终要具结为法条，但法条也是检验法理的试金石。上述法条存在的问题恰恰表明我们缺乏思辨批判的法理，它们也是缺乏思辨批判法理所导致的结果。

法理是天理或公理，法理要经得起思辨，经得起批判，才有公理性和权威性。思辨批判不但不会削弱法理的公理性和权威性，反而使其公理性和权威性随着思辨批判而增强。就此而言，法理学也是法批判学。思辨批判也是法理学对部门法学应有的指导作用之一。

四、分析

面对纷繁复杂的问题，思想家、理论家总能高瞻远瞩，举重若轻，条分缕析，提纲挈领，纲举目张。法理不仅是概括出来的，也是分析出来的。所以德沃金说："法律是一种阐释性概念。"[30]如果不会理论分析，真经也会被念歪。

例如，对于作为马克思主义法学指导思想的马克思主义，不少人未加分析就认为马克思主义过时了。但马克思主义是否过时了呢？只要认真研读恩格斯《在马克思墓前的讲话》就一清二楚了。恩格斯说，马克思一生有"两个发现"：一是发现了唯物史观，二是发现了剩余价值理论。第一个发现指出了人类首先要解决衣食住行等经济问题以后才能谈得上其他的一切，这就要求发展经济，以经济建设为中心；第二个发现揭示了剩余价值的源泉是工人的劳动，但被资本家剥削榨取去了，这要求的实质上是收入分配公平。对照检查一下，马克思的"两个发现"或者马克思主义的两大基本原理过时了吗？没有，一点都没有，因为任何社会都存在这两大问题，都要解决效率与公平的问题。没有效率的公平，只能是普遍贫穷；没有公平的效率，只能是两极分化。任何社会都要努力避免这两种情况。所以，连西方学者都认为："不能没有马克思，没有马克思，没有对马克思的记忆，没有马克思的遗产，也就没有将来。"[31]"作为有史以来对资本主义制度最彻底、最严厉、最全面的批判，马克思主义大大改变了我们的世界。由此可以断定，只要资本主义制度还存在一天，马克思主义就不会消亡。"[32]其实，不是马克思主义过时了，而是一些人自己认识过失，行为违背了马克思主义基本原理。我国自党的十一届三中全会以来，进行了拨乱反正和改革开放，核心就是回归马克思主义、回到科学社会主义，以经济建设为中心，逐步实现共同富裕。这正如邓小平同志所指出的："社会主义的本质，是解放生产力，发展生产力，消灭剥削，消除两极分化，最终达到共同富裕。"[33]历史和现实一再证明，凡是我们违背马克思主义的时候，就会误入歧途、遭受挫折；凡是我们坚持马克思主义的时候，就会走上正道、蓬勃发展。当然，我们不是停留在马克思主义的“本本”上，而是根据经济社会科技文化发展而与时俱进地发展马克思主义原理。

又如，《民法总则》第1条规定：“为了保护民事主体的合法权益，调整民事关系，维护社会和经济秩序，适应中国特色社会主义发展要求，根据宪法，制定本法。”但无论是立法机关还是民法学界，都没有对社会主义与民法的关系做过认真深入系统的研究，有的建议稿只是随便写上“社会主义”，有的建议稿甚至根本就没有提及“社会主义”一词。其实，社会主义与民法之间有着内在深刻而丰富的关系，但需要通过理论分析才能充分地揭示出来。民法与每个人、所有人、一切人都有关，因为每个人、所有人、一切人都要过民事生活，都要从事民事活动，都要参与民事关系，都要享有民事权利，因此，民法是全民之法、是社会本位之法，因而也是“社会主义”之法。社会主义就是以社会为本位，以社会上每个人、所有人、一切人为本，“一个都不能少”，保障每个人、所有人、一切人均能有人格尊严地生存和发展。考诸民法发展史，这种“社会主义”因素在罗马法就有，罗马法的制定与公元前5世纪古罗马的平民运动有关。约公元前470年，平民迫使贵族同意遴选若干保民官以保卫平民。在这一斗争胜利之后，公元前450年，平民编纂成文法的要求也实现了，其结果就是著名的《十二表法》。《十二表法》虽然仅仅因袭了古代的习俗，但它确实使人们了解了自己的法律权利。[34]由此可见，民法从起源上就是民的觉醒、反抗和斗争，是民意的要求和民权的确认。民法具有强烈的平民倾向和平民情怀，民法是为民的、保民的，为民、保民才需要民法，才会有民法。《法国民法典》《德国民法典》均源于资产阶级革命。资产阶级革命推翻了封建专制统治，打破了身份等级特权，建立了自由平等法治，确立了公民的法律地位、权利能力和主体资格，为民法奠定了基础。有民——自由平等之民，才有民法。这样的民越多，民法的社会基础就越深广厚实。全社会成员人人皆民，民法的社会基础就最深广厚实。但传统民法以个人主义为基础，以形式主义为本质，把千差万别之民置于形式自由平等的统一规则之下，结果必然是优胜劣汰、弱肉强食，这种个人主义最终成为少数人主义，而不能以多数人、所有人为本。这种个人主义必然被法律社会化所矫正。随着“法律社会化”，民法的主体制度、所有权制度、契约制度和责任制度都进行了修订,集中地说,修订的指导思想就是社会本位或社会主义。社会主义已经成为了民法的基本元素,社会主义应该成为 21 世纪民法的一个基本原则。真正的民法就是社会主义民法。我国社会主义民法更应贯彻社会主义原则,体现社会主义核心价值观。

当然,思想理论分析应当是注释而不是注水,是解释而不是稀释,实质上是用思想去发展思想,用理论去丰富理论。例如,《中国中央关于全面推进依法治国若干重大问题的决定》对"坚持人民主体地位"的阐述就是如此:"人民是依法治国的主体和力量源泉,人民代表大会制度是保证人民当家作主的根本政治制度。必须坚持法治建设为了人民、依靠人民、造福人民、保护人民,以保障人民根本权益为出发点和落脚点,保证人民依法享有广泛的权利和自由、承担应尽的义务,维护社会公平正义,促进共同富裕。"〔35〕后面这段阐释仍然有许多思想、理论,也同样可以进一步发展和丰富。如此,思中有思、理中有理、"话中有话",意犹未尽,思想理论不断的发展和丰富正是思想理论分析的重要特点和基本要求。

五、体系化

黑格尔说:"真理是全体。"〔36〕思想不是点滴火花,理论不是片言只语,而是一个结晶体、一个大体系。这也是思想家、理论家与一般思考者、理论者的根本区别之一。真正的思想理论都是体系化的思想理论,它们源远流长、博大精深、承前启后,能够一贯到底,具有普适性和解释力,可以"放之四海而皆准"。如"唯物史观""交易成本""博弈论"等,它们可以解释和解决社会生活中的许多现象和各种问题,能够不断地丰富发展和完善,以致形成一个新的主义或新的学派。我们讲法理是法的一般原理、一般规律,也是这个意思,它能够贯彻到各部门法之中,总揽全局,全面指导。例如,"权利本位论"就是这样一种法学理论。"权利本位论"不仅是一种法学理论,实现了法学研究范式的转换和法学理论的重构,使法律精神和法学面貌革故鼎新,而且是一个思想理论体系,可以被贯彻体现到各个部门法之中,各部门法都是以权利为根本和本体,以权利为宗旨和目的,以权利为出发点和落脚点。例如,宪法是以权利为本位的,因为"宪法就是一张写着人民权利的纸"。〔37〕没有权利,不以权利为本位，宪法就不仅是一纸空文，而且可能蜕变为一副枷锁。行政法以权利为本位，因为行政法的主旨是限制行政权力以保障公民权利，所以，美国行政法学家施瓦茨认为："行政法是管理政府行政活动的部门法。它规定行政机关可以行使的权力，确定行使这些权力的原则，对受到行政行为损害者给予法律补偿。"[38]虽然"行政法体系发展的历史是行政权力不断扩大的历史"，但"这个历史总是伴随着司法权对扩大中的行政权的相应限制"。[39]虽然民法既规定了民事权利，也规定了民事义务，并且民事权利与民事义务是统一的、对等的，但两者不能相提并论、等量齐观。如果不能享有民事权利，就没人履行民事义务，正因为能够享有民事权利，人们才更好地履行民事义务，人们是为享权利而尽义务，而不是相反。民事权利与民事义务，谁先谁后、谁本谁末，结果大有不同。以民事权利为先而以民事义务为后、以民事权利为本而以民事义务为末，优于以民事义务为先而以民事权利为后、以民事义务为本而以民事权利为末。这是一般人性之使然，也为历史现实所证明。因此，民法也是权利本位法。刑法的目的是"惩罚犯罪，保护人民"。"刑法的任务，是用刑罚同一切犯罪行为作斗争，以保卫国家安全，保卫人民民主专政的政权和社会主义制度，保护国有财产和劳动群众集体所有的财产，保护公民私人所有的财产，保护公民的人身权利、民主权利和其他权利……"[40]刑法的原则是"罪刑法定"[41]和"罪责相应"[42]等。这些都充分地体现了刑法的权利本位。由于没有救济，就没有权利；没有诉讼权利，就没有实体权利，所以需要诉讼法。诉讼法是权利救济法。其中，"民事诉讼法的任务，是保护当事人行使诉讼权利，保证人民法院查明事实，分清是非，正确适用法律，及时审理民事案件，确认民事权利义务关系，制裁民事违法行为，保护当事人的合法权益……"[43]"刑事诉讼法的任务，是保证准确、及时地查明犯罪事实，正确应用法律，惩罚犯罪分子，保障无罪的人不受刑事追究，教育公民自觉遵守法律，积极同犯罪行为作斗争，维护社会主义法制，尊重和保障人权，保护公民的人身权利、财产权利、民主权利和其他权利……"[44]可见，诉讼法也是以权利为本位的。"权利本位论"来源于各部门法，是从它们中总结出来的法理，但它又反过来统帅各部门法，是各部门法共同的法理。"权利本位论"是一种体系化的法理。

再如法理问题，这不是一个问题，而是一束问题；不仅是法理学的问题，而且是整个法学的问题。正如张文显教授所说,“法理”是“法理学的中心主题和法学的共同关注”。这个重大命题也是体系性的,它所涉及的问题有 19 项之多,对其不能个别地解决,而必须整体性解决,解决的思路是体系性的,解决的成果是体系化的。这个重大命题还具有体系性的内容和意义。法理不仅是一种法学理论,而且是一种最高的法学理论。如果法律没有法理,法学不讲法理,法理讲不出道理,也许就无理可讲,只能无理取闹了。法理的核心是讲理,法理学应该最讲理,要将法之为法的道理从根本上与整体上系统地说清道明,以理服人,且让人心服口服。它还具有方法论意义,法学不能就法论法,不能沦为法条主义,法学不是法条之汇编,不是法条之学,还要揭示法条背后支撑它们的法理,法理学基于法理形成法条而又超越法条回归法理,要从法理中来,到法理中去。法理不仅是法理学的中心主题,法理学没有法理,就没有了中心和根基,那是法理学的幼稚和失职;而且法理是法学的共同关注,许多部门法还没有法理化,虽然它们有总则或总论,但尚未上升到法理,所以各部门法要共同关注法理,在规则化的同时,也要法理化。规则与法理并驾齐驱,才能相得益彰。法理不仅存在于法理学和各部门法之中,而且存在于其他许多方面,如文史哲、社政经等许多学科之中。事实上,并没有孤立的法律,也没有封闭的法理,法律包罗万象,法理无所不在,法律与法理是社会生活之总概括、百科全书之集大成。正如孟德斯鸠所说:“从最广泛的意义来说,法是由事物的性质产生出来的必然关系。”“法律应该和国家的自然状态有关系;和寒、热、温的气候有关系;和土地的质量、形势与面积有关系;和农、猎、牧各种人民的生活方式有关系。法律应该和政制所能容忍的自由程度有关系;和居民的宗教、性癖、财富、人口、贸易、风俗、习惯相适应。……这些关系综合起来就构成所谓‘法的精神’。”[45]这揭示了法理学的广度和深度。法理学要探究天、地、人,追求真、善、美,是一个庞大万有的系统工程。

六、金句表达

法理往往表现为金句或名言警句,金句也是表达法理的最佳形式,法理就应该是至理名言。例如,“法者,天下之程式也,万事之仪表也。”[46]“律者,所以定分止争也”。[47]“法律是公正善良之术。”[48]“法学是关于人和神的事物的知识；是关于正义和非正义的科学。”[49]“法典就是人民自由的圣经。”[50]“法的命令是：‘成为一个人，并尊敬他人为人’。”[51]“习惯是法律之母。”“国法莫大乎人情。”“法律是成年人的学问。”“绝对的权力绝对导致腐败。”“法无授权不可为。”“法无禁止即自由。”“在议会保持沉默是一种失职。”“无救济则无权利。”“证据是正义的基石”等。这类金句具有巨大的含金量，可以“一句顶一万句”；具有普遍的效法意义，可以“一言而为天下法”；具有深刻的洞察力，金句也是真知灼见；具有丰富的思想内涵，可以发展演绎。所谓的经典著作，均包含金句。金句的多少决定着经典的分量，没有金句，就没有经典。如梅因《古代法》中的“从身份到契约”，这一金句为《古代法》增色不少。人们看完一篇文章或一本著作以后，之所以没有留下什么深刻的印象，就因为其中缺乏金句。“言之无文，行而不远。”[52]著书立说需要“语不惊人誓不休”“语不中的誓不休”“言不成理誓不休”，要努力说出一些金句来，用金句去表达概念、命题、原理等。有些文章和著作，其标题本身就是观点、命题、思想和金句，如《共产党宣言》《反杜林论》《反对本本主义》《论持久战》《为人民服务》《中国人民站起来了》《为权利而斗争》《认真对待权利》《权利的时代》《从义务本位到权利本位是法的发展规律》《法理：法理学的中心主题和法学的共同关注》等。张文显教授在《法理；法理学的中心主题和法学的共同关注》中列举了许多法律谚语、经典名句，它们就是金句。“它们凝聚着千百年来法律实践的智慧和法治文化的理性，以简洁、优雅、精湛的语言承载和表达了人类社会的法理。”[53]笔者自己写的一些论文和著作，其标题不敢说是金句，但力求是观点、命题和思想。如《形而中学》《形中法学》[54]《无偿人权和凡人主义》[55]《商土中国》[56]《从平权到身份》[57]《从契约到人权》[58]《法学应是一门最讲理的学问》[59]《经济的法律分析》[60]等。

这里涉及法律语言或法律修辞的问题。法律语言是由法律的属性决定的。法律具有普遍性，要使法律为人民所掌握、所遵守、所运用，就要求法律大众化，法律要易于记取、便于传播、利于遵循；法律有其特定的载体，无论是鸿篇巨制的法典，还是单行条例的规定，都要表现为一条条的法条。这两者决定了法律最理想的表达方式就是一条条的法条，最好就是一条条的格言、一系列的警句。许多宗教文本也是如此，如《摩西十诫》等。这也是法律与宗教的相通之处。那种文字堆砌、条理不清、诘屈聱牙、晦涩难懂、专业小众的文字，不能众所周知、耳熟能详、口口相传、内化于心、外化于行、行之得法，与法律的属性相抵触，不是表达法律的语言文字风格。在这方面，我们还需要大大地提高自己表达法律的语言文字能力。正是我们许多法律人的不良语言文字风格，人为地在法律与大众之间自设樊篱，以人为壑，严重影响了法律向社会大众的传播普及。要改变这种情况，一个最有效的方法就是学习金句，提炼金句，用金句去表达法理和法律。如果有了许多法理金句，法理学就转型升级了。

法理是存在的或潜在的，但不是自显的或自明的。我们需要通过上述几种路径和方法提炼法理，获取法理，传播法理。

注　释

*　邱本温州大学法政学院教授，吉林大学兼职教授。

本文系国家社会科学基金重点项目"商土中国及其法治建设研究"（16AFX014）的阶段性成果。本文原载《法制与社会发展》2018 年第 1 期。

本文的写作得到了张文显老师、苗炎老师、丰霏老师的指导和修改，特此致谢！

〔1〕 张文显：《法理：法理学的中心主题和法学的共同关注》，载《清华法学》2017 年第 4 期。

〔2〕 [德]黑格尔：《哲学史讲演录》（第 1 卷），贺麟、王太庆译，商务印书馆 1983 年版，第 182 页。

〔3〕 （宋）辛弃疾：《青玉案·元夕》。

〔4〕 桂涛、王思佳：《专访：金砖国家合作应对全球性挑战大有可为——专访"金砖之父"吉姆·奥尼尔》，载 http://news.xinhuanet.com/2017-08/17/c_1121498143.htm，最后访问日期：2017 年 12 月 10 日。

〔5〕 《马克思恩格斯文集》（第 3 卷），人民出版社 2009 年版，第 601 页。

〔6〕 语出江西白鹿洞书院礼圣门抱柱楹联。

〔7〕 [德]黑格尔：《法哲学原理》，范扬、张企泰译，商务印书馆 1961 年版，第 1 页。

〔8〕 徐爱国：《霍姆斯：〈法律的道路〉诠释》，载《中外法学》1997 年第 4 期。

〔9〕 邱本：《论经济法改革》，载《国家检察官学院学报》2011 年第 6 期。

〔10〕 张文显：《新时代新征程新贡献》，载 http://www.fxcxw.org/index.php/Home/Miaowen/artIndex/id/15280/tid/6.html，最后访问日期：2017 年 12 月 10 日。

〔11〕 张文显：《新时代新征程新贡献》，载 http://www.fxcxw.org/index.php/Home/Miaowen/artIndex/id/15280/tid/6.html，最后访问日期：2017 年 12 月 10 日。

〔12〕 [德]黑格尔：《法哲学原理》，范扬、张企泰译，商务印书馆 1961 年版，第 2 页。

〔13〕 ［美］劳伦斯·M. 弗里德曼：《法律制度——从社会科学角度观察》，李琼英、林欣译，中国政法大学出版社 2004 年版，第 241 页。

〔14〕 张文显：《新时代新征程新贡献》，载 http://www.fxcxw.org/index.php/Home/Miaowen/artIndex/id/15280/tid/6.html，最后访问日期：2017 年 12 月 10 日。

〔15〕 习近平：《在联合国教科文组织总部的演讲》，载《人民日报》2014 年 3 月 28 日，第 3 版。

〔16〕 ［英］梅因：《古代法》，沈景一译，商务印书馆 1959 年版，第 97 页。

〔17〕 ［德］鲁道夫·冯·耶林：《为权利而斗争》，郑永流译，法律出版社 2007 年版。

〔18〕 ［美］罗纳德·德沃金：《认真对待权利》，信春鹰、吴玉章译，中国大百科全书出版社 1998 年版。

〔19〕 ［美］路易斯·亨金：《权利的时代》，信春鹰等译，知识出版社 1997 年版。

〔20〕 张文显：《从义务本位到权利本位是法的发展规律》，载《社会科学战线》1990 年第 3 期。

〔21〕 ［古罗马］西塞罗：《国家篇法律篇》，沈叔平、苏力译，商务印书馆 1999 年版，第 151 页。

〔22〕 ［斯洛文尼亚］卜思天·儒佩基奇：《从刑事诉讼法治透视反对自证有罪原则》，王铮、降华玮译，载《比较法研究》1999 年第 2 期。

〔23〕 孙国华、许旭：《法是“理”与“力”的结合》，载《法学家》2001 年第 3 期。

〔24〕 邱本：《法学应是一门最讲理的学问》，载《清华大学学报》（哲学社会科学版）2008 年第 4 期。

〔25〕 《马克思恩格斯文集》（第 2 卷），人民出版社 2009 年版，第 48 页。

〔26〕 《左传·昭公六年》。

〔27〕 《春秋左传正义》（卷四十三《疏》）。

〔28〕 ［美］小奥利弗·温德尔·霍姆斯：《普通法》，冉昊、姚中秋译，中国政法大学出版社 2006 年版，第 1 页。

〔29〕 《表兄妹结婚所生子女大部分健康》，载 http://discovery.163.com/08/0606/09/4DOCNL3E000125LI.html，最后访问日期：2017 年 12 月 10 日。

〔30〕 ［美］德沃金：《法律帝国》，李常青译，中国大百科全书出版社 1996 年版，第 80 页。

〔31〕 ［法］雅克·德里达：《马克思的幽灵：债务国家、哀悼活动和新国际》，何一译，中国人民大学出版社 1999 年版，第 21 页。

〔32〕 ［英］特里·伊格尔顿：《马克思为什么是对的》，李杨等译，新星出版社 2011 年版，第 6 页。

〔33〕 《邓小平文选》（第三卷），人民出版社 1993 年版，第 373 页。

〔34〕 ［美］菲利普·李·拉尔夫等：《世界文明史》（上卷），赵丰等译，商务印书馆 2006 年版，第 318 ~ 319 页。

〔35〕 《中共中央关于全面推进依法治国若干重大问题的决定》，载《人民日报》2014 年 10 月 29 日，第 1 版。

〔36〕 ［德］黑格尔：《精神现象学》（上卷），贺麟、王玖兴译，商务印书馆 1979 年版，第 12 页。

〔37〕《列宁全集》(第12卷),人民出版社1987年版,第50页。

〔38〕 [美]伯纳德·施瓦茨:《行政法》,徐炳译,群众出版社1986年版,第1页。

〔39〕 [美]伯纳德·施瓦茨:《行政法》,徐炳译,群众出版社1986年版,第19页。

〔40〕《中华人民共和国刑法》第2条。

〔41〕 法律明文规定为犯罪行为的,依照法律定罪处刑;法律没有明文规定为犯罪行为的,不得定罪处刑。

〔42〕 刑罚的轻重,应当与犯罪分子所犯罪行和承担的刑事责任相适应。

〔43〕《中华人民共和国民事诉讼法》第2条。

〔44〕《中华人民共和国民事诉讼法》第2条。

〔45〕 [法]孟德斯鸠:《论法的精神》(上册),张雁深译,商务印书馆1961年版,第1、7页。

〔46〕《管子·明法解》。

〔47〕《管子·七臣七主》。

〔48〕 转引自徐爱国:《法学的圣殿:西方法律思想与法学流派》,中国法制出版社2016年版,第6页。

〔49〕 [古罗马]查士丁尼:《法学总论——法学阶梯》,张企泰译,商务印书馆1989年版,第5页。

〔50〕《马克思恩格斯全集》(第1卷),人民出版社1956年版,第71页。

〔51〕 [德]黑格尔:《法哲学原理》,范扬、张企泰译,商务印书馆1961年版,第46页。

〔52〕《左传·襄公二十五年》。

〔53〕 张文显:《法理:法理学的中心主题和法学的共同关注》,载《清华法学》2017年第4期。

〔54〕 邱本:《形中法学论纲》,载张文显、李步云主编:《法理学论丛》(第3卷),法律出版社2002年版。

〔55〕 邱本:《无偿人权和凡人主义》,载《哲学研究》1997年第2期。

〔56〕 邱本:《商土中国及其法治建设》,载《法制与社会发展》2004年第4期。

〔57〕 邱本:《从平权到身份》,载《社会科学研究》2015年第6期。

〔58〕 邱本:《从契约到人权》,载《法学研究》1998年第6期。

〔59〕 邱本:《法学应是一门最讲理的学问》,载《清华大学学报》(哲学社会科学版)2008年第4期。

〔60〕 邱本:《经济的法律分析》,载《吉林大学社会科学学报》1997年第1期。

王奇才*

法谚与法理

| 提　要 |

法谚是法律思想和法律智慧的重要载体。法谚研究涉及对规则之根据、法律之根基、生活之意义的思想追问和理论回答，体现了当下法理研究的理论旨趣。法谚具有概括性、传播性、多样性和文化性的特点。经由法谚，可以发现法理、传播法理、阐释法理和证成法理。法理型法谚可分为不同类型，即评说型、学说型和典范型。法谚的比喻修辞方式是经由法谚而证成法理的重要途径，体现了法理内在于法律而又超越法律的特性。

| 关键词 |

法谚　法理　法律　比喻　内在性

谚语是语言的一种形式，是思想的一种独特载体，在日常生活和文字书写中经常可见，其言简意赅的语言形式表达或包含着人类社会的生活道理和智慧。正如亚里士多德所说："在各种动物中，独有人类具备言语的机能……人类所不同于其它动物的特性就在他对善恶和是否合乎正义以及其他类似观念的辨认（这些都由言语为之互相传达），而家庭和城邦的结合正是这类义理的结合。"[1]

法谚是谚语的一种，它是法律思想和法律智慧的重要载体。经由法谚研究法理，是当下法理研究的一个有益路径。本文着手对法谚与法理、法谚中的法理进行一个初步研究。

一、法谚研究的两种理论模式

学界关于法谚的界定，有广义、狭义之分。[2]狭义的法谚，更接近于民间俗语、熟语。广义的法谚则包括与法律相关的谚语、格言、警句、名言等。[3]因此对法谚的研究，可以总结出两种既有关联也有不同的理论模式。

第一种理论模式立基于官方与民间之区分。广义法谚和狭义法谚之二分，指向的是区分"小传统"和"大传统"、"小写的文化"和"大写的文化"的学术脉络。

从法谚的来源和创作主体来说，狭义法谚的来源侧重于民间，定位于民间的俗文化、小传统或者"小写的文化"，其创作主体多不可考，从法谚的民俗性来说，一般也无法确定其确切的创作主体。如中国人耳熟能详的"一人有罪一人当""杀人偿命，欠债还钱""冤有头，债有主""不知者不罪"等。广义的法谚则是被纳入官方法典判例之中的法谚，以及被政治家、思想家等社会精英所创作的法律格言、名言和警句，一般能够找到确切出处。

从法谚的使用和传播来说，狭义的法谚主要流传于大众文化和大众话语之中，反映底层文化，具有民俗性的特点，其流传既有口口相传，也有文字记载。从习惯法研究的角度看，"法谚"甚至还具有习惯法规范的作用。[4]广义的法谚则还包括了产生于社会精英阶层并主要为精英文化、官方话语所使用的法律格言警句，通过文字记载的方式流传，以官方法律文件、政治文件以及思想家、学者著述的方式存在。

从法谚的研究目的和研究方法来说,狭义的法谚研究侧重于民间和大众的法律文化和法律意识形态,以及在习惯法的意义上发掘法谚的规范渊源作用,从而试图提供一个不同于官方宏大叙事的研究视角。狭义的法谚研究注意到了法谚所代表的民间法律意识形态与官方法律意识形态之间的互动,其隐含着国家与社会的二元分析框架,而官方叙事与民间话语之间的一致性和差异性是研究者重点关注的问题。[5]广义的法谚研究既包括狭义法谚研究所力图揭示的民间/大众的法律话语,也包括官方的或国家的法律话语之中所蕴含的法律意识形态。

第二种理论模式来自罗斯科·庞德(Roscoe Pound),他将法谚/法律格言定位于法律发展的"传统型因素"(traditional element),区分于"强制性因素"(imperative element)。"传统型因素"来自罗马法中的 ius non scriptum,在英文中通常是指 customary law(习惯法)。庞德指出,"然而这里的习惯法并不是指大众行为模式而是司法活动、职业思维以及法学著作和教学的一种模式。它也不是习惯性行为模式的产物,而是作为职业上或司法上处理纠纷的习惯性模式的产物,由法学著述或教学所发展。因此我宁愿把法律体系的这部分称为'传统型因素'"。[6]庞德把"格言"视为法律科学初期的一个成果,而法律科学又是法律体系中通过传统性因素得以发展的八种模式之一。[7]今天被我们作为研究对象的、来自西方法律传统的"法谚"中的很大部分,均属于庞德视为法律科学初期成果之一部分的"格言",例如,郑玉波所编辑的《法谚》的中自罗马法流传下来的法谚。格言"在习惯性的道德规则和伦理原则之间的鸿沟上架起了一道桥梁","在文学的谚语和格言中有我们在法律科学中看到的某种东西。一方面存在着由理性的反思发展起来的经验;另一方面,存在着需要经验来检验的理性反思"。[8]

庞德对"格言"作为传统型因素所作的系统论述,[9]其目的是批评那种借由传统性因素而对当时美国立法改革运动加以抵制的做法。与第一种理论模式通过法谚发现本土法律文化,进而反思中国法制现代化进程中"国家法"和"民间法"之间的紧张相比,庞德研究法律格言和法谚的理论模式却将普通法中的法律格言作为检讨对象。在庞德看来,对于其所处时代的美国法律发展而言,格言已成"过眼云烟","今天的美国法律教师已经不能在'判例书'中为它们找到作为规则的一席之地,它们已经变成指导性的一般原理”。[10]庞德视法律“格言”为“过眼云烟”的时代背景正是美国社会转型的大时代。[11]与之相比的,则是当下中国社会转型的又一个大时代。上述两种有关法谚研究的理论模式,都指向社会秩序和法律体制的巨大变化,均是在一个社会规范、法律规则常变常新的时期,人们对规则之根据、法律之根基、生活之意义的思想追问和理论回答,这也是当下法理研究的理论旨趣之一。

因此,本文采广义上的法谚概念 ,对于法理研究来说,狭义的法谚虽然包括丰富的法律思想和法律智慧,但其抽象程度和概括性不及法律格言和法律名言。更为重要的是,采广义上的法谚概念,有助于拓展法理研究的深度和广度,并开放出有关法理的理论问题。通过研究法谚,可以进一步讨论“什么是法理”“在何处发现法理”“如何发现法理”“如何阐释法理”“如何发展法理”等问题。这一方面关系到法理的载体、来源和研究对象,另一方面则关系到法理研究的方法论和理论前设。

二、以法谚研究法理

(一)法谚的特点

一般来说,谚语具有通俗、简练、传播性广、传承时间长等特点。[12]但就广义上的法谚而言,一些法谚的专业性强,包含深刻法律思想,甚至对于法律人来说,也需要注解和阐释。法谚所具有的概括性、传播性、多样性和文化性等特点,既是我们遴选法谚、发现法理、阐释法谚的基础,也是我们需要检视和探究的对象。

1. 概括性

法谚所讨论和阐述的对象,既有宏观道理,也有生活智慧。从语言表达方式来看,法谚具有概括性的特点,即通过简练的文字来表达丰富的法律道理和法律思想内涵。对某些法谚的阐释常常需要数千字甚至上万字或者更大篇幅展开。针对法谚的概括性这一特点,邱本认为“法谚是法律最简洁、最通俗、最传神的表达方式”,[13]冯玉军认为,古代中国经典法律格言是“中国法律思想及其智慧的最高凝结”。[14]

概括性是法谚广为流传的重要前提,也是法谚体现和凝练法律思想的体现。法谚的概括性提升了法谚内涵意义的集中度，能够在有限文字内传递大量法律信息，但也造成了法谚内涵意义的流散、多样化理解甚至误读和错用，法谚及其传播过程因而有待阐释、解读、考证。[15]由概括性而关联的法谚的修辞方式也具有重要意义，不仅是因为法谚作为谚语“具有格言的性质与典雅的旨趣，可以称引，可以奉行”，[16]而且法谚的比喻和说理方式也可能关系到重大的法哲学问题，下文还将讨论这一点。在考证、解读和阐释的过程中，法谚的意义将会得到“复原”“重建”“拓展”“发展”，这一过程正是法律思想不断丰富、人们对法律的认识不断深化的过程。

2. 传播性

从空间和时间上来说，法谚的传播不限于一时一地，既经过了时间的洗礼，又跨越了地域的界限，从个体知识到群体知识甚或成为一个文化现象。法谚的传播和演化是法律文化发展的组成部分，也是不同法律文化间互动的重要方式。正是在法律文化的互动、流传中，各种法律文化之间的法律思想、法律制度和法律理论得以互相影响、相互建构。

法谚从一个文化到另一个文化的流动传播，有可能促成共识性的法律理念，也有可能造成某种法律理念在所在地的分化和“意义位移”。[17]例如，“法不禁止即自由、法无授权不可为”已经成为当代中国官方和媒体所熟知的法律理念。又如，人们对于正义显然有着极为不同、立场各异的理解，因此关于正义的法谚和法理表达也就极为不同。博登海默（Edgar Bodenheimer）的“正义有着一张普洛透斯似的脸（a Protean face），变幻无常、随时可呈不同形状并具有极不相同的面貌”，[18]在当代中国已经成为学界耳熟能详的名言。

法谚在理论学说发展和政治制度演变中也发挥着特定作用。例如，“皇帝的喜好具有法律的力量”“皇帝不受法律拘束”这两句源自乌尔比安（Ulpianus）的法谚，就曾被中世纪罗马法学家为王权可以突破日耳曼习惯法传统、基督教自然法传统的限制。[19]法谚的传播性引发了一系列值得研究的问题，如法谚的传播主体、传播方式、传播影响等。受其自身特性的限制，法谚反映了什么样的法律观念，什么样的法谚承载了“法理”，均需要我们进一步的思考和辨析，包括需要从法谚的传播过程中的“意义位移”和共识差异中发现法理的存在和真谛。

3. 多样性

谚语数量众多,法谚为数也非常可观。徐忠明引武占坤《中华谣谚研究》一书,认为当今中国传世谚语有 30 万条。[20]郑玉波《法谚》一书“前言”指出,在 15 世纪,德国曾有 12390 句之多的法谚。[21]以上只是法谚数量众多的几例证明。

谚语所言说的对象亦是多种多样的。徐忠明从关于法律的基本态度、法律与清理、财产、契约,分析了法谚所反映的传统中国乡野百姓眼中的帝国法律与帝国衙门。[22]霍存福从法的强制性与权威性,犯罪原因及犯罪的环境和条件、物权、法律程序等方面梳理总结了数百条法谚,指出:“总之,法律的内容、原则、精神, 立法、司法、执法等法律现象,从法律心理到法律意识,从合法、守法到非法、违法,从良法、陋规到法弊、时弊,都有相应的法谚。”[23]郑玉波《法谚》(一)、(二)两卷将收录的法谚按“一般法理”“民法总则”“民法债编”“民法物权”“民法亲属”“民法继承”“民事诉讼”“强制执行”“宪法”分为九类,其中主要以民事法律为中心。

法谚在数量、对象、内容方面的多样性,与社会关系愈发丰富和法律制度愈加复杂有关。法谚的多样性还包括来源多样、创作主体多样、传播渠道多样、产生背景和时空条件多样,原因在于法谚所反映的法律观念、法律制度和法律文化也是多样的。这些多式多样的法谚,如何能够称得上“法理”的有效载体,必然需要研究者的筛选和分析。

4. 文化性

法谚的多样性把人们的关注眼光导向法律观念、法律意识形态以及具体法理上的差异性。差异性根源于语境背后的文化。不同的文化有不同的思想特点和意识形态,从而在谚语的表达方式、体现的思想智慧上也有差别。法谚的文化性是讨论法谚之法理意蕴的重要背景。需要注意的是,差异性的诱惑在于人们可以通过差异性来建构一套具有主体性的话语叙事,以区别于现有的、作为反思对象的叙事,由此拒绝、排斥来自其他文化的法理渊源,但这也是差异性的陷阱所在。因此,从法理研究的角度来看,面对法理的特殊性与一般性等问题,人们应当在意义层面思考法谚的文化性,重视法理的解释与阐发。

法谚所反映的法律观念,实际上是人们对法律与社会生活秩序之关系的认识,罗伯特·柯维尔(Robert Cover)指出,人们对规范性世界之结构的理解和人们对物质世界之结构的理解一样,都是基础性的。法律不仅是一个可以被观察到的规则系统,还是一个我们生活于其中的法律世界。[24]在这个规范性世界中,"法律的意义是由我们的解释性信念(interpretive commitments)所决定的,同时我们的很多行动只有通过关联到某一规范才能被理解"。[25]并且,柯维尔还指出,在这个规范性世界中,法律意义的创造总是在一种本质上是以文化为媒介的情况下发生的。[26]

柯维尔的上述讨论对于法谚的文化性来说具有适用性。法谚所反映的法律观念,实际上是人们对其所生活的社会规范秩序的认识和理解,并和人们将如何行动关联在一起,其法律意义需要在特定的文化背景下才能得到准确理解。例如,"杀人偿命、欠债还钱"所表达的法律观念,在不同的宗教文化背景下也会有不同的理解和解释。又如,《一种走向全球伦理的普遍性宣言》把"你不愿意别人怎样对待你,你就不该怎样对待别人"或者"你愿意别人怎样对待你,你就该怎样对待别人"视为不同文化中相通的"黄金规则",以寻求跨文化的共同伦理规则。[27]这一规则虽然可以用"己所不欲、勿施于人"作为翻译,但仍然无法避免人们对与这种全球伦理相对应的道德义务及其如何转化成法律义务的怀疑和批判。[28]

综上所述,法谚具有概括性、传播性、多样性和文化性的特点。并不是所有的谚语都具有法律意涵,也并不是所有的法谚都是真知灼见。通过上述关于法谚之特点的分析,笔者对研究对象的范围作了进一步限定,即从法谚研究法理,应聚焦于关系到人们对法律之性质、法律秩序之正当性等根本性、基础性问题的法谚上来,这也是上文所述法谚研究的两种理论模式所欲回答的根本性问题。

(二)从法谚研究法理

在笔者看来,"法理"就是对法谚所蕴含道理的"更进一步"的追问和回答。[29]在法学史上和当代中国法学研究中,很多学者和作品就是借助法谚来研究和阐释法理。哈特在《法律的概念》一书中,曾通过讨论美国法学家格雷所附和的名言"正是那些有绝对权力去解释任何成文的或口述的法律的人,而不是首先写就或口述法律的人,才是法律之意图和目的的给予者"[30]来推进其对规则怀疑论的分析,也讨论和分析了"法律规则太过非正义而无法遵守"[31]和"法无明文规定不为罪"[32]的法理意义。叶士朋的《欧洲法学史导论》一书在述及欧洲法律思想史上的重要进展时,常以法谚作为概括或加以突出,如论及逻辑性解释的发展时引述的"法律科学在于理性的模式,而非语词的外壳";[33]法典编撰运动时期的"对于任何民族来说,所有普适性的法典均表达着自由的意见";[34]以及孟德斯鸠认为法官是"宣读法律条文的喉舌,乃是不能削弱法律效力和严谨性的无生命的物体"[35]等。当代中国法学研究也高度重视法谚的研究和解读,从中发现法理、阐释法理。陈兴良曾为"无行为则无犯罪"这一法律格言作了辩护,所基于的法理即行为是犯罪的基础。[36]郑成良通过深入讨论马克思的"没有无义务的权利,也没有无权利的义务",对权利义务具有一致性的法理作了细致阐述,为权利本位论作了进一步的论证。[37]张明楷的《刑法格言的展开》一书,对法谚的选择和阐述并不限于刑法,而是结合刑事法律对法谚所蕴含的法理作了详细阐释。[38]王利明的《法律解释学》一书,[39]在阐述某一狭义法律解释方法的规则时,常以一条法谚引出具体论述,这些关联于不同狭义法律解释方法的法谚,又常有互相抵触之处,需要研习者根据法理思维才能准确把握和熟练运用。这些例子都说明,从法谚来研究法理不仅是可行的,而且还具有重要的理论意义。通过法谚来研究法理,从分析的角度,可能至少包含四个方面的内容,即从法谚发现法理、由法谚阐释法理、经法谚传播法理、以法谚证成法理。在研究过程中,上述四个方面往返流转,能够更加准确地发现法理、更加深刻地阐释法理,乃至为具体法理提供更有力的证成。

在谚语中发现法理,需要走过一条谚语—法谚—法理型法谚—法理的道路,即从谚语和格言中筛选法谚,通过研究性解读挑选法理型法谚,再经由法理型法谚揭示和阐述法理。在《如何发现法理》一文中,丰霏认为:"想要在谚语和格言之中探寻发现'法理',必须要结合谚语和格言的特征,采用特殊的方法。"[40]谚语格言的修辞手法是对意义的强调而非法理本身,谚语格言具有语境依赖、受地方性知识影响、是特定时代的精神产物等特点,"谚语和格言中反映的内容是否符合现代法律精神,需要我们加以警惕与甄别,需要在历史语境中诠释其义”。[41]因此,要想顺利发现法理、更有效地阐释法理,需要有方法论的自觉和警醒。

例如,作为“小传统”的法谚,体现了法谚所反映的民间法律意识,能够帮助人们认识法律在特定时空的运行状态和真实效力;作为“大传统”的法谚,反映了属于一个文明、一个文化的法律意识,以及整体性的、以社会想象的形式所表现出来的法律观念。[42]作为“小传统”的法谚,其广泛存在和广为传播是法理社会化和“法理泛在”[43]的一种过程;作为“大传统”的法谚,其学理化则是法理不断凝练升华的一个阶段。法律格言、法律名言及其所反映的法律观念,不仅指向作为一个“单元观念”[44]的“法理”,而且法律格言、法律名言以及狭义法谚所共同构成的广义上的法谚,还指向“法理”所必然涉及的法律与人类生活秩序问题,因而也将会涉及上文柯维尔所说的人们对规范性世界之结构的基础性理解。

因而,研究法理、阐释法理是一个发现“意义”和重建“意义”的过程,在这个过程中,法理也将得到进一步证成。作为一个文本,法谚的修辞方式不仅是创作者个人观念和信念的表达,也是创作者和传播者对社会历史的一种参与;法谚的传播和演变体现了具体法理的意义演变和内在复杂性,[45]还体现了不同文化对法理的不同表达甚至不同理解。法谚创作、传播的过程,以及这一过程所展现或包含的法理“意义位移”,与法理研究中的一元与多元、内在与外在、一致性与差异性、普遍性与特殊性等问题密切相关。从观念史研究的角度,我们可以通过“法谚”来关注法律观念和法律秩序之间的互动,以及不同文化之间的法律互动和观念“流传”,[46]从而帮助我们在这个复杂多变的世界中,更好的理解和阐释法理。在法谚的传播和阐释过程中,我们可以观察三种互动,并从中发现法理的产生流变、同质性和异质性:一是精英文化与大众文化的互动;二是观念与社会结构的互动;三是不同文化、不同空间之间的互动和流转。

以上关于研究方法的思考,有助于确定法理研究的基本定位和功能作用。“法理”不仅作为一个“单元观念”整合法学学科研究、论证法理学学科自主性,更为重要的是,“法理”作为一种“观念”,还关系人们对法律与社会秩序的根本认识,以及“法理”的言说者以什么样的方式参与社会生活。法谚的使用和传播以及具体法谚的丰富思想内涵,至少从一个方面表明了法理在人类观念史和社会史上的重要作用,是我们发现法理、阐释法理、证成法理的理论空间。

三、法理型法谚的形态

本文将具备法理色彩、体现法理精神的法谚,称为"法理型法谚"。按照不同法理型法谚的理论化程度,本文将法理型法谚分为三种形态。需要说明的是,本文的这种划分是为了帮助我们把握和理解法理型法谚及其蕴含的法理,但并不意图对三种形态之间的法谚做一种截然不同的划分。

(一)评说型

所谓评说型,本文认为主要是指来自政治家、学者、文学家、官员、新闻工作者等各类主体的著述、演说中的法理型法谚。此类法谚对法律制度的评点及其包含的思想火花,其本意或许不是为了发展一种特定的法律理论或者法律学说,但却指向法律制度背后的深层原理、内在根据和思想渊源,从而深刻地揭示了法理。

美国第三十六任总统约翰逊曾说:"法律是人类最伟大的发明。别的发明让人类学会驾驭自然,而法律的发明则令人类学会如何驾驭自己。"[47]这段话从人的自主性的角度来阐述法律的性质,出自约翰逊1965年9月16日在华盛顿"经由法律实现世界和平"大会上的演讲,不由让人想起了康德的"启蒙运动就是人类脱离自己所加之于自己的不成熟状态",以及康德在同一篇文章里面所说的"凡是一个民族可以总结为法律的任何东西,其试金石都在于这样一个问题:一个民族是不是可以把这样一种法律加之于其自身?"[48]此外,论及法律、和平与大自然,我们还会联想到康德所提出的"永久和平"的根本问题。[49]在约翰逊发表该演讲的时代,美国联邦最高法院第十四任首席大法官沃伦(Earl Warren)在1963年亦曾论及"在文明社会,法律之船漂泊于伦理之海。对文明而言,这两者均不可或缺。离开法律,我们被肆意妄为所摆布;离开伦理,法律亦不能独存"。[50]当我们把目光投向上述演讲所处的20世纪60年代的美国,哈珀·李借律师阿蒂克斯之口说出:"在这个国家里,有一种方式能够让一切人生来平等——有一种人类社会机构可以让乞丐平等于洛克菲勒,让蠢人平等于爱因斯坦，让无知的人平等于任何大学的校长。这种机构，先生们，就是法庭”，[51]这会唤起我们关于法律与秩序、法庭与社会正义的更多思考，亦是传播法理、宣讲法理的重要途径和资源。

中国古代和近代也有很多法律与治理方面的法理型法谚。如张居正的“盖天下之事，不难于立法而难于法在必行”。[52]《韩非子·有度》中的“奉法者强，则国强；奉法者弱，则国弱”。[53]王安石的“立善法于天下，则天下治；立善法于一国，则一国治”。[54]沈家本的“法立而不行，与无法等，世未有无法之国而长治久安也”。[55]“法令行则国治，法令弛则国乱”[56]等。总体上而言，这是对中国传统社会“法”与“治”之关系的一种表达，[57]引发我们去思考中国古代法思想的深层次、根源性的问题。

总体上看，评说型法理法谚指向了某种规范性秩序，涉及人之行动应当如何、法律制度应当如何、社会秩序应当如何等。评说型法理法谚的思想火花和传播意义常常也在于此。

（二）学说型

所谓学说型，是指该类法理型法谚在法律思想史上，表达了某一派法律学说观点或出自某一派代表性学者的观点。此类法谚是法理型法谚的常见载体，但也有其限定性：它们不仅有具体的、严格的上下文语境，还有既定学术思想脉络和理论前设的限定。对此类法谚的研究，必须结合该法谚的上下文、所在文本、所处时代、著述者学术思想演变、所在理论/学派的观点立场等诸多因素。此类法谚所关涉的学说，常常也是法律思想史上的重大争议之一，研究者可以通过此类法谚来讨论和揭示某一个或者某一族法理。以下仅举几例，以此表明，对于同一个问题域，来源不同的法谚可能将我们引向更深层次的法理思考。

例如，关于法律发展演变，在中国常被引用的“法律绝非一成不变的，相反地，正如天空和海面因风浪而起变化一样，法律也因情况和时运而变化”，曾被误以为是黑格尔所说，且出处是黑格尔的《法哲学原理》正文第7页。这实际上是黑格尔引自古罗马法学家塞西留斯的话。[58]在古罗马语法学家盖里乌斯所著《阿提卡之夜》一书中，[59]记载了塞西留斯对哲学家法夫林说的“你不会不知道,法律有种种长处和补救方法,这些长处和补救方法,依据时代习尚,国际制度性质,当前利益的考虑和应予矫正的弊风会有变动和起伏。在性质上,法律绝非一成不变的,相反地,正如天空和海面因风浪而起变化一样,法律也因情况和时运而变化”。[60]与之相关联,1847 年,德国法学家基尔希曼(Julius von Kirchmann)在柏林法学会的演讲中曾说:“日月星辰在今天同几千年以前一样闪耀;现在的玫瑰花盛开时和伊甸园里的玫瑰没有区别;然而法律已经不同于以往了。”[61]基尔希曼以日月星辰、玫瑰花作对比,目的在于说明作为法学研究对象的法律具有变动性,进而指出当时纠缠于实在法的德国法学落后于现实,阻碍了法的进步,并认为“法学本来应该传播真理,可是实在法却使法学不得不服务于偶然、谬误、狂热和愚昧。法学的研究对象本应具有永恒性、绝对性,现在却充满了偶然和缺陷;可以说法学是从苍穹掉进了泥沼”。[62]对于基尔希曼的批评,一百多年后,1966 年,拉伦茨在柏林法学会的演讲作了回应,指出不仅法学是一门科学,而且法学对于法律实践是不可或缺的,“法学和法律实践的关系是一种交互作用的关系”,认为“法学不仅从千年的经验宝库中汲取营养,而且在必要时使人获得探索新路的勇气”。[63]从基尔希曼和拉伦茨跨越一百多年的对话来看,关于法学能否成为一门科学、法学作为科学之价值的争论,与人们对法的性质、法的演进等基本法理问题的不同理解是联系在一起的。

因此,法谚之间鲜明的理论立场分歧背后,常常存在重大的法理问题。法律、经验和理性的问题就是如此。霍姆斯(Oliver Wendell Holmes Jr.)曾说“法律的生命在于经验,而不在于逻辑”,[64]而庞德则认为:“法律是由理性所发展的经验,并不断应用于进一步的经验。”[65]我们需要结合两者各自的理论立场和美国法发展的时代背景,以及研究者关于这两句法谚的讨论,[66]来揭示和阐释其中蕴含的法理,开拓出更进一步值得讨论的问题。

再如,在正义对于社会秩序的重要性问题上,罗尔斯(John Rawls)认为:“正义是社会秩序的首要价值,正像真理是思想体系的首要价值一样。”[67]但是,人们对正义的理解是多样化的,因此,关于正义也就有各种各样的法谚和理论学说,构成了一个充满争议的理论领域。在中国宋代,朱熹用体用关系来解释公正概念,指出“公者,心之平也;正者,理之得也”。[68]叶适曾说:“盖人不平而法至平,人有私而法无私,人有存亡而法常在,故今世以‘人乱法不乱’为常语,此所以难于任人而易于任法也。”[69]这均是对正义价值之重要而独特意义的阐释。

(三)典范型

在为数众多的法谚中,部分法理型法谚在法律思想史上和法律制度史上具有源头性的、典范性的地位,被后人反复加以引证、评论、研究,得到了广泛传播。此类法谚所涉及的常常是法律和法学领域的某些充满争议和分歧的概念,后人对于这些概念的讨论众说纷纭,甚至无法达成一个共识性的认识。这些概念也被称为“本质上有争议的概念”(an essentially contested concept),如正义、善、公正、美、安全、法治等。鲍德温(David A. Baldwin)在分析“安全”这一概念时指出:“‘本质上有争议的概念’据说具有强烈的价值倾向,这就使任何论证或证据都不能使人就其中任何一种解释是‘正确的或标准的用法’而达成共识。”[70]按照盖瑞对“本质上有争议的概念”的分析,[71]此类概念存在“一个其权威获得承认的原始范型”或者说“典范”。

在法律思想史上,亚里士多德对法治的定义就是此类“典范”或“经典”。亚里士多德认为:“法治应包含两重意义:已成立的法律获得普遍的服从,而大家所服从的法律又应该本身是制定得良好的法律。”[72]人类历史上有关法治的各种理论、思想和演说各有侧重,存在众多根本性的理论分歧。[73]一方面,亚里士多德对法治的定义在这些争论中被不断重述,凸显了其“典范性”;另一方面,也正是由于法治观念的复杂性、争议性和包容性,法治才可能被提升到人类文明成果的范畴。麦考密克(Neil MacComick)指出:“法治原则既是社会财富,也是人类的财富;正义、民主及社会正义等等也如此。所有这些财富构成了盖瑞所说的‘本质上有争议的概念’。它们永远无法被完整地贯彻,并且其中任何一种价值观在某种情况下都可能与其他价值观发生碰撞。一旦某一价值观被认为有优先于其他价值观的权利,那么就无任何机会在必然会发生竞争的理想之间达成必要而合理的妥协了。”[74]

可以归入此类“典范”或“经典”的国外法谚为数众多,此处仅举几例:“法的准则是:诚实生活,勿伤他人,各得其所”;[75]古罗马法学家塞尔苏斯的“法是善良与公正的艺术”；[76]上文提及的西塞罗所说“真正的法，乃是与大自然相符合的正确理性”；[77]梅因（Henry Maine）的“所有进步社会的运动，到此处为止，是一个‘从身份到契约’的运动”；[78]马克思的“没有无义务的权利，也没有无权利的义务”[79]等。

中国的“典范型”“经典性”法理法谚也很多，上文所提及“奉法者强，则国强；奉法者弱，则国弱”“立善法于天下，则天下治；立善法于一国，则一国治”“德礼为政教之本，刑罚为政教之用，犹昏晓阳秋相须而成者也”[80]“法者，刑法也，所以禁强御暴也”[81]“法者天下之公器也”等，[82]均可视为“典范型”的法理法谚，既有争议性亦富有启发性。

四、以法谚证成法理

（一）法谚中的比喻

从法谚的修辞方式来看，常见比喻型的法谚，其语言通俗，使用了比喻、隐喻等修辞手法，以表述和解释法律背后的深层道理。比喻本是谚语常见的修辞手法，目的和效果是谚语的通俗性和传播性。但法谚所借喻的对象，表面上看是法律之外的事物，但其目的却是阐述内在于法律而又超越法律的法理。

德国法学家黑克（Philipp Heck）用显微镜这种现代工具来比喻利益划分在法学上的重要性，“每一种较为深入的探讨都要求对利益进行划分，这种划分仿佛是一台法学显微镜”。[83]美国法学家却伯（Laurence H. Tribe）则对以“蓝图”来比喻美国宪法的说法提出批评，认为“（美国宪法）仅是一个框架；它并不是一份蓝图”。[84]

中国古人曾用度量衡及其工具来比喻法律的意义。如“匠万物者以绳墨为正，驭大国者以法理为本”，[85]把法理对于治国者的重要性，以绳墨对于工匠的重要性作为比喻。唐代吴兢所说的“法，国之权衡也，时之准绳也；权衡所以定轻重，准绳所以正曲直”，[86]意指法律是衡量一个国家是非的标准，也是治理国家的准绳。与此相类似的，还有商鞅的“法者，国之权衡也”，[87]《管子》中的“法者，天下之程式也，万事之仪表也”，[88]“夫法者，所以兴功惧暴也。律者，所以定分止争也。令者，所以令人知事也。法律政令者，吏民规矩绳墨也”，[89]“尺寸也，绳墨也，规矩也，衡石也，斗斛也，角量也，谓之法”。[90]其他的还有

《慎子·逸文》中说“有权衡者,不可欺以轻重;有尺寸者,不可差以长短;有法度者,不可巧以伪诈”;[91]《淮南子·主术训》中的“法者,天下之度量,而人主之准绳也。具法者,法不法也;设赏者,赏当赏也”。[92]

不独中国,国外法学家也将法治、法律、正义与度量衡联系在一起。亚里士多德说:“要使事物合于正义(公平),须有毫无偏私的权衡;法律恰恰正是这样一个中道的权衡。”[93]耶林(Rudolf von Jhering)说:“正义环绕着法权,她一手提着天平,以此衡量法权,一手握有干戈,用之去维护法权。”[94]那么,将法治、法律与度量衡联系起来,经历了一个什么样的历史过程?具有什么特殊意义?是以一种什么样的方式阐释和影响了法理?上述问题均值得进一步研究。初步地看,《孟子·梁惠王上》说:“权,然后知轻重;度,然后知长短。物皆然,心为甚。”[95]度量衡是对物理尺度的分割权衡,法律则是对社会尺度的权衡分割,所以法律有“定分止争”的内在属性。

又如,《商君书》中的“背法而治,此任重道远而无马牛,济大川而无船楫也”,[96]以此来强调说明违背法律而治理在经验上的荒谬性,但以马牛相对于途远、船楫相对于航渡来比喻,也有可能引发法律工具主义的思考和辩论,我们需要透过此种比喻来发掘更深层次的法理问题。[97]贝卡利亚(Cesare Beccaria)曾言:“一切违背人的自然感情的法律的命运,就同一座直接横断河流的堤坝一样,或者被立即冲垮和淹没,或者被自己造成的漩涡所侵蚀,并逐渐地溃灭。”[98]相对于上文提及西塞罗的“真正的法,乃是与大自然相符合的正确理性”,贝卡利亚的比喻对象为“堤坝”这样的人造物,与船楫具有类似的属性。又譬如,培根(Francis Bacon)曾言:“一次不公的判断比多次不平的举动为祸犹烈。因为这些不平的举动不过弄脏了水流,而不公的判断则把水源败坏了。”在这段话的上下文中,举例和比喻并用,先后用了犹太律“移界石者将受诅咒”(“把界石挪动的人是有罪的”)、所罗门的“义人在恶人面前败讼好象浊浑之泉,弄浊之井”,以及“《圣经》上说,‘有的人把审判之举变为苦艾’,确实也有把审判之事变为酸醋的人;因为不公平的判断使审判之事变苦,而迟延不决则使之变酸也”等来论述其观点,即“为司法官者应当记住他们底职权是jus-dicere而不是jusdare;是解释法律而不是立法或建法”。[99]

(二)法谚中的法理证成

上述法谚所用之比喻,是进一步深入法理研究的切入点和突破口。比喻型法谚所借喻的对象主要有两类,即自然物和人造物:度量衡、船楫、堤坝、界石均为人造物,水源、天空、海洋、日月星辰则为自然物。那么,这两类事物是不是用以言说和阐释法理的恰当事物呢?各自又指向了各自不同的理论前提?

1. 自然物/人造物之分与法律性质

自然物和人造物的区分,在关于法律之性质的讨论中占有重要一席,它关联到法律性质争论的出发点和方法论。在《合法性》一书中,夏皮罗(Scott J. Shapiro)对法律的"身份问题"作了讨论。所谓"身份问题","一般来说,问事物 X 的身份,就是问关于 X 的什么特性使得 X 是 X,而不是 Y 或者 Z 或者其他什么"。以水来举例说明身份问题,夏皮罗认为:"身份问题的正确答案必须要提供一系列的特性,能使 X 的(可能的或事实的)实例是所其是……水的身份是 H_2O,因为水就是 H_2O。具备 H_2O 的结构就使水成为水。相应地,就法律而言,依照这个解释回答'法律是什么'的问题,就是查明是什么使法律的所有实例能成为法律的实例,而不是其他什么。"[100]以"水"为例是恰当的吗?其关键的理论前设又是什么?塔马纳哈(Brian Tamanha)在他的《关于法律的必要和普遍的真》一文中,评论了拉兹和夏皮罗在讨论法律的性质时以"水"作为例子的做法,进而批判了分析法理学所认为的一种法律理论是由关于法律性质的必要的、普遍性的真所构成的主张。塔马纳哈进而认为,法律是社会人为事实(social artifacts),而不是自然物(nature kinds);法律并不适用于先验(priori)和后验(posteriori)的知识框架。[101]同样侧重于法律作为人造物,Frederick Schauer 曾用"伦敦塔桥"(Tower Bridge)这种人造物来说明法律,指出不同于"伦敦塔桥"这种人造物在理论上可以重建但是经验上几乎不能重建,法律这种"社会建构的概念"是一种可以不断建构和重构的人造物。[102]因此,我们不能轻易地放过法谚中的自然物/人造物、自然/人为之分,而应通过法谚的修辞来追问法律背后"进一步"及"更进一步"的深层次理论问题。

2. 自然/人为之分与社会秩序

自然与人为之分还是社会大变革之际的关键思想线索之一,是当代中国法理思考的一个重要理论分析框架。自清末严复、梁启超等人开始的自然与人为的讨论,基于当时的时代背景,不可避免地与中西之争联系在一起。[103]在今天看来,这场讨论的问题意识是历史大变局之下何种社会秩序与法律制度是更可欲的。因此,中西之争之下的自然/人为之分,在不同人那里各有侧重、取舍,而表现在法律秩序和法律制度的维度,则是何种法律制度在当时中国是更可欲的,并从而与当时的"法理思考"联系在一起。在这样的历史语境下,对"人为"的强调,重在强调社会变革时代"人为"之努力对于救亡图存的重要性。中国近代法理学也就是在回应他者冲击与努力建构自身主体性的语境下产生和发展的。[104]蔡枢衡论及当时中国法理自觉发展时,既强调自我觉醒的法律意识的"人为性",指出"因为是自觉的,所以是自己创造,不是摘拾和祖述",[105]又主张这种自我创造要对历史法则和社会法则有深入理解,"法学之获得科学性,系于法学自身随时随地能够保持着合法则性"。[106]

因而,自然/人为之分既关联到法律性质的法理思考,还关联到社会秩序的法理思考,特别是历史大变局时期的法理思考。我们既要重视"中西之争"脉络中的法理研究资源,又要努力超越"中西之争",思考自然/人为之分在更广阔理论视域下的解释力和适用性。这既包括中华文明与不限于西方文明的世界各种文明的交流互鉴,也包括西方文明内部特别是西方法律思想史内部对自然/人为之分的讨论。当代西方法哲学对于自然/人为之分的讨论是一例,[107]历史上英国大法官爱德华·柯克(Edward Coke)对法律的技艺理性(人为理性)是最高的理性的论述亦是一例。[108]

3. 比喻与证成法理

从人们已然习惯的社会人造物到符合"大自然的正确理性"的自然物,不同的比喻对象及其修辞方式体现了法谚是说明法律性质和社会秩序的重要路径。那么,借助自然物、人造物所寄载的自然之理、事物之理来说明法理,又具有什么样的理论意涵?

自然物和人造物的区分,以及比喻在自然物与人造物之间所架设的桥梁,对于法理研究特别是法理之证成和阐释具有重要意义。王汎森在讨论思想与生活的关系时指出:“思想要落到现实,往往就要‘降一格’成为条文、格言之类的东西。中国历代思想,凡在日常生活世界中发生重要影响的,一定经历‘降一格’之类的历程——包括一个无所不在的‘俭约原则’,即将相对复杂深奥的思想一阶一阶地降。后来可能成为几个概念或者几个口号,或是不停地通俗化或改写(包括具象化与譬喻化)……所以我们的关注力不能总是停在最上一格,而应观察一次又一次地‘降一格’,并扩散出去而影响历史变化的实况。”[109]就本文所论及的法谚与法理的关系而言,自法理到法理型法谚再到法谚最后到谚语,从思想的复杂程度上看,似乎是逐步降阶、通俗化的过程,但从思想与生活、理论与实践的关系来看,则是互相影响、互相建构的过程。

在论及制度之根源和观念制度稳定性时,玛丽·道格拉斯(Mary Douglas)指出:“实现这一稳定化的一个原则即是社会范畴分类的自然化。我们需要一种比喻(analogy)以便将那些关键的社会关系的正式结构建筑在自然或超自然世界中,永恒世界中,或者其他去处。关键在于使得人为精心策划的社会建构隐而不显。”[110]在法谚中,通过比喻这种方式,法律制度首先落脚于那些已然被人们所接受的、成为社会常识的那些人造物,如水井、船楫、堤坝和度量衡,然后再通过这些人造物进一步“自然化”为自然规律乃至宇宙规律的一部分,从而获得其正当性(legitimacy)。法律制度之法理,经由比喻这种“自然化”的方式,与“事理”“公理”“天理”等融为一体,具备了恒常性、本质性、规律性的属性。[111]自然和人为的区分,并不是要将自然与人为截然二分。从法谚言说法理的方式来看,即便法律是人为的、经验的,但以法谚言说法理、证成法理,却又借助了自然物或自然规律,或者采用了“自然化”的方式。从而,言说、证成法理的“自然化”方式并不是说“法理外在于法”,而是言说、证成法理的方式常常是外在于法律的“自然化”的方式。通过这一过程,法律制度之法理得以证成、其规范性得以强化;并且,借助于法谚的“民俗性”“习惯性”特征和比喻修辞,法理证成的这一过程是隐而不显的,而在道格拉斯看来,这正是比喻这种“自然化”方式的关键所在。

4. 法理内在于法律

法谚中的“自然化”言说,是外在于法律的“理”内化为“法理”的途径之一,且使这个过程隐而不显。与此相似,在寻找、发现、总结、梳理法理的过程中,一些外在于法律制度、法律实践和法律知识的“理”以及相近范畴,进入了我们的视野并成为研究对象。对于法理研究而言,这类外在于法律的“理”,需要我们进行辨析和阐释,将其内化为“法理”。比喻这类“自然化”方式,并不意味着“法理”外在于法律,而是法理之证成需要一个“自然化”的过程,那些外在于法律的“理”恰恰是通过这一过程内化为法律之内的“法理”。

对于这种情况,洛特卢斯纳(Hubert Rottleuthner)在论及法的原理时,将之称为“内在的、但外部于法律的法原理”(immanent but legally external foundations of law),包括法的自然原理、经济原理、道德原理、社会原理、政治原理和历史原理等。[112]这类“内在的、但外部于法律的法原理”,以及“法的内部原理”如富勒的法律的内在道德、法律实证主义者所提出的内部视角、卢曼论及的规范封闭与认知开放,更包括上述讨论所指向的法律自主性、法律自治性,均指向了法理的内在性。法理不是外在于法律的规范性世界的“超越性”,相反,法理内在于人类社会法律制度,兼具世俗性和超越性的特点。对此,张文显教授认为:“‘法理’是千百年来在法治实践和社会生活中不断积累和丰富的智慧和哲理……诸如‘明理尊法’,‘以法为教’,‘变法促进’,‘法约而易行’,‘法正民安’,‘法安天下、德润人心’,‘刑无等级’,‘惩恶扬善’等,都不是某种先验的或超验的‘绝对精神’、‘绝对理念’。”[113]而出自《慎子》的“法,非从天下,非从地出,发乎人间,合乎人心而已”,以及此语的另一个出处“文子问曰:‘法安所生?’老子曰:‘法生於义,义生於众,适合乎人心,此治之要也。法,非从天下也,非从地出也,发乎人间,反几自正”,[114]表达的也正是法律内在于人类社会的特性。

结 论

法理型法谚是法谚的精华,法理是法谚的魂魄。法谚中所包含的法理,揭示了“实践中的法”和“书本中的法”中的法理表达、法理传播、法理思维和法理依据,“法理泛在”的实质是作为法律之精神的“法理”在法律和社会生活中的渗透与播扬。草木无神显其衰败,楼宇无魂失之平庸,法律失去其精神就谈不上良法善治,法律和法治自身的独立性和必要性也会丧失。本文对法理的研究尚处于起步阶段。“从法谚到法理”只是法理研究的一小步,而法理研究的拓展和深入必将是当代中国法治实践和法学发展的一大步。

注 释

* 王奇才,上海师范大学哲学与法政学院副教授,吉林大学全面依法治国研究中心研究员,法学博士。

本文原载《法制与社会发展》2018 年第 4 期。

〔1〕 [古希腊]亚里士多德:《政治学》,吴寿彭译,商务印书馆 1965 年版,第 8 页。

〔2〕 霍存福:《法谚:法律生活道理与经验的民间形态——汉语谚语的法文化分析》,载《吉林大学社会科学学报》2007 年第 2 期。相关的研究还有:徐忠明:《传统中国乡民的法律意识与诉讼心态——以谚语为范围的文化史考察》,载《中国法学》2006 年第 6 期;程汉大、刘吉涛:《中西"小传统"法文化之"暗合"——以民间法谚为视角的考察》,载《华东政法大学学报》2008 年第 6 期等。

〔3〕 关于法谚、法律格言的书籍,参见郑玉波:《法谚》(一)、《法谚》(二),法律出版社 2007 年版;李龙主编:《西方法学经典命题》,江西人民出版社 2006 年版;张明楷:《刑法格言的展开》(第三版),北京大学出版社 2013 年版;孙笑侠编译:《西方法谚精选:法、权利和司法》,法律出版社 2005 年版;李秀清主编:《法律格言的精神》,中国政法大学出版社 2003 年版;陈卫佐:《拉丁语法律用语和法律格言词典》,法律出版社 2009 年版;冯玉军主编:《寻找法治的力量:中国经典法律格言赏析》,北京师范大学出版社 2010 年版;辛辉、荣丽双主编:《法律的精神:法律格言智慧警句精选》,中国法治出版社 2016 年版;张晓秦、刘玉民主编:《法律智慧的火花:法律格言与警句精选》,中国民主法制出版社 2010 年版;杨艳瑾编绘:《图画里的法律智慧:法谚彩绘本》,中国法制出版社 2015 年版;[德]古斯塔夫 · 拉德布鲁赫:《法律智慧警句集》,舒国滢译,中国法制出版社 2016 年版;[美]约翰 · 格雷:《法律人拉丁语手册》,张利宾译,法律出版社 2009 年版;[奥]雷立柏:《拉—英—德—汉法律格言辞典(包括罗马法和教会法的格言)》,宗教文化出版社 2008 年版;李非主编:《法制 · 道德格言辞典》,中国检察出版社 1991 年版;[美]丹尼尔 · B. 贝克:《权力语录》,王文斌、张文涛译,江苏人民出版社 2008 年版。

〔4〕 梁治平认为,清代"乡规"和"俗例"以"法语"和"法谚"两种习惯语的形式流行于民间,其中"法谚"表达原则,"直接规定了有关当事人之间的'权利'和'义务',具有习惯法的规范渊源的地位"。参见梁治平:《清代习惯法:社会与国家》,中国政法大学出版社 1996 年版,第 40 ~ 42 页。

〔5〕 徐忠明认为:"鉴于谚语来自民间,有着更为浓厚也更为深刻的乡土色彩,所以也就更能反映乡民的法律意识和诉讼心态……不仅如此,谚语还有指引乡民建构法律秩序,以及表达

他们的法律思想和诉讼感受的价值。”但徐忠明也指出,通过对法谚的研究发现,“虽然传统中国文化的大传统与小传统之间存在着一定程度的背离,但是两者之间同样不乏互动的因素。就谚语反映的法律文化状况来看,本文反复援引清代《圣谕广训集解》的资料与谚语进行勘比,结果发现,尽管它们之间的一致性超过了差异性,可是彼此言述的视角却有很大的不同”。参见徐忠明:《传统中国乡民的法律意识与诉讼心态——以谚语为范围的文化史考察》,载《中国法学》2006 年第 6 期。

〔6〕 [美]庞德:《法理学》(第三卷),廖德宇译,法律出版社 2007 年版,第 335 页。

〔7〕 其他七种模式是:法律假定、解释、衡平法、自然法、司法经验、比较法、社会学研究。参见[美]庞德:《法理学》(第三卷),廖德宇译,法律出版社 2007 年版,第 342 页。

〔8〕 [美]庞德:《法理学》(第三卷),廖德宇译,法律出版社 2007 年版,第 394 页。庞德在《法理学》(第三卷)中,用大概 44 页的英文篇幅讨论了格言在法律体系和法律科学发展中的情况。

〔9〕 庞德在其书中依次对罗马法、教会法、民法法系、日耳曼法、普通法、衡平法中的格言作了检视。参见[美]庞德:《法理学》(第三卷),廖德宇译,法律出版社 2007 年版,第 392 ~ 432 页。

〔10〕 [美]庞德:《法理学》(第三卷),廖德宇译,法律出版社 2007 年版,第 432 页。笔者根据原文,对译文做了个别字句的调整。

〔11〕 马骏、刘亚平主编:《美国进步时代的政府改革及其对中国的启示》,格致出版社 2010 年版。

〔12〕 周植荣:《谚语特点的文化、美学探讨》,载《华南师范大学学报》(社会科学版)1994 年第 3 期;谢敏:《英语谚语的历史、分类及特点》,载《西南民族学院学报》(哲学社会科学版)2002 年第 4 期;余洁:《谚语的修辞特征分析》,载《海南师范学院学报》(社会科学版)2004 年第 6 期。

〔13〕 邱本:《法谚:浓缩的意蕴》,载《人民法院报》2012 年 7 月 27 日,第 7 版。

〔14〕 冯玉军:《闪烁智慧光芒的法律格言》,载《法制资讯》2011 年第 2 期。

〔15〕 本文对部分在中国流传但出处有错误或争议的法谚做了简要的考证。出于文化传统和语言的原因,这类出处存在错误或争议的法谚主要是来自西方法律传统的法谚。

〔16〕 徐忠明:《传统中国乡民的法律意识与诉讼心态——以谚语为范围的文化史考察》,载《中国法学》2006 年第 6 期。

〔17〕 本文关于观念史发展脉络和“意义位移”的讨论,主要参考了李宏图:《观念史研究的回归——观念史研究范式演进的考察》,载《史学集刊》2018 年第 1 期。该文梳理总结指出:区别于文本或概念在翻译过程中出现意义流失的观点,“意义位移”应视为“将文本和概念的移位视作意义的丰富化,至少因意义的创造性移位而获得新的内涵”。

〔18〕 [美]博登海默:《法理学:法律哲学与法律方法》,邓正来译,中国政法大学出版社 1999 年版,第 252 页。

〔19〕 李筠:《乌尔比安格言的创造性利用:罗马法复兴对现代国家主权理论的影响》,载《学海》2012 年第 2 期。

〔20〕 徐忠明:《传统中国乡民的法律意识与诉讼心态——以谚语为范围的文化史考察》,载《中国法学》2006 年第 6 期。

〔21〕 郑玉波:《法谚》(一)、《法谚》(二),法律出版社 2007 年版。

〔22〕 徐忠明:《传统中国乡民的法律意识与诉讼心态——以谚语为范围的文化史考察》,载《中国法学》2006 年第 6 期。

〔23〕 霍存福:《法谚:法律生活道理与经验的民间形态——汉语谚语的法文化分析》,载《吉林大学社会科学学报》2007 年第 2 期。

〔24〕 Robert Cover, "Foreword: Nomos and Narrative", *Harvard Law Review*, Vol. 97, No. 4 (Nov., 1983), p. 5.

〔25〕 Robert Cover, "Foreword: Nomos and Narrative", *Harvard Law Review*, Vol. 97, No. 4 (Nov., 1983), p. 7.

〔26〕 Robert Cover, "Foreword: Nomos and Narrative", *Harvard Law Review*, Vol. 97, No. 4 (Nov., 1983), p. 11.

〔27〕 英文为"What you do not wish done to yourself, do not do to others","What you wish done to yourself, do to others"。See Leonard Swidler, "A Universal Declaration of a Global Ethic", in Leonard Swidler, *Dialogue for Interreligious Understanding*, Palgrave Macmillan, 2014, p. 171.

〔28〕 例如,费德曼对此的批评是:把此类普遍性道德义务转换成法律义务的最好例子是普遍管辖权的道德论证,这种道德论证强调任何一种正当的地方性法律制度都必须包含某些基于个人的普遍性道德承诺,然而任何一种地方性法律制度对于某种特定的道德承诺而言都可能是偶然性的。See Noah Feldman, "Cosmopolitan Law?" *Yale Law Journal*, Vol. 116, No. 5 (Mar., 2007), p. 1069.

〔29〕 法理的这种对"更进一步的东西"的东西,不同于后现代活动所隐含的绝望,因为在利奥塔看来:"隐藏在对于创新的嘲讽态度之下的,当然是一种绝望,认为再不会有什么更进一步的东西发生。"利奥塔的这段话,以及关于此问题的讨论,参见[英]基思·特斯特:《后现代性下的生命与多重时间》,李康译,北京大学出版社 2010 年版,第 172 页。

〔30〕 [英]哈特:《法律的概念》,张文显等译,中国大百科全书出版社 1996 年版,第 140 页。H. L. A. Hart, Penelope A. Bulloch and Joseph Raz (eds.), *The Concept of Law*, Clarendon Press, 1994, p. 141.

〔31〕 [英]哈特:《法律的概念》,许家馨、李冠宜译,法律出版社 2006 年版,第 192 页。H. L. A. Hart, Penelope A. Bulloch and Joseph Raz (eds.) *The Concept of Law*, Clarendon Press, 1994, p. 209.

〔32〕 [英]哈特:《法律的概念》,许家馨、李冠宜译,法律出版社 2006 年版,第 194 页。H. L. A. Hart, Penelope A. Bulloch and Joseph Raz (eds.) *The Concept of Law*, Clarendon Press, 1994, p. 211.

〔33〕 [葡]叶士朋:《欧洲法学史导论》,吕平义、苏健译,中国政法大学出版社 1998 年版,第 109 页。

〔34〕 [葡]叶士朋:《欧洲法学史导论》,吕平义、苏健译,中国政法大学出版社 1998 年版,第 165 页。

〔35〕 [葡]叶士朋:《欧洲法学史导论》,吕平义、苏健译,中国政法大学出版社 1998 年版,第 188 页。

〔36〕 陈兴良:《无行为则无犯罪——为一条刑法格言辩护》,载《中外法学》1999 年第 5 期。

〔37〕 郑成良:《试析马克思的一句法律格言》,载《当代法学》1990 年第 2 期。

〔38〕 张明楷:《刑法格言的展开》(第三版),北京大学出版社 2013 年版。

〔39〕 王利明:《法律解释学》(第二版),中国人民大学出版社 2016 年版。

〔40〕 丰霏:《如何发现法理?》,载《法制与社会发展》2018 年第 2 期。

〔41〕 丰霏:《如何发现法理?》,载《法制与社会发展》2018 年第 2 期。

〔42〕 “社会想象”这个概念来自查尔斯·泰勒。参见[加]查尔斯·泰勒:《现代社会想象》,林曼红译,译林出版社 2014 年版。

〔43〕 “法理泛在”一词为张文显教授首创、首倡。

〔44〕 “单元观念”一词来自洛夫乔伊。参见[美]诺夫乔伊:《存在巨链——对一个观念的历史研究》,张传有、高秉江译,江西教育出版社 2002 年版,第 1 ~ 2 页。

〔45〕 赵歆:《法谚——“法律是远离激情的理性”来源与解析》,载《科技信息》2010 年第 33 期。

〔46〕 “流转”这个概念来自杜赞奇。在杜赞奇看来:“流转历史既强调必要的适应形式,也强调流转形式在接受时所经过的再创造。”“流转”从而区别于强调中心向周边单向关系的扩散理论,当然也区别于“法律移植”。参见[印]杜赞奇:《全球现代性的危机——亚洲传统和可持续的未来》,黄彦杰译,商务印书馆 2017 年版,第 100 页。关于法学研究中的扩散理论,参见[英]威廉·特文宁:《法律播散:一个全球的视角》,魏磊杰译,载高鸿钧编:《清华法治论衡》(第 14 辑),清华大学出版社 2011 年版。

〔47〕 在中国,这段话常被误以为是博登海默所言。经核查,这段话实际上语出林登·贝恩斯·约翰逊(Lyndon Baines Johnson)。英文原文为“Law is the greatest human invention. All the rest give man mastery over his world. Law gives him mastery over himself.” See Lyndon B.

Johnson, “Remarks to the Delegates to the Conference on World Peace Through Law”, *The American Presidency Project*, http://www.presidency.ucsb.edu/ws/? pid = 27259,最后访问日期:2018 年 3 月 20 日。

〔48〕 [德]康德:《答复这个问题:“什么是启蒙运动?”》,载[德]康德:《历史理性批判文集》,何兆武译,商务印书馆 1990 年版,第 22、27 页。

〔49〕 康德认为关于永久和平的最根本问题是:“关于人类自己的理性使之成为自己的义务的那个目的,因而也就是在鼓励他们的道德观点上,大自然都做了些什么?它如何保证人类通过大自然的强制确实将会做到他们根据自由法则所应该做到但没有做到的事情,而又不伤害这种自由?并且还得是根据公共权利的全部这三种关系,即国家权利、国际权利和世界公民权利。”参见[德]康德:《答复这个问题:“什么是启蒙运动?”》,载[德]康德:《历史理性批判文集》,何兆武译,商务印书馆 1990 年版,第 97 ~ 144 页。

〔50〕 英文原文为“In civilised life, law floats in a sea of ethics. Each is indispensable to civilisation. Without law, we should be at the mercy of the least scrupulous; without ethics, law could not exist.” See Earl Warren, *Speech at the Louis Marshall Award Dinner of the Jewish Theological Seminary*, Americana Hotel, New York City (Nov. 11, 1962).

〔51〕 [美]哈珀·李:《杀死一只知更鸟》,高红梅译,译林出版社 2012 年版,第 251 页。

〔52〕 (明)张居正:《张太岳集》(卷三十八《请稽查章奏随事考成以修实政疏》),上海古籍出版社 1984 年版,第 482 页。

〔53〕 陈奇猷校注:《韩非子新校注》,上海古籍出版社 2000 年版,第 84 页。

〔54〕 (北宋)王安石:《临川先生文集·周公》,中华书局 1959 年版,第 678 页。

〔55〕 (清)沈家本:《历代刑法考·刑制总考三》,中华书局 1985 年版,第 34 页。

〔56〕 (东汉)王符:《潜夫论笺校正》,(清)汪继培笺、彭铎校正,中华书局 1985 年版,第 190 页。

〔57〕 在程燎原看来,“务为治”是中国古代法思想的一大要旨。参见程燎原:《千古一“治”:中国古代法思想的一个“深层结构”》,载《政法论坛》2017 年第 5 期。

〔58〕 塞克斯图斯·塞西留斯(Sextus Caecilius),生卒年不详。之所以说塞西留斯的生平和身份尚不明确,是因为其与另一个叫 Sextus Caecilius Africanus(中国法学界引用时,曾译为“塞斯特·凯其里·阿富里坎”,参见丁玫:《罗马法利益原则在确定契约责任中的作用》,载《比较法研究》2007 年第 6 期)的法学家是否为同一人,尚有争议。故本文仍按照黑格尔《法哲学原理》中的引述作为出处,并期盼学界有人对此作确切考证。

〔59〕 这句话出自《阿提卡之夜》第二十卷。《阿提卡之夜》的前十卷已经译成中文,只是作者名改译成了“格利乌斯”。参见[古罗马]奥卢斯·格利乌斯:《阿提卡之夜》(1 ~ 5 卷),周维明、虞争鸣、吴挺、归伶昌译,中国法制出版社 2014 年版;[古罗马]奥卢斯·格利乌斯:《阿提卡之夜》(6 ~ 10 卷),周维明、虞争鸣、吴挺、归伶昌译,中国法制出版社 2017 年版。

〔60〕 [德]黑格尔:《法哲学原理》,范扬、张企泰译,商务印书馆 1961 年版,第 7 页。

〔61〕 [德]J. H. 冯·基尔希曼:《作为科学的法学的无价值性——在柏林法学会的演讲》,赵阳译,载《比较法研究》2004 年第 1 期。

〔62〕 [德]J. H. 冯·基尔希曼:《作为科学的法学的无价值性——在柏林法学会的演讲》,赵阳译,载《比较法研究》2004 年第 1 期。

〔63〕 [德]卡尔·拉伦茨:《论作为科学的法学的不可或缺性——1966 年 4 月 20 日在柏林法学会的演讲》,赵阳译,载《比较法研究》2005 年第 3 期。

〔64〕 有中译本译为“法律的生命不是逻辑,而是经验”,参见[美]小奥利弗·温德尔·霍姆斯:《普通法》,冉昊、姚中秋译,中国政法大学出版社 2006 年版,第 1 页。

〔65〕 英文原文为“Law is experience developed by reason and applied continually to further experience”。上文所述的《法理学》(第三卷)中,庞德已经阐述了此种看法。参见[美]庞德:《法理学》(第三卷),廖德宇译,法律出版社 2007 年版,第 392 页。在 1959 年于瓦尔帕莱索大学 100 周年庆典发表的演讲《法律这类情形》中,庞德亦多次重复了此种看法,这是笔者目前能找到的最相近的出处。庞德去世后,这篇演讲发表于《瓦尔帕莱索大学法律评论》。庞德在该文中认为:“我认为法律,以及作为一种法律体系的普通法,是由理性所发展的经验和由经验所检验的理性。”(I should say that the law, and so the common law as a system of law, is experience developed by reason and reason tested by experience.) See Roscoe Pound, “The Case for Law”, *Valparaiso University Law Review*, Vol. 1, No. 2(Spring, 1967).

〔66〕 例如,[美]史蒂文·J. 伯顿:《法律的道路及其影响:小奥利弗·温德尔·霍姆斯的遗产》,张芝梅、陈绪刚译,北京大学出版社 2005 年版。

〔67〕 [美]约翰·罗尔斯:《正义论》,何怀宏等译,中国社会科学出版社 1988 年版,第 1 页。

〔68〕 《朱子语类》(卷二十六)。

〔69〕 (宋)叶适:《水心别集》(卷十四《新书》),载刘公纯等点校:《叶适集》,中华书局 1961 年版,第 807 页。

〔70〕 David Baldwin, “The Concept of Security”, *Review of International Studies*, Vol. 23, No. 1 (Jan., 1997).

〔71〕 W. B. Gallie, “Essentially Contested Concepts”, in W. B. Gallie, *Philosophy and the Historical Understanding*, Chatto & Windus Ltd Publishers, 1984. p. 161.

〔72〕 [古希腊]亚里士多德:《政治学》,吴寿彭译,商务印书馆 1965 年版,第 199 页。

〔73〕 Brian Tamanaha, *On the Rule of Law: History, Politics, Theory*, Cambridge University Press, 2004.

〔74〕 [英]尼尔·麦考密克:《法治国家与法治》,载[德]约瑟夫·夏辛、[德]容敏德编:《法

治》,阿登纳基金会译,法律出版社 2005 年版,第 48 页。

〔75〕《学说汇纂》(第一卷),罗智敏译,中国政法大学出版社 2008 年版,第 15 页。该书将其译为“法的准则是:诚实生活,不损害他人,各得其所”。

〔76〕《学说汇纂》(第一卷),罗智敏译,中国政法大学出版社 2008 年版,第 5 页。该书中将塞尔苏斯(Celsus)译为“杰尔苏非”。

〔77〕对这句话的翻译,国内有多个译本,根据英文版和登特列夫书上李日章的翻译([意大利]登特列夫:《自然法——法律哲学导论》,李日章译,联经出版事业公司 1984 年版,第 15 页)和沈叔平的翻译([古罗马]西赛罗:《国家篇 法律篇》,沈叔平、苏力译,商务印书馆 1999 年版,第 101 页),笔者做出了稍许改动,主要是把“God”译为“神”而非“上帝”。英文版系 James E. G. Zetzel (eds.), *Cicero*, *On the Commonwealth and On the Laws*, Cambridge University Press,1999(中国政法大学 2003 年影印本)。国内可见的其他译本,还有[古罗马]西赛罗:《论共和国 论法律》,王焕生译,中国政法大学出版社 1997 年版,第 120 页。但同时,这段话被认为是通过中世纪的基督教学者拉可顿修斯保存或者说“发现”的,在前述 Zetzel 所编辑的英文版本中,编者注明了这句是 Lactantius 发现的。凯利在《西方法律思想简史》一书中,曾指出“多亏了基督教的著作家拉可顿修斯(Lactantius,公元 250 ~ 317 年),我们才知晓这一论述的存在,他称西塞罗对神法的描述‘宛若神启’。”参见[爱尔兰]J. M. 凯利:《西方法律思想简史》,王笑红译,法律出版社 2002 年版,第 56 页。

〔78〕[英]梅因:《古代法》,沈景一译,商务印书馆 1996 年版,第 97 页。

〔79〕《马克思恩格斯全集》(第 17 卷),人民出版社 1995 年版,第 476 页。

〔80〕(唐)长孙无忌等:《唐律疏议》(卷一《名例》),刘俊文点校,中华书局 1983 年版,第 3 页。

〔81〕《盐铁论》(卷十)。

〔82〕梁启超:《饮冰室合集》,中华书局 1989 年版,第 8 页。

〔83〕[德]菲利普·黑克:《利益法学》,傅广宇译,商务印书馆 2016 年版,第 17 页。

〔84〕Laurence H. Tribe and Nichael C. Dorf, *On Reading the Constitution*, Harvard University Press, 1991, p. 6.

〔85〕(梁)萧子显:《南齐书》(简体版)(卷四十八《孔稚珪传》),中华书局 2000 年版,第 567 页。

〔86〕《贞观政要·公平》。

〔87〕《商君书·修权第十四》。

〔88〕《管子·明法解》。

〔89〕《管子·七臣七主》。

〔90〕《管子·七法》。

〔91〕《慎子·逸文》。

〔92〕《淮南子·主术训》。

〔93〕[古希腊]亚里士多德:《政治学》,吴寿彭译,商务印书馆 1965 年版,第 169 页。

〔94〕[德]耶林:《为权利而斗争》,郑永流译,商务印书馆 2007 年版,第 2 页。

〔95〕《孟子·梁惠王上》。

〔96〕《商君书·弱民》。

〔97〕马牛、船楫,在不同时空条件下是可替代的工具,但在特定的语境下也有可能是本质性、生存性的。

〔98〕[意]贝卡里亚:《论犯罪与刑罚》,黄风译,中国大百科全书出版社 1993 年版,第 30 页。

〔99〕培根的上述论述,均出自[英]弗·培根:《培根论说文集》,水天同译,商务印书馆 1983 年版,第 193 页。培根的这段论述与 16、17 世纪欧洲国家法庭生活的混乱有关,并且,“18 世纪后半叶最著名的法学家们据此酝酿一场深刻的法律变革,欲结束‘法庭的独霸天下’(孔多塞语),而将解释法律的任务专门交到立法者的手上”。参见[葡]叶士朋:《欧洲法学史导论》,吕平义、苏健译,中国政法大学出版社 1998 年版,第 167 页。

〔100〕[美]夏皮罗:《合法性》,郑玉双、刘叶深译,中国法制出版社 2016 年版,第 11 页。

〔101〕Brian Z. Tamanaha, “Necessary and Universal Truths about Law”, *Ratio Juris*, Vol. 30, No. 1(Mar., 2017).

〔102〕Frederick Schauer, “The Social Construction of the Concept of Law: A Reply to Julie Dickson”, *Oxford Journal of Legal Studies*, Vol. 25, No. 3(Oct., 2005), p. 498.

〔103〕王汎森:《思想是生活的一种方式:中国近代思想史的再思考》,北京大学出版社 2018 年版,第 44~51 页。

〔104〕程燎原:《“中国法理学”的“发现”——“中国法理学史”在近代的创建》,载《法制与社会发展》2009 年第 3 期。

〔105〕蔡枢衡:《中国法理自觉的发展》,清华大学出版社 2005 年版,第 60 页。

〔106〕蔡枢衡:《中国法理自觉的发展》,清华大学出版社 2005 年版,第 97 页。

〔107〕Kenneth Einar Himma、Corrado Roversi、Luka Burazin 等人主编的《法律作为一种人造物》(Law as an Artifact)一书将于 2018 年 8 月在牛津大学出版社出版,其中将收录 Brian Leiter、Frederick Schauer、Andrei Marmor、Brian Bix 等人有关该主题的论文。

〔108〕柯克曾言:“……理性是法律的生命,普通法本身不是别的,就是理性。应该把这种理性理解为通过漫长的研究、考察和经验而实现的一种技艺上对理性的完善(an artificial perfection of reason),而并非每个人都具有的自然理性,因为没有人生来是有技艺的(nemo nascitur artifex)。这种法律理性是最高的理性(summa ratio)。”该段引文及有关普通法技艺理性的讨论,参见李猛:《除魔的世界与禁欲者的守护神:韦伯社会理论中的“英国法”问题》,载李猛编:《韦伯:法律与价值》,上海人民出版社 2001 年版,第 168 页。

〔109〕 王汎森:《思想是生活的一种方式:中国近代思想史的再思考》,北京大学出版社 2018 年版,第 7 ~ 8 页。

〔110〕 Mary Douglas, *How Institutions Think*, Syracuse University Press, 1986, p. 48.

〔111〕 在《谭"理"》一文中,张岱年认为"理"至少有五项不同的意谓,分别是"形式"、"规律"、"秩序"(条理)、"所以"、"应当的准则",参见张岱年:《谭"理"》,载《张岱年全集》(第一卷》,河北人民出版社 1996 年版,第 94 ~ 98 页。在《事理论》一文中,张岱年又指出"凡变中之常谓之理","理为事事相续中之恒常"。参见张岱年:《事理论》,载《张岱年全集》(第三卷),河北人民出版社 1996 年版,第 119 页。

〔112〕 洛特卢斯纳将法律之原理分为三类,另外两类分别为"超验的法原理"(Transcendent Foundations of Law),包括法律的神话基础和宗教基础;"法的内部原理"(Internal Foundations of Law),包括凯尔森的基础规范、卢曼的自创生理论和富勒的法的内在道德。限于篇幅,本文尚没有涉及外在于法律的超越性事物,例如神话和宗教。参见[德]Hubert Rottleuthner、Matthias Mahlmann:《法律的基础》,张万洪、丁鹏主译,武汉大学出版社 2010 年版。

〔113〕 张文显:《法理:法理学的中心主题和法学的共同关注》,载《清华法学》2017 年第 4 期。

〔114〕 许富宏撰《慎子集校集注》将此语列入"慎子逸文存疑",指出《艺文类聚》卷五十四引作"文子曰","则此句当出自文子,而非慎子言"。参见许富宏:《慎子集校集注》,中华书局 2013 年版,第 102 ~ 103 页。

法理泛在

王红霞*

论法律实施：一般特性与基本原则

——基于法理思维和实践理性的分析

| 提　要 |

法律实施法律本身和法治建设均具有多维的意义与功能。改革开放以来，国内关于法律实施的研究经历了三个阶段和两次浪潮。法律实施具有规则依赖性、对人依赖性、资源依赖性和易受干扰性四项特性，这些特性使法律实施只能最大化趋近其应然效果、实然效果和道德效果统一的目标，并需努力克服实施不足、实施错误和实施异化。法律实施的基本原则应具有特殊性以及回应性，具体包括依法实施原则、全维实施原则、公平实施原则、诚信实施原则、效益实施原则以及谦抑实施原则六大原则。每项基本原则内又包含若干具体原则。这些基本原则及其中的具体原则构成了法律实施的法理群落。

| 关键词 |

法律实施　一般特性　基本原则　依法实施　全维实施、公平实施　诚信实施　效益实施　谦抑实施

一、问题的提出

如何使法律得到有效实施一直是古今中外法治建设中的重点和难题。众所周知,法律实施是亚里士多德法治论的两个构成要素之一:“法治的含义就是制定好的法律,并严格实施这种法律”。[1]实际上,法律实施的意义不仅于此,它甚至决定着法是否为法。诚如博登海默所言:“如果包含在法律规定部分中的‘应当是这样’的内容仍停留在纸上,而不影响人的行为,那么法律只是一种神话,而非现实。另一方面,如果私人与政府官员的所作所为不受符合社会需要的行为规则、原则或准则的指导,那么是专制而不是法律,会成为社会中的统治力量。因此,遵守规范制度而且是严格遵守规范制度,乃是法治社会的一个必备条件。”[2]苏联法学家雅维茨亦强调:“法的实现是法的存在、作用和法执行主要社会职能的特殊方式。如果法的规定不能在人们和他们的组织的活动中、在社会关系中得到实现的话,那法就什么都不是。”[3]张文显教授甚至直接主张,法律实施良好本身就是良法的构成要件之一,并强调法律实施得良好是指“不仅全民自觉守法,而且国家机关尊重宪法、严格执法、公正司法”。[4]古今中外的法学家从各个角度强调了法的生命在于实施,法的实施是实现立法者的目的、实现法律的作用的必由之路。在一定意义上,可以说所有的立法,不过是为法律实施做准备。在法治中国建设的大系统内,法律实施过程甚至不仅是法的实现的过程。随着中国特色社会主义法律体系的形成,中国法治建设的重心向法律实施移转。在“后法律体系”时代,法律实施对于已经制定的法律是有效的检视机制和反馈机制,立法的不适当处需要通过法律实施来体现,[5]法律实施中呈现出来的问题对今后的修法与立法将提供实践性积累素材。[6]法律实施亦是一个好制度的发现过程。对于正在发生重大社会转型的中国而言,制度完善应更多地重视司法机关自生自发的制度变革经验,采取诸如“司法机关改革试验先行”“立法机关将成熟的改革经验上升为法律”的法律发展模式。[7]从这个意义上讲,法律实施对于立法的完备和整体制度体系的完善都具有重要的意义。

国内针对法律实施问题的研究肇始于20世纪80年代初。1979年党的十一届三中全会以后,国家根据经济、政治形势的发展需要,颁布了许多法律。随着这些法律的相继施行,学者们开始对法律实施问题进行探索。当时的法理学教材、专著将法律实施纳入其中进行阐释,[8]许多学术论文围绕法律实施专题展开。[9]

20世纪末,随着有关法律实施的内涵、构成等一般理论的框架性认知取得了基本共识,法律实施中的具体问题以及部门法实施中的专门问题受到学术界的更多关注,这一时期的研究成果侧重于在中观、微观层面讨论法律实施。更为深入和细致的具体研究的涌现,进一步增大了法律实施宏观研究提炼和突破的难度,法律实施宏观研究相对落潮,有关法律实施的一般理论的研究进展基本处于悬置状态。

2011年中国特色社会主义法律体系宣告形成后,国内掀起了关于法律实施研究的第二次高潮。许多研究者注意到国家法治建设重心的转移,将研究精力和学术资源投入法律实施的研究中。[10]这一阶段,有关法律实施的一般原理的讨论再现端倪,学界对相似相关的范畴如法律实践、[11]法治实践等开展了一般性分析,[12]一些研究还重新开始反思法律实施基本内涵,[13]甚至尝试建构"法律实施学"。[14]

值得一提的是,1979年迄今,从宏观、中观、微观各层面,围绕法律实施研究始终存在一条突出的主线,即着重于解释法律未能得到有效实施的表现和成因的反向研究。此外,近十余年来,通过法社会学和计量法学的研究方法对法律实施开展定量分析与评估,[15]形成了法律实施学术脉络中一个显著的支流。但迄至今日,对于法律实施的普遍特征、基本原则等共性问题鲜有研究提炼,而这些是除法律实施基本范畴外,更具指导性和针对性的原理问题。

一般性的理论有助于指导法律实施实践、提升法律实施效果、促进法律实施体系的融贯,对解释和应对法律实施中的难题提供学术给养,提高法学研究整体的理论化水平。当前,全社会对法律实施的重要性已经达成了基本共识,对于法律实施中的具体问题和局部特征的研究较为充分。这些为探索揭示法律实施一般原理提供了重要的学术准备。有鉴于法律实施对于法治的重要价值及其对当下中国法治建设突出的时代意义,笔者不揣浅陋,尝试聚焦法律实施的基本原理,就法律实施的一般特性和基本原则进行探索和提炼,就教方家。

二、法律实施的一般特性

法律实施就是将宪法和法律规定付诸实践,将文字的规定变为实际行动，[16]是法律在社会实际生活中的贯彻。[17]法律实施可指法律制定后转变为现实制度的一套理论、制度和机制，也可指具体的实施主体实施法的行为。对于法律实施的具体内容或环节，通常有“四分法”“三分法”“两分法”三类划分方式。“四分法”将法律实施划分为司法、执法、守法和法律监督；[18]“三分法”将法律实施划分为法的遵守、法的执行和法的适用；[19]“二分法”将法律实施划分为法的适用和法的遵守两个部分，[20]其实质是在“三分法”基础上的进一步归并。[21]近年来，个别研究对法律实施的环节尝试拓展，提出了“（公民）用法”[22]“助法”[23]“积极守法”[24]“法律接受”[25]等环节。但从具体所指可以发现，用法、助法等问题适宜成为法律实施具体环节研究的一个分析单元，但其并不是与执法、司法和守法等并列层级的范畴，不是法律实施中的一个独立环节，[26]因此不能构成对既往环节的新增补。

（一）法律实施的特性提炼

从整体上看，法律实施是一个复杂系统，[27]其要素包括规则、主体、资源和条件四个部分。这些要素的质量直接影响着法律是否以及能够在怎样的程度得到实施。

1. 法律实施的规则依赖性

法律实施是对既有法律的贯彻落实。法律实施的品质首先受限于法律的质量，而法律规则总是有缺陷的。成文法律是凡人生产的文字艺术品，人生和社会有多复杂，它就有多复杂。向它乞讨是非曲直的标准，只在少数情况下才像使用傻瓜相机那样摁下按钮就行了……[28]法律规则的缺陷具有内生性特点。第一，法是用抽象的规则调整具象的社会关系。作为调整人们行为的社会规范，法必须具备一定的抽象性。正如富勒所言，简约性是法律的“内在美德”之一。[29]具备“内在美德”的法，才被视为具有“形式正义”。但法律实施是具体的、过程性的。那些被抽象掉的所谓与法律无关的因素，在法律实施中却可能是影响法律实施效果的主要乃至关键性因素。第二，语言是法律规范的载体。但语言具有模糊性，难以对事物进行精确的规定。这也客观上导致了规则与现实之间始终存在一定的距离。抽象的规范需要或多或少的解释才能在具象的特定情境中有效适用。这一解释或理解的过程往往意味着意义的缺损。第三,法律规则是人定的。但由于人类认知能力的有限性,法律无法穷尽全部社会关系。卢梭直呼:“要为人类制订法律,简直是需要神明。”[30]第四,法律规范是先定的,也即法律内容相对于社会发展总是呈现出相对滞后性,已界定的权利边界随着社会的不断进步和发展,愈发显得不适应。此外,由于立法质量等问题,如模糊、漏洞,缺少配套规则[31]的法往往难以实施。

在我国,规则质量问题更为堪忧。一方面,由于改革开放事业本身面临着严重的知识、经验和信息匮乏的问题,急剧的社会变革和转型又导致可靠而有效的知识、经验和信息的短缺,再加上国家幅员辽阔所带来的地方信息的高度分散性和信息搜集成本高昂等原因,立法信息不充分(匮乏)成为制约立法工作的“最大约束条件”。[32]另一方面,在我国,作为法治建设的后发国家,大量的制度是通过建构而不是自生自发演进而来,且建构过程中主要采取了法律移植的方法。这意味着法律与社会现实的非兼容可能性会更高。加之当代中国经济社会飞速发展,法律更加难以及时覆盖一些新出现的社会领域。

正是因为法律实施具有规则依赖性,法律质量不高被视为法律难以实施的直接原因。[33]周旺生教授直呼其为“笨法”:“学术研究和对生活的观察,这两方面都告诉我,今日中国的法和法治,既不是良法和良法之治,也不是恶法和恶法之治,而是一种‘笨法’和‘笨法之治’。”[34]

2. 法律实施对人的依赖性

无论从形式来看还是从实质来看,法律实施都离不开人。法律实施天然的困难性在于法律实施的非自为性。形式上,法律实施要靠人的落实或遵守,实质意义上,法律实施总是要内化于心并最终转变为人的行动。卢埃林认为,任何执法问题都必须视为一个改变某些特定个人的行为模式的问题。[35]因此,人是法律实施的核心。

法律实施对人的依赖性首先体现为对主体法律态度的依赖性。个体意志与法律意志在通常情况下不可能完全一致,这是法律实施的基本前提。法律是公民集体意志的体现,因此法律必然具有某种程度的共识基础。但在具体实施中,决策者和具体的实施受体并不同一,因此利益并不一致,对于利益的理解和共识也并不必然存在。“法律制定出来以后的有效贯彻实施,不仅取决于立法中要贯彻正确的观念,更取决于这些观念被执法者、司法人员乃至社会公众接受和认同。"某种意义上,实施的核心问题是解决人们依法而为的动力机制问题。

法律实施对人的依赖还表现在对主体的知识与能力等的依赖上。实施主体的知识水平直接影响执法、司法水平,也影响着守法者对法律及其实施的接受程度。这里的知识不仅包括法律知识,而且包括社会知识。正如立法需要知识一样,法律的实施需要实施主体所面对的社会问题有较为明确的了解。部分法律如环境法、卫生法等社会性规制、经济性规制类的法律的实施,对主体的知识水平的依赖程度更高。上述知识直接影响到法律实施主体的实施能力。

法律实施依赖于人,而人的态度、能力等都具有局限性和不稳定性。这导致法律的实施注定是不可能达致完美的;而实施主体的种种局限也必然会以这样那样的方式反映到法律实施实际效果中。

3. 法律实施的资源依赖性

法治是有成本的,法治的成本突出地体现在法律实施的成本上,这些成本用以配备法律实施所需要的资源。法律资源主要是指保障法律实施的财力和人力资源。[36]法律实施要由专门的组织机构和人员按照正式规定的程序和方式进行。一国的财力与人力直接影响到实施机构及其人员、设施的配备程度,也直接决定了法律实施可否以及多大范围内采取先进技术、新型工具来辅助,这就是法律实施的资源依赖特性。美国的制定法总是要在制定中明确该法的实施预算,充分体现了法律实施的资源依赖性。虽然不同的法律、法律中的不同规范对资源的依赖程度或有不同,如对于公法而言,法律能否实施、实施的程度与效果就更高度地仰赖于法律实施机构的正常运转,但所有法律都具有资源依赖的一般特性:不仅"硬法"要依靠资源,"软法"的实施虽不依赖国家强制力,但也要依靠资源,[37]只是依靠的资源类型不尽相同而已。

资源是法律实施的刚性约束。在任何一个国家的特定时空条件下,法律实施的资源总是稀缺的。法律资源稀缺是法律实施面临的永恒问题。现代社会法的治域不断扩大,深刻影响社会生活方方面面,对法律实施资源的需求和依赖更为严重。法律实施资源依赖性的客观存在要求我们必须充分考虑实施成本,理性设计法律实施的目标。那种简单强调法律必须一律严格实施的想法是浪漫的、脱离现实的。斯蒂格勒强调，社会必须放弃“全面”实施规则的观念，法律实施应当控制在合理水平，原因正是实施法律费用昂贵。“法律实施的目标是达到那种社会认为其能承受的遵守法定（或被禁止）行为的规则所需要的费用的程度。”[38]桑本谦教授亦提出，“受国家支付能力的限制，法律控制的范围不应过度扩展。在理论上，法律控制的合理边界应当确定在边际控制收益与边际控制成本恰好相等的位置上。因此，为了节省公共资源的投入，国家就要被迫限定法律的控制的范围，甚至会有意保留一些法律空白”。[39]

4. 法律实施易受干扰性

通常认为，法律是通过国家强制力保证实施。但事实上，国家强制力只是保证实施的最后一个力量。保证法律实施的力量是多元的，[40]不仅包括国家强制力，还包括政治力量以及道德和舆论等。其一，国家强制力。国家强制力是指国家通过监狱、法庭、军队、警察等所体现出的有组织的国家暴力。意大利法学家韦基奥认为，强制力与法律是两个逻辑上具有必然联系的概念，“哪里没有强制，哪里就没有法律”。[41]在耶林看来，没有强制力的法律就像“一把不燃烧的火，一缕不发亮的光”那样不可思议。相对于其他社会控制手段而言，法律不仅有其规范完备的制度体系，更有保障法律系统运行的程序设计和国家机器，从而为实现立法者心目中的理想社会关系和秩序提供了可资操作的强力工具。法律运行绝不是靠自律与说教，而是在要求社会主体自觉守法的同时，以强制力作为保障实施的重要后盾。正因为法律有了以强力为保证的外在约束功能，成文法才能够不仅仅停留于意志层面，而且具有对社会成员行为和利益关系进行调整规范的强大作用。[42]其二，政治力量。政治力量是中国法律实施的重要保证，特别是在法治建设的初期，执政党的主导和政策的号召与推动大大促进了法律的实施。将执政党政策纳入法律实施的过程、调动执政党的组织资源推动法律的执行的确能够在一定程度上带来一些积极的社会效果。[43]某些法律的实施必须依赖于执政党分支及外围组织的支持和推动；某些法律实施效果的提升需要更宽阔的政策视野。[44]在法律实施的棘手地带可以依赖和调动执政党的组织资源，实现组织化调控以提升法律实施效果。[45]其三，道德和舆论。道德和舆论也能发挥保证法律实施的作用。“道德上的协调为社会上的所有相互作用提供了方便。”[46]“没有道德滋养，法治文化就缺乏源头活水,法律实施就缺乏坚实社会基础。”[47]在环境法领域,环境道德调节是种低成本的调节方式,它在一定程度上弥补了市场失灵和制度失灵,保障了环境法规实施的有效性。[48]此外,舆论也是社会控制的一种力量源。闲话和流言蜚语是一种社会控制的手段。[49]

在这里,真正值得重视和强调的问题在于如下两点。第一,多元保证力量发生作用的方式和进路是多样、多层次的,不同的实施保证力之间具有相互影响:既可能是相互补强也可能相互中和。第二,一个更为值得关注的问题是力量中性,即任何一种力量,其性质是中立的。因此,其既可能推动、保证法律实施,也可能阻却、干扰法律实施。例如,国家强制力的滥用、权力的滥用、政策的过度影响,以及道德裹挟、舆论绑架等,都是实际存在的、在现实中发挥过甚至还在发挥着破坏法律实施作用的力量。法律实施既要仰赖上述力量,又可能被上述力量影响破坏。这就是法律实施的易受干扰性。

(二)基于法律实施特性的目标预设

法律实施的目的在于使法律发生所规定之效力,使社会关系向其预设的方向发展,法律的一定社会目的或社会功能获得实现。从法的整体实现的程度及其实现的社会效果来看,笔者认为,法律实施的目标预设包含两个维度。从正向看,法律实施的目标旨在实现应然效力、实然效力和道德效力的统一。魏德士将法的效力分为三类:“法律”效力(应然效力):法应当有效,因为法是由国家制定并由国家实施的。“现实”效力(实然效力):如果法得到真正的遵守,那么它就存在。“道德”效力(认可效力或确信效力/接受):它表明了遵守法律的道德基础。如果法律规范是出于法律确信而被人们自愿遵守,那么它就具有道德效力。[50]法律实施的理想目标是努力追求法的这三种效力的统一。从反面来看,法律实施的目标在于预防实施乏效。法律实施乏效表现在三个方面:实施不足、实施错误和实施变异。法律实施乏效的第一类表现就是实施不足,它包括有法不依、执法不严、违法不究等。实施不足将导致的直接后果就是法律被虚置化,即法的规制对象、成文规则、应然效用,乃至法律原则、法治蕴含等遭受实施主体的冷遇、搁置、规避,致使规制的对象逃逸、法条休眠、功能失效。[51]法律实施乏效的第二类表现在于实施错误。执法、司法中错误认定、错判和错误否定、漏判，都属于实施错误。法律实施乏效的第三类表现是实施异化。这突出体现为对法的滥用，包括滥用权利和权力，法律实施过度政策化、治理化等问题。需要指出的是，上述情况在任何法治国家中都是相互伴随的。一个社会往往既存在实施不足又同时存在实施错误和实施异化的情形。由于前述法律实施的特殊性，即法律实施对前述要素的深刻依赖，以及这些要素的天然局限，导致法律实施具有内生性的缺陷：法律实施永远都不可能完美，法律实施活动只能最大限度地趋近于其实施目标。在规划或考察法律实施效果时，应当正视法律实施的这一特点。同时，反向分析法更有助于理解和测量法律实施的进展。

三、法律实施的基本原则

法律实施原则是指导法律实施活动、贯穿法律实施各环节的基本准则。作为基本原则，它在形式上应具有高度的抽象性和概括性，在适用上应具有普遍性和广泛性，在内容上应具有根本性。除此之外，法律实施的基本原则还应当至少满足如下两个条件。

第一是特殊性。法律实施基本原则应当有效承载并集中体现法律实施中特有的原理。法律实施是法治的核心构成，有关法治及其原则的研究成果对于法律的实施必然具有适用性。但值得注意的是，已有对法治原则的提炼更多聚焦于法律（立法）本身。例如富勒著名的体现法治品德的法律制度八要素（一般性、公布或公开、可预期、明确、无内在矛盾、可遵循性、稳定性、同一性）[52]就是典型的有关规则制定或规则评价的遵循。相对于立法，法律实施活动的特殊性及其要求有哪些，是我们提炼法律实施原则时需要首先明确的问题，值得特别关注和深入探索。

第二是回应性。法律实施的基本原则必须具有鲜明的问题意识和实质性指导作用。虽然立法在逻辑上并不排斥宣示性的表达：在立法活动中，象征性立法本身也具有一定的价值。在某些情况下，即使立法者并不指望法律会付诸实施，通过法律宣布某种行为为违法只是一种象征性的姿态，但其依然有表明对某种“罪恶”或者“错误”行为的反对[53]的功能。但法律实施则不同，后者本身就是法律对社会生活的实质干预，其整个实施活动都必然也必须是务实的。这意味着法律实施的基本原则必须有的放矢，反映进而回应法律运行中的基本矛盾和现实问题。

以往的研究对于法律实施具体环节或领域的原则曾做出探讨。沈宗灵教授提出，法的执行的主要原则包括依法行政原则和讲究效能原则；[54]法的适用的原则包括司法公正、公民在法律面前一律平等、以事实为依据以法律为准绳原则、司法机关独立行使职权原则，以及国家赔偿与司法责任原则；[55]胡旭晟教授提出了守法的基本原则，并将其分为两个维度。就主体而言，公民守法的原则是做法律未明文禁止的行为；政府守法的原则是为法律明文许可之行为。就客体而言，守法的原则是母法优先与宪法至上。[56]胡建淼教授从法律适用层面阐述了其基本原则，包括融通性原则、一致性原则、形式正义原则和可接受性原则。[57]上述内容对于发掘法律实施的基本原则具有重要的启发意义。

基于抽象性、普遍性、概括性、特殊性以及回应性五项标准，从前述法律实施的内涵、特性与目标出发，结合改革开放以来特别是中国特色社会主义法律体系形成以后我国法律实施的实际情况和所遭遇的问题，笔者尝试提出法律实施的六项基本原则。

（一）依法实施原则

法律实施的首要原则是依法实施，即法律实施主体应该依据法律的规定开展相应的执法、司法和守法活动。依法实施原则是法律实施的内性必然要求。

1. 依法实施原则的具体原则

从实施主体和实施环节来看，依法实施原则至少包含如下具体原则。第一，依法执法。执法机关应该在法律授权范围内开展执法活动；在存在自由裁量空间的领域，亦应依据法律原则和法律宗旨裁量，对于任何判断都应具有合乎法律的理由。第二，依法司法。司法机关的司法活动必须以法律为准绳。第三，依法行政。行政主体不得超越权限或违反程序来开展行政活动。第四，依法执政。执政党必须在宪法和法律范围内开展活动。第五，依法维权。社会成员应遵守法律开展日常活动，自身的权益诉求应当通过合法的途径进行表达和主张。

“依法实施”所依之“法”，是指国家法律明确确定的法律渊源：既包括全国人大及其常委会制定的宪法和法律，也包括其他有权立法机关制定的法规、规章、规范性文件；既包括实体规则，也包括程序性规则；既包括具体的法律规范，也包括立法确定的法律原则和法律宗旨。立法中如果明确了其他法律渊源，[58]也构成“依法实施”所依之“法”。由于法律渊源的多元性和潜在的冲突可能，依法实施原则还包括“顺位适用”这一具体原则，该原则主要体现在司法和执法活动中，具体包括若干子原则。例如，“规范优于原则、原则优先于目的”，即在法律规范有明确规定时，应当优先适用规范；当缺少法律规范时，可以诉诸法律原则；在适用法律原则依然难以解决问题时，可以诉诸法的宗旨或目的。此外，“顺位适用”原则的子原则还包括“上位法优于下位法”“特别法优于一般法”“新法优于旧法、法不溯及既往”等。

2. 依法实施原则的关键原则

依法实施原则还包括三个关键原则，这三项原则着重针对依法实施原则在落实中的困惑和难点。

一是高度重视程序。程序是实施法律的基本依循，严格遵守程序是依法实施的当然要求，也是追求理想实施法效的必由之路。在适用和遵守法律的过程中，人们往往容易更看重对实体规则的遵循而相对轻视对程序规则的遵循。然而，“在现代法治社会中，与结果正义相比，程序正义被置于更优越的地位”。[59]单纯对结果公平的追求往往会导致国家过多地干预个人自由权利。美国的大法官甚至强调，“人们宁愿选择通过公正的程序实施一项暴力的实体法，也不愿通过不公正的程序实施一项较为宽容的实体法”。[60]程序是限定法律实施主体权力、防止滥用的重要途径。“正当法律程序并不会使被告人成为唯一的受益者，它还是使政府摆脱一些错误的最好保证，而这些错误会不断地玷污一个司法制度，并注定以单方面的形式发生……” 在现代法律中，特别是对于具有强制性的法律实施措施，法律往往做出了有关实施程序的明确规定，并要求行政强制措施由法定的行政机关在法定职权范围内实施，行政强制措施权不得委托。某种意义上，可以说程序是法律实施的关键。[61]由此，依法实施原则要求，不仅不能轻视程序，反而在实施中应相对更加重视依程序实施。在实施法律的过程中，特别是实施强制性措施的过程中，要严格遵守法定程序。不仅如此,实施主体特别是执法和司法主体,应在实施过程中不断探索、改进和完善实施程序,努力使之细化进而规则化,使法律实施的“可依法性”(规范性)不断增强和适时优化。

二是缺陷法亦法。依法实施绝不是法律实施的同义反复,它的提出具有明确的现实问题指向。除了“重实体、轻程序”这类实践中常见的认知误区外,提出并强调依法实施原则,还旨在回应实践中两类普遍存在的困惑:其一,法律总是不完备的。当面临规则缺失、规则瑕疵乃至规则错误时,应该如何开展法律实施活动。其二,当依法实施的结果可能导致综合性的社会效果时,法律实施者又应该如何取舍。这两大问题的核心在于缺陷/局限法律的实施抉择。由于各种主客观因素的影响,法律的规定总会存在这样那样的漏洞,[62]经济社会的快速发展也导致制定法滞后于实际情况。而法律的上述问题又几乎都是也往往只能是在实施中才得以暴露。则问题在于,当缺陷暴露之后,是否还应该坚持依法实施?

对此存在两种值得警惕的观点。一种常见的倾向是以追求实质正义为名,主张在实施中进行权衡执法、能动司法乃至公民有权不服从;[63]另一种倾向是诉诸修改法律,“及时地立、改、废”。应当指出,依法实施反对对待法律过于灵活,动辄以讲政治、讲大局或社会效果为名来牺牲法的安定性,局部甚至完全背弃法律的规定。这样的做法在表面上或特定时空内可能更为容易让相对人接受,但却是以损害法的权威性为代价的,也必然导致法治的非稳定性和不可预期性。能动司法亦要以守法主义作为背景,[64]“公民不服从”也有特定的语境和条件,[65]而“及时地立、改、废”表面上有助于更严格落实依法实施原则,但即使不考虑法律修订所需要的巨大成本和较长时间,单纯考虑这样的做法本身也会发现其可能相当程度地破坏法的安定性。“如果轻易地对法制常常作这样或那样的废改,民众守法的习性必然削减,而法律的威信也就跟着削弱了。”[66]诚然,法的安定性与“适应个体需要的合目的性”会存在矛盾,可能导致“给予个别案件内容不正确的判决以有效性”,但诚如拉德布鲁赫所指出,“给法律观点之间的争议做出一个结论,比给它一个正义的且合目的性的结论更重要;法律规则的存在比它的正义性与合目的性更重要;正义和合目的性是法律的第二大任务,而第一大任务是所有的人共同认可的法的安定性,也就是秩序和安宁”。[67]事实上,对于法律的稳定与社会的变动性之间的矛盾,应当运用法律方法,通过法律解释、法律论证,或价值衡量来调试其间的矛盾和张力;而就法律漏洞而言,法学理论和实践已经发展出多种途径和方法来减少和弥补。[68]

三是民意仅得兼顾。依法实施还涉及法律实施中如何应对舆论的问题。法律的公开实施是法律实施的基本要求,这也导致法律实施必然无法回避社会舆论的影响。[69]应当承认,舆论总有其形成的社会基础,特别是个案中的公众判意舆论反映了社会公众对于司法个案处置的主流性、主导性意见,其不仅体现了公众对司法个案处置的评价与期待,更蕴含着公众复杂的社会愿望和社会诉求。[70]因此,社会舆论适度进入法律实施有助于防止专业理性对社会生活的宰制。但依法实施原则强调,法律在实施中仍应始终坚持法律为准绳,防止舆论绑架。[71]司法应该保持一种“克制”姿态。在司法与舆论之间的相互关系层面,面对社会舆论当中的道德权利诉求,中国司法要防止陷入“从‘司法舆论’到‘舆论司法’”的逻辑怪圈当中。[72]这亦是法的安定性和权威性的基本要求。

(二)全维实施原则

随着中国法治建设的飞速发展,一个更为值得强调的准则应当确立为法律实施的基本原则:全维度实施原则。法律全维度实施原则是指法律应全方位、持续性得到实施,全面持续稳定的开展执法和法律监督活动、始终坚持公正司法,全方位坚持遵守法律和在法律内开展活动。普遍的、稳定的实施是依法实施的当然要求。具体来说,法律全维度实施的内容有二:全面实施原则和持续实施原则。

1. 法律全面实施原则

全面实施,即法律执行、法律适用和法律遵守不能偏废,实施主体不能无理由的任意选择实施。法律的全面实施反对选择。现实中选择性执法、[73]弹性执法[74]广泛存在,在司法领域也存在类似的问题,与之相关的还有选择性的执法检查等内容。通过非均衡地分配执法、司法资源,法律实施主体对法律实施进行“宏观调控”或自由裁量。被选中的法律规范得到了有效的落实,但与此同时却必然影响其他问题纳入法律调整、通过执法与司法解决的可能性和及时性。例如,在执法检查过程中,议程资源分配的不均衡直接导致很多法律的实施状况始终无法得到执法检查者的足够关注。这类做法无疑将进一步影响到这些法律的及时完善。在司法系统部署重点工作中,也存在类似的现象。

全面实施不仅强调全部法律都应得到实施,而且强调法律实施中应均衡发力不得人为地、无正当理由地部分强化部分弱化实施。实践中,有的法律规范不能得到充分有效的实施,但有些法律规范却能得到不折不扣的实施。一些关乎公众基本权益、本应得到实施的法,诸如食品安全、环境保护、消费者权益保障、劳动者权益保障等方面的法律,实施效果不尽如人意;诸如房屋拆迁、城市管理等方面的法,在实施中常常又过度严苛。以致杨解君教授质问,该严格执法的法律为何"硬"不起来?而本该体现温情和弹性实施的法律为何又"软"不下来?[75]此类问题的原因虽然复杂,但至少从全面实施角度看已显著违背均衡原则。

2. 法律持续实施原则

持续实施原则是指,法律的实施应当持续稳定,不得时断时续、时紧时宽。实践中,执法不及时、不彻底、不连续和不持久的情况时有发生,但更值得关注的是人为开展的非持续(运动式)执法。运动式执法是指执法机关在一定时间内集中力量对某种违法行为"从重、从严、从快"地进行治理的执法方式。[76]运动式执法的初衷是要解决一些执法人员在常态治理中没有严格执行法律、职责履行不到位、不作为或者乱作为问题。[77]虽然运动式执法的采用也有其一定的正当性,[78]但运动式执法本身打破了法律正常实施的节奏,实质上是对法治的严重破坏。相较而言,持续实施对于法治建设而言有更为重要的意义。法治的诸多效果的释放、安定的社会秩序、稳定的主体预期,往往有赖于法律的持续稳定的实施。如奥斯丁所强调,"不断发生不利后果的可能性"才能成为强制实施条件。[79]从这个意义上更准确地说,法律的生命并不是在于法律的实施,而是在于法律的持续实施。

(三)公平实施原则

公平是法律的基本价值,它必然要求法律实施中应当秉承和贯彻公平原则。张文显教授就指出,公平"在法律实施层面集中体现为法律面前人人平等。平等是社会主义法律的基本属性,是社会主义法治的基本要求"。[80]从更广泛层面看,"对联合国而言,法治概念指的是这样一个治理原则:所有人、机构和实体,无论属于公营部门还是私营部门,包括国家本身,都对公开发布、平等实施和独立裁断,并与国际人权规范和标准保持一致的法律负责"。[81]可见,平等实施是法治的最大公约数之一,[82]是实现法律公正性的基本保证。[83]

公平实施原则包括执法公平、司法公平以及守法公平。这里的公平既包括约束公平也包括机会公平,还包括信息公平乃至资源公平。公平实施原则有三个方面具体要求,相同情况相同对待、不同情况不同对待以及矫正法律资源差别。

1. 相同情况相同对待

相同情况相同对待是指在执法、司法和守法面前,无论出身、等级、社会地位、种族、民族、年龄、性别、受教育程度、居住年限上的差别如何,相同条件和境况的人在法律实施中一律平等。每个人都应该平等地享有基本权利和自由,每个人的生命权、自由权、财产权都应受到平等保护,同样的违法犯罪行为应同样得到公正处理,不受酷刑,免受歧视。

平等实施具体涉及三类公平要求:一是要求公平处理——在执法和司法中反对特权;二是要求公平保障——对于权益平等提供保护,"大量关于社会保障基本权利的应用案例都涉及法律实施的平等";[84]三是要求公平获益,那些使主体增益性的法律应该得到公平的实施。例如,"政府在利用公共财政对企业进行补贴过程中必须公平实施,确保所有企业能够公平地获得政府补贴";[85]又如,在各类税收优惠中,也应该公平地惠及所有适格主体。

2. 不同情况不同对待

"相同对待"是从正向解释平等的基本要义,前提是"受待人"之间情况的同一性,亦即反对无理由的差别对待。但在法律实施中现实地存在社会成员显著的差别,简单的平等实施可能带来更大的不公正。相对人和行为人的情况显著不同时,应在法律实施中予以区别对待。"差别对待"是从反向解释平等的例外要义,即受待人之间的情况只要有足够的、实质性的差别,应不受"相同对待"规则的约束,做出不同的处理决定。[86]当然,这里的不同情况,是指直接影响法律宗旨的实质性差异。对特殊群体给予特殊保护,表面看来似乎不公平,但实质上正是对社会所固有的不公平实施的法律调控。相反,不同社会成员在同一法律实施中越是被无差异的平等对待,就越是有违法治的公正目标。

3. 矫正法律资源差别

实施公平中一个隐蔽但尤为重要的内容是资源公平:社会成员应平等享有法律资源。运用法律维护自身权利更具深刻地依赖于自身的法律资源的掌握程度。虽然权利主体的范围在不断扩大,但权利的实现能力却参差不齐。权利实现差序格局根源于社会经济发展不平衡所带来的人们拥有财富多寡的不同,[87]同时直接地受到法律知识、社会资源等法律资源的拥有差异的影响。这些不同与差异决定了社会成员距离法律保护的远近之别。贺欣教授对资源问题进行了深入的探讨,并通过实证研究发现“就诉讼结果而言,有资源优势者与无资源优势者之间存在巨大的差异”。[88]保障法律得到公平的实施,需要国家在物质资源和法律资源上进行必要的再分配,使社会成员能够平等享有法律资源。

(四)诚信实施原则

诚信原则原是民法的一项基本原则,特别是在合同法领域中有“帝王条款”之称。随着法学理论研究的深入和法治实践的发达,诚信原则也被视为公法的一项重要原则。[89]诚信原则在实体法中发挥重要作用,也是程序法的原则性要求。[90]不仅如此,在法律实施的论域中,诚实信用具有基石性地位,应将其明确确定为法律实施中的一项基本原则。法律实施中的诚信原则是指,各类主体在实施法律活动中,不仅要遵循法律规范的具体要求,亦不得违反法律规范的目的和宗旨,秉承诚实和善意地执法、司法和守法。

诚信原则作为法律实施的基本原则,首先是由法律自身的中立性(工具性)特质所决定的。人类社会实践和理论研究均表明,法律像其他任何事物一样都具有两面性,既可以辅善,也可以助恶;法律既能被用来正确的发挥作用,也可能被滥用。法律作为建构社会的工具,具有开放性和多种可能:它可能激发人们的反对,也可能使反对在一种法治的框架中成为有章可循的参与和表达；它可能维护公共领域的生命力，塑造出充满活力的社会，也可能塑造一种“稳定”却了无生机的社会；它可能在权力与权利之间的互动中构建起基于沟通而合理的社会和法治，“也可能压抑人们刚刚萌发的权利意识并迫使人们退缩到犬儒主义的龟壳中”。[91]“今天，人们普遍认为，法律是一个能够承载人们欲望的容器，是可以被操控、施行和利用以实现特定目标的工具。”当行为主体违背诚信实施法律，则背离了法的价值和目的，是对法治更大更深的一种破坏。因此，在法律实施领域必须确立诚信原则，使法律实施无论在微观还是中观层面都向着法律的目的推进，防止沦为非正当目的达成的工具。

诚实和守信是平等主体互动和关系得以有效展开的内在要求，也是政府行政的重要规训。但实践中，滥用法律、滥用权力和滥用权利的情况时有发生。诚信实施原则有两项具体的要求。其一，法律实施行为不得违背法的宗旨。其二，实施目的真实。后者是前一项要求所需要的。针对典型现实问题，诚信实施原则中至少包含三个具体原则。

1. 诚信适用法律

虽然诚信原则最初起源于私法领域，但从法律实施的角度来看，公法的实施对诚信原则甚至有比私法实施更高的要求。这是因为，公权力的应然目的在于实现社会公共利益和保障人民的正当权益，而公权力又具有侵益的更大可能，因而更需要实施主体不仅依法实施，还要秉持诚实信用原则强化自我规范和约束，有效保障相对人权益并给予相对人稳定的预期。在法律实践中，特别是在行政执法和刑事侦查领域，受限于违法信息获取的高成本，加之执法机关内部绩效考核的压力、地方财政对罚没收入的渴求等诸多因素，执法领域中暗中执法、[92]钓鱼执法、诱惑侦查[93]等情形时有发生，甚至造成严重后果引发社会普遍不满，[94]“恐吓性”“蛊惑性”“张扬性”的行政执法，导致一系列法治信任危机。[95]此外，还存在执法者为了息事宁人，进行无原则的妥协，[96]以回避矛盾冲突和执法风险的情形。特别是“犯意诱发型陷阱取证”，即通过支付对价方式引诱本无心违法的行为人产生违法犯意，[97]甚至引发执法者与职业举报团体的合谋，导致此类行为的泛滥。[98]上述情形严重违背了诚信实施原则对目的真实的要求。

2. 公力救济不得滥用

当前中国,同时存在权力膨胀意识和权利意识过度两种情况。在司法领域,当事人通过各种可能的渠道干扰司法,实现其自身利益目标,恶意诉讼滥用诉权甚至提起虚假诉讼的情况近年来甚至有恶化趋势。[99]“夫妻假离婚转移财产”、民间借贷“影子合同”、“套路贷”、专利恶意诉讼等虚假诉讼、欺诈和恶意诉讼时有发生,甚至采取经济纠纷政治化、个体事件公共化进行缠诉闹访。此类行为侵害他人合法权益、妨害司法秩序,具有严重的社会危害性。对此,必须明确诚信实施原则,并以此为指导,设置预防机制,对滥用诉讼进行系统治理,[100]保证法律的目的得到实现,国家法律实施资源得到有效配置。

3. 禁止恶意选择性守法

在守法领域,基于自身利害或好恶选择性守法、规避法律,甚至以合法形式掩盖非法目的等情形一直较为普遍。选择性守法违背了依法实施和全面实施原则。如果行为人恶意规避法律或策略性选择守法,则其行为还违背了诚信实施原则。其一,法律规避行为是一种更隐蔽的选择性守法。该行为旨在排除特定法律规范的适用而实现与受禁止行为相同的效果。其方法大多是变换行为主体、标的物或者行为类型。法治不反对人们在一定程度上策略性地选择法律的途径。很多时候,这原本就是立法者向公众释放的实施空间,但这一选择仍应以诚实信用为原则。法律规避的本质是行为人试图通过变换法律事实而选择适用对自己最有利的法律规范。[101]当该选择与法律的宗旨严重背离时,必须予以禁止。其二,近年来一种新的选择性守法的形式伴随着权利意识的勃兴乃至过度泛滥而愈演愈烈。行为人尽可能寻找对己有利的法律依据,回避对己不利的制度约束,以合法化自身立场,进行依法抗争;[102]时而配合使用前述“缠”“闹”等边缘化手段,逼迫公权主体满足行为人的非正当目的。此类选择性守法往往与滥用诉讼、滥用投诉、滥用信访等结合,对法治的运行和社会秩序造成严重破坏。对此,必须探索有效的鉴别、评价和应对措施以保障法律的正常实施。

(五)效益实施原则

虽然对于法治是迄今为止人类所发明的最佳社会关系调控器已经达成共

识，但相对于其他社会控制途径，法治又是一种高成本的机制。法律实施要由专门的组织机构和人员，按照正式规定的程序和方式进行。从宏观上看，法律实施的成本不仅包括实施中所需要的人力、经费及其他社会资源等直接成本，也包括行政机构本身因超越或滥用权力而背离立法目标等间接成本，[103]也包括经济费用，还包括社会代价。从具体的实施主体来看，法律实施的成本往往表现为其所承担执法、司法的工作量，还包括实施法律时面临的风险；[104]守法者要达到合乎法律的行为标准往往也要承担一定的成本。这种成本反映为法律实施的既定的约束条件。如何对有限的法律实施资源进行配置，是从国家到各级政府乃至一个实施机关内部现实面临的问题。从宏观层面来看，它是一国法治实施战略的重要内容之一；从微观层面来看，它往往属于实施主体的裁量范围。另外，法律实施具有自身的效果诉求和效益目标，具体包括国家和社会的利益、公民和组织的合法利益是否以及在多大程度上受到保护；违法者是否依法受到制裁；纠纷是否得到合理解决，法律的社会功能、社会目的是否有效实现及其程度等。[105]有鉴于法律实施的资源依赖性，在法律实施中，选择乃至创造成本更小、收益更大的实施途径、方式和做法，配置法律实施资源尽量提高收益，使法律实施净收益趋于最大化，这就是效益实施原则。

从效益实施原则的角度出发，至少如下三项具体原则需要在法律实施中得到贯彻。

1. 激励相容原则

国家和社会能够为改善法律实施效果投入的资源总是有限的，想要利用有限资源取得更好成效，只靠工作的真诚姿态甚或蛮力都是不够的，[106]也是不可能的。许多研究都指出，法律实施不力的深层原因是利益冲突或激励不相容：法律能否得到良好实施取决于“守法激励是否充分”、[107]执法激励是否相容。以环境法实施为例，其“实施不力的深层原因在于开展环境资源保护工作在短期内既不符合地方政府的经济利益，也不符合地方政府的政治利益，还在于立法工作中的部门利益问题严重影响国家层面环境资源立法的质量”。[108]效益实施原则要求，应当努力建立和维系激励相容的实施机制，降低实施主体的成本、提升实施主体的收益，改进实施主体的激励，从而形成有效的实施动力。

2. 私人协同原则

执法活动必须由特定的、代表国家的组织实施。组织严密的国家既体现了人类理性的成就,也是适于大规模、统一化实施法律的最佳工具,因而国家成为法律领域中理性的代言人,严格的法律程序成为理性的背书。[109]法律实施可以借助于私人的力量,就像国有企业可以吸收私人投资一样,大多数法律控制项目实际上是“公私合营”的。[110]私力因素可以减轻法律控制的负担并降低法律控制的成本,正因如此,在有良好自治传统的社会中,国家强制力可以降到最低限度。[111]特别值得提出的是,法律实施中一个突出的困难是制度运行环境中的信息成本高昂。[112]在执法、司法领域,总是面临着严峻的信息约束。违法行为的发现、案件事实的查明都需要高昂的信息搜寻成本。私人参与法律实施最直观的功能就是在破解信息成本症结上。很多研究都发现,个人应该而且有可能在法律实施中发挥积极的作用。[113]虽然,私人参与应当限定在一定的界限之内,[114]但不可否认,私人参与执法有助于降低法律实施的成本,因此,非常有必要拓展实施渠道,探索科学的私人实施机制。

3. 威慑优先原则

提升法律实施效能的另一个重要途径是提升法的威慑力。法的威慑力有助于预防或减少违法,从而减少法律实施成本。只要存在有效威慑,即使国家因成本原因无法普遍执法,也可在其实际执法对象范围之外收获法律实施的效果。[115]信息机制是提升威慑效果的重要途径。一方面,对违法者的违法信息进行有效公示能放大执法的威慑效应,增强守法认同。信息会影响个体对规范的主观感知,而这种感知促使个体守法。[116]另一方面,在行政行为的常规性程序中纳入透明性要求,能够形成监督的可能性,从而提高违法被发现的威慑效果。此外,“通过对一个主体的执法,通过调动企业的能动性,从深层次改变这个企业的商业行为,进而辐射到其他企业”的“辐射型执法”,[117]是放大实施效益的有益探索。

4. 必要沟通原则

沟通是法律实施的润滑剂。从执法的角度看,沟通能防止行政执法的单向性,在一定程度上缓和执法的合法性危机。从司法的角度看,将诉讼塑造成为规范的理性沟通平台,能够增强裁判的可接受性。[118]从守法的角度看,沟通能增进守法主体的平等参与及表达,为法律实施的效果反馈与制度优化开辟渠道。沟通还能够促进和增强社会成员对法律和法治的共识,而社会共识程度直接影响着法律实施的多方面效果。整体来看,法律实施过程中的沟通对于提升法律实施的综合效益大有裨益。

(六)谦抑实施

法治是规则治理的事业,但规则本身就存在诸多缺陷。除了前文提到的法律的缺陷之外,法治在功能层面也存在诸多局限。科特威尔指出,“法律经常通过严格的规则和凝滞不变的机械程序,阻碍经济活动”。[119]在法律实施中,司法错误的存在不可避免,[120]错判的发生在人类社会的司法活动中具有一定的普遍性。[121]在执法中更是如此。法治实施常常导致牵连性的影响,甚至意外后果。特别是在血缘关系和地缘关系非常紧密的群体中,法律干预还容易出现一些意想不到的麻烦。[122]现代法治建设中,法与国家挂钩,进而与国家强制力捆绑起来,容易妨碍人们对法的内涵及其实施机制的全面认识。在执法过程中形式主义严重,过度依赖强制力,执法简单粗暴,极易激化社会矛盾;在司法过程中容易导致“机械主义”和“司法中心主义”,要么把司法过程简单化、庸俗化,要么过分拔高司法的功能。[123]可见,那种认为法律在实施结果上是理想的、法律规制下的社会必然会形成良好秩序的观点,不过是“泛法治主义”[124]不切实际的浪漫幻想。

秩序是法律实施的首要目标,但秩序未必需要法律,也未必由法律独自生成。法律的实施要明确自身作用的边界。第一,诚如埃里克森所言,规范人的行为的力量源是多方面的,[125]法律只是规范人的行为的一种力量而已。第二,从社会秩序的维护或实现角度来看,社会秩序也是多维度的。帕克指出,社会中原本便存在诸多“规范化秩序”,如家规、学校规章、商业活动惯例、公司运作程序、黑帮亚文化等。这些规范化秩序均会在不同层面上规范个体行为。法律法规所进入的空间绝非空白,相反,它是一片由形形色色的社会规范所管控的社会空间。[126]第三,社会规范更多地源自经验理性,吸收了民众的生活经验和情感诉求,并且经由社会的“内化”机制成为社会成员的内在行为习惯,这种规范体系经常在特定的时空体系中塑造出一种“无需法律的秩序”。[127]

1. 社会调节优位

如前所述，社会中存在广泛的非正式约束，它们是在社会内部实施的行动标准，通过社会制裁执行的行为规范。它们亦协调着重复进行的人类互动。[128]在看似庞大复杂、门类齐全的法律规则体系之外，存在一种自发的、为人们所遵守的且常常是有效的秩序体系，这种社会规范体系在法律的阴影下发挥着提供行为模式、解决纠纷并实现社会正义的功能。[129]这意味着，如果道德、社会规范和声誉效应能够很好地解决问题，实际上法律是不必干涉的。足够强大的互惠利他机制的存在足以替代法律的强制。[130]巴苏甚至指出，“社会中的任何行为和结果，如果能通过法律实施，则一定能被其他社会规范所实施”。[131]因此，谦抑原则要求在法律实施中，应当秉承社会规范优先，慎用法律公器。

2. 法律实施与社会规范兼容原则

即使在确需实施法律的情况下，也要遵循规范兼容原则。诸多实践证明，违背习惯等社会规范的法律实施容易增加执法成本，加剧实施中的主体冲突，减损实施效果的可接受性，难以发挥提升法治共识的作用，甚至引发诸多负面问题。应当看到，法律实施绝非在真空中进行，而是在多种规则构成的现有多维秩序下的再介入。从宏观层面看，只要社会仍处在基本平稳的秩序状态，就有理由相信，存在一个既有的利益均衡。当法律介入时，这种秩序和均衡可能被打破，但并非保证必然能达成一个新的稳定秩态。因此，在必须实施法律的领域，要将已存在的社会规范对社会行为的调整作用纳入考量，“良法的运作尤其要注意法律与其他社会控制手段之间的协调配合”，[132]特别是注意法的实施活动与社会规范的对接和兼容，使二者互相增效而不是相反。

3. 法律功能本位原则

在法律实施过程中，特别是在执法和司法中承载适当的政策目标是允许的，毕竟法治的功能是多方面的。但谦抑原则要求在法治建设过程中，将法律的功能限定在适当的范围，始终注意不能过度强调法律实施在社会秩序建立和维系中的作用，亦要辅以其他社会治理手段介入并进而形成全面的社会治理，以防止法律异化。[133]这里要特别防范司法过度治理化、执法过度服务化等法律过度承载社会目标的情形。具体来看，如在司法层面，司法系统始终被视为国家治理系统的重要组成部分，法院被期待积极地扮演推动社会转型、参与社会治理的角色。在这一预设下，司法机关不仅要追求程序公正与实体正义，还承载两项重要任务：一是顾全大局、维持当地社会稳定；二是促进发展，为经济建设“保驾护航”。但不仅目标多维必然难以在个案中兼顾，而且常规司法资源并不足以应对高发的社会矛盾。[134]这导致司法难以持续稳定常态化实施，司法质量受到影响，本应发挥的功能和释放的效果大打折扣。又如在执法层面，随着经济社会的飞速发展和城市人口基数的不断增大，社会矛盾层出不穷，不仅数量快速上升，更是呈现出多样化、复杂化、新型化等特点，社会治安形势日益复杂，民众的需求不断增加。以110警务系统为例，近年来出现大量非警务报警、非紧急求助占用有限警务资源且愈演愈烈的局面，加之不少群众对110职责范围缺乏了解，“凡事都找110”，甚至不乏恶意扰警现象，直接导致基层公安日常工作不堪重负。上述情形深刻反映了法律过度治理的危害。因此，法律实施中必须秉持谦抑原则，确保法律实施回归到其基本职能预设上来。

4. 人文关怀原则

人文关怀原则是防止法治危机的堡垒。人的尊严寄寓着国家与法律存在的根本目的，是现代法律的总纲。[135]因此，法律的实施也应当维护人的尊严、注重人格关怀，刚性的法律实施违背人的自由和尊严。近年来，个别领域出现了极端乃至严酷的法律实施情况，引发了社会广泛关注和强烈不满。人文关怀原则强调，法律实施固然要严格依法而为，但法治实施所追求的善治目标必须有“致良知”等执法伦理因素的指引和机制上的考量，确保执法者不仅依法办案（事），而且依良知办案（事）；[136]法律的实施固然应坚持公平实施原则，但由于实施受体具有差异性乃至特殊性，法律实施的人文关怀原则要求我们对于社会中的特殊群体予以特别对待。[137]就执法的层面而言，注重人文关怀能一定程度上减少刚性、增加柔性。就司法的层面而言，注重人文关怀有利于兼顾情理，弥合法律效果和社会效果的冲突。

人文关怀原则体现了法律实施中情法两济的努力。情法矛盾[138]是一切国家法律实施中的难题所在，在我国更是法治运行的瓶颈性矛盾之一。在法律实施中应当以法律规定为准绳，兼顾情理因素，最大限度地缩小法律效果与社会效果的张力,避免执法者和守法者在运用法律规则上的过于僵硬或机械。

5. 非强制优先原则

谦抑原则要求善用软法治理。[139]指示性规范、自治规范、标准以及技术都是有益的软法实施工具,诸如行政约谈等一些新的软法实施方式也被发现和快速应用于实践。指示性规范以提倡固定的行为要式为手段,为个体提供权利行使的模板。指示性规范对行为人具有一定的引导作用,特别是对于诸如合同法、公司法等私法的实施,指示性规范往往能够发挥催化剂作用,潜移默化地促使行为人采取法律所倡导的行动模式,转变为个体践行法律的内在依据,催化法律实施。自治规范在私法领域特别是商事活动领域具有重要的功能。促进自治规范的形成和实施有助于弥补正式法难以介入的进退维谷的尴尬地带,并促进社会自律和成员守法用法习惯与能力的养成。此外,标准和技术都是支撑法律实施的有效手段。特别是在法律实施中,将法律要求置入技术程式,通过技术控制确保法律要求得到贯彻。行为人只要通过技术程式来开展具体活动,就没有选择余地,守法将通过技术程序自动达成。[140]技术能最大限度地降低法律实施对人的依赖性,从而加大降低错误概率,也极大节省了人力成本。在公法领域,体现谦抑原则的行政约谈制度日益受到重视和广泛应用。行政约谈作为行政指导表现形式之一,具有非权力属性。行政主体在相对人有违法之虞或轻微违法时,通过约请谈话、说明教导、提出警示的方式建议相对人纠正违法行为,以避免违法之风险的行为。[141]此类软法实施方式值得进一步探索。

善用软法规制的实质意在强调法律实施非强制措施优先。法律的非强制实施能最小限度地限缩被实施主体的自由,有助于舒缓实施主体与被实施主体的关系紧张,降低法律实施的潜在冲突。

6. 最小侵害原则

强制实施是法律实施的经典方式。但法律的谦抑原则要求,法律实施中应当以最小损害相对人权益、最低限度引发负面牵连性影响的方式,兼顾公共利益和相对人的合法权益。这意味着,法律实施应当遵循最小强制原则:采用非强制手段可以达到法律实施目的的,不得实施强制性的措施;采用较小强制手段可以达到实施目的的,不得实施更严苛的强制手段。在实施主体的裁量权范围之内,选择最小侵害的手段。人们容易认为强制实施是成本简省的实施方式,但实际上,即便从成本的角度考虑,情况未必如此。**法律的强制实施本身是一种高内耗、低成效的做法,引发连锁反应,从其他侧面消解法律实施的效果;过度强制又容易遭遇抵制。**将后续和牵连效果计算在内,强制实施可能反而是成本更高的实施方式,**从效益的角度看也是乏效的。**

四、研究展望

本文尝试梳理和提炼了法律实施的规则依赖性、对人依赖性、资源依赖性和易受干扰性这四项一般特性,以及法律实施的依法实施原则、全维实施原则、公平实施原则、诚信实施原则、效益实施原则以及谦抑实施原则六项基本原则及每项基本原则内在的若干具体原则,进而形成了一个原则群落。今后,仍有两个密切相关的领域值得开展进一步的研究。

其一,在法律实施的机制设计、实施资源配置和具体实施活动中,需要正确处理原则之间的相关关系。这是因为,法律的实施是复杂和充满内在矛盾的,"不仅法治所欲维护的各种价值之间存在着某种程度的冲突,如自由与秩序、平等与自由、公平与效率等等在某些具体的场域中往往不可兼容并存,而且法律的基本特性之间也具有一定的排异性,如法律适用的普遍性与实质正义所需要的个殊性、法律的强制性与化解矛盾所需要的妥协性、法律的稳定性与法律因应社会情势变化的适应性、法律适用中个案的公正性与由此产生的对社会行为的引导性等等"。[142]具体来看,如过度强调人本实施,可能松动依法实施原则损及法律权威,甚至造成法律被社会裹挟的局面;过度强调全面实施也可能导致法律实施成本过大而有违效益原则。在转型中国,特定的社会条件导致上述矛盾的张力更为突出,进而使法律实施各项原则之间的关系处理问题愈发复杂,亟需更深入的研究。

其二,法律实施问题具有非常广阔的论域,实际上还可以从更多维度对法律实施进行划分。例如,以被实施法律的地位为标准,可以分为宪法的实施和普通法律的实施;以实施对象为标准,可以分为规则的实施、原则的实施、制度的实施;以制度的内容为标准,可以分为程序规则的实施与实体规则的实施。[143]以实施的目的为标准,可以分为维权型的法律实施、控权型的法律实施、恢复型的法律实施、预防型的法律实施、促进型的法律实施等。此外,还有私人实施、[144]公权实施,[145]以及社会实施[146]等。这意味着对于法律实施的特性和原则,亦可从这些维度进行深入探索和反思检证。当然,上述两大研究论域的有效展开的前提,仍在于对法律实施一般特性和基本原则等原理的有效提炼、科学阐释和共识促进,这正是本文的问题意识和写作初衷。

注 释

* 王红霞,中南大学法学院副教授。

本文系中央马克思主义理论研究和建设工程重大项目、国家社会科学基金重大项目“全面推进依法治国重大现实问题研究”(2015MZD042)子课题、司法部国家法治与法学理论研究项目“产业融合—监管融合—法制融合:我国三网融合的制度困境及其克服研究”(12SFB3031)的阶段性成果。本文原载《法制与社会发展》2018年第4期。

〔1〕[古希腊]亚里士多德:《政治学》,吴寿彭译,商务印书馆1965年版,第199页。

〔2〕[美]博登海默:《法理学——法哲学及其方法》,邓正来等译,华夏出版社1987年版,第232页。

〔3〕[苏联]雅维茨:《法的一般理论——哲学和社会问题》,朱景文译,辽宁人民出版社1986年版,第170页。

〔4〕张文显:《习近平法治思想研究(中)——习近平法治思想的一般理论》,载《法制与社会发展》2016年第5期。

〔5〕王方玉:《论立法过失的基本内涵》,载《南京大学法律评论》2012年春季卷。

〔6〕刘作翔:《中国法治国家建设的战略转移:法律实施及其问题》,载《中国社会科学院研究生院学报》2011年第2期。

〔7〕陈瑞华:《制度变革中的立法推动主义——以律师法实施问题为范例的分析》,载《政法论坛》2010年第1期。

〔8〕例如,吴大英、沈宗灵:《中国社会主义法律基本理论》,法律出版社1987年版;沈宗灵主编:《法理学研究》,上海人民出版社1990年版;孙国华主编:《法理学教程》中国人民大学出版社1994年版。

〔9〕例如,王凌青:《法律实施与适应形势》,载《法学》1982年第1期;刘瀚:《论我国法律实施的保证》,载《政法论坛》1985年第4期;张骐:《论法律实施中的阻力和对策》,载《政法论坛》1988年第3期;郁忠民:《法律实施评述》,载《政治与法律》1988年第4期;杨一星:《试论法律实施中的阻力》,载《当代法学》1991年第3期;杨利、王佑臣:《当前法律实施中的主要

问题原因及对策》,载《法学论坛》1992 年第 1 期。

〔10〕 2011 年,中国行为法学会当年起创办“中国法律实施论坛”连续举办迄今;2013 年,由江必新教授领先、中南大学组织牵头的《中国法治实施报告》启动编纂,现已连续发布 5 卷。此外,一系列有关法律实施的文章相继发表,其中重要的论文本文皆有引证,在此不再复引。

〔11〕 姚建宗:《中国语境中的法律实践概念》,载《中国社会科学》2014 年第 6 期。

〔12〕 钱弘道:《中国法治实践学派正在形成》,载《中国社会科学报》,2013 年 2 月 6 日,第 A7 版。

〔13〕 史永平:《什么是法律实施——兼及相关概念之法理辨析》,载《北京社会科学》2015 年第 5 期;刘鹏:《法律实施的基本范畴论纲》,载《江汉论坛》2017 年第 6 期。

〔14〕 肖强:《法律实施学刍议》,载《法学杂志》2017 年第 1 期。

〔15〕 张晓斌:《法律实施效果的定量评价方法》,载《法商研究》2006 年第 2 期;郭卫东、郭广珍:《几个法律实施模型的比较分析》,载《太原师范学院学报》(社会科学版)2006 年第 6 期;李敏华:《我国法律实施绩效研究》,载《北方论丛》2012 年第 4 期;张乐:《法律实施效果的评估方法与技术:一个混合方法论视角》,载《云南师范大学学报》(哲学社会科学版)2013 年第 2 期。

〔16〕 吴大英、沈宗灵:《中国社会主义法律基本理论》,法律出版社 1987 年版,第 351 页。

〔17〕 沈宗灵主编:《法理学研究》,上海人民出版社 1990 年版,第 259 页。

〔18〕 刘作翔:《中国法治国家建设的战略转移:法律实施及其问题》,载《中国社会科学院研究生院学报》2011 年第 2 期。

〔19〕 沈宗灵:《法理学》,北京大学出版社 2000 年版,第 457 页。

〔20〕 郁忠民:《法律实施评述》,载《政治与法律》1988 年第 4 期。

〔21〕 沈宗灵主编:《法学基础理论》,北京大学出版社 1994 年版,第 365 页。

〔22〕 关保英:《“公民用法”问题研究》,载《东方法学》2010 年第 5 期。

〔23〕 张波:《助法行为及其价值研究》,载《政法论坛》2013 年第 2 期。

〔24〕 胡国梁:《积极守法:一个被忽视的法治维度》,载《中南大学学报》(社会科学版)2015 年第 1 期。

〔25〕 胡平仁主编:《法理学:原理 · 图解 · 案例 · 司考》,中国民主法制出版社 2013 年版,第 201 页。

〔26〕 胡旭晟先生在 1994 年就对该问题进行过讨论,在他看来,守法绝不仅仅是“不犯法”,而且还包括“用法”与“护法”:“从实施的过程与方式来考察,守法包括消极守法和积极守法。‘消极守法’指守法主体对法律规范(主要是义务性法律规范)的被动服从以及对合法权利的正当放弃;‘积极守法’则指守法主体对授权性法律规范的主动适用(积极行使该规范所授予的权利或权力)以及对社会不法行为或意向的合法抑制和反对。”参见胡旭

晟:《守法论纲:法理学与伦理学的考察》,载《比较法研究》1994 年第 1 期。

〔27〕 有学者将其称为法治实践系统并开展了专门论述,参见龚廷泰:《论中国特色社会主义法治理论发展的法治实践动力系统》,载《法制与社会发展》2015 年第 5 期。

〔28〕 黄卉:《“一切意外都源于各就各位”——从立法主义到法律适用主义》,载《读书》2008 年第 11 期。

〔29〕 法律的其余内在美德还包括统一性、稳定性、清晰性等。参见[美]富勒:《法律的道德性》,郑戈译,商务印书馆 2007 年版,第二章。

〔30〕 [法]卢梭:《社会契约论》,何兆武译,商务印书馆 2003 年版,第 50 页。

〔31〕 制度是作为一个规则体系的整体而发挥作用的,一项孤立的制度如果没有配套措施的支持,可能会使其目标成为空中楼阁。例如,影响中国环境与资源法律执行的立法原因主要还是环境与资源立法自身存在的在纠纷处理方面的条款过于简单、笼统,不好操作等因素。参见汪劲:《我国环保法律实施面临的问题:国家司法机关工作人员的认识——对 30 个省份法院和检察院万人问卷调查的比较分析》,载《中外法学》2007 年第 6 期。

〔32〕 黄文艺:《信息不充分条件下的立法策略——从信息约束角度对全国人大常委会立法政策的解读》,载《中国法学》2009 年第 3 期。

〔33〕 周旺生:《法理探索》,人民出版社 2005 年版,第 546 页。

〔34〕 周旺生:《法理探索》,人民出版社 2005 年版,第 545 ~549 页。

〔35〕 孙新强:《卢埃林现实主义法理学思想》,载《法制与社会发展》2009 年第 4 期。

〔36〕 虽然诸多研究都强调社会信任是法律实施的重要资源。法律无法得到有效实施“最重要的原因,不是‘本土资源’被重视不够,而是‘社会资源’(社会成员之间的相互信任)供给不足”。参见桑本谦:《法治及其社会资源——兼评苏力“本土资源”说》,载《现代法学》2006 年第 1 期。亦有学者强调法治意识形态是重要的精神资源,“在中国的良法还在途中的时候,法治战略实施必须有法治意识形态的配合”。参见陈金钊:《法治战略实施的“战术”问题》,载《法学论坛》2016 年第 5 期。但本文所讨论的法律实施的资源依赖是指狭义的资源,仍然限定在物质资源的层面。

〔37〕 方世荣教授主张,公法领域的软法实施主要靠三类引导性资源。参见方世荣:《论公法领域中“软法”实施的资源保障》,载《法商研究》2013 年第 3 期。

〔38〕 [美]乔治 · J. 斯蒂格勒:《法律实施的最佳条件》,周仲飞译,载《环球法律评论》1992 年第 2 期。

〔39〕 桑本谦:《法律控制的成本分析——以对通奸和黄色短信的法律控制为例》,载《现代法学》2007 年第 5 期。

〔40〕 有研究将其提炼为六个部分。参见刘瀚:《论我国法律实施的保证》,载《政法论坛》1985 年第 4 期。

〔41〕 转引自刘星:《法律“强制力”观念的弱化——当代西方法理学的本体论变革》,载《外国法译评》1995 年第 3 期。

〔42〕 秦国荣:《法治社会中法律的局限性及其矫正》,载《法学》2005 年第 3 期。

〔43〕 林彦:《执法检查的政策功能》,载《清华法学》2012 年第 2 期。

〔44〕 林彦:《执法检查的政策功能》,载《清华法学》2012 年第 2 期。

〔45〕 唐皇凤:《组织化调控 社会转型的中国经验》,载《江汉论坛》2012 年第 1 期。

〔46〕 [德]P. 科斯洛夫斯基:《伦理经济学原理》,孙瑜译,中国社会科学出版社 1997 年版,第 71 页。

〔47〕 张文显:《治国理政的法治理念和法治思维》,载《中国社会科学》2017 年第 4 期。

〔48〕 钱箭星:《环境道德:基础 · 机制 · 效益》,载《宁夏社会科学》2000 年第 3 期。

〔49〕 Sally Engle Merry, “Rethinking Gossip and Scandal”, in Donald Black ed., *Toward a General Theory of Social Control*, Academic Press, 1984, pp. 271 – 302. 另外,桑本谦教授认为,“别人的议论就是对通奸者的一种私人性惩罚”。参见桑本谦:《法律控制的成本分析——以对通奸和黄色短信的法律控制为例》,载《现代法学》2007 年第 5 期。

〔50〕 [德]魏德士:《法理学》,丁晓春、吴越译,法律出版社 2005 年版,第 149 页。

〔51〕 耿玉基:《法律“被虚置化”:以行政许可法为分析对象》,载《法制与社会发展》2016 年第 4 期。

〔52〕 Lon L. Fuller, *The Morality of Law*, Revised Edition, Yale University Press, 1969, pp. 46 – 94.

〔53〕 [美]塞谬尔 · 沃克:《美国警察》,张小兵等译,群众出版社 1989 年版,第 164 页。

〔54〕 沈宗灵:《法理学》,北京大学出版社 2000 年版,第 460 ~ 461 页。

〔55〕 沈宗灵:《法理学》,北京大学出版社 2000 年版,第 477 ~ 486 页。

〔56〕 胡旭晟:《守法论纲:法理学与伦理学的考察》,载《比较法研究》1994 年第 1 期。

〔57〕 胡建淼:《法律适用学》,浙江大学出版社 2010 年版,第 36 ~ 39 页。

〔58〕 例如,《中华人民共和国民法总则》第 10 条规定:“处理民事纠纷,应当依照法律;法律没有规定的,可以适用习惯,但是不得违背公序良俗。”

〔59〕 易军:《法律行为制度的伦理基础》,载《中国社会科学》2004 年第 6 期。

〔60〕 Christopher Osakwe, “The Bill of Rights for the Criminal Defendant in American Law”, *Human Rights in Criminal Procedure*, Nartinus Nijhoff Publishers, 1982, pp. 260 – 264.

〔61〕 孙笑侠:《法治、合理性及其代价》,载《法制与社会发展》1997 年第 1 期。

〔62〕 有研究将法律的漏洞划分为自始漏洞与嗣后漏洞、(法律)部门漏洞与部门间漏洞、概念漏洞与规范漏洞、单一漏洞或多个漏洞与“漏洞群”、冲突漏洞等多种类型。参见杨解君:《法律漏洞略论》,载《法律科学》1997 年第 3 期。

〔63〕 有研究指出,应赋予公民出于道德良知的判断(或特殊行业的执业者出于职业道德)而故意违反现行法律规定的权利。参见杨解君:《实施中的“软”“硬”之法:规则的不服从与服从》,载《行政法学研究》2012 年第 4 期;关保英:《“公民用法”问题研究》,载《东方法学》2010 年第 5 期。

〔64〕 “守法主义”是指一种伦理态度,它把是否遵循规则当作判断道德行为的标准,将道德关系视为由规则所确定的权利义务关系。参见 [美]朱迪丝·施克莱:《守法主义》,彭亚楠译,中国政法大学出版社 2005 年版,第 1 页。

〔65〕 王振东:《恶法亦法理论的历史寻踪及其价值》,载《甘肃政法学院学报》2007 年第 6 期。

〔66〕 [古希腊]亚里士多德:《政治学》,吴寿彭译,商务印书馆 2008 年版,第 7 页。

〔67〕 [德]拉德布鲁赫:《法哲学》,王朴译,法律出版社 2005 年版,第 75 ~76 页。

〔68〕 虽然“通过解释、论证出来的还是法,只不过这种法已经不是本本上的法,而是融贯了法律规定与社会现实、正义的法治之法;在法律的稳定性和社会变动之间所探寻出来的法治之法;凝聚着法律运用者的智慧之法。这法既饱含着对法律规定的忠诚,又有对社会现实的关照。法律方法就是法律规范与社会事实之间寻找对应之法的活动”。参见陈金钊:《法治战略实施的“战术”问题》,载《法学论坛》2016 年第 5 期。

〔69〕 孙锐:《司法裁判考量社会舆论的正当性》,载《国家检察官学院学报》2012 年第 2 期;马长山:《公共舆论的“道德叙事”及其对司法过程的影响》,载《浙江社会科学》2015 年第 4 期。

〔70〕 顾培东:《公众判意的法理解析——对许霆案的延伸思考》,载《中国法学》2008 年第 4 期。

〔71〕 罗贵成:《法治新常态下法院遭遇“舆论绑架”之司法抉择》,载《法治论坛》2014 年第 43 辑。

〔72〕 王国龙:《论道德权利诉求中的司法克制主义——以浙江温岭“虐童事件”为分析背景》,载《西部法学评论》2014 年第 3 期。

〔73〕 戴治勇:《选择性执法》,载《法学研究》2008 年第 4 期。

〔74〕 陈柏峰:《基层社会的弹性执法及其后果》,载《法制与社会发展》2015 年第 5 期。

〔75〕 杨解君:《实施中的“软”“硬”之法:规则的不服从与服从》,载《行政法学研究》2012 年第 4 期。

〔76〕 朱晓燕、王怀章:《对运动式行政执法的反思——从劣质奶粉事件说起》,载《青海社会科学》2005 年第 1 期。

〔77〕 程琥:《运动式执法的司法规制与政府有效治理》,载《行政法学研究》2015 年第 1 期。

〔78〕 运动式执法的反复适用,其中一个很重要的原因是法律规范配套协调性差,操作性不强,导致在常态下法律规范难以实施;物质保障的不足,没有足够的警力、办案力量,缺乏良好的装备,办案经费不足等物质因素也严重制约着严格执法的落实。一些亟待解决的问题长期非法存在,最后只能依赖运动式执法加以解决。

〔79〕 [英]奥斯丁:《法理学的范围》,刘星译,中国法制出版社 2002 年版,第 20 页。

〔80〕 张文显:《治国理政的法治理念和法治思维》,载《中国社会科学》2017 年第 4 期。

〔81〕 Nations, United, "The rule of law and transitional justice in conflict and post – conflict societies: report of the Secretary – General", *Un Security Council*, 2004.

〔82〕 朱景文:《论法治评估的类型化》,载《中国社会科学》2015 年第 7 期。

〔83〕 冯治良:《公正性:法律的本性辨考》, 载《现代法学》1997 年第 3 期。

〔84〕 [德]V. 诺依曼:《社会国家原则与基本权利教条学》,载《比较法研究》2010 年第 1 期。

〔85〕 丁茂中:《我国竞争中立政策的引入及实施》,载《法学》2015 年第 9 期。

〔86〕 章剑生:《"选择性执法"与平等原则的可适用性》,载《苏州大学学报》(法学版)2014 年第 4 期。

〔87〕 郝铁川:《权利实现的差序格局》,载《中国社会科学》2002 年第 5 期。

〔88〕 Xin He and Yang Su, "Do the 'Haves' Come Out Ahead in Shanghai Courts?", *Journal of Empirical Legal Studies*10, 2013, pp. 121 – 146.

〔89〕 赵艳敏、陈党:《公法上的诚信原则及其对政府的要求》,载《理论与改革》2008 年第 1 期;徐国栋:《论诚信原则向公法部门的扩张》,载《东方法学》2012 年第 1 期。

〔90〕 王福华:《民事诉讼诚信原则的可适用性》,载《中国法学》2013 年第 5 期。

〔91〕 王启梁:《不信任背景下的权利意识生长》,载《中国法律评论》2016 年第 2 期。

〔92〕 陈年冰:《执法的公开性与公正性——兼议"暗中执法"引起的几个问题》,载《法学》2006 年第 5 期。

〔93〕 所谓诱惑侦查,是指为了侦缉隐蔽且"无直接被害人之犯罪",侦查人员以实施某种行为有利可图为诱饵,诱使被诱惑对象进行犯罪,待犯罪行为实施时或结果发生后,拘捕诱惑者的特殊侦查手段。

〔94〕 唐彬:《"怀孕七月被强制引产"是对生命的漠视》,载《东莞日报》2012 年 6 月 15 日,第 A2 版。

〔95〕 胡宝岭:《中国行政执法的被动性与功利性——行政执法信任危机根源及化解》,载《行政法学研究》2014 年第 2 期。

〔96〕 林辉煌:《论治安调解的异化》,载《人大法律评论》2016 年第 1 辑。

〔97〕 黄锫:《执法过程中陷阱取证的异化问题研究——社科法学视角的再思》,载《法学》2015 年第 7 期。

〔98〕 黄锫:《执法过程中陷阱取证的异化问题研究——社科法学视角的再思》,载《法学》2015 年第 7 期。

〔99〕 王红霞:《2016 年中国法治实施总体回顾与展望》,载《中国法治实施报告(2016)》,法律出版社 2017 年版,第 15 页。

〔100〕 有关治理恶意诉讼和虚假诉讼的具体方案,可以参见聂鑫:《专利恶意诉讼的认定及其法律规制》,载《知识产权》2015 年第 5 期;李翔:《虚假诉讼罪的法教义学分析》,载《法学》2016 年第 6 期。

〔101〕 王军:《法律规避行为及其裁判方法》,载《中外法学》2015 年第 3 期。

〔102〕 朱力、纪军令:《当前我国重大社会矛盾冲突的新型特征》,载《中共中央党校学报》2015 年第 5 期。

〔103〕 张千帆:《“公共利益”的构成——对行政法的目标以及“平衡”的意义之探讨》,载《比较法研究》2005 年第 5 期。

〔104〕 崔卓兰、姜城:《论行政执法风险冲突的预防和控制》,载《吉林大学社会科学学报》2016 年第 2 期;杨启敬:《防范执法风险是各级领导干部面临的重大课题》,载《湖南行政学院学报》2012 年第 1 期。

〔105〕 沈宗灵:《法理学研究》,上海人民出版社 1990 年版,第 263 ~ 265 页。

〔106〕 许安标:《配套法规建设与法律的有效实施》,载《华东政法大学学报》2008 年第 1 期。

〔107〕 巩固:《守法激励视角中的〈环境保护法〉修订与适用》,载《华东政法大学学报》2014 年第 3 期。

〔108〕 孙佑海:《影响环境资源法实施的障碍研究》,载《现代法学》2007 年第 2 期。

〔109〕 郑戈:《法律与现代人的命运:马克斯·韦伯法律思想研究导论》,法律出版社 2006 年版,第 102 ~ 108 页。

〔110〕 桑本谦:《法律控制的成本分析——以对通奸和黄色短信的法律控制为例》,载《现代法学》2007 年 5 期。

〔111〕 [英]哈耶克:《个人主义与经济秩序》,贾湛等译,北京经济出版社 1991 年版,第 23 页。

〔112〕 戴昕、申欣旺:《规范如何“落地”——法律实施的未来与互联网平台治理的现实》,载《中国法律评论》2016 年第 4 期。

〔113〕 季卫东:《论中国的法治方式——社会多元化与权威体系的重构》,载《交大法学》2013 年第 2 期。

〔114〕 吴义龙:《信息成本下的公共执法与私人参与——从“钓鱼执法”事件切入》,载《法律和社会科学》2011 年卷。

〔115〕 戴昕、申欣旺:《规范如何“落地”——法律实施的未来与互联网平台治理的现实》,载《中国法律评论》2016 年第 4 期。

〔116〕 Margaret E. Tankard and Elizabeth Levy Paluck, “Norm Perception as a Vehicle for Social Change”, *Social Issues & Policy Review* 10, 2016, p. 181.

〔117〕 尹云霞、庄燕君、李晓霞:《企业能动性与反腐败“辐射型执法效应”——美国 FCPA 合作机制的启示》,载《交大法学》2016 年第 2 期。

〔118〕 陈文曲:《现代纠纷解决的基本理念:为权利而沟通》,载《湖南大学学报》2015 年第 2 期。

〔119〕 [美]科特威尔:《法律社会学导论》,潘大松等译,华夏出版社 1989 年版,第 182 页。

〔120〕 熊谋林:《两种刑事司法错误的危害相当性——基于中国综合社会调查的考察》,载《中外法学》2016 年第 1 期。

〔121〕 何家弘:《刑事错判证明标准的名案解析》,载《中国法学》2012 年第 1 期。

〔122〕 苏力:《法治及其本土资源》,中国政法大学出版社 2004 年版,第 24 ~ 39 页。

〔123〕 罗豪才、周强:《软法研究的多维思考》,载《中国法学》2013 年第 5 期。

〔124〕 秦国荣:《法治社会中法律的局限性及其矫正》,载《法学》2005 年第 3 期。

〔125〕 埃里克森将社会控制体系分为五种:第一方控制来源于个人的道德,主要由自我惩罚来保证实施;第二方控制则来源于契约,主要由个人自助来保证实施;第三方控制分别来自规范、组织规则以及法律,分别由间接自助、组织执行与国家执行来保证实施。参见[美]埃里克森:《无需法律的秩序:相邻者如何解决纠纷》,苏力译,中国政法大学出版社 2016 年版,第 132 ~ 133 页。

〔126〕 Parker, C. ,"Reinventing Regulation within the Corporation: Compliance - Oriented Regulatory Innovation", *Administration & Society*, Vol. 32,2000, pp. 529 - 565.

〔127〕 [美] 罗伯特 · C. 埃里克森:《无需法律的秩序——相邻者如何解决纠纷》,苏力译,中国政法大学出版社 2016 年版,第 4 页。

〔128〕 [美]诺思:《制度、制度变迁与经济绩效》,杭行译,上海三联书店 1994 年版,第 48 页。

〔129〕 郭春镇、马磊:《对接法律的治理——美国社会规范理论述评及其中国意义》,载《国外社会科学》2017 年第 3 期。

〔130〕 Posner and Landes, "Altruism in Law and Economics", *American Economic Review* 68, 1977, p. 420.

〔131〕 K. Basu, *Prelude to Political Economy*: *A Study of the Social and Political Foundations of Economics*, Oxford University Press, 2000, p. 117.

〔132〕 秦国荣:《法治社会中法律的局限性及其矫正》,载《法学》2005 年第 3 期。

〔133〕 周世中、陈雅凌:《法律异化研究》,载《法律科学》2011 年第 6 期。

〔134〕 钱大军、薛爱昌:《司法政策的治理化与地方实践的"运动化"——以 2007—2012 年的司法改革为例》,载《学习与探索》2015 年第 2 期。

〔135〕 胡玉鸿:《"人的尊严"在现代法律中的地位》,载《公法研究》(2008 年卷),第 307 ~ 327 页。

〔136〕 黄清华:《论法治实施中的"致良知"与善治——兼论建设公共治理型执法机制》,载《产权法治研究》2017 年第 1 期。

〔137〕 例如,对于少年犯,应当在法律实施中更多予以社会的关爱与帮教。参见刘方权、宋灵

珊:《法律职业中的女性:从法学院到法院》,载《法律和社会科学》2016 年第 2 期。

〔138〕 相关讨论参见凌斌:《法律与情理:法治进程的情法矛盾与伦理选择》载《中外法学》2012 年第 1 期。

〔139〕 有关软法治理的系统论述参见罗豪才、周强:《软法研究的多维思考》,载《中国法学》2013 年第 5 期;罗豪才、周强:《法治政府建设中的软法治理》,载《江海学刊》2016 年第 1 期;邢鸿飞、韩轶:《中国语境下的软法治理的内涵解读》,载《行政法学研究》2012 年第 3 期。

〔140〕 罗莉:《作为社会规范的技术与法律的协调——中国反技术规避规则检讨》,载《中国社会科学》2006 年 1 期。

〔141〕 孟强龙:《行政约谈法治化研究》,载《行政法学研究》2015 年第 6 期。

〔142〕 顾培东:《当代中国法治共识的形成及法治再启蒙》,载《法学研究》2017 年第 1 期。

〔143〕 张千帆教授对宪法的实施即采取了这样的划分。参见张千帆:《宪法实施的概念与路径》,载《清华法学》2012 年第 6 期。

〔144〕 有关私人实施的相关讨论,可参见王健:《反垄断法的私人执行:基本原理与外国法制》,法律出版社 2008 年版;李俊峰:《反垄断法的私人实施》,中国法制出版社 2009 年版;冯汝:《环境法私人实施研究》,中国社会科学出版社 2017 年版。

〔145〕 徐德信:《规制的公共实施论评述》,载《中国行政管理》2008 年第 1 期。

〔146〕 赵红梅:《经济法的私人实施与社会实施》,载《中国法学》2014 年第 1 期。

华夏法理

张中秋*

从礼法到政法

——传统与现代中国法的结构与哲学及改造提升

| 提　要 |

用法文化的视野和法哲学的方法，能够深入探讨从礼法到政法的传承与变迁中，传统与现代中国法的结构与哲学及其改造提升问题。传统中国法的结构是礼法结构，其哲学是道德哲学，其背后的世界观是道或者说是阴阳统一的世界观；现代中国法的结构是政法结构，其哲学是功利哲学，其背后的世界观是唯物论或者原子论的世界观；但它们最终要回答和追求的是同样的问题，即人是什么、人如何成为人，以及法对人成为人有什么价值。在未来中国法的结构与哲学的改造提升中，应弱化政法结构中政与法的意识形态性和功利性，注入基于普遍人性的人权和基于中国人性情和教养的礼，从而将其改造提升为新型的政法结构；其中最根本的是唯物世界观，亦即物质的功利的世界观、人生观、价值观和法律观，与道的或者说阴阳统一的世界观，亦即精神的道德的世界观、人生观、价值观和法律观的协调统一。从两种世界观的方法论和现今的立场出发，在未来中国法的发展中，上述两者的协调统一虽有其艰难性，但亦有其可能性。

| 关键词 |

礼法　政法　哲学　未来

一、传统中国法的结构与哲学

学界探讨传统中国礼法和现代中国政法的论著并不少见，但将传统中国礼法与现代中国政法结合起来做学术探讨的却不多见。[1]为此，本文以法文化的视野和法哲学的方法，探讨从礼法到政法的传承与变迁中，传统与现代中国法的结构与哲学及其改造提升问题。毫无疑问，这是一个宏大深邃的问题，目前，笔者只能把自己的观察和思考尽量作一个梗概式的表达，希望能起到抛砖引玉的作用。

对于法的结构，可以有不同的解读。如果从法文化类型[2]的视角出发，那么，传统中国法的类型可以说是礼法文化，亦可以说是礼法传统，如果透视这个文化和传统的结构，则可以说其是礼法结构。正如《唐律疏议》在其开篇《名例》中所说：“德礼为政教之本，刑罚为政教之用，两者犹昏晓阳秋相须而成者也。”[3]这句话的意思是说，德礼是政教的根本，刑罚是政教的辅从，两者的关系犹如黄昏与早晨（相续为一天）、春天与秋天（相续为一年），只有相互结合，才能构成完美的整体。这是对律文的直译，其内涵远不是这么简单。首先，它融合了儒、法、道三家的思想。从概念的倾向上讲，“德礼”是儒家的，“刑罚”是法家的，“昏晓阳秋”是道家的。儒、法、道三家的思想在国家法典中融为一体，这是西汉以来中国法律发展到唐代“臻于完善”的表现，体现出从阴阳合一、阳主阴从的哲学原理到礼法结合、德主刑辅的礼法结构。为了更直观地阐明这一点，我们先看图1：

↗ 德礼 — 本 — 晓 — 阳 （春天）— （主）阳 ↖

政教（大法） （原理）道

↘ 刑罚 — 用 — 昏 — 秋 （秋天） — （从）阴 ↙

图1 《唐律疏议·名例》所示礼法结构

图1将《唐律疏议·名例》的表述结构化了，其中，“阳秋”之后的内容是笔者加上的，但符合道的构成。通过这个图示，可以看到作为政教两翼的德礼和刑罚与作为道之两仪的阳和阴的对应关系。我们知道，政教是传统中国政治文化的统称，亦可称为大法，[4]法律自然包含在其中。因此，作为政教两翼的

德礼与刑罚，亦是礼与刑（此处的刑是指广义上的刑法，亦即法律），或者说是礼与法（此处的法是指狭义上的法律，亦即广义上的刑），实际上，这也就是传统中国法的基本内容与结构。正如图1所示，在这个结构中，德礼为本、刑罚为用。对此，人们把它概括为礼法结合、德主刑辅，简称为礼法结构。礼法结构是以唐律为代表的传统中国法的基本结构，所以，朱元璋在《御制大明律序》中说："朕倣古为治，明礼以导民，定律以绳顽，刊著为令，行之已久。"[5]对于传统中国法的礼法结构，《清史稿·刑法志》中有一个总结性的概述，阅者可以参见下注。[6]

同时，由图1所示，我们还可以发现，礼法结构的法理依据是阴阳合一、阳主阴从的哲学原理。这个原理实际是道德哲学的，这个道德哲学背后的世界观是道或者说是阴阳统一的世界观，而它最终要回答的问题是：人是什么，人如何成为人，法对人成为人有什么价值亦即法对人的意义。其实，这些都植根于对人是什么的预设和回答。对于这个结构与哲学的内在逻辑或者理路，我们可以这样来理解：从道或者阴阳统一的世界观，可推展到道德哲学。为何是道德哲学？因为阴阳世界观的本质是道德，即道是世界存在的形式，其表现为井然有序，这是表面上、形式上、静态的表象世界；而德是世界存在的根据，其表现为生生不息，这是表面下、实质上、动态的内在世界；道与德的有机结合，构成了既生机勃勃又井然有序的完美世界，亦即和谐世界或者生而有序的和谐世界。这个世界即是先贤在《中庸》中所说的"致中和，天地位焉，万物育焉"。[7]其实，这亦是今天我们中国人所承袭下来的主要世界观，只是如《周易·系辞上传》所说的"百姓日用而不知"。[8]所以，从哲学或者本质上说，世界是道德的世界。因此，包括人在内的万物都是道德的存在。它在天表现为阴阳，在地表现为刚柔，在人表现为仁义，在法表现为德礼与刑罚，亦即礼与刑。[9]这就是贯通天、地、人、法的中国传统文化哲学，亦是中国文化生命力的根源所在，即效法自然、合乎自然，所以才能够与天地/自然同长久。[10]

为什么在中国传统文化哲学中，天、地、人、法是贯通的呢？从学理上说，有三个原因。首先，这个哲学植根于这样的断定：万物的属性是阴与阳；人性是善与恶；法是德礼与刑罚，亦即礼与刑，或者礼法结构。其次，这个哲学告诉我们，天地万物是阴与阳对立统一的辩证存在，但本质是道德；人是善与恶/性与欲/情与理对立统一的辩证存在，但本质上还是道德；法是德礼与刑罚或礼与刑对立统一的辩证存在，但本质上仍是道德。最后，这个哲学告诉我们人们如何成人，那就是要为善去恶、崇礼守法，本质上还是要合乎道德。在这个过程中，法或者说德礼与刑罚，亦即礼法的价值，就是要通过对秩序（道/法）与正当（德/礼）的建构，达到责任与权力、义务与权利差序格局的制度化、现实化，从而引导和规范人成长为成人。[11] 而所谓成人，本质上就是要成为有道德的人，亦即实现中国传统文化哲学中对人是什么的预设和回答。至此，我们可以说，符合礼法规范的人就是有仁义的人，有仁义的人就是与天的阴阳、地的刚柔相合的人，与天的阴阳、地的刚柔相合的人就是与天地合一的人，与天地合一的人就是天人合一中的人，天人合一中的人就是有道德的人。[12] 因为，道德在天为阴阳，在地为刚柔，在人为仁义，在法为德礼与刑罚，亦即礼法。这就是传统中国法的结构与哲学的内在逻辑或者说理路，而它最终所回答的问题则是人是什么、人如何成为人，以及法对人成为人有什么价值。

二、现代中国法的结构与哲学

同样，从法文化类型的视角可以说，现代中国法是政法文化，亦即政法传统，但就此文化或传统的结构来看，则又可以说其是政法结构。只是由于“政法”和“政法传统”早已是中国共产党对自己法律文化的统称，亦是为当今中国社会和学界所普遍接受的专有名词，[13] 所以，相对于政法传统，政法结构较少为人提及。其实，在对于文化的认识上，虽然传统往往是一种纵向观察的结果，而结构往往是一种横向透视的所见，但两者实际为一物，唯视角不同而已。所以，政法结构与政法传统往往是名异而实同，这在本文中亦是如此。

对于政法结构或政法传统的历史与核心，董必武在 1959 年的讲话中给予了鲜明揭示。他说：“我们党从井冈山建立革命政权的时候起，就有了自己的政法工作。人民政法工作和军事工作、经济工作、文教工作一样，在党中央和毛主席的领导下，从民主革命到社会主义革命，逐步积累起丰富的经验，形成了自己的优良传统。这就是服从党的领导、贯彻群众路线、结合生产劳动、为党和国家的中心工作服务。”[14] 谢觉哉亦曾说过：“我们的法律是服从于政治的，没有离开政治而独立的法律。政治要求什么，法律就规定什么。当法律还没有制成条文的时候，就依据政策行事。”[15]彭真亦指出：“党的领导、专门工作与群众路线相结合，是政法工作的优良传统。”[16]董必武、谢觉哉、彭真都曾经是我们党和国家特别是政法工作的领导人，所以，他们的讲话既是对政法工作的经验总结，又是最权威的表达。从他们的讲话中，可以清楚地看到，在党、国家、政治与法律的关系中，党和国家是中心，政治是优先，法律服从于政治并服务于党和国家的中心工作。可以说，这就是政法传统的核心，亦可以说是政法结构的基本模式，而且在现代中国法中，这个核心和模式虽源于历史，但亦见于当今，它不仅是理论的表达，亦是制度的实践。譬如，在理论表达上，《中共中央关于全面推进依法治国若干重大问题的决定》（以下简称《决定》）指出，依法治国“事关我们党执政兴国，事关人民幸福安康，事关党和国家长治久安”。[17]所以，“党的领导是全面推进依法治国、加快建设社会主义法治国家最根本的保证。必须加强和改进党对政法工作的领导，把党的领导贯彻到全面推进依法治国全过程”。[18]同样，在制度实践上，作为国家根本大法的《中华人民共和国宪法》在第1条中就规定了中国共产党的领导地位，[19]然后在第5条中规定：“中华人民共和国实行依法治国，建设社会主义法治国家。”[20]这说明，《宪法》的制度性规定与上述《决定》的理论性表达相一致，即法律服从于政治（党的领导）并服务于党和国家的中心工作，这正是包括当下在内的现代中国法中的政法传统或者政法结构。对于这个政法传统或者政法结构，学界虽从不同方面做了不少研究，[21]但遗憾的是，少见有对其背后的哲学进行深入探讨的，[22]而哲学探讨将使我们对传统与现代中国法有更多更深的认识。

据笔者的观察和研究，政法传统或者政法结构的哲学是毛泽东主席曾经定义过的那种功利哲学，其背后的世界观是唯物论，而它最终要回答的，亦是人是什么、人如何成为人，以及法对人成为人有什么价值亦即法对人的意义。其实，这些亦植根于对“人是什么”的预设和回答。对于这个结构与哲学的内在逻辑或者说理路，我们可以这样来理解：从唯物世界观（世界统一于物质）可推展到功利哲学。[23]为何是功利哲学？这是因为，唯物世界观的本质是存在第一、意识第二，或者说是物质第一性、精神第二性，也就是存在和物质决定意识和精神，所以，世界万物首先是而且本质上都是物质的存在。[24]这是中国共产党长期以来坚持的哲学。对此，马克思主义哲学家艾思奇在《大众哲学》中说：

“唯物论的世界观的主要特征之一，就是要承认客观世界是独立的物质存在并且有它自己的规律。除此以外，唯物论的另一个主要特征亦要说一下，这就是认为主观、精神并不是独立存在的东西，而只是从客观、物质中产生出来的，是第二位的东西……认为第一位的东西是客观、物质，而主观、精神只是第二位的，只是‘派生’的东西，这是唯物论的世界观。”[25]因此，在唯物论的世界观看来，人首先是物质的存在，然后是精神的存在，最后才是物质与精神或者存在与意识对立统一的存在。同样，法首先亦是物质的存在，亦即人对物质和精神利益追求的规范体现；然后是精神的存在，亦即人对物质和精神利益追求的意志体现；最后才是物质与精神或者存在与意识对立统一的存在，亦即作为规范与意志的统一体而体现的法。这就是唯物主义，准确地说，是辩证唯物主义哲学，它告诉人们，世界万物统一于物质，亦即世界在本质上是物质的。所以，人与法首先亦是物质的，然后才是物质与精神的或者存在与意识对立统一的存在，但本质上还是物质的。由于物质不仅是功利和利益的基础，而且亦是功利和利益最初或最终的表现形式，所以，物质的往往就是功利的和利益的。同时，唯物主义哲学还指导人们如何实现人与法的价值，即实事求是地承认，存在或者物质与利益第一，意识或者精神与荣誉第二，两者辩证地统一。然后，从唯物世界观可推展到功利哲学，因为它们之间具有内在的逻辑联系，即世界统一于物质，其他都是派生的。

由于“领导中国广大人民坚决进行革命斗争的中国工人阶级和共产党，是以马克思主义的辩证法唯物论作为自己的世界观—思想方法，把马克思列宁主义的普遍真理和中国革命的具体实践互相结合起来的毛泽东思想，就是严格地建立在辩证法唯物论这个世界观—思想方法的基础之上的”，[26]所以，毛泽东主席说：“世界上没有什么超功利主义，在阶级社会里，不是这一阶级的功利主义，就是那一阶级的功利主义。我们是无产阶级的革命的功利主义者，我们是以占全人口百分之九十以上的最广大群众的目前利益和将来利益的统一为出发点，所以我们是以最广和最远为目标的革命的功利主义者，而不是只看到局部和目前的狭隘的功利主义者。”[27]在追求和实现革命的功利主义的过程中，法的价值正是通过对秩序与正义的建构，达到权利与义务（实质是利益分配）的制度化、现实化的，从而引导、规范和实现人的价值。所谓实现人的价值，亦即人是什么的实现，实际上就是人作为物质与精神或者说存在与意识对立统一存在的实现，但本质上仍是物质的、功利的和利益的实现。至此，我们可以说，遵循法律的人是符合权利义务的人，符合权利义务的人是符合功利原则的人，符合功利原则的人本质上是持唯物主义世界观的人，唯物主义世界观就是实事求是，实事求是就是存在或物质第一、意识或精神第二，存在和物质决定意识和精神。这就是现代中国法的结构与哲学的内在逻辑或者说理路，而它最终所回答的同样是人是什么、人如何成为人，以及法对人成为人有什么价值的问题。

三、传统与现代中国法的结构与哲学比较及改造提升

对传统与现代中国法的结构与哲学，可以作这样的比较，即礼法结构相较于政法结构，道德哲学相较于功利哲学，而在它们背后的则是道或者是阴阳统一的世界观相较于唯物的世界观。当然，这只是一种最简略的宏观比对，如果深究起来，传统与现代中国法的结构与哲学本身就存在差异，即传统中国礼法结构中的礼与法及其哲学是同构共理、相互贯通的，也就是说，它们是同一结构、共通原理的统一系统；[28]而现代中国政法结构中的政与法及其哲学则交织着古今中外的冲突，亦即还没有达到同构共理、相互贯通的矛盾系统。[29]但即使如此，我们从类型学的角度出发对其进行比较，亦是可行的。

对于未来中国法结构的改造提升，笔者以为，应弱化政法结构中政与法的意识形态性[30]和功利性，注入基于人权和基于中国人性情的礼，进而将其改造提升为新型的政法结构。对于政法结构，笔者之所以提出“改造”而非“改掉”，是因为政法是从礼法演变而来的中国法律文化传统，亦是符合中国国情和现实政治的法律文化结构，具有深厚的历史根基和强大的现实正当性。事实上，我们对此已经在而且亦正在这样做，例如，《决定》中提出，中国特色社会主义法治国家的建设，要“汲取中华法律文化精华，借鉴国外法治有益经验，但决不照搬外国法治理念和模式”。[31]所以，有论者提出：“在这个意义，我们可以说四中全会正在开辟中国法治的新传统，社会主义政法传统实际上是在古代礼法传统的基础上构建现代的礼法传统。”[32]其实，在改造提升的同时，我们要看到，从意识形态、政治原则和立法依据来说，传统中国的礼的确相当于现代中

国的政，也就是说，两者在政治系统中的地位和功能是一致的，但它们在内涵和目标上有异。[33]礼与政的同体现了中国法律文化的连续性，而礼与政的异表现出中国法律文化的断裂性。因此，把这种连续性和断裂性或者中国法律传统和现代世界法律文明相对接，从而达到改造提升的目的，就成为上文所提到的“弱化”和“注入”的任务。但这仅仅还停留在结构性的改造上，更深层次的改造提升应该在结构背后的哲学层面上进行。所以，较为根本的变化应该是在功利哲学的功利中注入和加大道德元素。这里的道德元素不仅体现在传统中国仁爱的德性和体现文明教养的礼教上，而且还体现在当今人类的共性亦即普遍人性的公德上，包括现代的人权理念。因此，这些道德元素与目前政府的德治虽有交叉，但亦有区别。交叉之处是“弘扬中华传统美德，培育社会公德、职业道德、家庭美德、个人品德，既重视发挥法律的规范作用，又重视发挥道德的教化作用，以法治体现道德理念、强化法律对道德建设的促进作用，以道德滋养法治精神、强化道德对法治文化的支撑作用”。[34]而区别之处在于，不同于目前过于功利性的德治，更为理想的德治乃是更加着力于提升精神在人与法这个物质存在的世界中的价值与地位。当然，更为根本的变化应是唯物世界观与道的或者说阴阳统一的世界观之间的协调统一，也就是说，是物质的功利的世界观、人生观、价值观和法律观与精神的道德的世界观、人生观、价值观和法律观之间的协调统一。这意味着，物质与精神、存在与意识（反映到法律上即是功利与道德这两大原则）这两对关系在法的观念、制度和实践中的协调统一。

笔者以为，在未来中国法的发展中，上述两者确有协调统一的可能性，但亦有艰难困苦的课题有待克服。就其可能性而言，传统中国的主流哲学（基本的世界观）是道的世界观，道的世界观在宋代及以后就是理学世界观，而理学世界观实际上是理气统一的世界观。[35]在哲学上，理属于精神范畴，气属于物质范畴，所以，理气统一的世界观实际就是精神与物质统一的世界观。这不仅与唯物世界观一致，而且还可以说是中国之所以能够接受唯物世界观的思想背景和哲学基础，甚至还是未来两者（反映到法律上即是功利与道德两大原则）协调统一的可能性所在。但同时需要注意，理气统一的世界观与唯物世界观亦存在根本的差异，即在理气统一的世界观中，精神性的理是第一位的，谓之形上；而物质性的气是第二位的，谓之形下。[36]一方面，理气在形成上不分先后，所谓有理必有气，有气必有理；理在气中，气中有理；无无理之气，无无气之理。另一方面，在价值位阶上，理气却有上下高低之分，亦即形上与形下之分。[37]另外，二者还有更为重要的差异。在理气统一的世界观中，理的核心是道德，亦即理是本来如此，谓之正当；正当即道德，不道德即不正当；不正当、不道德即不合理。由此可见，理、正当、道德是贯通的。[38]这表明，在传统中国理气统一的世界观中，精神性的理或者道德是第一位的，而物质性的气是第二位的。这意味着物质要受到精神（道德）的指导和支配。然而，在唯物世界观中，物质和存在是第一位的，精神和意识是第二位的，精神和意识要依附于物质而存在，这表明，精神和意识要受到物质和存在的支配和制约。这是传统中国理气统一的世界观与唯物世界观的根本差异，亦可以说是未来两者（反映到法律上即是功利与道德两大原则）协调统一的艰难之处。

如果要深究下去，我们还可以发现，传统中国理气统一的世界观实际上是有机世界观。有机世界观的核心在于，把世界看作有生命的系统，亦即天、地、人（包括法）是一个统一的生命体，所以，在有机世界观支配下的传统中国法中，人与法是天人合一中的人与法，而道德亦就自然成为支配人与法的基本原则。[39]这是因为，传统中国哲学中的道德是建立在世界万物互为一体的有机生命共同体之上的关系性法则，所以，它必然从全体出发，以责任/义务为第一要义，形成责任—权利的法律关系，追求全体的共生共荣。[40]而唯物世界观是物质的，自然、社会与人类（包括法）不是一个有机联系的生命共同体，所以，在唯物世界观支配下的现代中国法中，人与法是天人分离的人与法，功利或利益亦就自然成为支配人与法的基本原则。这是因为，源于西方的功利是建立在无机世界中独自存在而互不关联的原子之上的独立性法则，所以，它必然从个体出发，以权利/利益为第一要义，形成权利—义务的法律关系，追求个体的独立自由。[41]因此，最终从深层次的文化哲学上来说，明确“人与法”是“天人合一中的人与法”还是“天人分离的人与法”，以及调适在此基础上展开的人生观、价值观和法律观的差异与冲突，亦是未来两者协调统一的难题所在。

概括起来，可以归纳出以下认识：传统中国法的结构与哲学的内在逻辑是，从礼法结构到道德哲学，再从道德哲学到理气统一的有机世界观，最后从有机世界观到天人合一中的人与法;而现代中国法的结构与哲学的内在逻辑是,从政法结构到功利哲学,再从功利哲学到唯物世界观,最后从唯物世界观到天人分离的人与法。

由此,从已知的学理出发,上述两种世界观若要达成协调,其所面临的真正难题或者要解决的问题就是:世界到底是物质的,还是精神的,亦或是物质与精神相统一的?在物质与精神的统一中,是物质第一性还是精神第一性?笔者的初步思考和回答是:自然世界是物质的,而人类世界是物质与精神相统一的;在人类世界物质与精神的统一中,物质与精神的关系是辩证的,也就是说,在不同的领域、层面和时段中,物质与精神的第一性不是固定不变的,而是变动的,既有物质第一性的时候,亦有精神第一性的方面,总之是辩证的。所以,如果要从哲学方法论上来认识传统中国理气统一的有机世界观与唯物论的世界观(反映到法律上即是道德原则与功利原则的协调统一),虽有艰难之处,但并不意味着未来两者没有对接协调的可能性。这是因为,唯物主义世界观的方法论是辩证法。在唯物辩证法中,虽然物质和存在是第一位的,精神和意识是第二位的,但精神和意识不完全是被动的,它们有相对的独立性和能动性,亦即精神和意识对物质和存在具有反作用。[42]这样一来,认识和改造世界的方法就不能是教条的,而必须是实事求是的方法论。[43]而传统中国理气统一世界观中的理与气,亦即精神与物质的关系亦是辩证的,其辩证性即是《易》所说的"一阴一阳之谓道"。[44]这个道即是万物有阴有阳、亦阴亦阳、阳中有阴、阴中有阳、阴阳变化不一而足,这是事物存在、发展、变化的法则,所以,若要认识事物、解决问题,就只能具体问题具体分析,亦即实事求是(这可以说是中国之所以能够接受唯物世界观的认识论基础)。[45]所以,从两种世界观的方法论出发,亦即从辩证法上来讲,未来两者存在对接协调的可能性,因为两者在根本上都是运用实事求是的思维方法。而且,在中国历史上,这两种不同的世界观由于方法论的相通相同而能够共生共存以致对接协调的情形,不仅有先例,甚至可以说其本身就是中国的传统。譬如,在中国哲学史上,关于世界的本体,有老子和程朱的道(理)论、张载和王夫子的气论、陆王的心论、玄学的无(自然)论等。[46]这些观念在"世界是什么"这个基本认识上是不同的,但在过去两千多年的中国历史上,它们一直在相互竞争、互相影响中共生共存,犹如太极中的阴与阳的对立统一一样。而使它们在对立中有统一、在对接中可协调的原因就是实事求是的辩证法,也就是说,实事求是这个思维方法把它们连结和沟通起来了。恰如《庖丁解牛》寓言中的“由技入乎道”,技可以不同,但道却相通。这个“道”实际上就是中国人共通的一阴一阳之道,亦就是我们今天所说的辩证法。

例如,《决定》中提出:“加强重点领域立法。依法保障公民权利,加快完善体现权利公平、机会公平、规则公平的法律制度……”[47]这里需要注意的是,《决定》中所使用的措词是公平而不是平等,其提出的是机会和规则公平而不是事实平等。这是现实主义的或者说实事求是的法治观,因为事实上的平等是不可能的。这种公平的而非绝对平等的法治观就可以说是唯物世界观与中国传统的理气统一世界观相对接协调的体现。因为,唯物世界观的方法论是实事求是,而中国传统世界观的核心是公平合理。在汉语中,公平就是合理,合理就是正当,正当就是道德,道德就是中庸,中庸就是不偏不倚,[48]不偏不倚就是“是什么就是什么”,“是什么就是什么”就是实事求是,亦即本来如此,所以,公平合理就是本该如此。由此,我们是否可以把上述《决定》中提出的公平而不是平等,亦即机会和规则公平而不是事实平等的这种法治观,看作两种世界观在认识论上具有对接协调的可能性的一种体现呢?

另外,站在今天的立场上看,我们在寻求唯物世界观与中国传统的理气统一的世界观(反映到法律上即为功利与道德这两大原则)的对接协调时,要清醒地认识到,世界正在发生着变化,功利主义的弊端愈加暴露,[49]所以,从最深层次的人的哲学上来说,这两者的不同与协调已是我们当下法治建设和学科发展中所面临的重大问题。我们知道,道德主义是古代世界的主流思想意识形态,但从近代开始,其受到自由主义和功利主义的冲击与颠覆,而自由主义和功利主义仍是在当今世界绝大多数地区起支配作用的准则和价值观(主流的思想意识形态)。从人性上说,自由主义和功利主义奠基于人作为个体对独立、自由、平等、趋利的向往和追求,而道德主义奠基于人的道德本能和人作为个体根本无法独自生存从而对群体生活的向往和必需。这两者都植根于人性,但道德主义是更本质的人性,它是作为人的类本质的人的本性。所以,在受到自由主义和功利主义的冲击与颠覆后,道德主义正在复兴,而且,随着现代科技的迅猛发展，这种复兴必将导致对现行法学的根本挑战。这里所说的现行法学是指源于西方的经典法学，这种法学就是今天流行的法学。它奠基于自然人和拟人化的法人这个主体。该主体植根于人的理性，人的理性植根于自然法，而自然法植根于物质的世界观，所以，独立成为支点，自由成为目标，功利成为法理，权利成为本位，权利—义务成为法律关系的轴心。但今天的世界正在发生变化，科技和全球一体化正在改变人的定义并重塑人们之间的关系。改变后的人的定义不再只是自然人和拟人化的法人，而是又可能增加了高度智能化的机器人；重塑后的人们关系的支点将不再是个体化的主体，而是主体间。这两个变化会带来两方面的影响：一方面，其将使人们更看重道德，以保持人作为人的本质属性。科学研究已经揭示，迄今为止，道德是人类区别于其他一切智慧动物的本质属性，离开了道德，人(类)将失去自我。[50]另一方面，合作而不是独立将成为人际关系的支点，责任而不是权利将成为人们合作的基础。所以，这两个变化将从根本上挑战现行法学的根基，也就是说，物质世界观、功利法理、权利本位、权利—义务法律关系轴心将受到有机世界观、道德法理、责任本位、责任—权利法律关系轴心的挑战。如何认识和顺应这个挑战？中国传统法理学中关于天人合一的生命哲学，或者万物有机的生命世界观，将是对机械唯物论和原子世界观的非生命性的一种超越，其可以在法的哲学上形成道德对功利的引导之势，以促进人的类本质在法律中的实践和实现。如何认识和顺应这个挑战？传统中国礼法结构文化中关于天人合一的生命哲学，或者万物有机的生命世界观，将给我们无穷的智慧和启发。[51]这亦意味着，从礼法到政法——传统与现代中国法的结构与哲学及改造提升乃是一个重大的时代课题，值得我们认真地探索和实践。

注　释

* 张中秋，中国政法大学法律史学研究院教授、博士生导师。

本文系国家“2011计划”·司法文明协同创新中心研究成果、教育部人文社会科学重点研究基地重大项目“中国传统法理及其当代价值”（16JD820021）的阶段性成果。本文原载《法制与社会发展》2018年第4期。

〔1〕 通过在中国知网进行检索，截至2018年3月19日，共获得以“礼法”为主题的研究文献

1977条,以“礼法传统”为主题的研究文献80条;以“政法”为主题的研究文献58466条,以“政法传统”为主题的研究文献63条;以“礼法与政法”为主题的研究文献18条。但这些几乎都不是学术探讨。

〔2〕 法文化类型是依据文化类型对法的一种分类。文化类型是由于自然环境和生存方式的差异以及观念、信仰、兴趣、行为、习惯、智力发展方向和心理性格的不同,而形成的具有相似文化特征或文化素质的地理单元,所以,法文化类型是各种法文化形态体系中最有特色、最能体现法文化本质属性的一种特征,而不是指其全部特征的总和。

〔3〕 (唐)长孙无忌等:《唐律疏议》,刘俊文点校,中华书局1983年版,第3页。

〔4〕 中国古代的法有广狭多义,其中广义上的法包括礼、乐、政、刑,此与《唐律疏议》中所说的政教相当,所以称为大法。即如《管子·任法》所说:“法者,天下之至道也。……所谓仁义礼乐者,皆出于法。此先圣之所以一民也。”

〔5〕 《大明律》,怀效峰点校,辽沈书社1990年版,第1页。

〔6〕 《清史稿·刑法志》曰:“中国自书契以来,以礼教治天下。劳之来之而政出焉,匡之直之而刑生焉。政也,刑也,凡皆以维持礼教于勿替。故《尚书》曰:‘明于五刑,以弼五教。’又曰:‘士制百姓于刑之中,以教祗德。’古先哲王,其制刑之精义如此。……至唐《永徽律》出,始集其成。虽沿宋迄元明而面目一变,然科条所布,于扶翼世教之意,未尝不兢兢焉。君子上下数千年之间,观其教化之昏明,与夫刑罚之中不中,而盛衰治乱之故,綦可覩矣。”《清史稿》是传统中国的最后一部正史,编者的观点比较保守。然而,编者对中国传统社会礼教/刑罚与治乱/盛衰的关系,以及宋、元、明、清诸律对唐代礼法结构模式继承的认识,应该说是客观的,最起码它向我们描述了一个基本的历史事实。

〔7〕 (宋)朱熹:《四书章句集注》,中华书局1983年版,第18页。

〔8〕 例如,《中共中央关于全面推进依法治国若干重大问题的决定》提出:“面对新形势新任务,我们党要更好统筹国内国际两个大局……使我国社会在深刻变革中既生机勃勃又井然有序,实现经济发展、政治清明、文化昌盛、社会公正、生态良好,实现我国和平发展的战略目标,必须更好发挥法治的引领和规范作用。”参见《中共中央关于全面推进依法治国若干重大问题的决定》,人民出版社2014年版,第3页。对前述决定中的“既生机勃勃又井然有序”,可以这样理解:生机勃勃是德,因为在中国传统观念中,德是生,所以大德曰生,生就是生生不息,表现出来就是生机勃勃;同样,井然有序是道,因为道是有序,所以有道为序,表现出来就是井然有序。因此可以说,既生机勃勃又井然有序就是生与序或者说德与道的统一,亦即生而有序或者说道德。这表明道德(观)依然是中国人的世界观,只是大家日用而不知罢了。

〔9〕 宋儒周敦颐在《太极图说》中说:“立天之道,曰阴与阳;立地之道,曰柔与刚;立人之道,曰仁与义。”参见(宋)周敦颐:《周子通书》,上海古籍出版社2000年版,第48页。此说原出

《周易·说卦》，推言之，依着道的理路和构成，并根据《唐律疏议·名例》“德礼为政教之本，刑罚为政教之用，两者犹昏晓阳秋相须而成者也”的规定，立法之道就可以说是礼与刑或德礼与刑罚。

〔10〕 中华文明绵延不断的文化根源或者生生不息的精神动力或即在此。因为道德对应并顺从万物的井然有序与生生不息，所以，这样的文化能与天地同在，与日月同辉，即与自然世界共存。它遵循了有机生命世界的自然法则，努力追求生命可持续的中和状态，以达致与天地宇宙的一体化，所以能与天地同存。例如，《左传·昭公二十五年》记载了郑子太叔（游吉）的言论：“吉亦闻诸先大夫子产曰：夫礼，天之经也，地之义也，民之行也。天地之经，而民实则之。则天之明，因地之性，生其六气，用其五行……乃能协于天地之性，是以长久。”又如，明代大儒刘宗周说：“吾儒之学，宜从天地万物一体处看出大身子，天地万物之始即吾之始，天地万物之终即吾之终，终终始始，无有穷尽……”参见戴琏璋、吴光主编：《刘宗周全集》（第2册《证人社语录》），台湾地区“中研院”中国文哲研究所筹备处1996年版，第683页。

〔11〕 其实，这就是中国传统法哲学的文化原理和内在理路。据此，法在形式上是德礼与刑罚，实质上是道德；法的价值在形式上是明刑弼教，实质上是使人成为有道德的人；实现法的价值的方法在形式上是礼法结合、德主刑辅，而实质上还是基于道德、合乎道德，亦即基于道德一体、合乎德生道成。这一切都是为了使人之为人，亦即为了人的本质，同时亦是世界万物的本质——道德——的展开和实现。

〔12〕 如董仲舒在回答汉武帝的对策中说：“故孔子曰‘天地之性人为贵’。明于天性，知自贵于物；知自贵于物，然后知仁谊（按：谊即义）；知仁谊，然后重礼节（按：礼节亦即礼法）；重礼节，然后安处善；安处善，然后乐循理；乐循理，然后谓之君子。”参见袁长江主编：《董仲舒集》，学苑出版社2003年版，第25页。乐循理即乐与天地之性理相通，乐与天地之性理相通就是要天人合一，天人合一即是君子，君子即是有道德的人。

〔13〕 刘全娥：《陕甘宁边区司法改革与“政法传统”的形成》，人民出版社2016年版。

〔14〕 董必武：《董必武法学文集》，法律出版社2001年版，第423页。

〔15〕 王定国等编：《谢觉哉论民主与法制》，法律出版社1996年版，第156页。

〔16〕 彭真：《论新中国的政法工作》，中央文献出版社1992年版，第424页。

〔17〕 《中共中央关于全面推进依法治国若干重大问题的决定》，人民出版社2014年版，第1~2页。

〔18〕 《中共中央关于全面推进依法治国若干重大问题的决定》，人民出版社2014年版，第33页。

〔19〕 《中华人民共和国宪法》，法律出版社2018年版，第60页。

〔20〕 《中华人民共和国宪法》，法律出版社2018年版，第61页。

〔21〕 刘全娥:《陕甘宁边区司法改革与“政法传统”的形成》,人民出版社2016年版;左为民、何永军:《政法传统与司法理性——以最高法院信访制度为中心的研究》,载《四川大学学报》2005年第1期;徐亚文、邓达奇:《“政法”:中国现代法律传统的隐性维度》,载《河北大学学报》2011年第5期;安秀三:《人民政法传统的历史生成与法治转型》,载《河南社会科学》2016年第2期;乔素玲:《建国初期的婚姻法实践与政法传统发展》(未刊稿);强世功:《中国法治道路:礼法传统的传承与升华》,载《民主与法制时报》2015年7月9日,第7版。

〔22〕 根据笔者对前注中所列文献的查阅,只有少数研究触及哲学,而且亦只是停留在对辩证唯物主义的一般说明上,并未对政法传统或者政法结构与其背后的哲学的关联做出说明,亦未进一步探讨哲学背后的世界观问题。参见刘全娥:《陕甘宁边区司法改革与“政法传统”的形成》,人民出版社2016年版,第57页。

〔23〕 这里使用的功利哲学是指以物质和利益为起点和追求的人生哲学,其不等同于西方的功利主义或功利主义哲学。西方的功利主义或功利主义哲学是由边沁创立、密尔发展的一个哲学和法哲学流派,它以追求最大多数人的最大幸福为功利,而此幸福的功利是可以被计算的人的快乐和痛苦,但正是因为其是可以被计算的,所以,此幸福的功利实际上主要还是物质和物质性的。

〔24〕 李秀林、王于、李淮春主编:《辩证唯物主义和历史唯物主义原理》(第5版),中国人民大学出版社2004年版,第37~62页。

〔25〕 艾思奇:《大众哲学》(修订本),人民出版社2009年版,第31页。

〔26〕 艾思奇:《大众哲学》(修订本),人民出版社2009年版,第32页。

〔27〕 《毛泽东选集》(第3卷),人民出版社1991年版,第864页。

〔28〕 关于传统中国的礼与法及其哲学的同构共理、相互贯通,参见张中秋:《原理及其意义——探索中国法律文化之道》(第2版),中国政法大学出版社2015年版,第136~142页。

〔29〕 以哲学和法哲学为例,传统中国的思想、制度、社会具有融贯性,因而有自己的哲学和法哲学,但近代以来,由于外力的介入和内生的矛盾,融贯性被打破,思想、制度、社会相背离,我们自己独立系统的哲学和法哲学至今还未建立。

〔30〕 意识形态存在于任何政治社会,所以笔者并非一概地反对,但这里的意识形态性主要是指脱离了中国人的基本观念和生活习惯的教条主义、形式主义,以及空洞的政治口号和宣传,也就是那些不接地气的极“左”或极右的政治理念与政治指导。

〔31〕 《中共中央关于全面推进依法治国若干重大问题的决定》,人民出版社2014年版,第7~8页。

〔32〕 强世功:《中国法治道路:礼法传统的传承与升华》,载《民主与法制时报》2015年7月9日,第7版。

〔33〕 简单来说,礼与政在内涵和目标上的异主要在于,礼的内涵是传统中国的伦理,核心是三纲五常,礼的直接目标是别,长远目标是和,亦即实现不同而和的大同世界;而今天的政的内涵是中国共产党的政治,核心是党的领导,政的直接目标是国家治理和中华民族复兴,长远目标是实现共产主义。此外,礼法与政法还有一个很大的不同,即礼法之上是道德,而政法之上是政治;道德与政治又有很大不同,政治是纯粹的意识形态,而道德尤其是主流道德是一个社会中既包含政治又超越政治的文化与价值系统。

〔34〕 《中共中央关于全面推进依法治国若干重大问题的决定》,人民出版社 2014 年版,第 7 页。

〔35〕 蒙培元:《理学范畴系统》,人民出版社 1989 年版,第 6 ~ 33 页。

〔36〕 如朱熹说:"天地之间,有理有气。理也者,形而上之道也,生物之本也;气也者,形而下之器也,生物之具也。是以人物之生,必秉此理然后有性,必秉此气然后有形。"参见(宋)朱熹:《答黄道夫》,载朱杰人、严佐之、刘永翔主编:《朱子全书》(卷五八),上海古籍出版社、安徽教育出版社 2002 年版,第 2755 页。

〔37〕 如《朱子语类》卷一云:"问先有理抑先有气?曰:理未尝离乎笔,然理形而上者,气形而下者,自形而上下言,岂无先后。"又如,朱熹提出:"所谓理与气,此决是二物。但在物上看,则二物混沦,不可分开各在一处,然不害二物之各为一物也;若在理上看,则虽未有物而已有物之理,然亦但有其理而已,未尝实有是物也。"参见(宋)朱熹:《答刘叔文》,载朱杰人、严佐之、刘永翔主编:《朱子全书》(卷四六),上海古籍出版社、安徽教育出版社 2002 年版,第 2146 页;蒙培元:《理学范畴系统》,人民出版社 1989 年版,第 137 ~ 147 页。

〔38〕 张中秋:《原理及其意义——探索中国法律文化之道》(第 2 版),中国政法大学出版社 2015 年版,第 142 ~ 145 页。

〔39〕 参见《汉书·刑法志》《魏书·刑法志》《唐律疏议·名例》的开头部分;杨鸿烈:《中国法律思想史》,中国政法大学出版社 2004 年版,第 97 ~ 110 页;[英] 李约瑟:《中国科学技术史》(第 2 卷),何兆武等译,科学出版社、上海古籍出版社 1990 年版,"作者的话"、第 551 ~ 620 页;[美] D. 布迪等:《中华帝国的法律》,朱勇译,江苏人民出版社 1993 年版,第 31 ~ 35 页及以下。

〔40〕 这里的"道德"一词,其含义与现在我们通常所说的"道德"的含义不同。前者是传统中国哲学中的一个重要范畴,用以表达世界万物的原理,亦即本文第一部分所说的,道是事物的存在形式,德是事物的存在依据,道与德共同构成事物的统一性。这个道德原理贯通天、地、人,亦即自然、社会与人类,所以,它本质上是中国人的世界观。由此可见,它与我们现在通常用以评价人的品行好坏的"道德"一词,与英文中的 moral 和 morality,在内涵上并不一致。至于它们之间的联系,只能说后者是从前者引申出来的。

〔41〕 [英] 李约瑟:《中国科学技术史》(第 2 卷),何兆武等译,科学出版社、上海古籍出版社 1990 年版,"作者的话"、第 551 ~ 620 页。

〔42〕 正如艾思奇所说:“不错,辩证法唯物论承认事物有它本身的规律,我们的主观心意不能任意和它违背,因此我们亦不能依我们的主观心意随便决定一切,但是,这并不等于说,我们已经是命运的奴隶,不能对世界上的事物做丝毫的改变。”参见艾思奇:《大众哲学》(修订本),人民出版社 2009 年版,第 61 页。

〔43〕 李秀林、王于、李淮春主编:《辩证唯物主义和历史唯物主义原理》(第 5 版),中国人民大学出版社 2004 年版,第 37 ~ 62 页。

〔44〕《周易·系辞上传》。

〔45〕 蒙培元:《理学范畴系统》,人民出版社 1989 年版,第 55 ~ 76 页。

〔46〕 张岱年:《中国古代本体论的发展规律》,载《社会科学战线》1985 年第 3 期;宋志明:《中国哲学的本体论思路》,载《船山学刊》2004 年第 1 期。

〔47〕《中共中央关于全面推进依法治国若干重大问题的决定》,人民出版社 2014 年版,第 11 页。

〔48〕 如朱熹对《中庸章句》注曰:“中者,不偏不倚、无过无不及之名。庸者,平常也。”程子曰:“不偏之谓中,不易之谓庸。中者,天下之正道,庸者,天下之定理。”参见(宋)朱熹:《四书章句集注》,中华书局 1983 年版,第 17 页。

〔49〕 例如,有学者指出:“虽然从当前纠纷解决理论与实践的开展过程中,看到的似乎是一片混乱的局面,但经过仔细观察就会发现,其间还是体现了某种法哲学理念的要求。具体而言,支配它的是一种功利主义的法哲学理念。在纠纷解决理论和实践中这个依稀可辨的人的形象,其性质与内容即为功利主义……比如,在纠纷解决领域不断强调要注重效率优先、顾全社会稳定大局等等功利目标的实现,在当代中国社会中‘改革’这个支配性的话语,都鲜明地体现在包括纠纷解决问题在内的整个法律领域。”作者同时指出:“当前这种功利主义的人形象及其内容主要体现在以下几个方面。一、追求利益的人,二、孤立的人,三、注重行为结果的人。”参见刘文会:《当前纠纷解决理论法哲学基础的反思与超越——在权利与功利之间》,中国政法大学出版社 2013 年版,第 95 ~ 104 页。

〔50〕 例如,杰弗里·克鲁格说:“科学家对行为的研究越深入,我们越难以自负地认为自己是地球上独一无二的智慧生物。我们说自己是唯一会使用语言的物种,而大猩猩和黑猩猩却掌握了手语。我们说自己是唯一会使用工具的物种,而水獭会用石头砸开软体动物的壳,猿会用小树枝掏白蚁。使我们区别于其它动物,或者说,应该使我们区别于其它动物的是我们高度发达的道德感。这项品质是人类的精髓。”参见杰弗里·克鲁格:《是什么让我们遵守道德》,载《参考消息》2007 年 12 月 3 日,第 7 版。

〔51〕 最新的研究已提出,基于生物学的思考范式将取代基于机械原理的思考范式。这表明,中国哲学的“有机宇宙观→生物论→整体/连续/辩证互动→万物之理→顺其自然→道德(立足群体的协作/类)→责任”的思维模式与西方哲学的“无机宇宙观→机械(原子)论→

个体/独立(不连续)/作用与反作用(对等)→万物之理→控制自然/人为设计→自由(立足个体的独立/个)→权利”的思维模式将有新的融合的可能。参见阿诺德·布朗:《新的生物学范式》,载《参考消息》2008年9月10日,第9版。

域外法理

朱　振*

共同善权利观的力度与限度

| 提　要 |

拉兹共同善的权利观试图超越义务论与功利主义的对抗,从而为权利理论找到一条新路。根据共同善的权利观,权利的重要性超过了权利人利益的重要性,权利可证成其他人对权利人的义务,但权利人的利益无法做到这一点。这一权利观的最终目标是指出权利存在的价值在于它对共同善的贡献,共同善是决定权利存在的最重要的理由。但是这一权利观并不能有意义地证成自由权的存在,无法揭示权利人中心权利观的政治哲学意涵,也无法解释权利保护的严格性与权利行使的正确性之间存在的不匹配。更重要的是,自由权与共同善的关系是非常复杂的,不仅众多的共同善是相冲突的,而且共同善对权利也不是单向的、必然的支持关系。权利保护的严格性并非来自抽象意义上的共同善,而来自对相冲突的不同共同善的衡量。这一点对于理解我国《民法总则》第185条中"公共利益"的含义与功能提供了一个融贯的解释,这一条也正好展现了共同善权利观的力度与限度。

| 关键词 |

权利　共同善　社会利益

我国《民法总则》第185条规定:“侵害英雄烈士等的姓名、肖像、名誉、荣誉,损害社会公共利益的,应当承担民事责任。”这是在全国人民代表大会审议阶段新增加的一个条文,在此之前的历次审议稿中都没有出现。学界对英烈人格利益保护问题存在许多争议,其中之一就是应如何理解本条“公共利益”的含义和功能及其与死者人格利益的关系。此处的“公共利益”显然是指维系一个共同体的公共价值或共同善(common good),它是构成英烈人格利益的根本理由还是只作为承担侵权责任的一个必要条件,这些问题都需要学界深入讨论并取得共识。因此本文的任务就是在理论上深入阐述权利与共同善的多重关系,最后再回到关于第185条的争议,并试图为关于该条的合理解释提供一个融贯的论证。

当代权利理论的一个重要任务就是回应功利主义对集体性(collectivity)的偏爱,罗尔斯、德沃金和诺齐克的权利理论都可以被视为这一任务的组成部分。于是他们在权利主义/功利主义、个人善/普遍善、利己主义/利他主义之间发展出了一种二元对立的关系,在这种关系中,权利人的利益与普遍福利或集体利益是相互冲突的,这正如德沃金所指出的:“权利诉求和普遍福利诉求是相互对立的关系。”[1]拉兹认为,冲突模式对于权利来说并不是关键的,它误解了权利的特征;他的目标就是挑战冲突模式,于是他这样清晰地界定他的目标:

> 许多人一直把个人权利的首位性作为一种标志,即权利的特殊作用——也就是它们在道德和政治思想中特殊的功能或重要性——在于,它们代表了个人的视角或利益,以反对普遍善或公共善(general or public good),或者一般性地反对其他人的主张、需求、需要或要求。挑战这一观点正是本文的任务。[2]

拉兹并非要为权利这个概念的性质提供一个统一的解释,而是主要针对自由权(liberal rights)。自由权就是我们一般而言的公民权利和政治权利(civil and political rights),拉兹把这些权利具体列举如下:宗教自由、表达自由、结社自由、职业自由、迁徙自由、婚姻自由;旅行的权利;契约自由、经济自由;甚至还包括刑法中怀孕妇女的权利、福利法上具有赡养或抚养义务之父母的税收减免的权利。[3]他认为,证成这些权利的理由并非是这些权利对个人利益的重要性,而是这些权利服务于一个社会的共同善。

一般来说,正是在自由权领域,以德沃金等为代表的义务论的权利观具有强大的解释力。因此,尽管拉兹认为他的共同善的权利观并不预设具体的对手,而只是阐述作为一种文化现象的权利的性质,但是实际上他关于权利与共同善之必然关联的论证在根本上挑战了义务论的权利观。本文的任务就是评述这一挑战的成败,并对拉兹的部分挑战提出本文的"挑战"。从拉兹的论证思路上,我们能够发现其一贯的方法论预设:第一,共同善的权利观是对权利这一社会现象的概念分析,也是关于这一实践的一种概念必然性的判断;第二,这种判断具有强大的社会依赖性,即立基于我们的权利实践和我们共同文化的根本特征。因此,本文的"挑战"不可避免地要涉及这些基本的方法论问题,尝试重构作为一种普遍特征的权利的性质,并在此基础上对自由权的性质给出本文的理解。在具体的论证结构上,下文共分为四个部分:第一部分重述共同善进路权利观的问题意识及其两重内涵;第二部分从概念分析的进路阐述自由权与"共同善"的必然关联;第三部分重新检讨作为权利之存在理由的共同善与作为权利之论证力量的共同善;第四部分试图以上文关于权利与共同善之关系的诸多结论来具体分析围绕《民法总则》第 185 条所产生的相关争议。

一、共同善权利观的问题意识及其两重意涵

众所周知,拉兹主张权利的利益论以对抗权利的选择论(或意志论),在其早期的理论中,他在"利益—权利—义务"之间建立了一种论证关系。和其他诸多利益论者一样,拉兹也认为主要是权利人的利益辩护了权利的存在,即提供了权利存在的理由,权利的正当理由就在于它服务于权利人的利益;同时权利人的利益又构成了让他人承担义务的理由。关于这一论证关系,MacCormick 有一个精辟的概括:"对于权利的构成具有本质意义的是,在法律(或道德)上保护或提升一个人的利益以对抗其他某个人或全世界,对于受保护的一方来说,其手段是对后者强加义务(duties)、无能力(disabilities)或责任(liabilities)。"[4]

拉兹对利益论的发展始于关于权利所存在的一个困惑,即对权利保护的

严格性与权利对权利人利益的重要性之间存在不匹配。关于这种不匹配，拉兹指出："一方面通常来说，权利是对权利人而言有价值或被认为有价值的东西。另一方面又相当常见的是，一个权利的价值，亦即权利被赋予的分量(weight)或权利将被遵守的严格性(stringency)，并不相符于权利对权利人的价值。"[5]这里所说的"分量"(或"重要性")或"严格性"指的是权利在实践推理中的规范性力量，也就是说它对人的行动的指引功能具有什么样的强度。拉兹曾举例来说，一件旧衬衫对一个人也许没有多少价值可言，但他对其拥有权利；既然存在权利，那么其他人就有义务尊重这一权利。由此可见：第一，权利的重要性或分量与它所直接保护的权利人之利益的重要性或分量是相分离的，权利人的利益与权利本身并不等同，权利的重要性超越了权利人利益的重要性；第二，权利直接证成了义务，而非权利人的利益证成了义务，正是权利证成了其他人所受到的义务约束，而权利人的利益无法必然做到这一点；第三，在实践推理的意义上，权利是一个比权利人的利益更强的理由，权利不仅反映了权利人的利益，而且为其添加了一个额外的、独立的理由。[6]因此除了权利人的利益，权利在规范性上所具有的强度还有其他的独立的因素予以支持，拉兹找到了这种神秘的力量：**其他人的利益或共同善**。

于是拉兹权利利益论中的"利益"需要进行一个完整的解读，即权利的分量或重要性等于权利人的利益再加上其他人的利益(普遍利益或公共利益)。后者可以统称为共同善，关于它的确切含义，下文再进行详述。在此要处理的一个关键问题是：共同善在什么意义上影响了一个权利理论的建构？综观拉兹的论述，他实际在两个层面上阐述共同善对理解权利之性质的影响：一是在实践推理的意义上，阐明普遍的或共同的善构成了辩护权利正当性的部分理由，正是这一部分理由强化了权利保护的力度；二是在概念分析的意义上，表明自由权的性质及其证成主要奠基于它对共同善的贡献和价值，正是后者决定了自由权的地位和存在。陈祖为教授把这两个方面分别称为共同善权利观的弱版本和强版本，[7]接下来让我们逐一分析这两个版本。

在法律上对公民权利和政治权利的保护能够服务于共同善，这几乎是现代社会的一个事实。如契约自由，它有助于一种开放市场的存在，这是一种共同善，所有人都受益于这种善。再如新闻自由，它有助于一种开放社会的存在，这种共同善有益于生活在这个社会中的所有人。婚姻自由、职业自由和表达自由等，都具有这种性质；于是拉兹指出："保障个体的公民权利和政治权利对维护共同善做出了重大贡献，有鉴于此，不把这一事实反映在权利的价值中将会是一个非理性的做法。"[8] 共同善成为决定权利分量或重要性的一个因素，它增加了权利的重要性或价值，并使这种重要性超过了权利人的利益。这是一种弱版本的共同善的权利论，但是这个版本并不必然挑战个人主义的权利观，[9] 它只是表明权利的重要性与其对权利人之福祉的重要性不相匹配的主要原因在于证成权利的**部分理由**是它对共同善的贡献。[10] 如果是这样的话，拉兹的权利理论就不是一个独立的理论，但情况似乎并非如此；在其论述中我们能够发现，拉兹的最终目的是要表明：共同善不仅**说明**了上述所谓的不匹配，而且还辩护了或证成了自由权的**存在**。

这就是强版本的共同善的权利观，即共同善是自由权存在的根据。尽管清晰而准确地把握拉兹的想法是比较困难的，但是从其论述中我们还是能够建构出一条相对明确的论证线索。拉兹反对的是权利人利益的权利观，[11] 这是一种个人主义视角的并基于有关个人的某种性质和价值的权利理论。拉兹并不满足于共同善只是证成权利的"部分理由"，这是因为，即使承认"部分理由"，一样也可以同时承认权利人视角的权利观。拉兹明确指出："它们[亦即公民权利和政治权利]的**真正价值**(real value)在于其对一个共同的自由文化的贡献。"[12] "对自由民主国家中最为珍视的公民权利和政治权利的保护根据它们服务于共同善或普遍善这个事实而得以**证立**。"[13] 从这些论述我们可以得出如下结论：第一，自由权的真正价值并不是基于权利人视角的，而是共同善视角的；第二，自由权的证立是基于它们服务于共同善或普遍善这个事实，正是共同善而非权利人的利益成为自由权存在的理由。因此拉兹指出，对个体的公民权利和政治权利的保护就不仅是服务于共同善，而且"在大多数情形中，这些权利所服务的共同善对人们来说，比起来他们自己的公民权利和政治权利所能享有的重要性，是更加重要的；因此，**权利在自由民主社会中所享有的地位(status)归功于它们对共同善的贡献**"。[14]

二、自由权与"共同善"的必然关联：概念分析的进路

自由权(公民权利和政治权利)的"真正价值"或"地位"源自它们对共同

善的贡献,可以说正是最终为了共同善,这些权利才有存在的基础。显然,这是关于自由权之性质的一个本质性判断,是共同善权利观的强版本。问题的关键是怎样在权利与共同善之间建立必然的关联,并与义务论的权利观相竞争,因为从这一权利观的弱版本无法必然推导出强版本。在这个问题上,我们依然无法从《权利与个人福祉》这篇论文中准确把握拉兹的观点,不过在《表达自由与个人认同》这篇论文中我们可以找到其论证思路,即这种必然关联奠基于道德上的后果主义(consequentialist)因素:

> 鉴于[一个]权利有这些后果[亦即,有益于第三人利益或共同善的那些后果],任何后果主义的道德都会承诺考虑它们。确实,带有后果主义成分(亦即,承认后果是至关重要的,即使后果并未涵括所有重要事物)的任何道德,一定要考虑它们。考虑它们的最自然的方式就是让它们反映在我们关于权利之**重要性**的判断中,对权利的尊重确保了这些后果。[15]

拉兹进一步在重要性和存在之间建立关联,他指出:"否认权利的存在与权利所服务的第三人利益相关将会是奇怪的,因为这等于是断言影响一个权利之重要性的那些因素无关于其**存在**。"[16]权利能够服务于其他人的利益或共同善,这一点必须要纳入我们对权利之重要性的判断中,而重要性与权利的存在有必然相关,这就是拉兹的论证逻辑。[17]

这个思路符合我们对于现代社会之权利实践的直觉,"后果/重要性/存在"之间概念必然性的关联就建立在对权利实践的理论抽象之上,要理解这一点就必须首先理解概念分析的一般方式。拉兹关于权利与共同善之必然关联的理论是关于权利性质的概念分析,这是对作为一种文化现象的"我们的"权利实践的一种诠释。[18]拉兹一再表明,其论证风格是现象学的(phenomenological)。他指出:"关于权利人关切与公共善关切之间的关系这个问题,以及这种关系对理解权利之根基的重要性,都属于结构或概念的层次,因此都属于现象学的进路。"[19]这里所谓的现象学进路指的是权利的概念分析所具有的社会依赖性,即它是立足于某些社会文化现象的。在某种意义上,这种文化现象是地方性的,是"**我们的**(our)",即拉兹论证的这种现象学风格指向了"我们共同文化的根本特征"。[20]关于概念与文化的一般关系,拉兹在《权利与个人福祉》这篇论文中给出了一个一般性的论述:"基于现存的文化,我们能够得出的是关于‘我们概念的性质、这些概念的结构与一般特征以及它们在道德和政治思想中所起到的作用与功能’的诸多结论。”[21]这里关于“概念”的判断一样可以适用于权利，即权利与共同善的关联是一种概念上的必然，这种必然性奠基于西方的自由文化。[22]从这种自由文化的社会实践中，我们能够发现个人善/社会善的双重和谐关系，而不是冲突关系。

无论是共同善的权利观还是权利人视角的权利观都是基于现代社会的权利实践对权利这个概念的性质所做的本质性的判断，厘清它们之间的差异是非常重要的。我先引证拉兹的一段话来表明这两种权利观的根本分歧所在，尽管在权利保护的力度上二者也许差别不大。在得出“公民权利和政治权利的保护根据它们服务于共同善或普遍善这个事实而得以证立”这个结论的基础上，拉兹进一步指出：

> 公民权利和政治权利对共同善的重要性，而不是它们对权利人之福祉的贡献，证成了这些权利所受到的高度重视，并证成了这样一个事实，即捍卫这些权利也许要付出牺牲许多人之福利的高昂代价。当人们被要求以个人所享有的一种基本的公民权利和政治权利的名义做出实质性牺牲时，**这并不是因为在这些问题上个人利益或应给予个人的尊重凌驾于集体利益或多数人利益。而是因为，通过保护那个人的权利，人们才保护了共同善，并因此而服务于多数人的利益。**[23]

显而易见，共同善的权利观对公民权利和政治权利的保护力度与义务论的权利观表面上看似乎没有多少差别，关于牺牲福利以保护权利这样的论证，我们并不陌生。德沃金也同样认为，权利应该被理解为“优先于政治决策之某个背景性证成——这一证成表达了社群整体的一个目标——的王牌”。[24]“作为王牌的权利”也是解释权利在实践推理中所拥有的额外力量[25]的一种理论，权利的存在给权利人提供了一个针对异议的“可辩护性的域限”(argumentative threshold)。[26]

从上文所引证的拉兹的那段论述中，我们可以明显看出个人的自由权只具有工具性价值，它们主要是工具性权利(instrumental rights)，而不是道德上的基本权利。这是拉兹自己曾作出的一个区分，前者意味着，权利的证成依赖于它能够成为服务于其他人利益的工具，而非基于个人利益本身或给予人的尊重这样的道德价值。关于道德上的基本权利,拉兹认为:“如果一个权利基于它服务于权利人在拥有那一权利方面所具有的利益而得以证成,那么这个权利就是一个道德上的基本权利,这是因为权利人的利益被视为最终的价值,亦即权利人的利益并不源自于某个其他的权利人利益或其他人们的利益。”[27]德沃金式的权利进路就具有这种基本道德权利的性质,它有两大特点:一是个人主义式的,二是义务论性质的。[28]在这个进路中,权利保护的严格性来自个人所具有的某种性质和价值,比如尊严或自主性这样的价值。这些价值与一个人的人格紧密相连,正是个人本身的人格特质决定了权利拥有一种规范性的或道德的力量,而权利又是基于这种力量凌驾于相竞争的公共利益。[29]

这样一个推理保证了德沃金式权利保护的严格性,这显然与拉兹式的共同善进路关于权利之重要性的论述差异很大。例如,同样是解释表达自由的存在根据,在共同善的权利观看来,对表达自由保护的严格性来自对这种权利的保护有益于其他想获得信息的人的利益,甚至还服务于没有从事表达的人的利益,因为对生活在民主社会中的任何人来说,他都会受到一个享有信息自由交换的社会的影响。[30]但是在权利人利益的权利观看来,正如 Frances Kamm 所言:“说话的权利也许只是对待人们——他们有着自己的想法并有能力运用各种手段把它表达出来——的唯一合宜的方式……不承认一个人说话的选择权就是不尊重他……说任何特定的人无权享有强的表达自由权就是……指这样一个说法,即关于人性的某些至关重要的特征不足以在任何人那里产生出权利。但这似乎是一个错误。”[31]这正是 Alon Harel 所概括的,这两种进路的差异是证成权利之内在理由的差异。拉兹的权利证成理由来自共同善,共同善有利于整个社会和其他人;而德沃金和诺奇克的权利理论都是权利人中心的权利理论,保护权利的唯一根本理由源自权利人。[32]

三、再访自由权与共同善:存在的理由,抑或论证的力量?

由上一部分的论证可知,两种权利理论的差别是显而易见的。在与义务论的权利观进行比较分析的基础上,现在就让我们讨论一个根本的问题:哪一个理论更好地揭示了自由权存在的理由和意义呢?共同善的权利观抓住自由权的本质了吗?我个人认为,共同善的权利观并不能有意义地辩护自由权的存在本身，根本的理由在于共同善的权利观对自由权之核心特征的理解是脱离思想史语境的，并抵触我们对权利文化之形成史的直觉。全面地阐述这个问题不是一篇论文所能承担的，下面我将选择几个比较重要的方面分别具体阐述，并在此基础上试图揭示出共同善权利观的真正价值。

（一）共同善与自由权存在的理由

第一，共同善的权利观无法揭示权利人中心权利观的政治哲学意涵，而这一点对于自由权的存在来说具有根本性的意义。这涉及对权利本身以及对权利与社会自由文化之关系的理解。权利人中心的权利观几乎是完全个人主义的权利观，[33]即一种分立的个人权利观，它赋予个人的权利以极端的重要性并凌驾于社会目标和社会功利的考量，因此权利构成了对后者的边际约束。个人的分立性（the separateness of persons）[34]的关键在于，个体权利是不可以被牺牲的，无论是以功利和社会目标的考量，还是以其他人之权利的总和考量，这就是个人的不可侵害性（the inviolability of persons），于是个人就拥有了一种更重要的道德地位。[35]此外从思想史来看，这种道德地位更多是指向国家的，这就意味着自由权基本是在个人/国家的意义上辩护个人利益；与这种权利相对应，义务的主要承担者是国家，而不是其他的公民个人。对于多数人来说，这一点更为深刻地揭示了自由权存在的本质意义，即它的政治意涵：权利保护个人以防范来自政府以社会利益之名的侵犯，即使这种侵犯有利于社会共同利益。对于这一点，德沃金曾精辟地指出："仅当伤害一些人的某个决定仍旧在如下主张中找到了初步的支持理由，即这个决定基于对社群一般福利之所在的某些貌似有理的说明将使得社群整体比过去更好，我们才需要权利作为政治理论中的一个独特要素。"[36]

拉兹的理论把共同善视为自由权存在的主要证成理由，这已经偏离了自由权之存在的政治性意义。此外，带有政治哲学意涵的义务论权利观不仅能够得到思想史的支持，而且也更容易得到自由文化之形成过程的支持。从历史上看，一个社会之自由文化的形成主要来自自由权本身在社会中的兴盛，伴随着这一兴盛过程的是争取民权的此起彼伏的社会斗争，而斗争的对象基本都是指向国家。从法理的层面来看，争取被承认的自由权不可能是以道德权利的形式存在的，只有建制化的法律自由权才能有助于一个稳固的自由文化的形成，比如美国宪法关于权利的条款也就只有十几条修正案，但是经由司法上的不断解释和运用，这些抽象的宪法权利极大地助益于一个开放和自由的文化的形成。因此从这个意义上说，自由权的存在并不来自它对自由文化这个共同善的贡献，而是反过来，一个自由文化的共同善的形成来自自由权的贡献。

第二，共同善的权利观无法解释关于权利的另一个缝隙，即权利保护的严格性与权利行使的正确性之间存在不匹配。拉兹对自主性有一个独特的理解，他认为："具有自主性的生活是有价值的，仅当这一生活是在追求可接受的和有价值的方案与关系。自主性原则允许甚至要求政府去创造道德上有价值的机会，并消除令人厌恶的机会。"[37]这就是拉兹关于自主性之至善主义(perfectionism)的理解，他并不认为每一个人基于选择的自由所作出的行为选择都是有价值的，对于一个人什么样的选择是好的、什么样的选择是坏的，存在相对客观的标准，而不是说"基于自由意志并作出选择"本身必然就是有价值的。由此可见，拉兹的自主性观念蕴涵着它要受客观价值的评价，它也不可能支持一种无价值的生活方式。再结合言论自由权我们就可以发现，根据拉兹的观点，无价值的言论并不符合至善主义的原则，也无益于行使言论的人；即使发表了无价值的言论也不会有利于其他人，只会使他人感到不便或厌烦，从而也无益于共同善。而拉兹共同善的权利观又认为，权利人的利益与其他人的利益是双重和谐的，仅当通过有益于权利人而有益于其他人时，它才能为共同善所证成。[38]在这一推理逻辑中，无价值的言论就不属于言论自由权的保护范围；但实际上在司法实践中，错误言论依然是言论自由权的涵摄对象，权利保护的严格性与其正确性之间也是分离的。

第三，自由权与共同善的关系是复杂的，不仅共同善是复数的、相冲突的，而且共同善对权利也不是单向的、必然的支持关系。

首先，共同善是复数的，而且就像原则一样，在具体适用时它们之间可以是相互冲突的。因此，是时候转向对共同善内涵的讨论了。共同善具有非常广泛的含义，类似于经济学上的"公共物品"概念。拉兹共提到了四种用法：common good、general good、collective good、public good (or interest)，它们之间可交替使用。他指出:“我将在传统的意义上不固定地使用‘普遍的或共同的善或利益(general, or common good or interest)’,即它不是指人们所拥有的善的总和,而是指这样一些善,在一个特定社群中,一般来说它们以一种无冲突的、共享性的以及非排他性的方式服务于人们。”[39]他以牛津城为例指出,牛津城的美丽就是一个共同善,每一个人的享有并不排斥其他人的享有。因此在拉兹的界定中,共同善是多元的,而不是亚里士多德意义上的单一共同善;这些共同善具有非常不同的性质:比如,灯塔、公路、清洁空气、国家安全以及一个自由的文化。[40]

拉兹的共同善可以被视为一个扩大了的公共物品概念,内涵非常广泛。这些共同善背后的价值也是不一样的,因此存在相互冲突的可能,比如国家安全与一个自由文化(个人自由、隐私权等)的冲突,这一冲突在一个后“9·11”的时代更加突出。这种冲突具有多种表现形态,试举几例:其一,对于同一个权利来说,既有辩护它的共同善,也有限制它的共同善;其二,对同一个共同善来说,它可能既支持了权利保护的严格性,同时又限制了权利保护的范围,比如支持传统婚姻自由的共同善也限制了把这种自由扩展到同性婚姻上;其三,一个人的福祉也许包含多方面的内容,即使一个共同善支持了某个方面的福祉,也有可能与其他方面的福祉相冲突。这些冲突表面上体现为关于权利的冲突,但归根结底是共同善的冲突。

由共同善的冲突我们可以得出一个基本的结论:从权利与理由的方法论上说,共同善对权利不是单向的、必然的支持关系;也就是说,共同善无法成为辩护一个要求能够成为权利的内在理由。共同善也许能够辩护一个行为,比如,保护言论是有价值的,因为这样做能够提升政府广开言路的良好形象;但是这个理由无法内在地辩护言论应当成为权利,因为共同善对权利的证成是依赖于条件的。Alon Harel 区分了辩护权利的内在理由(intrinsic reasons)和外在理由(extrinsic reason):前者指的是根据这些理由一个要求就可被归为一个权利;而后者指的是,这些理由可以证成权利所指向的那个行动,但是无法证成关于那个行动的权利。比如“自主性是关于言论自由权的一个内在的理由,因为自主性被用于证成保护一个言论自由权,而经济繁荣则是关于这一权利的一个外在理由”。[41] Alon Harel 更进一步在方法论的意义上总结了这两类理由不同的运作模式和性质,他指出:“内在理由是以一种统一的(uniform)、非语境的(acontextual)、类似规则的(rule - like)方式而运作的,而外在理由是以一种变化的(variable)、语境化的(contextual)、特定化的(particularistic)方式而运作的。换言之,决策者赋予内在理由以独立于情境的统一的严格性,而不是情景化地检视内在理由的严格性。但是,外在理由的严格性经常是基于对特定情境的细致考察视情境而定的。”[42]

尽管 Alon Harel 认为共同善也属于证成权利的内在理由,共同善权利观与义务论权利观的差异属于证成权利的内在理由的冲突,[43]但是笔者认为 Alon Harel 的这个判断有问题的。一方面,他认为自主性是关于言论自由权的内在理由,同时他就不能认为共同善还是内在理由,因为共同善与自主性是相互对立的思维方式。另一方面,从上文对共同善之内涵与性质的描述来看,共同善对权利的证成是语境依赖的,它无法提供一个统一的、非语境的和类似规则的证成模式。关于这一点,我们可以从德沃金关于规则与原则的区分中看到类似的性质。规则的适用模式是“全有或全无”(all or nothing),当规则冲突时总有一个规则是无效力的;而原则的适用模式是压倒式的,即当原则冲突时,适用其中的一个原则不再意味着另一个原则无效,而只是在这个案例中暂时不适用。内在理由的证成就是类似于规则的运行模式,它不存在进一步诠释和衡量的空间,其适用模式是排他性的;而外在理由类似于原则,它依赖于具体语境的权衡。因此,共同善就无法作为一个总括的、单一的概念能够非语境化地证成权利的存在,也许能够承担这一任务的是亚里士多德式的共同善概念。

(二)共同善作为保护自由权之“边际约束”的论证力量

由此可见,对权利来说共同善既是辩护的力量,也是限制的力量。证成权利的内在理由并不来自共同善,这不仅因为共同善是相互冲突的从而无法承担这一任务,而且也因为拉兹的理论有循环论证的嫌疑,他确实无法解决自由文化与自由权之间的相互阐释问题。那么,共同善的权利观的真正意义在什么地方呢?我认为,共同善的权利观确实揭示了权利的某些性质,也有意义地回应了拉兹所提出的那个“不匹配”的问题,因此本文赞同一种特定弱版本的共同善的权利观。其中的“弱”体现在以下几个方面:第一,这种权利观能够解释拉兹所提出的“不匹配”问题,即揭示那种神秘的额外力量;第二,这种权利观并非一个统一的理论,需要在每一个权利适用的场合进行具体衡量;更重要的是第三,通过在每一个具体场合衡量这种额外力量,我们就能够找到自由权之法律保护(反向言之即承担法律责任)的“边际约束”。这种意义上的“弱”并不单纯是从拉兹强立场上的后退,而是依然具有存在论的意义。这要看我们在什么意义上理解“存在”。

关于“权利之论证”,Robert Alexy 提出了三阶模式分析:“(a)支持或证立权利的理由;(b)作为法律上地位或关系的权利;(c)权利在法律上的可贯彻性(保障)。”[44]一般而言,(a)与(b)的关系是根据关系(grund - relation);但 Kelsen 的主张与众不同,他认为,主张一个权利 R 存在时,其实是在陈述(c),而不是在陈述(b),亦即“在主张某项权利时,并非在主张其内容,而是权利内容在法制上的可实现性。没有法制之保障,该权利就不存在”。[45] Alexy 就不赞同此看法,认为事情也许正是相反的,即“透过对权利存在的主张,来要求设立对保障该权利得以贯彻的制度”。[46]

由此可见,尽管存在争议,但我们可以确定,权利在多种意义上“存在”。区分证成权利的内在/外在理由是在(a)意义上讲的,而权利保护的严格性是在(b)或(c)意义上讲的。共同善的权利观对于前者而言是不成功的,这并不必然意味着它对于后者也是不成功的。相对于义务论的权利观,共同善的权利观更有助于解释(b)或(c)意义上的权利存在。对法律哲学而言,这种意义上的“存在”更有意义,也更有利于探究法律权利的性质。

在法律实践中,(b)常常是不确定的,这种不确定性来自三个方面。首先,现代权利立法多用模糊的、概括的语言,需要在具体情境中进行阐释。其次,对同样一个权利,如婚姻自由,随着时代的变迁,我们对其内涵的理解是不断变化的。例如,婚姻自由是必然只包含异性的婚姻自由,还是可以包含同性的婚姻自由?对这个问题的理解和解决似乎与我们对自主性的理解没有决定性的关系,因为如果引入彻底的自主性,则意味着国家的完全中立性,国家应该放弃婚姻管制制度而交予社会组织来认定。最后,权利是具有相互性的,它们各自的保护边界和责任交叉重合,权利的冲突多是通过司法来依据具体情境加以解决。

上述问题解决了,我们才能确定(c)的存在。对于法律权利而言,说一个权利存在,我们更多是指在司法上对它的保护能够严格到什么程度,即能够具体确定法律责任。共同善可以在这个层面上进入权利,它的主要功能并不是确定权利在道德意义上应该在法律中存在,而是对于确定既有权利之法律保护的边界约束提供论证的理由。总之,权利之法律保护的严格性并非来自抽象意义上的共同善,而是来自对相冲突的不同共同善的衡量,下文就以我国《民法总则》第185条为例来具体分析共同善权利观的力度与限度。

四、共同善的权利观与《民法总则》第185条的理解

从现在披露出来的关于《民法总则》第185条的立法过程和立法理由来看,立法者的本意似乎是把侵害英烈四类人格利益的行为直接等同于侵害公共利益,[47]而非侵害公共利益只是一个情节严重的附加条件(如果是这样,则本条规定似乎也无存在之必要)。基于这一理由,第185条可以解释为直接赋予英烈人格权,否则难以解释该条所谓的民事责任应向谁承担;民法是调整平等主体之间的法律关系,不能以侵害公共利益为由直接课予义务。由此许多学者认为,从这一条规定来看,侵害英烈人格利益的行为似乎就等于损害公共利益的行为,于是公共利益(共同善)就是证成英烈人格利益之存在的内在理由。本文反对这一解读模式,认为:(1)英烈人格利益的内在理由来自人的尊严和人格自由发展,这一理由对于辩护任何死者的人格利益都是适用的;(2)社会公共利益(共同善)只是赋予特定主体之权利保护严格性的初步理由,而非决定性理由;(3)权利保护的边界和民事责任的承担取决于对多种相冲突的共同善的语境化衡量。

关于死者人格权,在理论上有直接保护说和间接保护说之分,前者是以死者自己的人格为法律保护对象,后者认为仅成立对死者遗族虔敬追思感情的保护,并借以间接保护死者的人格利益。这两种理论差异很大,不仅保护对象不同,而且前者不得请求精神损害赔偿,但后者可以,因为后者是对遗族精神利益的保护。[48]我国最高人民法院的司法解释采用间接保护说,[49]我国台湾地区"民法"没有关于死者人格权保护的条款,司法实践也不支持死者人格权受民法保护,[50]但是支持遗族对于故人具有敬爱追慕之情的人格利益。德国

联邦法院采用直接保护说,即死者自己人格权继续作用说(fortwirkende eigene Persönlichkeitsrechte der Verstorbenen)。

无论是直接保护说还是间接保护说,都认为相关人格权益存在的根本理由来自人的尊严或人性尊严。德国联邦法院在 BGHZ 50,133 – Mephisto 案中对“死者自己人格权继续作用说”的基本理据提出了如下见解:“当个人能够信赖其生活形象于死亡后仍受维护,不被重大侵害,并在此种期待中生活,宪法所保障之人的尊严及个人在生存期间的自由发展始能获得充分保障。”[51]我国台湾地区“台北地方法院”在“蒋孝严诉陈水扁诽谤蒋介石案”判决书中对死者遗族享有其他人格法益提出了如下论证:“以‘吾国’风尚,对于死者向极崇敬,若对已死之人妄加侮辱诽谤,非独不能起死者于地下而辩白,亦使其遗族为之难堪,甚有痛楚愤怨之感……自应将遗族对于故人敬爱追慕之情,视同人格上利益加以保护,始符‘宪法’保障人性尊严之本旨……”

宪法上人性尊严的概念奠基于康德的人格主义伦理学及其人性公式,正是康德的这一学说“对《德国民法典》制定者的精神世界产生了深刻的影响,其程度类似于 18 世纪的自然法学说对《普鲁士普通邦法》以及《奥地利普通民法典》的制定者们所产生的影响”。[52]而且在权利推定上,联邦宪法法院把人的尊严条款视为基本法“价值系统的中心”和所有基本权利的出发点,它构成了“基本权利系统中的最高价值”和“所有法律的最高目的”。[53]由此可见,人格权最重要的依据来自奠基于人性公式的人的尊严观念,一般人格权的观念也是来源于此,它深刻地论证了为什么每一个人(mensch)都生而为人(person)。这个“人(person)”是具有普遍意义的人格人,蕴涵了一种“平等的自由”观念,而不会对人(mensch)本身做出区分。显而易见,这是一种基于内在理由的权利论述,它以一种统一的、非语境的方式辩护权利的存在。而基于社会利益(共同善)的辩护模式,就会对人进行身份上的区分,因为根据这一模式,只有有益于某个社会利益或共同善的人才拥有权利。

结合第 185 条和《最高人民法院关于确定民事侵权精神损害赔偿责任若干问题的解释》第 3 条之规定可以看出,我国民法理论对于死者人格权采取的应是多重保护说,即对英烈采直接保护和间接保护相结合的双重保护说,而对除英烈之外的其他死者采间接保护说。与直接保护说相呼应,为了解决英烈的诉权问题,许多学者主张应该引入公益诉讼制度,由有关机关代表英烈行使诉权。直接保护说最重要的依据就是英烈的名誉和荣誉等具有社会公共利益属性,是和某些身份相连的,这一点基本可以排除一般死者也享有这种法律上的地位。

由上文的诸多论述可知,针对英烈人格权的这样一个辩护策略是存在问题的,因为它是具有语境依赖性的,只会造成权利保护的不平等。而且更严重的是,这一策略违背了人格权的内在属性,即这个权利存在的内在理由来自对人的尊严和人在社会中存在形态的一种独特理解方式,而非它对其他人利益(亲属或社会一般人的利益)或共同善(英烈作为共同体之存在的纽带,或维系一个崇尚英烈的社会文化)所做的贡献。我认为,最可取的做法是应该采取德国法上的人格权继续作用说,赋予所有主体以平等的法律地位。在此基础上,再给予英烈以法律上特别的保护,因为共同善可以强化权利保护的分量,并使权利所保护的利益重要于权利对权利人的利益;正是根据这双重利益,才可证成义务人负有比较宽泛的义务。

由此就需要我们进一步解读并完善第 185 条中“公共利益”的内涵与功能。显而易见,这里的“公共利益”是指抽象的政治与道德价值而非具有公共性质的经济利益,它对于维系一个共同体的存在和发展是非常重要的。这一点强化了英烈人格权的重要性,并非英烈的身份而是身份背后的公共利益强化了权利保护的力度,这正体现了权利保护的严格性与权利对权利人利益的重要性是分离的。那么,这是否意味着这种公共利益使英烈人格权在权利推理中成为一个全胜的或决定性的理由呢?其实并非总是如此,它应该只是一个初步的理由。原因在于,公共利益是多元的,没有一个公共利益能够成为“宗师规则”。因此,应对第 185 条中的“公共利益”作相对解释,它并非绝对,而只是作为与其他公共利益相衡量的一个标准,尽管在某些条件下它可以成为一个更重要的标准。言论自由、学术研究的自由也是重要的公共利益,以与强化英烈人格权保护分量的“公共利益”相竞争。

它们能够相互竞争的原因在于每一种“公共利益”都具有双重面孔,比如第 185 条中的“公共利益”既强化了英烈的人格法益,同时又限缩了其他人言论自由或学术自由的范围,即他不能就英烈问题随意发表意见,或者说关于这一方面的言论与研究的容忍度是比较低的。表达自由或学术自由与英烈人格权益(体现为名誉、荣誉等)之保护的严格性由不同的共同善所支撑,侵害支持英烈人格权益的公共利益只能作为判定针对英烈不适宜之表达或研究是否侵权的一个基本标准,而不是全面优先于表达自由或学术自由的一个标准。因为对表达自由保护的严格性不完全在于表达内容本身,而在于其他的价值,比如它对于一个开放社会之存在的价值、对于维系一个民主国家的意义以及对于确保一个多元生活方式的社会的意义等。正是这些多重价值决定了表达自由具有超越其表达内容的重要性,因此社会对于表达内容要有比较大的容忍义务。也就是说,同样一个共同善,对英烈的保护而言是增强其个人利益,而对其他“侵权人”来说就是减弱其个人利益。但是同时也存在另外一个共同善,会增加言论自由权的强度。这两个“增强型”的共同善必然会发生冲突,当两个共同善相冲突时,就需要在司法上进行具体的衡量,看社会应当优先保护哪一个价值,在此基础上再确定权利的边界及其保护的严格性。这也说明,社会利益或共同善的法律适用并不是全有全无式的,而只是强度不同,没有一个共同善是决定性的理由。

结　语

拉兹共同善进路的权利理论试图在当下义务论与功利主义的权利话语对抗中找到一个新的出路,即“权利既不是最大化总和幸福的一个工具,也不是对抗集体利益的一张王牌”。[54]尽管这一理论并不寻求建立一个统一的权利观,但还是试图揭示自由权的社会性质。拉兹认为,权利人的个人利益和社会的普遍利益是相互支持的关系,而非冲突关系。一个自由权既保护权利人的利益,同时又保护其他人的利益。权利的重要性超过了权利人利益的重要性,权利可证成其他人对权利人的义务,但权利人的利益无法做到这一点。拉兹的最终目标是指出权利存在的价值在于它对共同善的贡献,共同善是决定权利存在的最重要的理由。

拉兹共同善的权利观主要指向自由权,但是这一权利观并不能有意义地证成自由权的存在。一方面,共同善的权利观对自由权之核心特征的理解脱离了思想史语境;另一方面,这一理解抵触了我们对权利文化之形成史的直觉。共同善的权利观无法揭示权利人中心权利观的政治哲学意涵,也无法解释权利保护的严格性与权利行使的正确性之间存在的不匹配。更重要的是,自由权与共同善的关系是非常复杂的,不仅众多的共同善是相冲突的,而且共同善对权利也不是单向的、必然的支持关系。共同善的主要功能不是确定权利应该在法律上存在,而在于为确定既有权利之法律保护的边界约束提供论证的理由。权利保护的严格性并非来自抽象意义上的共同善,而来自对相冲突的不同共同善的衡量。这一点对于理解我国《民法总则》第 185 条中"公共利益"的含义与功能提供了一个融贯的解释,这一条也正好展现了共同善权利观的力度与限度。

注　释

*　朱振,吉林大学法学院、理论法学研究中心教授,国家 2011 计划司法文明协同创新中心研究员,法学博士。

本文原载《法学家》2018 年第 2 期。

〔1〕 Ronald Dworkin, *Taking Rights Seriously*, Cambridge, MA: Harvard University Press, 1978, p. 367.

〔2〕 Joseph Raz, "Rights and Individual Well - Being", *Ratio Juris*, Vol. 5, No. 2 (July, 1992), p. 127.

〔3〕 note 2, Joseph Raz, pp. 132 - 136. 最后的这个例子似乎可以用来表明拉兹的共同善进路权利观的范围不仅仅是公民权利和政治权利,还可以包括某些福利权。但是有一种拉兹称之为个人权利(personal rights)的权利类型位于共同善进路的范围之外,他指出,个人权利"主要通过其给予权利人之利益——利益具有内在的价值——的保护以得到证成,而不是或者说并非与自由权在同等的程度上通过服务于一个公共文化(a public culture)而得以证成"。Joseph Raz, *The Morality of Freedom*, Oxford: Clarendon Press, 1986, p. 262. 这里的个人权利至少包括"财产权和经由双方一致同意而产生的权利(consensual rights)",以及"个人安全的权利"。See note 3, Joseph Raz, p. 255. 这些权利之所以不属于自由权的范围,是因为证立它们的理由主要是权利人利益的重要性,而不是它们对共同善的贡献。See Joseph Chan, "Raz on Liberal Rights and Common Good", *Oxford Journal of Legal Studies*, Vol. 15, No. 1 (Spring, 1995), p. 17.

〔4〕 Neil MacCormick, "Rights in Legislation", in P. M. S. Hacker and Joseph Raz, eds., *Law, Morality and Society: Essays in Honour of H. L. A. Hart*, Oxford: Oxford University Press,

1977, p. 192.

〔5〕 Supra note 2, Joseph Raz, p. 128.

〔6〕 Supra note 2, Joseph Raz, p. 130.

〔7〕 note 3, Joseph Chan, pp. 22 – 24.

〔8〕 Supra note 2, Joseph Raz, p. 137.

〔9〕 当我们辩护一种权利的时候,从来都不是只以权利人本身的利益作为唯一的依据。权利人的权利观与共同善的权利观的真正分歧并不在于是否承认除权利人之外的其他形态的利益对辩护权利具有意义,没有任何权利人利益论者会主张完全无意义。他们的分歧在于证成权利的内在理由到底是什么,即哪一种形态的利益对决定权利的存在具有最终的意义。See Alon Harel, "What Demands are Rights? An Investigation into the Relations Between Rights and Reasons", *Oxford Journal of Legal Studies*, Vol. 17, No. 1 (Spring, 1997), pp. 109 – 110.

〔10〕 Supra note 2, Joseph Raz, p. 138. 强调为引者所加。

〔11〕 但是在《自由的道德》这本书中,拉兹实际上并不反对这一权利理论的进路,他认识到对权利的说明包含其他人的利益,但是他至少淡化了第三方利益(third – party benefits)在说明权利性质中的重要性。对此他指出:"如下做法将会是错误的:把[第三方利益]提高到一个普遍规则的地位,并主张,只有满足了这些考虑因素权利才存在。此外,强调这些——一般来说是无足轻重的——因素的重要性模糊了权利在实践推理中的基本作用,即表明对权利人利益的关切,而这一利益足以使另一主体负有义务。"(Supra note 3, Joseph Raz, p. 88)

〔12〕 Supra note 2, Joseph Raz, p. 137. 强调为引者所加。

〔13〕 Supra note 2, Joseph Raz, p. 135. 强调为引者所加。

〔14〕 Supra note 2, Joseph Raz, p. 135. 强调为引者所加。

〔15〕 Joseph Raz, "Free Expression and Personal Identification", *Oxford Journal of Legal Studies*, Vol. 11, No. 3 (Autumn, 1991), p. 307. 强调为引者所加。

〔16〕 Supra note 15, Joseph Raz, p. 307. 强调为引者所加。

〔17〕 陈祖为教授认为,拉兹的这一论证思路是不成功的,后果及其赋予权利的重要性并不必然影响我们对自由权存在理由的理解。他认为,拉兹关于两类利益之间关系的"双重和谐"说(See note 2, Joseph Raz, p. 134)提供了一个实质性的论证。[他引证了拉兹的这段话:"仅当其他人的利益和谐交织于权利人的利益,亦即有益于权利人是有益于他们的一种方式,并且通过有益于他们权利人的利益也得到了维护,其他人的利益才说明了权利的正当理由。"(Supra note 2, Joseph Raz, p. 134)]See note 3, Joseph Chan, pp. 24 – 27. 我的看法和陈教授恰好相反,双重和谐说只是在**描述或表现**两类利益的关系,而不是就其他人利益

与权利之间的关系做一个**本质性的判断**。另外,陈教授的引证割裂了上下文的联系,即陈教授的引证只是拉兹用以表明两类利益的部分关系,除此之外,“权利有时候通过确保服务于其他人而非权利人来得以证成”。(Supra note 2, Joseph Raz, p. 134)

〔18〕 重点参见拉兹的三篇论文,即“On the Nature of Law”“Two Views of the Nature of the Theory of Law: A Partial Comparison”“Can There Be a Theory of Law?”,它们都收录在拉兹的《权威与解释之间:关于法律与实践理性的理论》这本书里,See Joseph Raz, *Between Authority and Interpretation: On the Theory of Law and Practical Reason*, Oxford: Oxford University Press, 2009, pp. 17 – 125.

〔19〕 Supra note 2, Joseph Raz, p. 128.

〔20〕 Supra note 2, Joseph Raz, p. 128.

〔21〕 Supra note 2, Joseph Raz, p. 128.

〔22〕 概念分析的社会依赖性表明它具有鲜明的地方性特征,但是概念分析是可以具有普遍性的。拉兹指出:“尽管法律的概念是地方性的,亦即并不是所有的社会都拥有它,而我们的探究却是普遍的,因为它是在能够发现法律的所有地方探讨法律的性质。”(Supra note 18, Joseph Raz, p. 32)原因在于:第一,根据不同概念之间的相似性和起源,我们可以通过自己的法概念来理解其他的法概念,实际上是通过以自我概念为中心的概念性关联来建立我们对所有法律概念的理解;第二,“我们的”概念本身是具有包容性的,也许会包容其他的地方性法概念。

〔23〕 Supra note 2, Joseph Raz, p. 136. 强调为引者所加。

〔24〕 Ronald Dworkin, “Rights as Trumps”, in Jeremy Waldron, eds., *Theories of Rights*, Oxford: Oxford University Press, 1984, p. 153.

〔25〕 Alon Harel, “Theories of Rights”, in Martin P. Golding and William A. Edmundson, eds., *The Blackwell Guide to the Philosophy of Law and Legal Theory*, Oxford: Blackwell Publishing Ltd., 2005, p. 197.

〔26〕 David Lyons, “Utility and Rights”, in David Lyons, eds., *Rights, Welfare, and Mill's Moral Theory*, Oxford: Oxford University Press, 1994, p. 152.

〔27〕 Supra note 3, Joseph Raz, p. 192.

〔28〕 参见 Habermas 对德沃金权利性质的总结。See Jürgen Habermas, *Between Facts and Norms: Contributions to a Discourse Theory of Law and Democracy*, translated by William Rehg, Cambridge, Massachusetts: The MIT Press, 1996, pp. 211 – 222. 诺奇克将权利的特征概括为“边际约束”(side constrains),它们“反映了‘人是目的而不仅仅是手段’这个深层的康德式原则”。See Robert Nozick, *Anarchy, State and Utopia*, New York: Basic Books, 1974, pp. 30 – 31.

〔29〕 note 9, Alon Harel, p. 101. 持同样观点的人参见 Robert Alexy, "Individual Rights and Collective Goods", in C. Nino, eds., Rights, New York: New York University Press, 1992, pp. 178 – 179; Supra note 24, Ronald Dworkin, p. 153; Supra note 26, David Lyons, p. 152.

〔30〕 Supra note 2, Joseph Raz, p. 137.

〔31〕 Frances Kamm, *Intricate Ethics*, Oxford: Oxford University Press, 2007, p. 247. Leif Wenar, "Rights", *The Stanford Encyclopedia of Philosophy* (Fall 2015 Edition), Edward N. Zalta (ed.), URL = 〈https://plato.stanford.edu/archives/fall2015/entries/rights/〉,最后访问日期:2018 年 1 月 6 日。

〔32〕 note 9, Alon Harel, pp. 108 – 109.

〔33〕 拉兹本人甚至曾持有一种类似的权利观,他认为权利"标识着某些东西,因其对权利人的重要性而值得特别关注,并且当权利人的利益与社群中其他人的利益相冲突时给予前者以特殊的重要性"。(Supra note 3, Joseph Raz, p. 250)正是在得出这一结论前,拉兹参照并赞成"道德的个人主义者(moral individualists),他们把[权利]视为一个受保护的领域,以防范假其他人福祉之名义所为的道德要求。"(Supra note 3, Joseph Raz, p. 250)但是后来,他似乎放弃了这些看法的核心内涵。

〔34〕 Supra note 28, Robert Nozick, p. 33.

〔35〕 Frances Kamm, *Morality, Mortality: Rights, Duties, and Status*, vol. II., Oxford: Oxford University Press, 1996, p. 261.

〔36〕 Marshall Cohen, eds., *Ronald Dworkin and Contemporary Jurisprudence*, London: Duckworth, 1984, p. 290.

〔37〕 Supra note 3, Joseph Raz, p. 417.

〔38〕 Supra note 2, Joseph Raz, p. 134.

〔39〕 Supra note 2, Joseph Raz, p. 135.

〔40〕 See note 3, Joseph Chan, p. 18.

〔41〕 Supra note 25, Alon Harel, p. 201.

〔42〕 Supra note 9, Alon Harel, p. 111.

〔43〕 note 9, Alon Harel, pp. 109 – 110.

〔44〕 Robert Alexy, *Theorie der Grundrechte*, F. a. M., 1986, pp. 163 – 164. 转引自颜厥安:《鼠肝与虫臂的管制:法理学与生命伦理论文集》,元照出版有限公司(台北)2004 年版,第 87 ~ 96 页。

〔45〕 颜厥安:《鼠肝与虫臂的管制:法理学与生命伦理论文集》,元照出版有限公司(台北)2004 年版,第 88 页。

〔46〕 颜厥安:《鼠肝与虫臂的管制:法理学与生命伦理论文集》,元照出版有限公司(台北)2004

年版,第 89 页。

〔47〕 全国人大法律委员会将这一条的立法理由阐述为:有的代表提出,现实生活中,一些人利用歪曲事实、诽谤抹黑等方式,恶意诋毁、侮辱英烈的名誉、荣誉等,损害社会公共利益,社会影响很恶劣,应对此予以规范。另可参见最高人民法院发布的四个相关指导性案例所体现的整体价值取向,学者的观点可以参见迟方旭:《如何理解英雄烈士人格利益民法保护制度》,载《中国社会科学报》2017 年 6 月 27 日,第 8 版。

〔48〕 参见王泽鉴:《人格权法:法释义学、比较法、案例研究》,2012 年台北自版,第 352 ~ 355 页。

〔49〕 自 2001 年 3 月 10 日施行的《最高人民法院关于确定民事侵权精神损害赔偿责任若干问题的解释》第 3 条规定:“自然人死亡后,其近亲属因下列侵权行为遭受精神痛苦,向人民法院起诉请求赔偿精神损害的,人民法院应当依法予以受理:(一)以侮辱、诽谤、贬损、丑化或者违反社会公共利益、社会公德的其他方式,侵害死者姓名、肖像、名誉、荣誉。”这一条表明,只有近亲属才拥有权利。死者无法行使诉权,其人格利益在法律上并不是以权利形态存在的,这一点可以参见前文关于权利之存在形态的论述。

〔50〕 1996 年,我国台湾地区“台北地方法院”第 2348 号判决(蒋孝严诉陈水扁诽谤蒋介石案)认为:“按人之权利能力,始于出生,终于死亡;继承,因被继承人死亡而开始,‘民法’第 6 条、第 1147 条分别定有明文。从而,人于死亡时即丧失作为权利义务之主体,包括名誉权在内之人格权与人身攸关,原则上具有专属性,纵经承认或已起诉,仍不得让与或继承(‘民法’第 195 条第 2 项参照),故包括身体、健康、名誉、自由、信用、隐私、贞操等权利在内的人格权应于死亡时消灭。”

〔51〕 转引自王泽鉴:《人格权法:法释义学、比较法、案例研究》,2012 年台北自版,第 354 页。这一理据实际上是合并德国基本法第 1 条第 1 款以及第 2 条第 1 款之规定,其第 1 条第 1 款规定:“人的尊严不可侵犯。尊重和保护人的尊严是一切国家权力的义务。”(“Die Witrde des Menschen ist unantastbar. Sie zu achten und zu schtltzen ist Verpflichtung aller staathchen Gewalt.”)第 2 条第 1 款规定:“人人有自由发展其人格之权利,但以不侵害他人之权利或不违犯宪政秩序或道德规范者为限。”

〔52〕 [德]拉伦茨:《德国民法通论》(上),王晓晔、邵建东等译,法律出版社 2003 年版,第 45 ~ 46 页。

〔53〕 谢立斌:《中德比较宪法视野下的人格尊严——兼与林来梵教授商榷》,载《政法论坛》2010 年第 4 期。

〔54〕 Supra note 3, Joseph Chan, p. 15.

新时代法理

王奇才

法理学教材的新时代定位*

| 提　要 |

形成高水平人才培养体系是发展社会主义教育事业、办出中国特色世界一流大学的一项基础性工作，教材体系是形成高水平人才培养体系的重要一环。由张文显主编、高等教育出版社编辑出版的《法理学》第五版，立足于全面依法治国新时代、法理学研究新时代、法学教材建设新时代，致力于法理学教材的法理化、科学化、时代化的三重历史任务，努力成为一本守正出新、法理泛在、面目清新的新时代法理学教材。

| 关键词 |

法理学教材　新时代　中国特色社会主义法学理论　中国特色社会主义法治理论　法理

由张文显主编、高等教育出版社编辑出版的《法理学》(以下简称高教版《法理学》)第五版,将于近期正式出版发行。高教版《法理学》第一版于1999年出版发行,曾于2003年、2007年、2011年先后三次修订,本次是第四次修订出版。该教材2002年荣获国家级优秀教材一等奖,2003年被教育部确定为首批国家精品教材,据统计在政治法律类教材中被引用率位居第一、在全部政治法律类著作中引用率第二,[1]得到了法学界、法律实务界和法学及相关专业师生的广泛认可和高度评价。

本次修订出版高教版《法理学》第五版,总的思路和目的是推进法理学教材以及法理学知识体系、理论体系、话语体系转型升级。笔者作为该教材统稿小组成员参与了教材修订过程,深刻体会到本次修订编写具有鲜明特色,对教材作了重要升级,特别是在内容的思想性、理论性以及编写体例的先进性等方面的尝试,取得了新的进展。本教材的这次修订,立足于全面依法治国新时代、法理学研究新时代、法学教材建设新时代,致力于法理学教材的法理化、科学化、时代化的三重历史任务,努力修订出一本守正出新、法理泛在、面目清新的新时代法理学教材。

一、全面依法治国进入新时代

高教版《法理学》的历史,是随着中国特色社会主义法治建设不断向前推进、教材内容体系逐步发展更加完善的历史。1997年,党的十五大提出“依法治国,建设社会主义法治国家”。1999年3月15日,第九届全国人民代表大会第二次会议以宪法修正案的方式规定“中华人民共和国实行依法治国,建设社会主义法治国家”。2002年召开的党的十六大和2007年召开的党的十七大重申依法治国,建设社会主义法治国家,并对全面落实依法治国基本方略、加快建设社会主义法治国家做出新的部署。与上述重要历史进程相对应,1999年10月出版的高教版《法理学》第一版将依法治国、建设社会主义法治国家作为重要组成部分,其中“法治与法治国家”一章包括了法治与法治国家的概念,建设社会主义法治国家的必要性、历史基础、基本目标和任务等内容。此后三次修订,均认真总结和吸纳了社会主义法治国家建设的新经验、新成果和新理念。

2012 年,中共十八大做出“全面推进依法治国”的决策部署。2013 年,中共十八届三中全会在《中共中央关于全面深化改革若干重大问题的决定》中确认了“法治中国”概念,并鲜明提出“推进法治中国建设”。2014 年 10 月,中共十八届四中全会通过了《中共中央关于全面推进依法治国若干重大问题的决定》,“全面依法治国”与“全面建成小康社会”“全面深化改革”“全面从严治党”一起,成为中国共产党关于新时代中国特色社会主义的战略布局。中共十九大进一步把“依法治国基本方略”转换为“全面依法治国基本方略”,把全面依法治国提升为新时代坚持和发展中国特色社会主义的基本方略。全面依法治国是中国特色社会主义的本质要求和重要保障。随着中国特色社会主义进入新时代,社会主义法治建设进入全面依法治国新时代,全面依法治国方略应当贯彻新时代法理学教材编写的始终,成为法理学教材的实践主线和时代旋律。

本次高教版《法理学》修订,把习近平新时代中国特色社会主义思想特别是习近平新时代中国特色社会主义法治思想全面融入教材之中,充分体现 2012 年中共十八大以来中国特色社会主义法治理论的最新成果和法治建设的最新经验,精准系统地贯彻了中国特色社会主义法治理论和法学理论,着力呈现法理学教材在新时代应有的理论风貌和使命担当。

一是总结梳理和系统论述了马克思主义法理学中国化的进程,着重论述了当代中国马克思主义法理学的新飞跃。习近平新时代中国特色社会主义法治思想是习近平新时代中国特色社会主义思想的有机组成部分,是马克思主义法理学中国化进程的最新重大理论成果,实现了马克思主义法理学基本原理与中国具体法治实际相结合的新飞跃。

二是全面展现和准确反映了中共十八大以来中国法治建设的成就和经验,提升了教材时效性和实践性,对中国特色社会主义法律体系发展完善、法治政府建设、司法体制改革、法治队伍建设、法治文化建设、法治社会建设、生态法治建设以及推进全球治理体制变革、倡导构建人类命运共同体等方面的成就作了理论概括和深入分析。

三是认真思考并深度剖析新时代社会主要矛盾转化在法治领域的折射,即对人民日益增长的高质量多样化法治需求与法治发展不充分不平衡之间的矛盾作了多维度、纵深性的分析和阐述；以问题为导向，实事求是面对问题，就法制改革、立法原则、司法公信力、法律权威、人权保障、法治经济、网络法治等具体领域的问题作了理论分析与探讨。

四是将“全面依法治国、建设法治中国”作为收篇之章，全面深入地揭示了依法治国基本方略的历史演进和重大意义，着重论述了中国特色社会主义法治道路的核心要义和基本原则、中国特色社会主义法治体系基本构成、法治中国建设的总体要求等内容，旨在引领学生树立奉法强国、加快建设社会主义现代化法治强国的坚定信念。

二、法理学研究进入新时代

高教版《法理学》是在中国法理学逐步取得独立学科地位、不断发展壮大的历史中孕育出生和发展完善的。改革开放后，中国法学院校开始逐步寻求摆脱苏联法学体系和教材体系模式的束缚，学术界提出了把国家与法分开并由政治学和法学分别研究的主张，体现在教材建设上主要有1981年北京大学编著的《法学基础理论》、1982年司法部组织编写的《法学基础理论》和1988年东北地区高校联合编著《法的一般理论》等。1993年，由教育部组织编写、沈宗灵教授主编、高等教育出版社出版《法理学》教材发行，“法理学”的名称由此正式获得“合法”地位，进入中国法学学科体系、课程体系和教材体系，并于1995年成为法学专业核心课程。高教版《法理学》第一版“后记”曾述及：“在编写过程中，我们认真总结了我国新时期法理学教材建设的经验，吸收了孙国华、沈宗灵等教授主编的不同版本的全国统编教材以及各地各校自己编写的法理学教材的有益思想和方法。”[2] 高教版《法理学》所获认可和肯定，是与中国法理学四十年来的发展成就分不开的。

进入21世纪以来，国内外法理学的发展日新月异，在研究范式、研究领域、研究主题、研究方法等方面不断拓展，经典论题得到深入挖掘，交叉学科研究愈发重要。在此背景下，法理学的课程改革、教材改革，法理学理论体系、知识体系和话语体系的更新，以及法理学的学科自主性和文化自觉性，成为重要的、不可回避的研究议题。中共十八大以来，中国特色社会主义法学理论体系和中国特色社会主义法治理论体系的创新发展，中国特色社会主义法治建设所取得的伟大成就，也赋予了法理学研究新的历史使命和巨大理论空间。中国法理学研究步入了一个新的时代，中国的法理学教材亦步入了一个新的时代，实现法理学教材的法理化、科学化、时代化成为当代中国法理学教材编写必须担当的重要历史任务。

本次高教版《法理学》修订，坚持法理学应当是“法理之学”，[3]为教材修订确立了以“法理”为法理学的中心主题和研究对象的思路。这主要体现在：

一是“以法理为中心”统领教材修订编写风格，实现法理学教材的“法理化”升级。教材提出，法理学是以“法理”为中心主题和研究对象而形成的知识体系、理论体系和话语体系，也是法学课程体系的核心与基础。在修订过程中，教材主编张文显教授强调要在保持现行法理学知识体系基本稳定的前提下，把法理通贯全书，打造法理泛在的法理学教材。基于上述认识，经过反复讨论、慎重考虑，教材选择在第一编“法理学导论”的第二章“法理学概述”中，系统深入阐述法理学的研究对象即“法理”。在各编各章中，努力实现在内容上彰显法理泛在、在表达上呈现法理思维、在说理上遵从法理依据、在编排上推进法理传播，力争实现法理学理论体系、知识体系和话语体系“以法理为中心”的转型升级，法理学教材具有更加鲜明的“法理风格”。

二是“以法理为中心”完善法理学教材内容结构布局，提升法理学教材“科学化”水平。一方面，在法学教材体系和法学学科体系的学术分工愈发成熟细致的背景下，法理学教材应当在有限的篇幅、课时、学分内，把教材资源投入“以法理为中心”的主题和内容之上，把应当由法理学教材讲授的“法理”内容讲好讲透，把应当由相关部门法学讲授的具体法律制度和技术操作问题加以节略或删减。另一方面，当代中国法理学研究步入新时代，一个重要的表现是当下中国法学教育科研的目标和格局，与高教版《法理学》第一版发行之时有很大差别，不同法学院校的学术旨趣和人才培养目标各具特色、各有侧重。“以法理为中心”的教材编写思路，有利于保障法理学教材核心知识体系的完整性，有益于提升法理学教材的包容性和适用性，从而系统提升法理学教材的科学化水平。

三、法学教材建设进入新时代

进入21世纪，随着科学技术发展和教材受众更新，国内外教材编写进入了一个新时代。新时代教材的数字化、智能化、网络化、体系化等特点，[4]从内容到形式都对法学教材建设提出了新要求，法学教材内容要与时俱进、理论创新，法学教材的编写体例、配套资源体系也应当与时俱进。法学教材建设进入新时代，意味着法理学教材体系建设更加重要和关键。

因此，新时代法理学教材建设不仅要充分反映和体现当代中国法治建设和法学研究的新成果、新成就，还要高度重视和深入研究新时代法治人才需求新趋势、学生思想新特征、法理学教学环境新条件等问题。在高教社《法理学》前三次修订中，教材编写组和出版社就已尝试了制作PPT、编制教学参考资料、建设课程网站、组织法理学教材培训班、开发教学资源数据库等工作。

在沿袭了前四版成熟做法经验的基础上，为了更为准确地把握新时代法学教材建设特点，更为深入地了解教学一线的使用需求，在高教社《法理学》第五版修订过程中，教材编写组广泛开展调研，分片区、分批次到全国各法学院校，与学习使用《法理学》教材的学生教师座谈、访谈和调查，收获了很多重要的意见和建议，对学生在知识体系、理论深度、话语风格和编写体例上的新的和更高品味的要求有了更深刻了解。基于此，本版教材做了进一步的改进和创新，以求为教材使用者提供更高品质体验，努力打造一本守正出新、法理泛在、面目清新的新时代法理学教材。

一是与"以法理为中心"相呼应，在教材内容上切实体现"法理泛在"的编写风格。教材的每一章、每一节和所有重要知识点，既有法理金句、法理格言等载体来具体呈现法理，更有关于法理的深刻阐述和生动说明。其中，教材每章以一段法谚或法律格言作为题记，正文亦显著增加了法谚、法律格言和法理金句，它们具有很强的概括性，能够在有限文字内传递大量法学信息，能够提升教材理论思想的广度和深度，引发学生发现法理、[5]思考法谚和法律格言背后更深刻的思想和道理，培养学生分析、反思和创新的能力。[6]"泛在"于法理学教材的法谚和法理金句中，既有政治家的精彩演讲，如"法律是人类最伟大的发明。别的发明让人类学会驾驭自然，而法律的发明则令人类学会如何驾驭自己"，[7]亦有来自学者的优美论述，如"日月星辰在今天同几千年以前一样闪耀，现在的玫瑰花盛开时和伊甸园里的玫瑰没有区别，然而法律已经不同于以前了"；[8]既有外国法律人的审思，如"法治是文明社会的基石，由于科学在诸多领域内不断发展，深远探索，科学家们应当了解相关法律规则，指导自己工作的适当法律界限。此外，同样重要的是，法律人要熟悉科学的发展情况，法律需要跟上技术发展的步伐”，[9]更有源自古代中国的经典法理，如“立善法于天下，则天下治；立善法于一国，则一国治”[10]“匠万物者以绳墨为正，驭大国者以法理为本”[11]等。

二是优化了语言风格。在语言表达上，力求简洁明了、深入浅出、平实轻松、清新清爽，注重把政治文件话语转化为学理化的教材语言，更加注重使用引导性的语言来提升教材说服力；除增加法谚和法理金句外，还适当补充增加了生活鲜活的法律案例，以适应新时代大学生的认知能力和心理特征，增强教材的吸引力和普及性。

三是改进了编写体例，更新了思考题、索引和参考文献等内容。新编写了各编导言、各章引言和小结，更新了各章思考题；重新编制了人名索引和关键词索引，为学生提供更为精细、更加便捷的检索工具；重新编选了参考文献，为学生提供比较权威、实用的参考文献和参考书目。

正如习近平总书记2018年5月2日在北京大学考察时所指出的，形成高水平人才培养体系是发展社会主义教育事业、办出中国特色世界一流大学的一项基础性工作，教材体系是形成高水平人才培养体系的重要一环。“不习经史，无以立身；不习法理，无以效职。”[12]编写高水平的法理学教材，建设高质量、先进性的法理学教材体系，是建设世界一流法学学科、培养中国特色社会主义法治事业的合格建设者和可靠接班人的必然要求，是不断发展完善中国特色社会主义法治理论和法学理论的必然要求。高教版《法理学》将在教学实践和法治实践中不断检验、不断完善，与其他法学教材一起，努力为深化全面依法治国实践、加快推进法治中国建设提供更加有力的知识支撑和人才保障。

注　释

*　王奇才，上海师范大学哲学与法政学院副教授，吉林大学全面依法治国研究中心研究员。
本文原载《中国大学教学》2018年第5期。

〔1〕 中国知网(CNKI)：中国图书引证统计分析数据库，http://www.cbad.cnki.net/，最后访问日期：2017年11月16日。

〔2〕 张文显主编:《法理学》(第一版),高等教育出版社、北京大学出版社 1999 年版,第 413 页。

〔3〕 张文显:《法理:法理学的中心主题和法学的共同关注》,载《清华法学》2017 年第 4 期。

〔4〕 张建明:《积极探索立体化教材发展模式》,载《中国高等教育》2016 年第 8 期。

〔5〕 丰霏:《如何发现法理?》,载《法制与社会发展》2018 年第 2 期。

〔6〕 关于法理学教材和教学应当引导和激发学生思考"法理",参见姚建宗:《"法理学"课程教学的基本理念与教材分析思路》,载《中国大学教学》2015 年第 10 期。

〔7〕 Lyndon B. Johnson,"Remarks to the Delegates to the Conference on World Peace Through Law(September 16, 1965)",in Gerhard Peters and John T. Woolley,*The American Presidency Project.* , http://www. presidency. ucsb. edu/ws/? pid =27259, March 5, 2018.

〔8〕 [德] J. H. 冯・基尔希曼:《作为科学的法学的无价值性》,赵阳译,商务印书馆 2016 年版,第 15 ~16 页。

〔9〕 [英]纽伯格勋爵:《法官如何借助科学技术判案》,葛峰译,载《新华文摘》2016 年第 22 期。

〔10〕 (北宋)王安石:《临川先生文集》,中华书局 1959 年版,第 678 页。

〔11〕 (梁)萧子显:《南齐书》(简体版)(卷四十八《孔稚珪传》),中华书局 2000 年版,第 567 页。

〔12〕 (唐)杜佑:《选举五・选人条例》,载《通典》(卷十七),王文锦、王永兴点校,中华书局 1988 年版,第 425 页。

瞿郑龙*

新时代法理学教材的与时俱进

| 提　要 |

“与时俱进”是根源于和服务于法律生活实践的法学教材发展规律和时代品格的内在要求。高教版《法理学》前四版的编修贯彻中国特色社会主义法治理论的最新成果、充分吸收中国特色社会主义法学研究的前沿成果、积极回应教材使用主体的教学新型需求,体现了法理学教材编修“与时俱进”的历史性实践。《法理学》第五版的修订确立了“法理”作为法理学的中心主题和研究对象,更新了教材形式,使其与教材内容相得益彰,贯彻了新时代法治理论并形成了“法理泛在”的教材特色,实现了理念、形式和内容上的一次突破性转进,是教材一次具有变革性、根本性意义的“与时俱进”,对于引领法学教材体系建设、完善法学学科体系、法学理论研究、培育法治人才和助力法治中国实践具有重要的意义。

| 关键词 |

《法理学》　教材体系　法理　法治

治国理政的盛平理想离不开法治的坚实保障,法治实践的发展离不开法治理论的正确引领;法治理论的科学创新离不开法治人才的培育,法治人才的培育离不开法学学科体系的建设;法学学科体系的建设离不开法学教材体系的完善,法学教材体系的完善需要法理学教材的引领。[1]这是“法治实践”发展、“法治理论”创新、“法治人才”培养、“法学学科”建设、“法学教材体系”构建相互之间关联作用的基本“法理”。

每一个时代都有这一时代的法律生活实践,每一个法律时代都有这一法律时代的法治理论;根源于法律生活实践、立基于法学理论研究、服务于法治人才培育的法学学科体系和法学教材体系因而同样应当具有“与时俱进”的时代品格和精神追求。党的十八大以来,全面推进依法治国、加快建设法治中国的重大战略决策部署使我国的法治实践进入了一个“新时代”,这决定了我国的法治理论、法学研究、法学教育和法学学科、法学教材都需要“与时俱进”。法理学作为全国高等学校法学专业核心课程之一,是法学的基础理论、一般理论、意识形态和方法论,因此,法理学教材的编写、修订是建设我国法学教材体系的重要内容,要建设中国特色社会主义的法学教材体系,首先就要实现法理学教材的“与时俱进”。高等教育出版社、北京大学出版社1999年出版的《法理学》(以下简称《法理学》)教材作为教育部面向21世纪课程教材,是教育部“九五”规划重点教材,又是教育部法学学科教学指导委员会确定的全国高等学校法学专业核心课程教材之一,因此,《法理学》教材的修订是我国法学教材体系建设的重要引领。

一、新时期《法理学》与时俱进的历史性实践

《法理学》孕育于改革开放新时期我国法制建设的伟大历史实践,是新时期我国法理学教材守正创新的直接产物。1999年《法理学》第一版出版发行,在此之后,为了及时回应不同时期我国法治实践的发展状况,不断吸收法学研究的重要理论成果,充分适应法学教学的更新需要,教材编写组分别于2003年、2007年、2011年对其进行了三次修订,每一次修订都是根据法治实践发展和法学理论研究针对前一版教材的“与时俱进”,这使教材在其诞生以后,始终具有突出的时代特色,保持了鲜活的生命力和高度的适应性。

（一）不断贯彻中国特色社会主义法治理论的最新成果

1999 年教材编写出版之时，编写组秉持高举邓小平理论伟大旗帜，切实反映建设有中国特色社会主义理论和实践的原则，有机地贯彻党的十五大精神，使教材适应社会主义市场经济、民主政治、精神文明建设的实践需要；适应依法治国、建设社会主义法治国家的时代需要；适应法学教育首先是法理学教学内容更新的需要。2003 年教材第一次修订时，坚持以“三个代表”重要思想和十六大精神为指导，以十六大报告中涉及教材有关论题的论述为依据，保证了教材具有正确的理论方向、鲜明的时代精神和厚实的理论底蕴。2007 年第二次修订时，坚持邓小平理论、“三个代表”重要思想以及科学发展观在教材编写中的指导地位，充分反映了建设全面小康社会、构建社会主义和谐社会、建设创新型国家、全面落实依法治国的实践经验，将其提炼转换成为法学范畴和法学理论并且融入法学理论体系之中。2011 年第三次修订时，高举中国特色社会主义伟大旗帜，坚持把中国特色社会主义理论体系特别是科学发展观的思想理论成果转化为教材的内容，认真总结了党的十七大以后全面建设小康社会、推进社会主义市场经济、发展社会主义政治文明、建设社会主义核心价值体系、加快建设社会主义法治国家、构建社会主义和谐社会等方面的新经验、新成果。

（二）充分吸收中国特色社会主义法学研究的前沿成果

1999 年教材编写过程中，编写组认真回顾了新时期我国法理学改革和发展的进程，系统总结了新时期我国法理学教学和教材建设的基本经验，吸收了沈宗灵、孙国华等众多法理学前辈主编的不同版本的全国统编教材以及各地各校自己编写的法理学教材的有益思想和有效方法，在此基础上实现了法理学教材编写的继承和创新，使教材既体现了法理学教学内容的总体连续性，又体现了世纪之交的时代精神和法理学研究的最新成果，使其具有理论上的前瞻性。

2003 年教材第一次修订时，修订者在保持法理学内容连续性的前提下，强调要将理论创新作为修订工作的第一要务，“把思想认识从那些不合时宜的观念、做法和体制的束缚中解放出来,从对马克思主义的错误的和教条式的理解中解放出来,从主观主义和形而上学的桎梏中解放出来”。[2]这“三个解放”对于《法理学》教材的修订完善具有积极的意义。2007 年第二次修订时,修订者充分吸纳了其时全国各高等院校法学理论教学和研究的成果,总结了法理学教材的编写经验,在此基础上使教材在理论上、体系上、风格上具有先进性。2011 年第三次修订时,修订者充分吸纳了其时各高等院校法学理论教学和研究成果以及教材编写经验,特别是吸纳了中央马克思主义理论研究和建设工程重点教材《法理学》的编写经验,力争使教材在体系、理论、风格上保持先进性。[3]

(三)积极回应教材使用主体的教学新型需求

教材的主要使用者是“教”与“学”的重要主体——教师和学生,因此,教材的编写、修订应当体现以教师和学生为中心的编修原则,坚持以人为本,应当针对教学实践当中的实际问题,积极回应师生对于教材的新型需求。编写教材坚持以人为本首先是“要从学生出发,从学生的根本利益和需要出发。学生是教材这种教育产品的消费者,学生通过教材接受知识、思想和方法,他们有权利获得包括教材在内的优质教育产品”。[4]

在广泛调研并充分征求各法学院校教师和学生对法理学教学和教材修订工作意见和建议的基础上,编写组深入研究大学本科阶段法理学教学的规律和特点,进一步强化法理学教材在引导学生培养正确的法律观、法治观和法理观以及掌握法律思维和法律方法等方面的重要功能。

教材的编写、修订坚持“科学把握教材与教学的关系,体现先进的教育思想、教学理念和教材理论”“正确认识和处理教材与教学大纲以及教学的关系”。[5]对于法理学知识体系、话语体系和理论体系的阐述和介绍,既系统科学又精炼简洁,既结构完整又留有余地;并不把教材硬性编修成涵括所有法理学知识、话语和理论的“百科全书”,而是进行适当和必要的“留白”,交由教课老师和参阅学生进行自主阐发、自由扩展,着重阐述法理学有关论题的基础性观点;也不试图强求大家接受教材的内容,使其成为“刻板教义”,而是着重介绍法学研究领域和法律实践之中的共识性观点,开放充分的讨论、探索和发展空间，交由授课教师自主合理发挥和学生自觉反思。

二、新时代《法理学》与时俱进的变革性探索

自 2011 年该教材第三次修订以来，我国的法治建设取得了重大成就，尤其是 2012 年党的十八大以来，立足于中国特色社会主义新时代的历史方位，在推进全面依法治国、建设法治中国、推进国家治理现代化的伟大实践中，提出了一系列有关法学、法律、法治、法理的新概念、新命题、新理念，推动了法学理论创新和法治实践进步。这次教材的修订，把新时代中国特色社会主义思想特别是新时代中国特色社会主义法治思想全面融入教材之中，使教材充分体现党的十八大以来中国特色社会主义法治理论和法学理论的最新成果和法治建设的最新经验，体现了我国法学理论研究和法理学教学实践取得的重要成果。本次教材修订是一次全面性的与时俱进、实质性的转型升级式修订，不仅在历次修订中历时最长，而且修订幅度最大、内容最多、程度最为细致，几乎涵盖了教材的方方面面。可以说，此次教材修订工作实现了理念、形式和内容三个方面的与时俱进。

（一）理念上的与时俱进：确立“法理”作为法理学的中心主题和研究对象

中华人民共和国成立以后的很长时期，我国法学院校的法学理论课程主要是参照苏联的法学学科体系和法学教材体系，大多名为“国家与法的理论”或“国家与法权理论”。改革开放新时期以后，包括法学界、政治学界在内的学术界提出了把“国家”与“法”分开并由政治学和法学分别研究的主张，由此出现了 1981 年北京大学编著的《法学基础理论》、1982 年司法部组织编写的《法学基础理论》、1988 年东北地区高校联合编著的《法的一般理论》等新的法学教材编写成果。但是，直到 1993 年，由教育部组织编写、沈宗灵教授主编、高等教育出版社出版《法理学》教材之后，“法理学”的名称方才正式获得公认的“合法”地位，名正言顺地进入中国法学学科体系、课程体系和教材体系，并于 1995 年成为法学专业核心课程之一。此后，全国各地各方编写的名为《法理学》的教材层出不穷、方兴未艾。

然而，虽然课程和教材名称发生了改变，教材的内容却仍然局限于法学基

础理论,尚未进一步区分和明确法理学之于其他法学学科的特殊性和重要性。法理学教材的与时俱进、转型升级需要针对法理学这门学问的问学方式和这个学科的科学特质本身进行方法论的前提反思。正是出于对法理学这门学问和这个学科的反思,该教材主编张文显教授发表了《法理:法理学的中心主题和法学的共同关注》一文,提出了法理学的研究对象应当是“法理”、法理学应当以“法理”为中心,法理学应是“法理之学”的创新性思想主张。[6]这次教材修订过程中,在保持现行法理学知识体系基本稳定的前提下,强调把“法理”通贯全书,打造“法理泛在”的法理学教材。同时,充分考虑了法学教材体系和法学学科体系的学术分工,避免法理学与宪法学、行政法学、刑法学、民法学、商法学、经济法学、环境法学、社会法学、诉讼法学以及立法学、司法学等部门法学的过多重合和交叉,集中有限的文字阐述“法理”(法律之理、法治之理、法学之理),提升“法理”在法理学教材中的主题地位,对于具体的法律制度和技术操作问题则是归还给部门法学。

(二)形式上的与时俱进:更新教材形式使其与教材内容相得益彰

此次教材修订,为了更好地适应教材内容的更新、教学形式的需求和学习使用的高效,对教材的整体形式同样进行了与时俱进的调整。

例如,设置了更为详细的教材目录,具体到了每编每章每节下的每一目的具体知识段落,也就是详尽到了四级标题,使教材的使用者能够更为直观、详尽地了解整本教材的知识体系、话语体系和理论体系,更为精准地把握法理学的框架结构及其基本法理,方便教材使用者的阅读和使用。又如,为了更加突显此次教材的“法理”中心主题,在每一章正文前增加一个题记,通过古今中外体现“法理”的名言金句彰显各章的核心“法理”主题。

再如,此次修订更新了全书的关键词索引和人名索引,使索引能够更加准确和直观地反映全书的关键话语和重要主题。此外,修订工作还调整了全书的参考文献,并且将其具体分为:“马克思主义经典论述”,收入新时代马克思主义法治理论中国化的最新理论成果和习近平同志有关全面依法治国的诸多文献;“中国古代、近代经典文献”,使整本教材的中国元素和中国智慧更加突显;“一般参考文献”则是挑选了中西有关法理学一般理论的经典论著;“分编参考文献”则是按照各编章节的主题内容，精选了国内外具有代表性的理论著作和论文。这也极大地方便了教材使用者把握教材的理论来源，同样有助于其进一步深入和系统学习法理学的知识和理论。同时，全书针对所有注释和引文重新进行了逐一核实查证，尽可能查找到相应引文最权威、最原始的出处，纠正了法学界以往存在的诸多以讹传讹的引证不规范现象，为法学教材的编写、修订树立了学术规范的标杆。

为了使法科学生更好地掌握教材的内容，检验其法理知识的掌握情况，锻炼其法理思维能力，此次教材修订重新拟定了每章后面的思考题。例如，增加了历年司法考试的真题作为思考题的备选题目范围，使学生能够通过思考题接触和了解法律职业资格考试中法理学题目的题型特征；再如，挑选了各章中所融入的体现法理的经典名言金句作为思考题，锻炼其通过名言金句理解全书的法理知识和理论、运用法理思维分析法律问题的能力。

实际上，此次修订针对教材的整体版式设计、内容简介、目录调整、目录翻译、各编导言、各章导语、各章小结、注释规范、标点符号统一规范、关键词索引、人名索引、参考文献等涉及教材各个方面的形式规范问题进行了逐一更新、修改和调整，努力做到形式规范方面的精益求精。

（三）内容上的与时俱进：系统贯彻新时代法治理论和创新确立“法理”作为中心主题

一方面，为了贯彻新时代中国特色社会主义法治理论和法学理论，此次修订主要作了以下较大修改。在第一章“法学”中新增了第五节“当代中国的法学体系”，介绍当代中国法学体系的历史形成及其主要结构；在第三章“马克思主义法理学的产生与发展”尤其是“马克思主义法理学中国化的进程”中，新增习近平新时代中国特色社会主义法治思想，系统阐述了党的十八大以来以习近平同志为核心的党中央治国理政的新理念新思想新战略；第六章“法律体系”更新了“中国特色社会主义法律体系”，反映了我国法律体系的发展完善充实；第十四章新增了“法治与全球治理”的内容；第十五章“法的制定”突出了立法原则，尤其是根据我国宪法、立法法的规定，重点阐述了依法立法、科学立法、民主立法和比较立法等立法法理；第十六章“法的实施”改写更新了有关“执法”“司法”“守法”的内容，例如根据党的十八大以来的法治战略部署和任务，提出了三项“守法原则”等；把“法律程序”一章移至第四编“法的运行”中，并且单列一节阐述“程序正义”的问题，强调法律程序之于法的运行的重要意义；第十八章“法律职业”根据新时代我国法律职业发展的新要求和新部署，扩展了法律职业的范围，并将法律职业伦理放在优先于法律职业技能的地位予以阐述；第十九章“法律方法”增加了“权利推理”，以此增强法律推理的“法理”内涵，单列一节“数据处理”以适应信息化时代法律方法的新问题和新挑战；第二十章“法的价值概述”增加“社会主义法治的核心价值”一节，系统阐释社会主义核心价值体系在法治领域的贯通和实现；第二十二章“法与人权”新增“人权体系”一节，阐述人权的主要内容，包括新兴人权的前沿状况；第六编调整为“法治与经济社会发展”，第二十三章集中阐述“法治原理”，包括涉及法治中国建设基础原理的“法治与法制”“法治与人治”“法治与德治”等的关系问题；第二十四章“法治与经济和科技”新增“法治与科技”一节，主要阐述信息化、网络化、科技化时代科技对于法治的意义，法治对于科技的促进作用以及科技引发的诸多法治难题等问题；第二十五章新增“法治与社会治理”“法治与生态文明”两节内容，以此回应新时代我国法治建设的新领域及其面临的新问题和新挑战；新增第二十六章“全面依法治国 建设法治中国”，集中阐述了我国“全面依法治国方略”的形成、中国特色社会主义法治道路的核心要义和基本原则、全面依法治国的总目标——建设中国特色社会主义法治体系、建设社会主义法治国家，阐释了“法治中国”的理论创新和实践创新意义以及建设“法治中国”的宏伟目标等。

另一方面，为了确立“以法理为中心主题”，实现“法理泛在”，此次修订主要作了以下较大修改。第一，将第一编从第四版的“法学导论”改为“法理学导论”，集中阐释“法理学”的学问方式和学科属性；在第一编第二章“法理学的性质和对象”中，集中阐释了“法理”作为法理学的研究对象，论述为什么要以“法理”为中心主题和研究对象、什么是法理，对“法理”进行了语义分析、意义阐释和历史考察，提出了包括“法之道理”“法之原理”“法之条理”“法之公理”“法之原则”“法之美德”“法之价值”“法之理据”“法之条件”“法之理论”等在内的“法理”的基本语义和意义，确立了把“法理”作为法理学研究对象的理论命题。第二，在每一章的正文之前，新增了能够集中体现各章核心“法理”

的名言金句作为每章的“题记”，以此恰到好处地或是总结相关章节段落的“法理”蕴含，或是引出相应章节段落的“法理”问题，或是权威有效地支撑相关章节段落的法理论证，或是画龙点睛地表达相关章节段落的法理命题，这些名言金句成为贯穿于“以法理为中心主题”这根“红线”之上的耀眼“珍珠”。第三，每编章节内容的阐述和段落语句的表达，进一步着力于凝练和总结各编各章各节的核心法理、基本法理和主要法理，[7]不直接涉及法理的内容，尽量予以删减，以此突显教材的“法理”主题和“法理”意蕴。例如，在第二十六章“全面依法治国 建设法治中国”中，提出了以良法善治为本质特征的法治中国的理论上最精确的概括性表达——“法理中国”，主张“‘法治中国’与‘法理中国’是并行的，推进法治中国建设与推进法理中国建设是相辅相成、相得益彰的；不仅要加快推进法治中国建设，而且要把中国特色社会主义法治理论和法理体系贯彻其始终；不仅要知晓并让世界知道制度上的法治中国，而且要知晓并让世界知道法理上的法治中国”。“法理中国”概念的提出，使全书有关法学、法律、法治与法治中国的法理阐述得到了进一步升华和高度的凝练。

三、结语

人类法律生活实践以及作为对于这种客观法律生活实践自我意识和自觉精神的法律理论，具有“时间性”的本质和“时代性”的特质。这就决定了“与时俱进”不应当是法律实践发展和法治理论创新的政治性话语和形式化口号，而应当是法律实践和法治理论历史发展规律和时代精神品格的内在要求。与时俱进也应该是法理学教材的内在品格，与时俱进也已经是《法理学》这本教材的鲜明特征。

《法理学》孕育于改革开放以后我国法制发展的伟大历史实践，是我国新时期法理学教材守正创新的产物；自 1998 年定稿、1999 年首次出版以来，已经走过了二十个春秋，《法理学》走过的这二十个春秋是与我国法学研究繁荣、法律教育发展和法治实践进步共进协行的二十个春秋。《法理学》第五版实现了教材理念、形式和内容上的一次突破性转进、飞跃式更新，是我国法治实践进入新时代背景之下一次具有变革性、根本性意义的“与时俱进”，必将成为新中国法理学教材甚至法学教材体系建设过程中承前启后、浓墨重彩的一次编修，对于新时代中国的法(理)学研究、法律教育和法治实践也将产生积极意义。

注　释

* 瞿郑龙,苏州大学王健法学院讲师,吉林大学全面依法治国研究中心副研究员、司法文明协同创新中心成员。

本文原载《中国大学教学》2018 年第 7 期。

〔1〕《立德树人德法兼修抓好法治人才培养　励志勤学刻苦磨炼促进青年成长进步——习近平在中国政法大学考察》,载《人民日报》2017 年 5 月 4 日,第 1 版;习近平:《在纪念马克思诞辰 200 周年大会上的讲话》,载《人民日报》2018 年 5 月 5 日,第 2 版;张文显:《张文显法学文选》(卷十·法学教育),法律出版社 2011 年版,第 55 ~ 57 页。

〔2〕张文显主编:《法理学》(第五版),高等教育出版社 2018 年版,"后记"。

〔3〕张文显主编:《法理学》(第五版),高等教育出版社 2018 年版,"后记"。

〔4〕张文显:《张文显法学文选》(卷十·法学教育),法律出版社 2011 年版,第 60 页。

〔5〕张文显:《张文显法学文选》(卷十·法学教育),法律出版社 2011 年版,第 60、64 ~ 65 页。

〔6〕张文显:《法理:法理学的中心主题和法学的共同关注》,载《清华法学》2017 年第 4 期。

〔7〕有关如何提炼"法理",参见邱本:《如何提炼法理?》,载《法制与社会发展》2018 年第 1 期。

徐　清*

新时代法理学教材的转型升级

——《法理学》(第五版) 教材修订纪实

| 提　要 |

在中国法学界,作为法理学研究对象之共识性"法理"概念尚未凝练,法理学应为"法理之学"亦未形成理论自觉,"法理"在法理学知识体系、理论体系、话语体系中处于缺席或半缺席状态。针对这种状态,由张文显教授主编、高等教育出版社编辑出版的《法理学》(第五版) 守正创新,立足于中国特色社会主义新时代的历史方位和时代背景,在习近平新时代中国特色社会主义法治思想的引领下,致力于以法理为中心主题实现从法学基础理论到法理学的真正转型,以泛在的法理激活法理学知识体系和话语风格的焕然升级,用转型升级的高水平教材回应广大师生的新呼唤,可以说,这是中国特色社会主义法理学的一次具有里程碑意义的飞跃。

| 关键词 |

法理学教材　新时代　法理　法理学　法理泛在

2017年10月18日，中国共产党第十九次全国代表大会在北京隆重召开。习近平总书记在会上作了题为《决胜全面建成小康社会夺取新时代中国特色社会主义伟大胜利》的报告。辩方位而正则，中国特色社会主义进入了新时代，这是我国发展新的历史方位。“新时代”向法学教材编写者提出了新的重大课题和任务：已经使用了二十年、期间经过三次修订的《法理学》教材如何转型升级？如何充分体现习近平新时代中国特色社会主义法治思想？如何充分展现近年来我国法学理论研究和法理学教学实践取得的重要成果？如何充分满足学生和教师对新时代高水平法理学教材的需要和向往？如何在保持其体系和结构基本稳定的同时，实现与时俱进？面对这张时代的问卷，2016年7月9日，由张文显教授任主编的国家精品教材《法理学》（第五版）的修订启动会议在北京召开。《法理学》（第五版）从启动修订到教材形成，历时两年，是数次教材修订工作中历时最长的一次。期间进行了广泛调研，经历了5次清样修改，反复酝酿、精益求精、几易其稿。可以说，每一次小小的改动完善都凝聚着编写组、出版社和统稿小组的智慧和心血，闪烁着法理学教学的新理念和新思想。作为本次教材修订的学术秘书之一，我见证了这次修订工作的全程，留下了深刻的印象。

一、组织有力，确保教材转型升级工作高位推动、高效运行

作为全国高等学校法学专业核心课程教材，《法理学》一书曾于2002年荣获全国普通高等学校优秀教材一等奖。2003年，吉林大学“法理学”课程被教育部确定为首批国家级精品课程。同年，本教材入选高等教育出版社“高等教育百门精品课程教材建设计划”，2007年，被教育部确定为“普通高等教育精品教材”。本教材在政治法律类教材中引用率位居第一，在全部政治法律类著作中引用率位居第二。[1] 自1999年出版以来，本教材先后于2003年、2007年和2011年三次修订，可以说，每次修订都是相应时段时代精神的折射和时代思想的浓缩。

本教材第五版编写组仍由张文显教授任主编，李龙、周旺生、郑成良、徐显明任副主编。参与本教材编写的有来自吉林大学、武汉大学、北京大学、山东大学、西南政法大学、清华大学、浙江大学、南京师范大学、中山大学、上海师范

大学、中国政法大学、厦门大学、苏州大学、复旦大学等18所高校的23位教师,他们是(以汉语拼音为序):杜宴林、付子堂、高其才、葛洪义、公丕祥、黄建武、黄文艺、蒋传光、李龙、刘作翔、舒国滢、宋方青、孙莉、孙笑侠、汪习根、徐显明、杨春福、姚建宗、张文显、郑成良、周旺生、周永坤、卓泽渊。他们中有国家教材委员会委员、教材委员会专家委员会委员、教育部马克思主义理论研究和建设工程重点教材审议委员会委员、教育部长江学者特聘教授和全国十大杰出青年法学家,这是一支既有学术造诣精深、为人为学人皆被称颂的资深专家,又有富有创新精神、治学严谨、笔耕不辍的中青年学者,还有在法理学教学和科研中崭露头角的学术新锐的老中青相结合、理论研究与教学实践相结合的法理学界最强阵容的教材修订队伍。

同时,根据教材编写,尤其是精准贯彻习近平新时代中国特色社会主义法治思想和以法理为中心的交叉转型升级的需要,此次修订工作还组建了学术秘书和统稿小组协助主编修订统稿。学术秘书为:瞿郑龙、徐清;统稿小组成员包括:张文显、丰霏、王奇才、苗炎、张静焕、瞿郑龙、郭晔、徐清、郭栋。正是这样一个各方面人员优势相结合且以法理为志业的学术共同体保证了本教材的高质量和高水平,有利于教材的吐故纳新,反映最新的理论研究进展,吸收优秀的教学实践经验,确保教材对一线教学的回应性和适应性。

惟其笃行,精益求精,才弥足珍贵。2016 年 7 月 9 日,由教材主编张文显教授主持的修订启动会议在北京召开,拉开了本次修订工作的序幕。高等教育出版社副总编辑闫志坚先生以及教材编写组的各位成员出席了会议,高等教育出版社的相关工作人员、学术秘书等人员参加了会议。会议指出,在全面推进依法治国、建设法治中国的时代背景下,在习近平法治思想的指引下,进行《法理学》第四次修订,及时出版第五版,具有重要的时代意义和现实意义。《法理学》教材的修订工作有助于推动我国法学人才队伍的建设,有利于法学学科自身的建设,对于展开全民法治教育,同样具有重要的支撑作用。会议明确了本次修订工作的具体写作分工、阶段、时限和要求,形成了编写结束后一月一清样与通过微信群及时反馈交流相结合的修订工作机制,确保修订工作层层落实,高效优质按期完成。2018 年 10 月,中国共产党第十九次全国代表大会召开,大会确定习近平新时代中国特色社会主义思想作为党和国家在新时代的根本指导思想，党的十九大还就如何坚持全面依法治国基本方略、深化全面依法治国实践作出新的部署。根据党的十九大精神，各位作者对原有修订稿进行了较大幅度的修改。2018 年 1 月 13 日，第一次统稿工作会议在北京举行。2018 年 3 月 3 日，第二次统稿工作会议在南京举行。2018 年 3 月 17 日，第三次统稿工作会议在北京举行。2018 年 4 月 22 日，第四次统稿工作会议在滁州举行。2018 年 6 月 2 ~ 3 日，第五次统稿工作会议在长春举行。2018 年 6 月 17 ~ 18 日，第六次即最后一次统稿工作会议在北京举行。在修改和统稿期间，即使适逢新春佳节，教材主编和统稿小组仍在争分夺秒，伏案写作。全体人员用思想、汗水和精益求精的学术态度铺就了这条凝聚法理理念和时代使命的法理学智慧之路。

二、守正创新，以法理为中心实现从法学基础理论到法理学的真正转型

主题是方向，思想是灵魂，“转型”是从一种形态到另一种形态的根本性变革过程。新教材的转型升级是建立在它的思想内核基础之上的，本教材的思想性集中体现在以法理为中心主题和思想主线，实现从法学基础理论到法理学的实质转型。我国法理学教科书不断转型升级的发展史也是社会变迁和法学教育的进化史。新中国成立后的很长一段时期，我国尚未形成法学知识体系和理论体系，因而也不可能形成自己的学科体系和教材体系。在“全盘苏化”的背景下，我国法学院校仿效苏联的法学体系和课程体系，所用的教材大部分是从苏联引进的教科书，或者是苏联专家的讲义，采用苏联的法学模式，称为“国家与法的理论”或“国家与法权理论”。党的十一届三中全会后，我国进入改革开放的新的历史时期，市场经济和民主政治极大地解放和推动了法律制度和法学教育的发展和完善，在“解放思想、实事求是”的思想路线的指引下，学术界提出了把国家与法分开并分别由政治学和法学研究的主张，法学教育的重建、法学理念的解放催生了 1981 年北京大学编著的《法学基础理论》、1982 年司法部组织统编的《法学基础理论》、1988 年东北地区高校联合编著的《法的一般理论》等法学理论教材，并在 80 年代至 90 年代初的十年间发挥了重要的历史作用。20 世纪 90 年代是我国高等教育教学大改革的年代，在此背景下，法学教育的思想和教学理念也发生了一系列重大改革。随着教育部组

织编写、沈宗灵教授主编、高等教育出版社《法理学》教材的出版发行，“法理学”的名称正式获得了“合法”地位，名正言顺地进入到中国法学学科体系、课程体系和教材体系，并于1995年成为了首批14门法学专业核心课程之一。而后，随着法学教育规模的不断扩大和国家统一司法考试的建立，法学教学内容和方式日益多样化，全国各地法学院校结合自身需求，编写了一大批《法理学》教材，法理学教材体系也呈现出多元化趋势虽然课程和教材名称在形式上改变了，以“法理学”取代了“法学基础理论”，然而，不同版本的法理学教材在理论体系、教材体例和内容形态上仍未对“法理”作为法理学的研究对象形成理论自觉，达成理论共识，因此从实质意义上而言，依然固化于法学的基础理论，并未成为名副其实的法理之学。[2]

“一门科学提出的每一种新见解，都包含着这门科学的术语的革命。”[3]针对“法理”在我国法理学知识体系、理论体系和话语体系中缺席或半缺席的状态，本教材主编张文显教授发表了《法理：法理学的中心主题和法学的共同关注》一文，明确提出了法理学的研究对象应当是法理，法理学应是“法理之学”，[4]并将这一核心思想纳入此次法理学教材的修订中，试图从根本上构建以“法理”为中心主题、以“法理”为研究对象的法理学教材，实现从法学基础理论到法理学的真正转型。基于这样的理论意识、问题意识和本土意识，本教材在延续了1994年沈宗灵主编、张文显副主编的《法理学》所形成的马克思主义法理学传统和知识体系的情况下，守正创新，将法理贯通全书，突出“法理”在法理学教材体系中的中心主题地位，打造法理泛在的法理学教材。至此，法理学不再是“独上高楼望尽天涯路”的空洞概念，而是真正给予了“暮然回首，那人正在灯火阑珊处”的解答。从法之学到法理之学，这一转型切中时弊，是带有方向性的教材体系变革。具体做法包括：

在本教材的总体结构体系保持稳定的基础上，第二章首次提出并专门论述了“法理学，顾名思义，就是‘法理之学’，其研究对象是‘法理’”。本教材通过考据和语义分析表明，法理作为词语和概念，体现了人们对法的规律性、终极性、普遍性的探究和认知，体现了人们对法的目的性、合理性、正当性的判断和共识，体现了人们对法律之所以获得尊重、值得遵守、应当服从的那些内在依据的评价和认同。法理是一个综合概念，包容了一切美好的价值元素；法理是一个文化概念，体现了法律和法治文化传统中定分止争、惩恶扬善、治国理政的智慧，积淀着法治文明的优秀成果；法理是一个具有普适内涵的概念，融通了古今中外关于法和法治的原理、理论、学说、共同价值；法理是一个实践理性概念，来源于实践、在实践中凝练、在实践中运用、在实践中发展；法理是一个纯正的中国本土概念，“法理”一词是中国人的首创，作为一个概念也是由中国人凝练的。本次教材修订工作寻迹于理论观点的经典概括与学术脉络之中，进行大数据式的“法理”挖掘。主编领衔的统稿小组从有关法理的词语、概念，谚语、格言，命题、论述，判例、案例，故事，法条等六组十种代表形式和依存载体中进行“淘宝”，共搜集数千条法理金句。通过概括、思想（理论）、思辨批判、分析和金句表达等方法和路径进行法理提炼与阐释，将其中的法之理予以阐发，并定型于法理学教材各章节具体的理论论述之中。

在法理发现和融入教材的过程中，以鲜明而强烈的法理问题意识为导向，坚持了三个面向：面向华夏古代，挖掘博大精深的法律文化宝库；面向西方现代，吸纳法治文明优秀思想理论成果；面向中国当代，贯彻新时代法治新思想。在鉴别分析的基础上，主要继承和吸纳了三类法理资源：第一，是马克思主义经典的法理资源，既包括了马克思、恩格斯的法理论述，还包括了马克思主义中国化的法理思想成果。第二，是中华传统法律文化中宝贵的法理资源。中国自古便有丰厚的法理底蕴，法理作为概念和理论，是祖先留给我们的极其宝贵的精神遗产，绵延几千年的中华法理文化，是中国法理学成长发展的深厚基础，是我们今天能够树立和保持法学自信、法治自信和法律文化自信的底气所在，而这却被长期忽视。在本次教材修订中，“法理”，这一有着近两千年历史的中国本土概念，经历了百余年前的东渡舶归，被开掘出来重拭光华，成为重启法学理论系统的学术密钥、复燃中华法治文明的精神火种。[5]第三，是西方法治文明中优秀的法理资源。“法理”具有融通性、普遍性、开放性的特点。西方法治文明中有很多跨越时空、反映人类法治文明发展一般规律的法学理论和法治思想，对国外优秀法理资源的探索和吸收，是法治文明互鉴和法学国际化发展的必然要求。

从法律时代到法治时代再到法理时代，从法理中国到法治中国再到法理中国，从法律思维到法治思维再到法理思维，从法律话语到法治话语再到法理话语,从法律之学到法治之学再到法理之学,反映了法治文明和法理学发展演进的基本规律。以《法理学》(第五版)教材为主导和载体的中国法理学,正以其得天独厚的法理文化底蕴和前所未有的全面依法治国实践根基,焕发出更加强大的理论生机和学术生命力、更加坚韧的中国特色社会主义定力。

三、理论升华，泛在的法理激活法理学知识体系和话语风格的焕然升级

理论创新是中国特色哲学社会科学和法学发展的第一要务。创新是新时代所必然产生的社会意识和动力。新时代是新理论生成和广泛传播的时代,是理论创新的时代。[6]作为新时代法学理论创新之代表的法理,犹如一个个精灵在法律的灵魂深处跳跃,它们穿越在法律的时空中,播扬在法律和社会的广阔领域,是它们激活了法理学知识体系的生命之源,也是它们点燃了法治的理性之光。正是由于法理渗透于各编各章,涤荡和变革着法理学教科书的沉闷和僵化,新教材的理论层次、理论境界和文风格调焕然升级。

第一,理论的升华伴随着对传统知识体系和论题的重读与解答。一方面,本次修订在内容上将不属于法理之学的赘肉尽量瘦身,塑造清新法理学的文风格调。这种精约凝敛的性格,以及由这种性格而来的阅读趣味,来源于对法理学学科属性的复归。为使法理学作为法的一般理论、基础理论和方法论这一学科功能定位更加明晰,本次修订进一步厘清了法理学与法律学(即部门法学)各自的学术功能,对属于部门法学讲授的内容在教材中尽量简单带过,集中有限的文字讲法理,增强法理学为部门法学提供法理依据和理论指导的作用。另一方面,思想的升华源于对传统论题中法理思想含量的增加,实现从旧论题到新论题的升级。本次修订重点考察了法律与社会、法律与政治、法律与经济等章节的论述是否达到法理的思想水平,将严格而言不属于法理学范围的内容尽量删减,以法理为中心对基本理论给予全新的法理诠释,这就赋予了新教材思想性的增强与法理品味的提高。泛在的法理盘活了法理学作为法理之学的理论体系,牵引着权威教科书由此获得清新的格调而不断走向升华。

第二,理论境界的提高应运着清爽明晰的编写体例与话语格调。一方面,在编写体例上,本次修订在每章章首设法理“题记”,并注重题记选文的法理性,题记犹如一把打开各章法理知识宝库的钥匙。使学生明白法理是什么,法

理就在身边,无处不有、无所不在。另一方面,在语言表达和文风改进上,新教材力求生动清新,以平实气韵取代华丽辞藻的赘述,使其焕发出法理思想的生机和活力,使本科学生产生学习法理学的吸引力、感召力和亲和力,打开学生的法理思维空间,激发学生学习法理学的动力和兴趣,让学生在法理学的海洋中尽情感受法理的奥妙和思考的愉悦。在此,给阅读者带来清爽怡人的体验,清新法理学亦得以深度实现。

第三,互联网时代对法学教育的方式和方法均提出了新的要求,法学教材的配套机制、法理学教学的形式也应当与时俱进,不断升级。因此,在本次修订过程中,在传统面对面的课堂法理学教学模式的基础上,我们创立了"法理学堂"(Fali Academy)微信公众号,以张文显教授提出的"融诸子百家良谚释法,谱古今中外诤言穷理"为理念,立足当下,着眼未来,面向世界,希望逐步实现互联网时代线上和线下互动、网络学堂和实体学堂相结合的法理学教学模式,推动法理学教学机制的智慧化升级。后续我们还将成立法理大数据库,为广大师生提供形式多样、内容丰富的法理知识宝库。

四、思想领航,以习近平新时代中国特色社会主义法治思想引领转型升级

新时代需要新思想的指引,新征程需要新理论的领航。新教材以习近平新时代中国特色社会主义法治思想引领修订工作并贯穿内容始终,完成了从中国特色社会主义法学理论体系到新时代中国特色社会主义法学理论体系的理论升级。中国共产党人的法治思想、理论和实践是中国特色社会主义法理学体系的理论基石。党的十八大以来,习近平总书记基于马克思主义的世界观、方法论和法治的一般原理,结合新时代中国国情和推进国家治理现代化、建设法治中国的丰富实践,提出并论述了中国特色社会主义法治一系列重大理论问题和实践问题,提出了一整套新概念、新范畴、新命题、新论断、新观点、新理念,形成了内容丰富、体系完整、逻辑严谨、具有纯熟哲学方法和鲜明实践面向的法治理论。在第三次伟大飞跃中形成的习近平法治思想是中国特色社会主义法治理论体系的内核,是中国特色社会主义法学理论体系的重要组成部分。

理论的升级源于对新时代新思想和新论题的全面融入与表达。以科学的

态度学懂弄通并系统、精准地贯彻习近平新时代中国特色社会主义法治思想，对习近平总书记带领全党和全国人民依法治国的创新实践进行理论概括和法理凝练，使中国法理学始终保持马克思主义法理学的理论定力和中国特色社会主义法理学理论的新鲜活力，是新时代中国法理学教材的时代性课题，是推进法理学理论和实践创新，建构中国特色社会主义法理学体系的迫切需要；也是深入推进法理学教育改革，培养高素质法治人才的迫切需要。

新教材的转型升级充分体现了教材编写组继承、改革和创新的理念。基于以上认识，第五版教材在继承前四版教材合理内容的基础上，进行了大胆的改革和创新，把习近平新时代中国特色社会主义思想，特别是习近平新时代中国特色社会主义法治思想和法理论述全面、科学、系统、精准地充实到教材之中。

新教材对习近平新时代中国特色社会主义法治思想的一般理论和具体理论进行了时代性和学术性的阐释和解答。其全新的理论扩充包括：第一，"法理学导论"。第一章第二节中对当代中国马克思主义法理学的新飞跃——习近平法治思想的一般理论进行了概括阐述；深入贯彻习近平总书记在哲学社会科学工作座谈会上的讲话，增加了第五节"当代中国的法学体系"，从加强基础学科建设、促进传统学科转型升级、大力发展新兴学科、支持扶持交叉学科四个方面分析了构建中国特色法学体系的方法路径。第二，"法理学的性质与对象"。2017 年，中共十九大明确提出了"坚定不移走中国特色社会主义法治道路，完善以宪法为核心的中国特色社会主义法律体系，建设中国特色社会主义法治体系，建设社会主义法治国家"。第六章第三节适时补充了中国特色社会主义法律体系的内容，将传统的七个主要法律部门变更为九个，增加了环境法和军事法，是对生态文明建设及依法治军时代论题的理论观照和思想更新。第三，"法的起源和发展"。第十四章中增加了第三节"法治与全球治理"，深入阐述了习近平总书记关于推进国际关系民主化法治化合理化，引领全球化，构建人类命运共同体的思想和理论。第四，"法的运行"。第十六章"法律实施"中增加了第一节"法律实施概述"，对习近平总书记关于法律实施的论述作出了科学解释。在全面依法治国和深入推进司法改革的新形势下，习近平总书记不断创新执法、司法和守法理论，本章也将其中的核心观点进行了系统整理和深入论述。第五,“法的价值”。第二十章增加了“社会主义法治的核心价值”一节,对“以人民为主体”和“公平正义”这两个社会主义法治的核心价值作出了深入浅出的解读阐释。第六,“法治与经济社会发展”。第六编中关于习近平法治思想的内容更是亮点纷呈,法治的本质、法治的价值、法治文化、法治经济、法治与德治、法治与政治、法治与社会治理、法治与生态文明、全面依法治国、建设法治中国,本教材将这些新战略新思想恰如其分且富于建设性地贯穿到了各章节中。这些多视角的探索与创新关涉到了法理学知识体系的方方面面,不仅是对法理学传统理论范畴和论题的重解与深化,更是对新鲜时代精神的捕捉与弘扬,使教材积淀着深邃的思想底蕴,启发着中国特色社会主义法治文明的进步与发展。

此外,习近平新时代中国特色社会主义法治思想还包含一系列法理新命题、新观念和新理念,本次修订也认真总结、梳理了这些法理论述并将其融入教材内容之中。例如,“法律是治国之重器、良法是善治之前提”[7]“纵观人类政治文明史,权力是一把双刃剑,在法治轨道上行使可以造福人民,在法律之外行使则必然祸害人民”[8]“法律的生命力在于实施,法律的权威也在于实施。法令行则国治,法令弛则国乱”[9]“党和法的关系是政治和法治关系的集中反映”[10]“社会主义市场经济本质上是法治经济”[11]“全面依法治国是中国特色社会主义的本质要求和重要保障”[12]“建设法治中国,必须坚持依法治国、依法执政、依法行政共同推进,坚持法治国家、法治政府、法治社会一体建设”[13]等。这些法理金句不仅高度凝练并生动体现了习近平法治思想,也赋予了本教材鲜活的时代气息,回应了新时代对法理学教学创新的要求,引领了法理学教材的转型升级。

五、以人为本,用转型升级的高水平法理学教材回应广大师生的新呼唤

走进新时代,书写新篇章,中国新法理,师生新期待。“学科体系同教材体系密不可分。学科体系上不去,教材体系就上不去;反过来,教材体系上不去,学科体系就没有后劲。”[14]本教材是面向全国高等法学教育本科学生的,同时也是国家法律职业资格考试答案来源教材,是许多高校法学类研究生入学考试的基本参考书。当学生步入法学高等教育的大门,法理学是最初迎接他们

的一门课程。除了传授法学理论知识,法理学还有重要的育人功能,帮助学生形成正确的法学世界观和方法论,提高法律修养,养成法理的科学思维习惯。培养出具有综合素质的法学高等人才,就要有高水平的法理学教材。因此,为更加贴近学生学习和考试需要,修订过程中,编写组和统稿小组进行了多次的广泛调研,征求了东中西部各地教师和学生对法理学教学和教材修订的意见,博采众长。

第一,为使学生"把书读厚再读薄",此次修订在全书各章节中生动恰当地增加了大量法理金句,给学生展示了一个渊博浩瀚的法理海洋。由此,《法理学》提供了一条探求真知的道路,把厚书中的法理精华汲取出来,变成"薄书",再深入挖掘理解薄书中的法理内涵,从而将薄书读厚,这一由薄到厚再到薄的求索过程诱导激励着学生融会贯通地理解法理。在选取和补充法理格言、谚语和金句的过程中,统稿小组屡次审读讨论,保留画龙点睛、延伸文义之金句,注意其与上下文以及整章内容的基本义理是否贴切,兼顾其特定的语境,对需要进行意义引申的,慎重辨识,以免牵强之处给学生带来误读。逻辑地、反复地核对引文让学生领略科学研究的严谨精神。例如,"法律是人类最伟大的发明。别的发明让人类学会驾驭自然,而法律的发明则令人类学会如何驾驭自己"。[15]这段话常被误以为是美国法学家博登海默所言。经多次核查,这段话实际上出自林登·贝恩斯·约翰逊(Lyndon Baines Johnson)1965 年 9 月 16 日在华盛顿"经由法律实现世界和平"大会上的演讲。再如,统稿小组的王奇才副教授经过 15 次查找,终于核对了第 18 章题记"法律职业的地位是一个民族文明的标志"[16]的准确出处。

第二,法学教育的功能之一在于对学生涉法思维的养成和训练,法理学教材除了对法理本身的知识构筑外,还有对法律思维、法治思维、法理思维这三种涉法思维的展示和润物细无声的熏陶。法理学教材不应仅仅局限于传输法学理论知识,重要的是提供给法科学生多种审视问题的视角、分析问题的立场、解决问题的理论依据,而且,更重要的还在于培育学生的法理思维意识和方式。只有这样才能赋予法理学教材本身以应有的意义,使之不至于被边缘化。此次修订以每章末尾的"思考题"为抓手,改变了前几版各章思考题几乎"不用思考",在教材上直接能找到答案的状况,为法理思维的训导铺设了路径和通道。在思考题的形式上,每章思考题数量控制在 4 ~6 道;以"如何理解"开启问句形式。在思考题的表述方式上,问题的提问方式将以往"如何理解""如何理解和认识""如何看待""怎样认识""你怎么看待""你怎么看"统一为"如何理解"。为对接国家法律职业资格考试,我们从历年司法考试真题的客观题中找到若干材料,经过改编设置成了试题,以使学生在本科学习之初就得到法律职业资格考试的思维培养与训练。

新教材将全书思考题进行法理优化,让学生们尝试对法理金句进行辨析解读,尝试用法理思维来分析和解答现实问题,而不是简单的知识记忆。具体而言,全书绝大多数章均设置了法理格言题。这些法理格言题几乎都是根据各章题注设置的,题注的格言不宜出题的,则从各章正文里精选法理格言来设置问题。法理格言题分为启发思辨型、鼓励知识应用型、引导批判性思维型、注重时事评论型和倡导体系逻辑型共六种类型。(1)启发思辨型的,例如,第二章的思考题,"古语有云:'不习法理,无以效职。'请结合'法理'一词的历史演变,谈谈在当代中国学习法理学的意义"。(2)鼓励知识应用型的,例如,第四章的思考题,"《说文解字》记载:'灋,刑也,平之如水,从水;廌,所以触不直者去之,从去。'请结合该语境,从法的基本特征的角度,谈谈你对法的强制性和正当性的理解"。(3)引导批判性思维型的,例如,第七章的思考题,"德沃金认为:'实证主义者把法律描绘成一幅规则体系的图画,也许由于它太简单,对我们的想象力起着一种坚韧的限制作用。如果我们从这一规则模式中解脱出来,我们也许能够去建立一种对我们错综复杂的实践更为真实的模式。'请结合本章内容,谈谈你是否同意该观点,并说明其理由"。另如第十六章的思考题,"张居正说:'天下之事,不难于立法,而难于法之必行。'你是否同意该观点,并说明其理由"。(4)提倡独立思考型的,例如,"美国学者亨金说:'我们的时代是权利的时代。'请结合我国当下的社会背景,谈谈你对这句话的理解"。(5)注重时事评论型的,例如,第十四章的思考题,"如何理解法治在构建人类命运共同体中的作用?"(6)倡导体系逻辑型的,例如,本书最后一章即第二十六章最后一道思考题,"古语有云:'驭大国者以法理为本。'请结合全书相关内容,阐释其理论依据"。

第三,为给学生提供更有针对性更为实用的参考文献。本次参考文献的选择以适合本科学生阅读学习为主导，编写体例上细分为一般参考文献和分编参考文献，体现了以“法理”为中心的要求和新时代法理学的转型升级，突出了中国特色社会主义法学理论和法治理论，做到中西平衡，并使阅读文献与本教材以法理为中心的学术品味高度契合。这一做法很好地处理了课堂知识传授与课下自主学习之间的关系。“唯有源头活水来”，法理来源于实践，来源于生活。学习法理，既要导流，又要开源。流在教学中，源在生活里。新教材始终践行着这种注重引导学生自主阅读和独立思考的导流与开源相结合的教育理念。

新时代催生新理论，新理论呼唤新教材，新教材指引新课程。法理学教材的转型升级，是贯彻落实习近平新时代中国特色社会主义法治思想和党的十九大精神的重大实践和具体举措，反映了马克思主义法理学中国化第三次飞跃的伟大成果和党的十八大以来我国法理学理论研究的最新成果，体现了中国特色社会主义法治建设的实践经验。“立足于全面依法治国新时代、法理学研究新时代、法学教材建设新时代，致力于法理学教材的法理化、科学化、时代化三重历史任务”，[17]遵循教材规律，创新教材风格。新教材更加注重中国问题、中国特色、中国资源、中国经验，以“法理”为中心主题形成了一套立足中国、借鉴国外、挖掘历史、面向未来的崭新的中国法理学教材知识体系和话语体系。应当认为，其对新时代中国特色社会主义法治建设进程和法学教育发展均具有里程碑意义，也必将成为新时代中国法理学理论体系和学科体系的重要载体。时代是出卷人，我们是答卷人，学生是阅卷人。新教材一定还不尽完善，不足之处在所难免。编写组和统稿小组将跟踪法理学教学实践，不断发现问题、完善教材、推陈出新，确保法理学教材与中国特色社会主义法治理论和实践有机统一，为建成富强民主文明和谐美丽的社会主义现代化强国做出贡献。

注　释

*　徐清，浙江大学光华法学院博士后。

本文系国家社会科学基金青年项目“国家治理体系中的边疆司法治理研究”（17CFX003）的阶段性成果。本文原载《法制与社会发展》2018 年第 4 期。

本文的写作得益于张文显教授细致深刻且富有建设性的指导与修改,得到了郭栋、丰霏、王奇才、瞿郑龙、郭晔等教材统稿小组成员真挚热情的帮助与意见,特此致谢!

〔1〕 该部分关于本教材的介绍,出自即将出版的《法理学》(第五版)的内容简介。

〔2〕 该部分关于法理学教材名称发展过程的分析,出自即将出版的《法理学》(第五版)的后记。

〔3〕 [德]卡尔·马克思:《资本论》,人民出版社2004年版,英文版序言第32页。

〔4〕 张文显:《法理:法理学的中心主题和法学的共同关注》,载《清华法学》2017年第4期。

〔5〕 丰霏:《如何发现法理?》,载《法制与社会发展》2018年第2期。

〔6〕 张文显:《法学教育》,载张文显主编:《张文显法学文选》(卷十·法学教育),法律出版社2011年版,第353页。

〔7〕 习近平:《关于〈中共中央关于全面推进依法治国若干重大问题的决定〉的说明》,载《中国共产党第十八届中央委员会第四次全体会议文件汇编》,人民出版社2014年版,第68页。

〔8〕 习近平:《在省部级主要领导干部学习贯彻党的十八届四中全会精神全面推进依法治国专题研讨班上的讲话》(2015年2月2日),载中共中央文献研究室:《习近平关于全面依法治国论述摘编》,中央文献出版社2015年版,第37~38页。

〔9〕 习近平:《在庆祝全国人民代表大会成立六十周年大会上的讲话》(2014年9月5日),载中共中央文献研究室编:《十八大以来重要文献选编》(中),中央文献出版社2016年版,第56页。

〔10〕 习近平:《在省部级主要领导干部学习贯彻党的十八届四中全会精神全面推进依法治国专题研讨班上的讲话》(2015年2月2日),载中共中央文献研究室:《习近平关于全面依法治国论述摘编》,中央文献出版社2015年版,第34~35页。

〔11〕 《中共中央关于全面推进依法治国若干重大问题的决定》,载中共中央文献研究室编:《十八大以来重要文献选编》(中),中央文献出版社2016年版,第162页。

〔12〕 习近平:《决胜全面建成小康社会夺取新时代中国特色社会主义伟大胜利——在中国共产党第十九次全国代表大会上的报告》(2017年10月18日),人民出版社2017年版,第23页。

〔13〕 习近平:《坚持法治国家、法治政府、法治社会一体建设》(2013年2月23日),载习近平:《习近平谈治国理政》,外文出版社2014年版,第144页。

〔14〕 习近平:《加快构建中国特色哲学社会科学》(2016年5月17日),载习近平:《习近平谈治国理政》(第二卷),外文出版社2017年版,第345页。

〔15〕 Lyndon B. Johnson,"Remarks to the Delegates to the Conference on World Peace Through Law"(September 16,1965), in Gerhard Peters and John T. Woolley (eds.), *The American Presidency Project*, http://www.presidency.ucsb.edu/ws/?pid=27259, 最后访问日期:

2018年6月2日。

〔16〕 David Dudley Field, "Study and Practice of the Law", in David Dudley Field (ed.), *Speeches, Aguments and Miscellaneous, Papers of David Dudley Field*, D. Appleton & Company, 1884, p.485.

〔17〕 王奇才:《法理学教材的新时代定位》, 载《中国大学教学》2018年第5期。

郭　晔*

兼容并蓄　打开法理学学问新境界

——评第五版《法理学》教材

| 提　要 |

第五版《法理学》的问世，满载着新时代的法理精神，牵引着科学真知的法理逻辑，开辟着淬砺致臻的法理境界。它汇聚了“以法理为中心”的学术共识，真理与时代对话、古今与中外碰撞、原理与殊理呼应、理论与实践辉映，诸多学说如涓涓细流汇入法理之中。它诠释了“以课堂为阵地”的教材定位，经验与成果互鉴、基础与前沿兼容、教与学相长，多元需求铸就了博采众长的品质。它铺展了“求真向善”的学问路径，对象与思维相称、观照与反思相栖、思想与修辞相印，真善合一勾勒出审美的治学意趣。新版教材集学术、学习、学问于一身，凝法理、学理、哲理于一体，打造了开放包容的新时代中国法理学格局。

| 关键词 |

法理　法理学　法理学教材　兼容并蓄

操千曲而后晓声，观千剑而后识器。

——《文心雕龙》

学问不是天生的，而是后天养成的。教材提供了学问成长的土壤，概念、命题、论述、话语和逻辑被有秩序地编织在教材之中，牵系着学问从萌芽、长大和成熟的全部历程。可以说，一部教材的演变史就是一门学问的成长史，因而教材的修订关乎根本、事关全局、影响长远。全国高等学校法学专业核心课程教材《法理学》自1999年诞生以来，先后于2003年、2007年、2011年进行过三次修订，记录了法理学进入21世纪以来的发展轨迹，见证了法学理论主题愈加鲜明、思维不断升级、体系日臻完善的前进步伐，刻画出这部教材吐故纳新、去粗存精、弃末归本的生命活力。从世纪之交单纯稚嫩的理论摸索，到三次修订中对法理学定位的反复推敲，再到新时代胸有成竹的思维创新，第五版教材的问世预示着法理学实现了法学的逻辑、法律的规律、法治的价值相统一的新飞跃。它兼容并蓄、与时俱进，为法学、法理学、法治理论之成长提供了思想沃土，它博采众长、集思广益，成为中国法科学生问学、治学、成学之门径。包罗万象的论题、丰盈厚重的思想、含英咀华的表达凝结在教材中，开辟出一片求真向善、格物致知、蓬勃向上的法理学学问新境界。

一、内忧与外患之殇触发法理觉醒

直观而言，“法理学”是一个既清晰又模糊的概念：一方面，它有自己明确的研究任务，就是研究“法”及其背后的本质、规律、价值、理念等，“法是什么”与“法应当是什么”构成了法理学追问的两大主题；另一方面，法理学从来没有能说清它自己的研究对象究竟是什么，以致人们总是混淆它与法哲学、法教义学、法文化学、法社会学。[1]有趣的是，法理学教学和研究又总围绕着大量的关于法的抽象思考而展开，如“法是不是与道德无关”“法学是一门科学吗”“法仅仅是规则吗”“法的权威来自何处”“法官能够做出唯一正确的裁判吗”“权利和义务谁者优先”等。而对这些问题的争议和回答，往往充斥在古往今来的各种著述中，从柏拉图、亚里士多德、荀子、韩非到哈特、德沃金、阿列克西、沈宗灵、孙国华,法理学思想的贡献者和论述者,以特定的法言法语提出了法理学的真知灼见。于是,我们就很容易认为,那些以法学家著作为依托的阅读和思考,就构成了这门学问最显著的表征。然而,究竟什么是法理学的研究对象呢？难道就是这些文字或者未形成文字的观念吗？“研究对象”之辩难构成了法理学之痛。

从中国法理学的特殊境遇来看,自 1994 年第一部以“法理学”命名的《法理学》[2]教材出版以来,琳琅满目的法理学教材就一直徘徊于“法学基础理论”的怪圈中,像是一张法学的“入场券”,而没有真正坐上法学之王的宝座。似乎法理学研究的诸如权利义务、法律渊源、法律体系、法律行为、法律关系、法律责任等范畴,以及法的制定、法的实施、法的历史等知识,都在宪法、民法、刑法、诉讼法、立法法、行政法等部门法领域得到了更丰富的阐述,法理学像是矗立在法学城堡之外的导游图,成为其他法学二级学科的入门知识。而除此之外,“法的概念与价值”归属于“法哲学”(legal philosophy),“法律方法”与“法与社会”的部分则分别以“法教义学”(theory of law)和“社科法学”(theory about law)两大阵营的学术论战而展开。[3]部门法学的不屑一顾与法理学内部的激烈混战反映了中国法理学的特有镜像:这一方面引发了怀疑论者想要拆解法理学的企图,剥夺法理学作为核心课程和研究重点的地位;另一方面也确实导致了许多高校将法理学拆成“法理学导论”(法学基础或入门)和“法理学进阶”(法教义学或社科法学)的奇特做法。“怀疑”与“混战”之窘境构成了法理学之困。

2017 年夏季刊载于《清华法学》的一篇五万字长文《法理:法理学的中心主题和法学的共同关注》,[4]以高屋建瓴的哲学洞见和切中肯綮的时代反思,提出“法理学就是‘法理之学’,以‘法理’为研究对象”[5]的观点。用高度凝练的“法理”一词统摄法理学研究对象,具有中国法学史上的里程碑意义,它把人们从有关法理学的杂多表象中解救出来,使人们的目光不再流转于各种各样的论述、命题、范畴之间,而统一到“法理”之上,实现了从“法理存在者”到“法理存在”[6]本身的革命性转变。“法理”不但从内容上概括了法理学论述、命题、范畴等的共同内涵,而且从时空向度上凝聚了古今中外法理学论题的最大共识。此外,“回归法理”一方面解除了“法理学怀疑论”的魔咒,使“法理”既成为法理学的中心主题,也成为法学(包含各个部门法)的共同关注;另一方面打破了“法理学混战”的迷阵,使“法理”成为沟通两大阵营的使者,“法理”共识为法理学内部的“法治”提供了可能。“法理”扮演了一个法学领域的立法者角色,确立了法理学的自治及其合法性,终止了怀疑论者长期潜伏的攻击,宣告了法理学内部的停战协议,中国法理学迎来了休养生息、砥砺奋进的新时代。

二、思想深处,万流归海说法理

由主编张文显教授撰写的这篇长文,充当了第五版《法理学》教材的真正序言。将“法理”明确为法学的共同关注和法理学的中心主题,将法理学定位为“法理之学”是教材画龙点睛之笔。“法理”是一个极具包容性的概念,它沟通着事实与价值、连接着各个法律部门、融贯着古往今来、维系着世界各地,在法学本体论、认识论、价值论、方法论、社会论的各个板块中,法理都不能缺席。“法理”也是个极具开放性的概念,既可以显明存在于法理命题和论述中,以“法理金句”的形态表现出来,也可以潜藏在案例、判例、法条等不同载体中,以“法理要素”的形式散见各处。教材“以法理为依归”,海纳百川,包罗万象。马克思主义经典法理学与习近平新时代中国特色社会主义法治思想,如长江黄河般构成了教材的法理主脉,而古往今来其他学说则如涓涓细流汇入法理支流中,整部教材呈现出“以理说法”的新气象。

(一)真理与时代对话擘画理论新篇

马克思主义的诞生让法学真正成为科学,其深刻揭示了法的本质、法的运动规律和科学的法学方法论原则,形成了历史上最先进、最科学、最有活力的法学理论体系。教材以马克思主义法理学为思想阵地,展示了马克思主义法学一脉相承的历史逻辑,坚持了辩证唯物主义和历史唯物主义的世界观、方法论,体现了马克思主义法理学的内在逻辑和理论品格。诚如恩格斯所言:“马克思的整个世界观不是教义,而是方法。它提供的不是现成的教条,而是进一步研究的出发点和供这种研究使用的方法。”[7]科学的方法同样促进了理论自身的进步,习近平新时代中国特色社会主义思想就是马克思主义在当代中国和21世纪新的理论飞跃,其法治思想是马克思主义法学理论在当代中国的新成果。教材将习近平新时代中国特色社会主义法治思想载入其中,不但推动了马克思主义法理学在新的时代条件下的丰富和创新发展,而且也为整部教材输入了时代鲜血,使其更加进步、开放和年轻。习近平新时代中国特色社会主义及其法治思想不是僵化和教条的,而是建立在对历史的传承批判和对时代的科学把握基础上的,具有先进性、科学性和包容性。教材的马克思主义基调和风格展现出真理之光与时代精神的交会,散发出马克思主义法理学的根本魅力,是坚守与进步的有机统一。

教材不仅在理论立场和方法论上高擎着马克思主义真理旗帜,而且在阐释法理的细节中也传递着真理的厚重与时代的生机,发展着的马克思主义法理学在教材中得到了生动诠释。以第十四章"全球化与世界法律发展"为例,教材首先回顾了马克思和恩格斯在《德意志意识形态》《共产党宣言》中对"世界历史"和"全球一体化"趋势的判断:"各民族的原始封闭状态由于日益完善的生产方式、交往以及因交往而自然形成的不同民族之间的分工消灭得越是彻底,历史也就越是成为世界历史。"[8]"过去那种地方的和民族的自给自足和闭关自守状态,被各民族的各方面的互相往来和各方面的互相依赖所代替了。物质的生产是如此,精神的生产也是如此。"[9]然后,从世界格局和中国发展现状的视角,将全球化背景下的法律发展趋势总结为法律现代化、国际化、全球化、区域化,进而提出了当代全球治理体制变革的核心法理。"推动国际关系民主化、法治化、合理化""推进全球治理格局、治理体制、治理规则变革""构建人类命运共同体"等法理论断,正是马克思世界历史观点与习近平全球治理思维深度融合的成果,既是历史法理被时代证明,又是时代法理被历史推动。同时,教材第二十一章"法的基本价值"在论及"法对秩序的维护作用"时,在原有"维护阶级统治秩序""维护权力运行秩序""维护经济秩序""维护社会生活秩序"之上,又增加了"建立和维护国际政治经济新秩序",再次彰显了全球化时代对秩序的新理解。这样,以国内秩序为宗旨的经典法理就与以全球秩序为需求的时代法理紧密连接起来,释放出法理生生不息的创造力。

(二)古今与中外碰撞迸发法理灵光

第五版《法理学》教材借"法理"之镜窥见到中外法律思想深处的共同基

因,演绎出古今经典学派学说的理性之歌。诸多“法理金句”凝结着人类共同的实践理性、科学思维和价值取向。古罗马西塞罗的“理性一存在就成了法律”[10]与我国宋代朱熹的“法者,天下之理”,[11]不谋而合地道出法与理性的关系,体现了中西方对法之本体论的一致观念。英国伯克所言“所有的政府形式中,只有人民才是真正的立法者”[12]与慎子名言“法非从天下,非从地出,发于人间,合乎人心而已”[13]似心有灵犀,点出了民主立法的价值立场。“天下之事,不难于立法而难于法之必行”[14]与“法律的生命在于实施”[15]均强调了“法的实施”的重要性;“立善法于天下,则天下治;立善法于一国,则一国治”[16]与“法律是治国之重器,良法是善治前提”[17]均凸显了立法在国家治理中的价值。这些穿越时空的格言如翩翩起舞的蝴蝶,飞扬在文字中,字字珠玑、句句铿锵,自然而巧妙地糅合在一起。

教材中许多法理的概括,都是在总结中西方文明发展历史的前提下凝练而得。例如,它专节论述“社会主义法治的核心价值”,将其概括为“以人民为主体”“以公正为生命线”“以和平、发展、公平、正义、民主、自由为全人类共同价值”三方面,正是在考察中西方多元价值观念和价值体系的基础上,去伪存真、权衡利弊、科学论证后的结果。“以人民为主体”,是中国自古以来的“民本思想”与西方近代资产阶级“人民主权思想”的再度升华,彰显出“法治为了人民、依靠人民、造福人民”的社会主义本色。“以公正为生命线”,则超越了“不患寡而患不均”的绝对平等和“人人生而平等”的形式平等,而更加注重公共正义以及个案中伸张正义和保护权益。而“以和平、发展、公平、正义、民主、自由为全人类共同价值”,批判并摒弃了西方“普适价值”(普世价值)论,最大限度上凝聚了实践共识。再如,“法理”的语义分析包含了“法之道理”“法之原理”“法之条理”“法之公理”“法之原则”“法之美德”“法之价值”“法之理据”“法之条件”“法之理论”十个角度,充分展现着古今中外不同的语义和用法,融通了关于法和法治的原理、理论、学说、共同价值。“法理”就是这部教材的一个窗口,透过它,我们也能领略到法理泛在的整本教材中西合璧、古今交融的包容品格。

(三)殊理与原理呼应培育法理成长

与任何以“理”命名的概念一样,法理也是普遍性与特殊性的统一,也就是说，法理体现在不同层次、不同地域的运用中。在不同层次上，有一般性法律原理与部门法特殊性法律原理之分；在不同地域上，有公理、通理和殊理之分。[18]新版教材立足于法理的普遍性和特殊性，既架起了部门法殊理与一般法原理的桥梁，又促进了跨文化公理、通理和殊理的有效沟通。

我们知道，"法律行为"是民法的核心法理之一，德国法学家萨维尼在《当代罗马法体系》中提出了法律行为的"意思学说"，将"法律行为"与"意思表示"相提并论，从而使民法上的法律行为概念带有"意思自由"和"私人自治"的印记。这一在民法中普遍认可的法理，在一般法的意义上却只是一个"殊理"。新版教材在承认民法中"法律行为"之法理地位的同时，又追索至更具有一般化和普遍性的"原理"，即广义上的法律行为，将之解释为"法律意义上的行为"。这样，"法律行为"就成为统合"民法法律行为"和"广义上的法律行为"的一般法理。类似的一般性法理还有：权利行为、法律责任、严格责任原则、制裁等。同时，为了更加突出法理学以"法理"为研究对象，新版教材删除了许多与部门法基础知识重复的部分，比如，关于立法体制和程序的介绍，而强调了立法原则及其关系，真正体现了法理学在法学体系中的统领地位，并借助"法理"保持了与部门法的内在关联性。

此外，新版教材在一定程度上也内涵着公理、通理和殊理的区分。其在"法与人权"一章中将"人权法理"分解为三个阶梯：一是"人权公理"，即"保护人权具有超越个别国界的性质"，保护人权是全球各地的普遍性法理；二是"人权通理"，即"以联合国宪章为核心、以国际人权两个公约为主要载体的国际人权体系"，对大部分主权国家而言，国际人权体系具有共同认可的通理性质；三是"人权殊理"，即各个国家通过国内法对基本权利的保护，各国之间具有一定的特殊性。这样，人权法理就涵盖了具有不同适用范围的法理集合，并使子法理之间的关系也成为重要的法理问题，促进了法理自身的体系化和丰富。

正是法理在不同层次、不同适用范围上的划分，一方面明晰了不同法理之间的界限，克服了模糊性和矛盾性；另一方面则增强了不同法理之间的沟通，使法理之间建立起科学的联系，甚至促进了法理体系的构建。

（四）理论与实践辉映共破法学新题

"知之愈明，则行之愈笃；行之愈笃，则知之益明"。[19]《法理学》教材固然是以理论论题为主要内容的，法理本身也必然以概念或判断的形式表现出来，但是，法理的形成并不纯粹依赖于形式逻辑推演，更多时候得益于实践经验。实践产生理论、检验理论、发展理论，理论指导实践、推动实践、升华实践。[20]新版教材恰到好处地处理了理论与实践的关系，既关注法理之间内在的逻辑严谨性，又尊重实践经验对法理的贡献，实践中具有典型特征的现象、规律、做法为法理成长补充了源源不断的养分和能量。

阅读新版教材最直观的感受是，它为我们凿开了一条近距离看中国法治实践的隧道，而钻过这条隧道就是生动有趣的法治细节和独具特色的实践逻辑。经济社会中风起云涌的新实践影响着传统法理的变革更新，教材触及了理论与实践的前沿热点，如第二十四章“法治与经济和科技”中指出的人工辅助生殖技术对婚姻家庭法理的变革、人工智能对社会治理法理的挑战、人工智能对法律方法的创新等。当然，新版教材着墨更多的是法治实践中的法理逻辑阐释，既论证了实践的科学有效性，又激发出理论新的增长点。例如，教材第二十六章对“中国特色社会主义法治道路的核心要义”的概括和阐释，既是对历史经验和现实选择的沉淀，又是对我国社会主义民主政治制度的逻辑推演，还展现出“坚持党的领导”“坚持中国特色社会主义制度”“贯彻中国特色社会主义法治理论”三者在法理上的有机统一。此章对“中国特色社会主义法治体系”之内涵、“依法治国、依法执政、依法行政”之关系、“法治国家、法治政府、法治社会一体建设”之意义的阐释，都是当代中国法治实践的精致法理表达。

新版教材最可贵之处在于，它对当代中国法治实践的吸收不是照抄照搬，不是毫无选择的移植，而是在深厚的理论沃土中对实践的境界提升、体系升华、话语转换，是在饱满的法理逻辑脉络下对经验碎片的科学化、系统化、成熟化。与摸着石头过河的中国特色社会主义法治实践探索一样，法治理论的构建和法理的凝练同样艰辛。新版教材的编者不畏艰险、迎难而上，立足实践、面向实际，把握国情、纵览文献，辛勤培育出新时代法理之花，为中国法理之春带来了希望。我们可以枚举的还有很多，如“奉法强国”“科学立法、严格执法、公正司法、全民守法”“全面依法治国”“依法治国与以德治国相统一”“依法治国与依规治党相统一”“依法治国首先是依宪治国，依法执政首先是依宪执政”“以人民为中心、以公正为生命线、以全人类共同价值为依归的社会主义法治价值体系”“生存权和发展权是首要的基本人权”“人权得到切实保障、产权得到有效保护”“让人民群众在每一个司法案件中感受到公平正义”“统筹推进国内法治和国际法治”等。阅读这版教材,就是在细数中国法治走过的脚印,就是在追忆中国法学成长的点滴,这些法理传递的不仅仅是法学的基本原理和领袖的真知灼见,还有中国法学家的学术情怀和担当。

三、教学高地,博采众长凝共识

教材的生命在教学,学生是教材全部价值的归宿。一部教材如果不能在教学实践中转化为学生的科学思维,就如没有实效的立法、没有心跳的身体、没有指针的闹钟一样。在影响教学的诸多因素中,教材本身的内容、体例和设计是很重要的方面,编者既要科学把握教学的客观规律,使教材符合人们基本的认知规律和学科要求,又要精准参透学生的实际需求,在教材与学生之间建立起良性互动关系。本次教材修订,是在深入分析建国以来法理学教材的变革历史、广泛调研各高校法理学教学实践、多方面征集师生课堂教学意见的背景下启动的。因而,新版教材是一次以需求为导向、以教学为中心的新尝试,是一次博采众长、广聚共识的新动态,必将引发法理学课堂的新趋势。

(一)经验与成果互鉴优化资源配置

新版教材以思想、理论和体例互鉴为指向,融合了国内外口碑较好的法理学专业教材的优势,包容性更广、开放性更强、更具亲和力。首先,它坚守了马克思主义根本立场和法学方法,保持了教材正确的理论方向和鲜明品格,是“马工程”法理学教材的姊妹篇。教材不但借鉴了“马工程”教材中关于法的本质、马克思主义法理学的历史及其中国化的论述,而且与“马工程”教材一样,更注重使用马克思主义方法阐释和分析法理,马克思主义经典作家是教材的关键词,马克思主义法理是教材的思想依托。

其次,它传承了老一辈法学家改革开放新时期主编的若干经典教材中对“中国问题”“中国意识”“中国理论”的关切。无论是孙国华先生主编的《法学基础理论》,[21]还是沈宗灵先生主编的《法理学》,[22]都以高度的理论自觉和学术担当聚焦中国问题、追问中国实践,从而积淀下社会主义法制与当代中国法理精粹。新版教材同样不忘初心,观照中国法体系和法实践,提炼中国法范畴和法原理,阐释中国法历史和法秩序,将当代中国和当下的事作为教材编写的原点和归宿。

再次,它在吸收国内各高校授课教材亮点的基础上,尽可能地凝聚了共识。本教材编写组成员来自全国各主要法学院校,融合了国内高校法理学教学及教材的精彩内容和特色。“法学与法理学导论”“马克思主义法理学形成和发展”“法的本体(或概念)论”“法的价值论”“法的方法论(或认识论)”“法与社会”等,是国内法理学教材的最大公约数,也是法理学学界共同的理论结晶,这些均在新版教材中得到了传承和深化。例如,教材有关中国特色社会主义法治道路的理论概括、中国法治发展过程及其特点的阐述,参考了孙国华、朱景文主编的《法理学》,[23]再如,有关法学基本概念的分析,吸收了李步云《论法理》[24]一书中的某些观点和方法。此次教材修订篆刻下法理学界凝心聚智、群策群力的优良学风,展示出21世纪法理学蓬勃向上、生生不息的理论生命,编者们的丰富经验和可贵创新为教材提供了源源不断的思想能量。

又次,它从内容、逻辑和方法上汲取了西方法理学/法哲学经典教材的经验,吸纳了在法理学教学中得到好评的国外教材精华。法学研究中的语义分析方法之运用、法学体系之解析、“权利义务”“法律行为”“法律责任”等概念之阐释、“法律发现”“法律推理”“法律论证”等法律方法之评介、“法律与科技”“法律与文化”等法律外部性问题的论述,分别借鉴了西方有关法理学教材及论著,诸如博登海默《法理学:法律哲学和法律方法》、[25]考夫曼和哈斯默尔主编《当代法哲学和法律理论导论》、[26]魏德士《法理学》、[27]庞德《法理学》、[28]比克斯《法理学:语境与语境》、[29]贝勒斯《法律的原则:一个规范的分析》、[30]凯尔森《法与国家的一般理论》、[31]哈特《法律的概念》、[32]德沃金《认真对待权利》、[33]富勒《法律的道德性》、[34]拉兹《法律的权威》[35]等的研究成果。

最后,在体例上,新版教材在体系和框架不作大改的情况下,借鉴了一些新颖的编排体例。例如,由原来的目录改为细目,参考了李龙主编《法理学》、[36]葛洪义主编《法律方法论》、[37]穗积重远《法理学大纲》[38]等样式;每章加入题注的创新，借鉴了拉德布鲁赫《法哲学》、[39]魏德士《法理学》[40]等的形式；各编导语、各章引语、小结、课后参考题等，则博采了张文显主编的司法部规划教材《法理学》、[41]郑成良主编《法理学》、[42]徐显明主编《法理学原理》、[43]劳埃德《法理学》[44]等的优长；设置详细的关键词索引和人名索引，则主要学习了包括《牛津法理学与法哲学手册》[45]在内的国外教材的惯例等。

（二）基础与前沿合体顺应科学规律

法理学作为法学学科体系的统领者，不能仅停留于"法学基础"的低空飞行，但也不能建成高耸入云、难以攀登的高山，如何把握基础与前沿的关系，使法理学知识体系由浅入深，使法理学教学由易入难，而结束法学导论和法理学进阶分而治之的局面，是此次教材修订的要点和亮点。

从宏观上看，全书共六编，次序为"法理学导论""法理学基本概念""法的起源和发展""法的运行""法的价值""法治与经济社会发展"，主题从法学、法律到法治，从细节到宏观，从静态到动态，理论难度循序渐进、由简入繁。具体而言，"法理学导论"确立了"认识法的视角"，"法理学基本概念"概要了"法的家族成员"，"法的起源和发展"回答了"法从何而来，到何而去"，它们对应的是"法之知"；"法的运行"对应"法之行"；"法的价值"对应"法之善"；"法治与经济社会发展"对应"法之治"。"法之知""法之行""法之善"的统一就是"法之治"。从微观上看，以第十六章"法的实施"为例，二级标题从概述到具体、从宪法实施到守法，三级标题从概念、意义到原则，四级标题则遵循法理展开的逻辑。而大多数章节也延续了这一规律，从概述到原则、再到法理阐释，认识从感性逐步上升至理性。有秩序、有逻辑、有条理的编排方案，既符合学生的学习规律和认知习惯，又有助于养成严谨的治学作风和法理的问学思路，使学生在本科阶段就接受到严格的学术训练。

高质量的教材必须具有鲜明的理论观点、丰富的思想含量、较高的学术品味，贴近学生、贴近时代，贴近生活，对学生具有说服力、吸引力和亲和力，并能够激发学生的学习动力和兴趣。[46]为避免与部门法学基础知识重复，并且突出法理学的特色，教材大量删减了知识性论述，更加靠拢"法理"、回归根本。鉴于统编教材的特殊性，新版教材依然以凝聚共识为主，对未达成共识、存在争议、需要理论论证和实践检验的法理,并没有纳入其中。如此安排,使法理学教材"以法理为中心主题"彰显学科本质,平衡了法学入门与法理巅峰之悬殊的角色定位;使法理学学习有灵活空间,保证了知识记忆与思维深化的功能统一。例如,相较于教材第四版,在"法的制定""法的实施"两章,本版删去了与立法法、行政法、诉讼法等部门法学科重叠的知识内容,而是更加强调了对概念范畴的理解、对法律运行原则的论证、对宪法法律权威的阐释,"法理"色彩更加浓厚。再如,在第六编有关法治与经济、政治、文化、社会的论述中,大量删减了前几版关于经济、政治、文化、社会本身的论述,而着重论述法治与经济(特别是市场经济)、政治(特别是民主政治)、文化(特别是当代中国文化)、社会(特别是和谐社会和社会治理)之间内在的关联性和相互作用。此外,从章后思考题的设置上,教材也注重由易入难、由浅入深,由知性认识向理性认识不断深化,体现了基础学习与法理思考的辩证统一。以第十二章"法的历史"为例,前两道思考题的提问方式为"是什么",〔47〕考察学生的法理学问题意识;后两道则以"如何理解"〔48〕"阐述其中法理"〔49〕为提问方式,引导学生广泛阅读、深入思考、领悟法理。于是,基础知识与前沿论题在文字中的完美交融,让教材既平易近人又底蕴深厚,前者架构法理之梁柱,后者散射法理之灵光。

(三)教与学相长契合多样化需求

新版教材适应了不同讲课风格老师的要求,既可以拉近焦距展开前沿式研讨,又可以全景式连拍做谱系性讲授。教材每一章都不乏前沿性法理学论题,比如,"法的本质""法与道德""权利法理""权利推理""法治改革""全球法治""宪法实施""数据处理""人权""法治与国家治理""法律与科技""法治中国"等,教师可以结合科研前沿动态延伸对这些论题的法理学讨论,提升课堂的学术性和个性。同时,教材几乎全面覆盖了法理学理论板块和体系,包容了不同国家和法学流派的基本理论要点,课时较少或经验不足的教师只要贴进教材就能完满实现授课目标,并通过教材不断积累教学经验。从理论框架来看,教材包含了法学、法律、法治、法理四个理论要素,也涵盖了法的本体论、认识论、方法论、价值论、实践论等理论基地;从知识谱系来看,教材将法的概念、原理、逻辑、体系融贯为一体,又将数据、案例、法条、阐释、论证建构为整体;疏而不漏的理论和知识格局为青年教师提供了积累教学经验的阶梯。因而,本教材能屈能伸、可深可浅,在保证普适性最大化的基础上,又符合了不同教学目标的要求,实现了共性与个性的统一。

新版教材满足了不同学习阶段学生的需求,集合了"知识宝库""阅读索引""科研指南"三种角色。第一,它为初入法学之门的本科生准备了丰盛的法学大餐。它从法学、法律、法治、法理四大板块切入,全面覆盖了法学理论的领地,是对法学知识体系和理论体系的鸟瞰,为进入任何其他法学二级学科提供了科学路径和思维方式。它站在马克思主义法学的立场上,言百家之言,汇各家学说,给了初学者以法学最开阔的视野、最富有的资源、最多元的思考。第二,这本教材的参考文献同样也是最佳的阅读导航。它分为马克思主义经典论述、中国古代和近代经典文献、其他参考文献三个部分,为深入的阅读与学习准备了充分的素材。其中,其他参考文献部分又根据教材体例区分了一般参考文献、分编参考文献和部门法哲学参考文献,满足了不同的阅读需求,是打开法理幽径的密匙。第三,它为法理学研究生的研究充当了科研指南。对术业有专攻的法理学专业的硕博研究生而言,教材中各章节所阐释的法理、所引用的格言,既是研究的起点,也是研究的线索,有助于研究者顺藤摸瓜进行扩展或批判研究。此外,作为国家统一法律职业资格考试的指定参考教材,它保持了教材本身的权威性和适应性,成为学生自学和考试的必读教材。

新版教材的写作汇聚了国内法理学专业的著名教授,多名曾获得"全国杰出中青年法学家"称号,他们的学术造诣精深,研究硕果累累,教学成果斐然,桃李满天下。一流的写作队伍保证了一流的理论水平和教材质量,同时也传递出一流的法学思维和教学经验,强强联合的写作阵容必将激起法理学教育的新高潮。为保证教材编写的高效和有序,本次修订还专门组建了以主编为统领、以优秀青年学者为主体的统稿小组协助主编统稿,发挥了高校青年教师创新开放的优势,实现了编写形式和内容上的双赢。

四、学问至境,融会贯通焕生气

教材是一门学问的开始,法理学教材不是普通的法学教科书,它扮演着法学本科生的学问启蒙角色。正是在法理学教材的指引下,学生们实现了从全科教育到专业教育的转变;也正是在这门教材的陪伴中,学生们与法学结下了不解之缘。于是,一部成功的法理学教材不能是乏味的普法指南,也不能是高深的理论著作,而应该成为法学的思维导图、法理的漫游笔记和思想的艺术素描。把思维、思考、思想注入法学,让求真、向善、审美与法理相依,是本次教材修订的用心之处。

(一)对象与思维相称挥就法理格局

法学的研究对象有法律、法治、法理三种,法律是法的静态形式,法治是法的动态过程,法理是法的内在理性。与这三种对象相应,也就产生了三种思维,即规则模式的法律思维、依法而治的法治思维和良法善治的法理思维。它们相互联系、有机统一、依次递进,是法的逻辑谱系,也是衡量法学理论素养的标准。思维要靠概念表达和支撑,教材正涵盖了法律、法治和法理三套概念系统。其中,法律概念涉及第二编、第三编和第五编,分别从范畴、历史、价值层面静观法律;法治概念涉及第四编和第六编,分别从法的运行、法与社会的关系角度考察法治;法理则穿梭各编中间,并未单独成章成编,这与法理本身的泛在性有关。这样,新版教材就以概念的形式完整呈现了法的思维图景。这三种思维、三种概念、三种对象的一一对称,是法学学科大厦特有的结构,也是每一个法律人安身立命之本。

教材第十九章“法律方法”集中体现了法律思维要义,如何将法律渊源中的权利义务发现出来,并通过解释、推理、论证落实为具体的权利义务分配(最明显的标志是裁判),是这一章的主题,也是法律思维的主体。同时,教材第一编对“法的渊源”“法律体系”“法的要素”“权利和义务”“法律行为”“法律关系”“法律责任”等法学基本概念和范畴的论述,都是法律思维的载体和零件,它们的排列组合共同传递着一个法律人对“能够做什么、可以做什么、不能做什么、禁止做什么”的规则模式的思考。

“法的制定”“法的实施”“法律程序”三章则侧重法治思维。将“宪法实施”增添至“法的实施”一章,深化了对宪法权威的理解,夯实了法治思维的根基。守程序是法治之始,程序思维是法治思维的重要组成,“程序正义”的法理阐释有助于强化法治思维,其内涵的对人之主体性的尊重也是法理思维的一个表征。教材第六编以法治为核心法理，更是以法治思维为旨归，论证法治在社会各领域和国家建设中的价值，就是张扬法治、培养法治思维。

以权利为本位的“权利思维”是法理思维的重心，也是新版教材的“显性特征”之一。从宏观上看，作为法的基本价值之一的“人权价值”单独成章，突出了权利的重要地位；从微观上看，权利义务均是法的基本范畴，但教材在论述二者关系时，特别指出了权利在当代社会中具有价值上的主导性，强调“权利是第一性的，义务是第二性的”，这也是权利思维的一个显现。同时，在“法律推理”中，新版教材加入了“权利推理”，在以法律思维为主体的推理中植入法理要素，使推理具有良法善治的合目的性，具有浓厚的法理思维韵味。当然，法理思维还蕴含于每一条法理之内，存在于教材的整体脉络之中。

法律、法治、法理三种思维，从逻辑上推演出法学认识渐次深入的三层格局，法律思维是知性认识，法治思维是实践理性，法理思维是判断力。同时，三种思维也打开了学问的三重境界，法律思维是求真（何者是法），法治思维是尚善（法有何能），法理思维是审美（法何以为法）。“法”在思维上的三位一体，本质上是“人与法”之关系的三种向度，即法为人所知，法为人所用，法为人所爱。

（二）观照与反思相栖锤炼科学品质

法学之科学性并不是一种自然主义的馈赠，而是法理自身的品质与属性。“法律是人类最伟大的发明。别的发明让人类学会驾驭自然，而法律的发明则令人类学会如何驾驭自己。”[50]美国第三十六任总统约翰逊的这句话道出了法学的科学秘密，即回归法理以达致科学。法理是人对自己驾驭，是人用理性认识法又用理性批判他的认识的统一，是观照与反思的综合。观照是对存在之合理性的解读和怜悯，反思是对存在之正当性的追问和批判，前者需要“一览众山小”的眼光，后者需要“世事洞明”的智慧。正是观照与反思的如切如磋、如琢如磨锤炼出法理的科学韧性，正是归纳与批判的兼容铸造了一部经典教材。

观照并不是写实，而是要在事实之“势”中求“理”。感性观之，教材写实之处居多，起先的便是历史之实，法学的历史、马克思主义法理学的历史、历史上的权利义务观、法的起源等。但历史的描写并不是印象派，而是以“法理”为喻体：中西方法学的历史隐藏着“法学范式”的转变，马克思主义法理学的发展蕴含着“实践改变逻辑”的哲学观，权利义务观的演化展现的是“何者本位”的法理沉思，法的起源证立了历史唯物主义的法哲学立场等。另外还有经验性写实，如法学教育的现状。经验的梳理同样不是盘点，而是“先言他物以引起所咏之辞”，即以“法理”为目的：由大量数据支撑的我国法学教育之现状是表明“法学教育大国要向法学教育强国转型”。观照是对过去经验的新综合，其目的并不在于积累证据以求得真相，而是凭借质料以证所思，即“以实证理”。

与之相应，反思追问也不是简单的否定，而是要在怀疑的“尽头”寻找“出路”。反思和追问是法理思维的特征，通过追问，发现更深层次的东西，一种我们还没有认识到的、处于朦胧状态的因素；通过追问，发现既有法理的内在矛盾，并加以修正。[51]一个概念、一个命题、一条原理，要经过思辨，经受批判，接受检验，才能够坚不可摧，屹立不倒。[52]法理泛在的新版教材处处闪现反思精神，比如，对中国当代法学体系缺乏全球化思维的反思、对“党大还是法大”伪命题的反思、对“要人治还是要法治”的反思、对“以人类为中心”的生态观的反思、对“司法独立”“三权分立”的反思、对“法的效果大于法的安定性”的反思等。正是在这些反思的基础上，法理才得到了科学性证成和批判性创新，法理才愈发分享真理的光芒。

观照与反思的融贯整一契合了“法理的真实”，刻画了经验与理性的互动，体现了法理学的实证性和批判性特征，体现了本体论、认识论和价值论的统一。[53]这正是良法善治的本质，也是法学以人为本、法律以人为归、法治以人为的、法理以人为心的内在要求。观照与反思不但提供了法理学研究的科学方法，而且找到了法理学的科学之途，即以法理为中心主题和研究对象。

（三）思想与修辞相印寄寓审美情趣

思想与修辞的关系，就像是灵魂与肉体的关系一样，是思想让修辞有了生命，是修辞让思想富有激情。如果说思想离开了修辞就不能存在，那么修辞没了思想也就丧失了价值。新版教材数十万字所流露的，正是法理之思与法言之词的绝配，它们天衣无缝的合作，道出的是中国法治动人心弦的法理秘密，写下的是中国法学家勤于治学的款款深情。

思想与修辞的完美结合在教材中体现为三个层次：

一是法理表达的精准练达、有力有气。比如，“法律不是僵死的教条，不是神坛的经卷；守法不是对法条的熟诵，也不是对法典的供奉”。“任何人都不难想象，假如一个法律制度有着值得称许的理想和目的，却毫无权威性可言，经常对藐视法律的行为无可奈何……那么，所有美好的理想和目的就都会成为这个法律制度的‘不堪承载之重’。”“法外空间”“数据拜物教”“法的渊源将成为有血有肉的法学专门术语”等。这些修辞切中法理或概念要害，生动地展现出法理之生命气息，表达了对思想最崇高的敬意。

二是教材编排思路，导语，题记，引言、正文、小结的秩序之美。新版教材最养眼之处就是每一编都有导语，每一章都有题记和引言，这样的设计是为了凸显题记这一“法理之眼”，以增强全书的可读性和吸引力。导语和引言同样是法理的精粹，清新的文字与丰满的法理编织在一起，言恰达意，意尽于言，唤起的不仅是读者“知”的冲动，而且也深触读者内心，让其产生“懂”的意境，而这正是学问之至境。而小结则妙笔生花归纳全章精义，画龙点睛透射法理真谛。

三是教材本身的论证结构与中国法理思想的完美结合。中国法理之魂在“良法善治”，而良法是内容之良、形式之良、程序之良、关系之良的综合，善治是目的之善、手段之善、状态之善的统一。而这一兼容并包、不偏不倚、和谐共存的思想，也恰恰藏匿在教材体例这一宏观“修辞”的匠心独运之中。第二编“法理学的基本概念”体现形式之良，第五编“法的价值”体现内容之良，第四编“法的运行”体现程序之良，第六编“法治与经济社会发展”体现关系之良；而构成教材的理论板块，“法理”体现目的之善，“法律”体现手段之善，“法治”体现状态之善。这样的体例和理论组合本身，恰是“良法善治”的修辞化再现。这样的巧合并非偶然，而是透露出以编者为代表的中国法理学家，以及以中国法理学家为引领的中国法学家共同体，所具有的胸怀天下、和而不同的文化底蕴。

结　语

这便是迎着六月骄阳而诞生的第五版《法理学》教材，“双子座”的双重性格也极巧妙地衬托出这部教材的特质,即兼容并蓄、博采众长、海纳百川、和谐共生。它吸收了古今中外、法理内外的学术精华,汲取了过去、现在、未来的时代灵气,荟萃了天涯海北、四面八方法学精英的智慧,满足了教、学、试的多元需求,弹奏出法、思、理、学、辞五弦共振的法理学金曲。"天高任鸟飞,海阔凭鱼跃",法理的科学之灯已点亮,只等莘莘学子萤窗万卷写青春,法理学的问学之路已铺就,只待汗水与激情共同挥笔来逐梦。幸运的是,我们在一个朝气蓬勃的时代,又恰逢挥斥方遒的最好年华,与这样一部淬砺致臻的法理学教材不期而遇。可盼的是,这部清新法理学教材会伴着法治中国的节拍,弹奏起法理中国的启蒙之歌,而中国法理学也将在良法善治的实践中,开启一个更加美好的未来!

注　释

*　郭晔,中国政法大学讲师,法学博士。

本文原载《当代法学》2018 年第 4 期。

〔1〕 人们对法理学研究对象的看法不一而足,或为"法律规则背后的原则",或为"法律理念",或为"法律或法律体系的渊源、本质、目的、效果"等。See John Burke, Jowitts Dictionary of English Law, Sweet and Maxwell, 1977, p. 1035; L. B. Curzon, A Dictionary of La w, Macdonald And Evans, 1983, p. 203.; Willian P. Statsky, Legal Thesaurus/Dictionary, West Publishing Company, 1985, p. 439. 或为"包含在一般法中的普遍问题和根本问题",或为"所有法律制度中的一般问题、原理、原则和制度",或为"法的现象运动的普遍性规律和最一般的宏观问题"等。参见张文显主编:《马克思主义法理学——理论、方法和前沿》,高等教育出版社 2003 年版,第 4 页;舒国滢主编:《法理学》,北京大学出版社 2006 年版,第 12 页;公丕祥主编:《法理学》,复旦大学出版社 2002 年版,第 6 页。

〔2〕 沈宗灵主编:《法理学》,高等教育出版社 1994 年版。

〔3〕 关于"法教义学"与"社科法学"的争论,参见苏力:《也许正在发生——中国当代法学发展的一个概览》,载《比较法研究》2001 年第 3 期;王启梁:《中国需要社科法学吗》,载《光明日报》2014 年 8 月 13 日,第 16 版;尤陈俊:《不在场的在场:社科法学和法教义学之争的背后》,载《光明日报》2014 年 8 月 13 日,第 16 版;雷磊:《什么是我们所认同的法教义学》,载《光明日报》2014 年 8 月 13 日,第 16 版。

〔4〕 张文显:《法理:法理学的中心主题和法学的共同关注》,载《清华法学》2017 年第 4 期。

〔5〕 张文显:《法理:法理学的中心主题和法学的共同关注》,载《清华法学》2017 年第 4 期。

〔6〕 “法理存在者”就是法理学教材和研究中的概念、命题、论述等;而“法理存在”就是这些“法理存在者”所承载着的“法理”。“法理存在者”也被有些学者称为“法理载体”,概念、格言、法谚、命题、论述等都是承载着法理的载体,但不是法理本身,因而如何从这些载体中发现法理,就显得尤为重要。(相关讨论参见丰霏:《如何发现法理》,载《法制与社会发展》2018 年第 2 期。)从“法理存在者”向“法理存在”的转变,不仅是一个术语的简单转换,而且体现了“法理”的自觉,既是转型,也是升级。

〔7〕 《马克思恩格斯选集》(第 4 卷),人民出版社 2012 年版,第 664 页。

〔8〕 《马克思恩格斯选集》(第 1 卷),人民出版社 2012 年版,第 168 页。

〔9〕 《马克思恩格斯选集》(第 1 卷),人民出版社 2012 年版,第 404 页。

〔10〕 [古罗马]西赛罗:《国家篇 法律篇》,沈叔平、苏力译,商务印书馆 1999 年版,第 180 页。

〔11〕 《朱子大全·学校贡举私议》。

〔12〕 [英]埃德蒙·伯克:《自由与传统》,蒋庆等译,商务印书馆 2001 年版,第 283 页。

〔13〕 《慎子·逸文》。

〔14〕 (明)张居正:《请稽查章奏随事考成以修实政疏》。

〔15〕 习近平:《在十八届中央政治局第四次集体学习时的讲话》(2013 年 2 月 23 日),载中共中央文献研究室:《习近平关于全面依法治国论述摘编》,中央文献出版社 2015 年版,第 57 页。

〔16〕 (宋)王安石:《临川先生文集》,中华书局 1959 年版,第 678 页。

〔17〕 《中共中央关于全面推进依法治国若干重大问题的决定》,载《人民日报》2014 年 10 月 29 日,第 1 版。

〔18〕 李晓辉:《论法理的普遍性:法之“公理”、“通理”与“殊理”》,载《法制与社会发展》2018 年第 3 期。

〔19〕 (宋)朱熹:《朱子语类》(卷十四)。

〔20〕 张文显:《法学教育中的科学研究》,载张文显:《张文显法学文选》(卷十·法学教育),法律出版社 2011 年版,第 108 页。

〔21〕 孙国华主编:《法学基础理论》,法律出版社 1982 年版。

〔22〕 沈宗灵主编:《法理学》,高等教育出版社 1994 年版。

〔23〕 孙国华、朱景文主编:《法理学》(第四版),中国人民大学出版社 2015 年版。

〔24〕 李步云:《论法理》,社会科学文献出版社 2013 年版。

〔25〕 [美]E. 博登海默:《法理学:法律哲学与法律方法》,邓正来译,中国政法大学出版社 1999 年版。

〔26〕 [德]考夫曼、哈斯默尔主编:《当代法哲学和法律理论导论》,郑永流译,法律出版 2002

年版。

〔27〕 [德]伯恩·魏德士:《法理学》,丁晓春、吴越译,法律出版社2005年版。

〔28〕 [美]罗斯科·庞德:《通过法律的社会控制》,沈宗灵译,商务印书馆2010年版。

〔29〕 [美]布赖恩·比克斯:《法理学:理论与语境》,邱昭继译,法律出版社2008年版。

〔30〕 [美]贝勒斯:《法律的原则:一个规范的分析》,张文显等译,中国大百科全书出版社1996年版。

〔31〕 [奥]凯尔森:《法与国家的一般理论》,沈宗灵译,中国大百科全书出版社1996年版。

〔32〕 [英]哈特:《法律的概念》,张文显等译,中国大百科全书出版社1996年版。

〔33〕 [美]德沃金:《认真对待权利》,信春鹰等译,中国大百科全书出版社1998年版。

〔34〕 [美]富勒:《法律的道德性》,郑戈译,商务印书馆2005年版。

〔35〕 [英]约瑟夫·拉兹:《法律的权威》,朱峰译,法律出版社2005年版。

〔36〕 李龙主编:《法理学》,武汉大学出版社2011年版。

〔37〕 葛洪义主编:《法律方法论》,人民大学出版社2013年版。

〔38〕 [日]穗积重远:《法理学大纲》,李鹤鸣译,魏琼勘校,中国政法大学出版社2005年版。

〔39〕 [德]古斯塔夫·拉德布鲁赫:《法哲学》,王朴译,法律出版社2013年版。

〔40〕 [德]伯恩·魏德士:《法理学》,丁晓春、吴越译,法律出版社2005年版。

〔41〕 张文显主编:《法理学》(第3版),法律出版社2007年版。

〔42〕 郑成良主编:《法理学》,高等教育出版社2012年版。

〔43〕 徐显明主编:《法理学原理》,中国政法大学出版社2009年版。

〔44〕 [英]丹尼斯·劳埃德:《法理学》,许章润译,法律出版社2007年版。

〔45〕 Jules Coleman, Scott Shapiro, *The Oxford Handbook of Jurisprudence & Philosophy of Law*, Oxford University Press, 2004. 中译本参见[美]朱尔斯·科尔曼、斯科特·夏皮罗主编:《牛津法理学与法哲学手册》(套装上下册),杜宴林、朱振、韦洪发等译,上海三联书店2017年版。

〔46〕 张文显:《用发展着的马克思主义指导哲学社会科学教材建设》,载《求是》2004年第23期。

〔47〕 分别是"法的起源的一般规律是什么""法与原始习惯的区别是什么"。

〔48〕 即"如何理解中国社会主义法律制度的本质和特征"。

〔49〕 即"'法律是人类最伟大的发明。别的发明让人类学会驾驭自然,而法律的发明则令人类学会如何驾驭自己。'请结合本章内容,阐述其中法理"。

〔50〕 Lyndon B. Johnson, "Remarks to the Delegates to the Conference on World Peace Through Law" (September 16, 1965), in Gerhard Peters and John T. Woolley, The American Presidency Project., http://www.presidency.ucsb.edu/ws/?pid=27259.

〔51〕 张文显:《法理:法理学的中心主题和法学的共同关注》,载《清华法学》2017 年第 4 期。

〔52〕 邱本:《如何提炼法理》,载《法制与社会发展》2018 年第 1 期。

〔53〕 张文显:《命题与核心思想——〈法哲学通论〉题注之诠释》,载张文显:《张文显法学文选》(卷一),法律出版社 2011 年版,第 60 页。

丰　霏

以学习为中心，打造教学相长新格局*

——如何用好《法理学》第五版教材

| 提　要 |

由张文显教授主编、高等教育出版社出版的《法理学》（第五版）是新时代首版国家重点《法理学》教材。用好这部教材，实现教学相长，主讲教师需要在把握法理学基本定位的基础上，以“法理”为中心主题，重点讲授法理学的基本范畴，悉心刻画法理学的时空维度，注重以法理学与法律学相结合的方式、通过多元素材展现与诠释法理，利用参考文献开拓学生的理论视野，借助思考题激发学生的问题意识，着力培养学生的法律思维、法治思维和法理思维。

| 关键词 |

法理　法理学教材　法理思维　教学相长

教材的生命在教学，教学之道也是教材之归。法理学教学之道绝不是一个虚构的神话，不是在课堂上照本宣科，而是要"以学习为中心"，激发师生互动共进的活力，打造教学相长的格局。以学习为中心，就是要更加注重教师与学生的主体性，让他们成为教材共同的主人；就是要特别强调教师与学生的沟通，让教与学在对话中实现共鸣；就是要有力推进教师与学生的协作，让教与学在融合中塑成。"以学习为中心"是新时代教学理念的发展创新，也为教材改版树立了新航标，指明了"好学善用"的价值方向，回归了"教学相长"的教育归宿。

因而，一部好教材就是"好学"与"善用"的统一，只有"好学"才能有生机，只有"善用"才是硬道理。近二十年来，伴随着我国法理学教学实践的进步，国家精品教材高教版《法理学》四次修改，教材以其完整的知识内容、精当的法理表达、严密的逻辑体系、前沿的问题导向、科学的谋篇布局，赢得了一线教师极佳的好评，博得了学生们由衷的青睐，是"好学"与"善用"的合题。依托这部教材，教与学共享的学问空间日益拓展，教与学共进的成长思路无限延伸。迎着新时代春风而诞生的第五版《法理学》教材，必须契合"以学习为中心"的教育理念，必须回答"如何用好法理学教材"的教学课题，才能在教与学的同频共振中焕发出时代光彩。在近二十年的时间里，教材的教师与学习者已经获得或正在经历着对这部教材"好学"与"善用"的体认。个人的教学经验与口耳相传的教学智慧汇聚在一起，形成了一系列关于如何用好这部教材的法门要义与技术路线。值此《法理学》第五版出版之际，借鉴前辈和同代教学经验，结合本教材的高远立意与鲜明特征，试从十个方面谈谈如何用好这本教材的认识，以期与法理学教学同行交流互鉴。

一、以共识为传统，深度把握法理学的基本定位

法理学的基本定位是学习者所接触的第一个法理学知识点，同时也构成了法理学教学的起点。"法理学是法学的一般理论、基础理论、方法论和意识形态。"这一有关法理学基本定位的表述，即使是初学者也能耳熟能详地道出。这一简明扼要的定位曾经并仍然指引着法理学教材的丰富完善和法理学学科的科学发展。然而，若是仅仅满足于让学生们记诵这一表述，则容易犯下教条

主义的错误。事实上，正是对法理学基本定位的反思与深度把握，推动了当下中国法理学的转型升级，促生了高教版《法理学》第五版的新境界。《法理学》第五版在坚持法理学基本定位的前提下，在具体论述方面进行了革新与深化。例如，教材指出，法理学之所以是法学的一般理论，乃在于它“从宏观的、整体的角度来研究法律现象”“思考和研究法律现象的一般性、普遍性问题”“由于法理学研究法的一般性问题，很多法学家直接称法理学为‘法的一般理论’”“法理学的理论之所以具有基础性，不仅因为它们是关于法的根本性、普遍性问题的理论，还因为它们是一定时代的法的精神、理念的表达”。正是以对法理学定位的深度把握为起点，《法理学》第五版教材重新回答了“法理学在法学体系中是个什么样的理论？具有什么样的地位与作用?”进而提出了“法理学的研究对象是‘法理’”的有力论断，开启了法理学教材转型升级的前途。所以，用好这部教材，自然也要深度把握法理学基本定位的新内涵。

二、以时代为关切，讲好马克思主义法理学新飞跃

马克思主义法学思想与中国法治建设实践和中国传统法律文化相结合，产生了中国化的马克思主义法理学理论，并经历了三次伟大飞跃。第三次伟大飞跃中形成的习近平法治思想是中国特色社会主义法治理论体系的内核，是中国特色社会主义法学理论体系的重要组成部分。精准、系统、全面地将习近平新时代中国特色社会主义思想特别是其中的法治思想全面融入教材之中，充分体现中共十八大以来中国特色社会主义法治理论的最新成果和法治建设的最新经验，是贯穿《法理学》第五版始终的一条主线。要用好这部教材，就要紧紧抓住这根主线，向学生们精准传授使其牢固树立马克思主义法理学的根本立场，特别是要立足新时代，阐释好习近平法治思想。马克思主义法理学中国化的实践进程和理论成果遍布教材各个章节，在教材中发现提炼并向学生们准确阐释我国在全面依法治国、建设法治中国、推进国家治理现代化的伟大实践中所提出的新理念、新概念、新判断、新命题、新观点、新思想，是培养合格法律人才的基本要求。

三、以法理为中心，深刻认识新版教材的精义和逻辑

新版法理学“以法理为中心主题”，推动了中国法理学的转型升级。教材

开创性地廓清了法理的语义与意义，使"法理"贯通全书，"在内容上彰显法理泛在、在表达上呈现法理思维、在说理上遵从法理依据、在编排上推进法理传播，力争实现法理学理论体系、知识体系和话语体系'以法理为中心'的转型升级"。[1]因此，用好这部教材，关键是要把握好教材第二章第二节"法理学的研究对象"的内容，依托教材讲清楚"什么是法理?"以及法理的意义、功能与载体形式，感召学生对"法理"这一纯正中国本土概念的理论热情，引导学生对"法理泛在"的智慧体悟。除此之外，要特别注重引导学生在教材的篇目安排、题记选摘、论理表述、考题设计等方面发现法理，对教材中的法理元素进行还原分析，在有关法理的词语、概念、谚语、格言、命题、论述、判例、案例、故事、法条等载体形式中进行法理淘宝，把能否发现教材中的法理元素、能否记诵理解法理金句的准确意涵、能否借助法理表述精当阐发理论观点、能否运用法理思维解析法律现象，作为法理学的教学目标和判断教学效果的主要标准。诚然，教学资源总是有限的，在有限的教材篇幅与教学课时之下，坚持以"法理"为中心就要求我们将主要的教学精力集中在"法理"的内容上，不必过多地涉及应当由部门法学讲解的内容。用"法理"讲好"法理学"，是科学用好新版《法理学》教材的初始要求。

四、以素质为导向，着力培养法律思维、法治思维和法理思维

要用好《法理学》第五版，必须精准把握法学三个基本概念：法律、法治、法理。这三个概念又分别对应着"法律思维""法治思维""法理思维"三种思维方式，法律思维强调权利义务的规则思维，法治思维强调依法办事的思维，法理思维强调良法善治的思维。法学教育的主要任务就是培养学生的法律思维、法治思维和法理思维。教师可以通过介绍中国的法律体系来锻炼学生的法律思维，通过阐发中国的法治体系来型构学生的法治思维，通过梳理中国的法理体系来培育学生的法理思维，培育好这三种思维是用好这部教材的重心所在。恰如教材主编张文显教授所说，"从法律时代到法治时代再到法理时代、从法律中国到法治中国再到法理中国、从法律思维到法治思维再到法理思维、从法律话语到法治话语再到法理话语，反映了法治文明演进的基本规律"。在教材使用过程中，我们之所以要突出强调法理思维，实乃法理思维的培育是

社会进步的时代要求、法治改革的中国需要、法治文明的规律使然。

五、以范畴为枢纽,贯通法理学知识主线

法理学之所以是科学,其重要的标志之一就在于形成了一个内容丰富、逻辑严谨的概念体系和理论体系。《法理学》第五版第一编对法理,第二编对法(法律)、法的渊源和效力、法律体系、法的要素、权利和义务、法律行为、法律关系、法律责任等法理学基本范畴(基本概念)的阐释,汇聚了法学理论界与实务界数十年的共识与通说。能否扎实把握这些基本范畴的内涵与外延,是决定学生法学知识大厦立基是否牢固的关键。向学生们阐明讲透法理学基本范畴,一方面是帮助学生们获得进一步学习部门法学所必需的知识和理论背景,另一方面也是塑造学生们扎实严谨学风的重要过程,是奠定其学术功底的重要方面。用好这部教材,扎实讲授法理学的基本范畴,重要是要讲好“法理”这个范畴,讲清权利和义务这对中心范畴,突出“权利本位”的时代特色。

六、以学说为画笔,厘清法理学发展脉络

马克思主义法学的历史唯物主义立场使当代中国法理学的学术研究和理论成果饱含历史思维和全球思维的印记,中华法律文明的源远流长与兼容并蓄更构成了在历史维度和全球维度下推进中国法理学创新发展的天然土壤。一方面,正像我们总是通过学习哲学史来学习哲学一样,要教授好法理学的知识和思想必然也要清晰展现法理学的发展史,刻画出法理学的历史维度,在其中阐发法理学上各个概念、问题、理论的产生、演变、争鸣与完善过程。在一定意义上说,只有了解历史上的法理学才能深刻理解现代法理学。为学生们刻画法理学的历史维度,不仅仅要介绍西方历史上的法理学,还要特别注重讲解和传承中华法律文化精华。在历史与现实之间,“通过捕捉和表达所处时代的法理,为法律体系、法学体系的建立寻求思想基石或者为法律制度和法学的变革提供精神推动力量”。另一方面,中国法理学的创新发展也不能忽视西方法理学历经千年的理论演进和流派纷呈,尤其是不能忽视当代法学理论发展的前沿问题与全球趋势,为此要为学生们开拓出法理学的全球视野。《法理学》第五版尤其注意体现这两个维度,注重在古今中外的经典表述中发现法理、阐

释法理。要用好这部法理学教材,也需要把握好这种时空维度,展示出古今中外法理思想的壮阔图景。

七、以实践为观照,注重法理学与法律学的有机结合

正如《法理学》第五版中所强调的,"将法学划分为理论法学(法理学)与部门法学(法律学)只有分类学的意义,事实上理论法学和部门法学从来都是水乳交融的"。在教学与研究过程中,将法理学与法律学相结合不仅是一种学术趋势,更是一则不可回避的学术规律。注重法理学与法律学相结合是一个开启教学互长的过程。教师不应以"教学分工"为借口,在法理学教学的课堂上刻意回避那些理应触及的法律学上的知识要点,也不能在课下消极忽视对法律学前沿知识与理论的广泛了解。要知道:法理学上的诸多理论问题来源于部门法领域的现实问题,对这些理论问题探讨解惑离不开在部门法上的场景还原;法理学上的诸多基本概念来源于部门法领域的先行实践,对这些基本概念的清晰阐释离不开在部门法上的制度例证;法理学上的诸多理论来源于部门法上的经验总结,对这些理论内容的解说离不开在部门法上的实例罗列;甚至一国法理学的知识体系与理论框架也都来源于该国部门法的运行实践,了解一国法理学的知识框架和整体样态离不开对一国部门法运行的宏观介绍。《法理学》第五版在对诸多概念、命题、理论的介绍中穿插了部门法的知识背景,教师自可以"照本宣科",但更期待"按图索骥",在个人教学过程中利用部门法的知识和理论诠释法理,借助部门法的现象与问题启迪法理,通过激发法理研究的热情,唤起学生们对法理学和部门法学的共同热爱。当然,注重法理学与法律学相结合可不是要"种了部门法的地,荒了法理学的田",而是要区别对待一般性的法理和部门法中的个殊性的法理,还要"把那些'非法理''伪法理'的内容以及可有可无的常识从法理学体系中剔除出去,形成一个法理主题更加鲜明、法理论题更加科学、理论逻辑更加严谨、学术形象更加清爽的法理学"。[2]

八、以载体释法理,展现法理泛在与深邃

"法理"的存在(表现)形式是其意蕴呈现的方式,是法理内容与法理要素

的载体。结合既存法理学研究的成果，我们可以依据形式差异和解析法理要素的技术方法不同，将“法理”的载体大体分为有关法理的词语和概念、谚语和格言、命题和论述、判例和案例、故事、法条共六组十种代表性形式。法理要素往往寄寓但不限于在这十种形式之中。善于在课堂上借助法理的载体，生动活泼地阐释法理，将有助于催生学生们的法理灵感和培训学生们的法理思维。《法理学》第五版对一些格言谚语有所选摘，可供教师在教学实践中加以体味。此外，基于“法理泛在”的现象，我们在研习法理的过程中，可以轻易地发现，探究发现阐释“法理”往往是因事而发、借事而喻、以事而论。这里的事，可以是法律实践中真实的判例、案例，也可以是存在于现实之中的实际发生的故事，是政治生活和公共生活之中的真实故事，是个人生活遭遇的特殊境遇，一如我们在《生活中的法理》[3]中看到的各类事件；也可以是对现实事件（案件）的转述、改编与创作，是诸如“苏格拉底之死”“安提戈涅”故事传说，是诸如《龙图公案》《施公案》《彭公案》《海公案》《鹿州公案》这样的公案小说，是诸如《红楼梦》《水浒传》《红与黑》《威尼斯商人》《法的门前》这样的文学创作，是诸如《秋菊打官司》《被告山杠爷》《马背上的法庭》《我不是潘金莲》《罗生门》《律政俏佳人》《十二公民》这样的法律影片。甚至可以是人为设计编排的思想实验，例如，由富勒原作、萨伯续作的《洞穴奇案》，[4]桑德尔笔下的《失控的电车》。[5]教师应当善于借助这些真实的、改编的或拟制的事件与故事阐释法理，更甚至可以借助《星球大战》《阿凡达》这样的科幻电影来展示法理意蕴。[6]当然，“法理”有时并不一定隐藏在生活事例之中，而是显见于法律之中，表达为法律条文或法律宣言及序言，引导学生在法律条文与文本之中挖掘法理、透视法理更是一项重要的教学工作。《法理学》第五版注重“由生活揭示法理、以法理透视生活”“通过案例与法条阐释法理”，但是出于教材篇幅与修订时限的考虑，并未详尽涉及这些源自生活与法律条文中的法理素材，这为教师留下了充裕的施教空间。

九、以文献为线索，追溯法理学问印记

《法理学》第五版的参考文献囊括了马克思主义经典论述、中国古代与近代经典文献、中外法理学者的代表性论著以及我国部门法哲学研究的经典示

范，并分编列举了主要文献。首先，选列的参考文献大部分是编著者在编写过程中实际参考的重要文献，体现了这部教材的知识脉络和话语体系。教师可以以此作为指南，引导学生充分了解这部教材背后的知识背景和话语支撑，从而帮助学生更为深入地迈进法理学的教学语境中来。其次，选列的参考文献也是编著者为拓展学习者知识广度与深度所提供的延伸阅读清单，一些在教材中多次出现的经典名篇或未在教材中得以充分阐述理论前沿，以及一些具有对比性和参照性的中西法理学文献，编著者将其作为课后延伸阅读材料，期待教师以此引导学生自主学习。最后，选列的参考文献时域宽阔，既注重体现我国法理思想的精深博大与历史纵深，同时也概括反映出当代中国法理学的研究现状和发展线索。教师可以借此增进学生们对中国法理学发展脉络与研究现状的了解程度。

一部教材，对于教师而言，应当是教学准备过程中的主要参考书，但不是唯一的参考书；而对于学生而言，则应当是他们学习的根本书目，应当被他们当作是有关本领域知识体系、理论体系、话语体系以及方法论的“基本法”。但是，在实际教学中，也有一些教师或者仅仅根据教材而不参考其他文献讲授课程，或者搁置课程教材而讲授其他参考文献。这两种教学上的做法，都有碍于学生们奠定宽厚稳固的知识、理论、话语与方法的基础。同时，也有一些学生或者仅仅阅读教材而将这个“基本法”看得过于神圣，或者轻视教材、将大量的精力放在其他参考书目上而忽视这个“基本法”的重要价值，这样的学习方法也将有害于学生们奠定扎实的基本功，甚至导致浮躁、浮华的不良学风。因此，教师要在教学过程中进行课堂与课外观察，因学施教，结合实际情况利用好参考文献，要在引导学生们利用参考文献开拓眼界的同时，增强学生们对教材内容的深入理解和充分重视。在法理学教材同时也是法律职业资格考试基本标准的情况下，这对于学生学习而言尤为重要。

十、以问题为触点，激发法理头脑风暴

教学过程要始终围绕问题意识展开，正所谓“不愤不启，不悱不发”，思考题便是为求学生们的“愤”“悱”、为促教师的“启”“发”而设计的问题。这部教材在思考题的设计上，贯穿了“以学习为中心”的思路，删除了第四版一些浅显自明、答案教条或无需过多思考的题目,结合法律职业资格考试的考核要点,对思考题覆盖的知识要点进行了整体优化,同时增加了结合法理金句自主阐释法理的崭新题型,以此锻炼学生们的法理灵感、法理素养、法理思维、反思精神与理论问题意识。例如,教材中很多章的思考题都以该章题记或其中经典表述设置问题,要求学生进行法理阐释。对这类题目的回答在教材之中找不到完整答案,也很难获得一个标准答案。这些思考题的设定初衷,也并非意在要求学生们记住或掌握某种知识,而在于培养学习者的法理敏感度、激发学习者的法理求知欲。用好这部教材,必须坚持以问题启发学生、以问题引导教学、以问题促进研究,要用好思考题中的引导效应、示范效应和倒逼效应,既激发出学生们的理论问题意识,也增进教师自身的法理教研功力。

随着《法理学》第五版的出版使用,我们相信关于如何用好这部教材的先进经验、优秀示范和杰出成果将会不断涌现,也相信这部教材深入使用的过程,必将是新时代中国法理研究更加深入、法理成果更加丰硕、法理队伍更加壮大的过程。我们即将迎来中国法学的法理时代,新版教材为法理学教学提供了时代契机,我们有责任让法理学教学成为助推法理中国的强大动力。

注　释

*　丰霏,南京师范大学法学院副教授,中国法治现代化研究院研究员。

本文原载《中国大学教学》2018 年第 7 期。

本文的写作得益于张文显教授的指点,获得了苗炎、王奇才、瞿郑龙、徐清、郭晔、郭栋、张静焕等教材统稿小组成员的启发与帮助,特此致谢!

〔1〕 王奇才:《法理学教材的新时代定位》,载《中国大学教学》2018 年第 5 期。

〔2〕 张文显:《法理:法理学的中心主题和法学的共同关注》,载《清华法学》2017 年第 4 期。

〔3〕 黄文艺主编:《生活中的法理》(第一辑),科学出版社 2006 年版。目前本系列已出版四辑。

〔4〕 [美]彼得·萨伯:《洞穴奇案》,陈福勇、张世泰译,生活·读书·新知三联书店 2012 年版。

〔5〕 [美]迈克尔·桑德尔:《公正》,朱慧玲译,中信出版社 2012 年版。

〔6〕 例如,[美]凯斯·R. 桑斯坦:《星球大战的世界》,张力译,中国政法大学出版社 2017 年版。